ミネルヴァ日本評伝選

松方正義

我に奇策あるに非ず、唯正直あるのみ

室山義正著

ミネルヴァ書房

刊行の趣意

「学問は歴史に極まり候ことに候」とは、先哲荻生徂徠のことばである。

歴史のなかにこそ人間の智恵は宿されている。人間の愚かさもそこにはあらわだ。この歴史を探り、歴史に学んでこそ、人間はようやくみずからの正体を知り、いくらかは賢くなることができる。新しい勇気を得て未来に向かうことができる。徂徠はそう言いたかったのだろう。

「ミネルヴァ日本評伝選」は、私たちの直接の先人について、この人間知を学びなおそうという試みである。日本列島の過去に生きた人々の言行を、深く、くわしく探って、そこに現代への批判を聴きとろうとする試みである。日本人ばかりではない。列島の歴史にかかわった多くの異国の人々の声にも耳を傾けよう。

先人たちの書き残した文章をそのひだにまで立ち入って読み、彼らの旅した跡をたどりなおし、彼らのなしとげた事業を広い文脈のなかで注意深く観察しなおす——そのとき、はじめて先人たちはいまの私たちのかたわらによみがえってくる。彼らのなまの声で歴史の智恵を、また人間であることのよろこびと苦しみを、私たちに伝えてくれもするだろう。

この「評伝選」のつらなりのなかから、列島の歴史はおのずからその複雑さと奥ゆきの深さをもって浮かび上がってくるはずだ。これを読むとき、私たちのなかに新たな自信と勇気が湧いてきて、その矜持と勇気をもって「グローバリゼーション」の世紀に立ち向かってゆくことができる——そのような「ミネルヴァ日本評伝選」にしたいと、私たちは願っている。

平成十五年（二〇〇三）九月

上横手雅敬
芳賀　徹

松方正義

兌換制度御治定（聖徳記念絵画館蔵）

松方（右側中央），三條実美（同左），岩倉具視（同右）が明治天皇（左）に紙幣整理断行の必要性を言上している場面。

日露戦争での大山巌出征送別写真（宮中紀葉山にて）

最前列左６人目より松方，山縣有朋，児玉源太郎，大山巌。

はじめに

明治日本は、近代という大海原に乗り出す緊張感に身震いしていた。日本が封建制度から脱皮し国際社会で独立国家として自立するためには、政治・経済・軍事・外交をはじめとして、あらゆる分野での国を挙げた近代化の努力が必要であった。とりわけ財政経済運営の巧拙は、日本が近代国家へと脱皮できるかどうかの、成否を分ける問題であった。しかし、新生日本の経済をどのように運営すべきかについて、確信をもって答えを出せる人物は、ほとんどいなかった。

松方正義は、この課題に真正面から取り組み、身命を賭して国家経済の屋台骨を支え、近代日本の発展を演出した財政の天才である。松方は、維新後の幣制紊乱を矯正し、財政の基礎を安定させ、日本経済を正常な長期的発展軌道に据えることこそが、日本の近代化を成功させるための根本条件であると確信していた。松方は、圧倒的な国力を誇る欧米列強のアジア進出に直面しても、日本の国体の優越性と国民の底力を信じ、決して将来を悲観することなく、日本の発展と向上を疑わなかった。

松方は、地租改正事業を取り仕切り、秩禄処分を断行して、明治政府の財政基盤を確立する。次いで、西南戦争後の悪性インフレと巨額の貿易赤字を解消して、日本経済崩壊の危機を救い、日本銀行を設立し、近代的貨幣信用制度を創設して、企業勃興を導いた。さらに日清戦争後には日本を金本位制度へと移行させ、国際的な開放体制の下で経済発展を遂げるための基礎的な環境条件を整備する。近代日本は、目覚ましい発展を遂げていった。

松方正義の不朽の業績とされるのは、「紙幣整理」と「金本位制度確立」である。松方がこれらの事業を行うにあたって、時の政界・財界・学者・ジャーナリズムなどは、挙って反対論を唱えた。しかし松方は、これらの反対論を押さえ、自己の信念に基づき、万難を排して政策を推し進めた。松方は、明治政府の大蔵大臣を長く務め、敏腕を振るった。その治績は、「松方財政」として歴史に名を留めている。

財政は、政治・経済・軍事から教育・公共インフラに至るまで、一国の存立基盤を形成する枢要な仕事である。しかし、一般には馴染みが薄く、大衆から喝采されることもない地味な仕事である。経済財政の健全化に努めれば、むしろ国民の反発や政治的抵抗を招くことのほうが多い。その成し遂げた偉大な業績に比べて、松方正義のイメージに華やかな印象が薄いのはそのためである。

松方は、「石橋をたたいて渡る」といわれたほど、慎重な調査と準備を行なってから、ことを実行するという性格の人物であった。物事を実際から発想し、決して机上論に流れることはなかった。しかし、一朝有事の際には、ほとんど例外なく積極果断の処置を主張した。松方の政策行動の大きな特徴は、この慎重と果断とが表裏一体となっていることにある。松方は、誰がなんと言っても、一旦自らが正しいと確信すれば、初志を貫き通した。日本が急速な近代化に成功した背景には、松方正義という強烈な個性とその信念に裏打ちされた政策行動があったのである。

このような松方の政策思想と実行力はどこから生まれて来たのか、また政府首脳の大部分が反対する政策が、どのようにして可能となったのだろうか。

ところで、松方は、総理大臣として二度にわたり内閣を組織した。だが、首相としての松方は、その優柔不断に見える行動様式から「後入斎」というレッテルを貼られた。万難を排して「紙幣整理」や「金本位制度」を成し遂げたという事績と対比すれば、その行動には余りにも大きな落差がありすぎる。松方の断固たる政策行動と「後入斎」的な政治行動とはどのようにつながっているのか。そもそも優柔不断と見える行動様式は、何によって引き起こされていたのだろうか。

また松方の政策思想を見る上で、晩年の「元老」としての行動は注目に値する。これまで元老としての松方の行動が、興味の対象になることは比較的少なかった。しかし、松方は、九〇歳という天寿を全うし、文字通り「最後の元老」として奮闘した。晩年の元老としての行動には、松方の生涯を貫く信念がより明確にあらわれてくる。中国大陸政策、とりわけ「対華二十一カ条要求」をめぐり、時の内閣と対決し、日本の「偽装倭寇的」な侵略行動を徹底的に糾弾した松方の行動は、「信義」を羅針盤として行動する松方の政治哲学を余すところなく示している。

松方の行動指針は、「我に奇策なし唯正直あるのみ」という政治哲学に集約される。松方は、奇策を忌避し、「信義」に基づく正直な政策こそが日本の存立と発展にとって最善の道である、と固く信じていた。

このような元老としての松方の行動は、日本の国家針路にどのような影響を与えることになったのだろうか。

松方正義九〇年の人生は、欧米諸国のアジア進出に対抗して、日本が鋭意近代化に取組んだ苦難の歴史と重なっている。松方が、日本をどのような国と認識し、近代化という時代の大波の中で日本をどのような国に育て上げ、激動する国際環境に対してどのような国家政策を実行すべきであると考え、行動したのだろうか。

松方とともに、疾風怒濤の近代の海へ船出し、その軌跡を追ってみることにしたい。

松方正義——我に奇策あるに非ず、唯正直あるのみ　目次

図版一覧

関係地図

序章　財政の天才

松方の天才

松方正義（一八三五～一九二四）が活躍した時代は、日本が封建体制から近代国家へと脱皮し、欧米列強と肩を並べる強国へと飛躍した疾風怒濤の時代であった。新政府首脳は、走りながら考え、試行錯誤の中から、立憲的政治体制と近代的経済制度の設計図を描き、急速な富国強兵政策を実行しなければならなかった。

その意味で、新生日本は、多くの天才を必要とした。松方は、軍人が主流を占める薩摩出身の政治家の中で、大久保利通《としみち》（一八三〇～一八七八）と並んで文官政治家として大をなした数少ない政治家であった。西郷隆盛《たかもり》（一八二七～一八七七）を「軍事の天才」、大久保利通を「政治の天才」とすれば、さしずめ松方は「財政の天才」であったと評価することができよう。

松方は、武道に精進し、海軍を志し、武人として明治維新を迎えた。財政経済について学問的なトレーニングをうけたことも、財政経済の専門職種に携わることもなく、ましてや海外留学の経験もなかった。三四歳になるまで、典型的な武士として過ごしてきた。その後、明治元年、日田県知事となり、明治三年民部省に転じ、翌年、三七歳にして始めて大蔵省に入省した。そして一〇年後、明治一四年に参議兼大蔵卿に就任し、政府部内の多数派の反対を押し切って、自らの信念に基づき、日本の命運をかけた経済政策の大転換を断行し、日本の近代化への道を切り開くことに成功するのである。

松方の経歴に照らして、その財政経済上の輝かしい事績を見れば、彼が財政経済に関して、他の政治家や官僚の企て及ばない天性の経済センスと智能を備えていたことは疑いない。まさに「天才」としかいいようがない。

一四年政変

日本の政局をリードし西南戦争（明治一〇年）を勝利に導いた大久保利通は、戦争終結直後に暗殺された。大久保内務卿は、大隈重信《しげのぶ》（一八三八～一九二二）大蔵卿と伊藤博文《ひろふみ》（一八四一～一九〇九）工部卿を両翼として、「内治優先」の積極政策を推進してきた維新政府の大黒柱であった。大久保の死は、その衣鉢を継承する政争を引き起こした。大隈と伊藤は、政治面では競合し、国会論で対立した。大隈は、イギリス型の議院内閣制を早期に導入すべきであるとし、伊藤はプロシャ型立憲君主制を採用すべきであるとこれに反対した。しかし、大隈と伊藤は、経済財政政策面では提携してリーダーシップを発揮し、政府を取り仕切った。政府部内は、外資導入を梃子とする政府主導の積極政策を推進することで、コンセンサスが図られていった。

これに対して松方は、政府の無用の干渉は民間の創意を挫き、安易な外資導入は国家の独立を危うくすると批判し、独自の政策論を提示して、政策の変更を求めた。巨額の外資導入は国を危うくするという批判には、政府部内で賛同者が多く出た。明治天皇（在位一八六八〜一九一二）も、外債募集に危機感を募らせていた。前米国大統領グラントとの会談で、外債依存は国を滅ぼすと、トルコ・エジプトの例を引きながら直言されていたからである。だが、松方が提示した「自力で」紙幣整理を実行するという政策路線は、政府の容れるところとはならなかった。政府部内では、積極路線を支持する勢力が支配的であり、松方路線は絶対的少数派でしかなかった。

しかし、北海道開拓使払下げ問題で、在野のマスコミが激しい薩長藩閥批判を展開したことによって、事態は思わぬ方向に大きく振れた。開拓使払下げ問題とは、開拓使長官黒田清隆《きよたか》（一八四〇〜一九〇〇）（薩摩）が、維新以来一四〇〇万円の巨額の資金を投じた施設を、薩摩の政商五代友厚《ともあつ》（一八三五〜一八八五）らに三十数万円という「ただ同然」の価格で払下げを決定した問題であった。当時、在野の自由民権論者は、政府の「有司専制」を批判し、経済政策の失敗を攻撃して、早期の国会開設を要求していた。払下げ問題は、民権家の政府批判の烈火に、油を注ぐ結果となった。

政府部内では、大隈が払下げ反対を唱えた。大隈は世論から大きな支持を受け、大隈待望論が盛り上がった。そのため大隈を在野の自由民権家が支援するという図式が浮上し、次第に大隈が自由民権家と提携して政府転覆をたくらんでいるという陰謀説が政府主流派で勢いを持つことになった。こうして、政府部内で「薩長藩閥」対「大隈一派」の対立が一挙に深刻化した。伊藤や黒田ら薩長藩閥勢力は、大隈追放を決意する。

明治一四年一〇月政変で、大隈と伊藤の提携関係は清算された。大隈は失脚して下野し、伊藤を中心とする薩長藩閥政権が樹立された。新政権で、当初、松方は参議兼内務卿に推された。大蔵卿には伊藤が就任することになっていた。しかし、松方は就任を断り、伊藤も参事院議長へと転出することになった。厳しい経済困難の中で財政を切り盛りし、大蔵卿の実務を担当できる人材が、政府部内では松方以外いなくなった。こうして、松方は参議兼大蔵卿に就任する。ついに、財政経済の最高責任者として、自己の抱懐する政策論を実行に移す機会が訪れた。だが、政府部内では、積極政策を推進しようとする空気が支配的であった。

松方イニシアティブ

西南戦争後、政府は、財政・金融両面からの積極政策を推進して経済発展を目指した。その結果、日本経済は、インフレと貿易赤字に悩み、投機が蔓延して生産的事業は停滞するという、一種のスタグフレーション状態に陥っていた。しかし、政府の多数派は、デフレ的経済調整を望まなかった。積極政策路線は、大久保・大隈・伊藤を中心として推進されてきた政府主流派の経済政策であった。このとき政府は、「内外債論」(外資導入)を梃子とした積極政策に活路を見出そうとしていた。

松方は、大胆にも、このような主流派の経済政策に挑戦し、政策転換を成し遂げようとした。一四年政変前後の困難な政治状況の中で、外債亡国論を楯として機敏に行動した。内閣や天皇から「外資に依存しない自力の」紙幣整理政策への支持を取り付け、兌換制度の確立に向けて政策行動を開始する。そして、伊藤の手で完成した外資導入を梃子とする積極政策案を葬り去った。政府部内で絶対的少数派の政策を、政府決定に持ち込み、不退転の決意で政策転換を成し遂げた。それは、まさに松方の生命を賭した、起死回生の歴史的壮挙であったといってよい。
松方がイニシアティブをとった財政経済政策は、後に「松方デフレ」と呼ばれた「紙幣整理」路線であった。松方は、「デフレ」政策で立身出世したほとんど唯一の政治家であった。デフレ政策は、不人気な政策である。不況が長引くと、人々は自信を喪失し、政策不信に陥り、経済発展の動力そのものを奪ってしまうリスクを生みだすからである。経済不況をもたらし、国民に苦痛を与える政策は、政治家にとってはいわば「タブー」の政策であった。松方は、勿論、自らの政策が不景気をもたらし、国民や政府部内から激しい反対論が沸き上がることを、十分承知していた。

不退転の船出

しかし、松方は、自らの生命を賭けて、政府首脳の大多数が反対する政策を実行しようと考え、緻密な計画を立案し、政治的環境を整え、敢然と実行に移し、そして遂に成功に導いた。ここに松方の真骨頂があり、「財政の天才」たる資質があった。軍事の天才にも、政治の天才にも、普通の政治家にも、単なる官僚にも、決して成しえないことであった。松方は、前途多難を覚悟の上で、財政経済の構造改革へ向けて、不退転の船出をした。一八八一（明治一四）年一〇月のことであった。

政治的リスクが極めて高く、経済的苦痛が大きい政策路線を実行することは、政治的には自殺行為に等しい。通常の「優れた政治家」と評価される人物なら、当然避けたであろう選択肢であった。しかし、国内的な政治リスクを考慮の中心に置かず、大局的に国家の将来を考え、当面の経済困難を回避できるが将来に禍根を残すとして安易な「外債」依存政策を排除し、「自助自立」の政策路線に転換させたことは、日本近代史上最大の政治的・政策的決断のひとつであった。そして、いかなる反対にも挫けず、これをやり遂げ、日本の近代的発展の礎を築き上げた。この一事をとっても、松方が紛れもない大政治家であったことは疑いない。

「其声望の高きに於て伊藤公に譲り、其権勢の盛なるに於て山縣公に比すること得ざりしと雖も、然も新日本の財政を釐革し、新制度の基礎を建設したる大事業に至つては、公は伊山両公の有せざる識見手腕を具へ、此点に関する功績に於て、何人も松方公の右に出づるものはない。」（「コラム時事新報」『松方正義関係文書』第一五巻、三七六頁）

松方正義は、文字通り命がけで、日本が近代国家として発展するための基礎的経済環境を整備した人物であった。

第一章　薩摩藩官僚として海軍を志す

1　松方が生きた時代

世界情勢

松方正義が生まれたのは、天保六（一八三五）年のことであった。一八世紀後半から始まった産業革命が一八二〇年代に完了し、イギリスは、経済的優位と強大な海軍力を基礎として、「世界の工場」となった。まさにパックスブリタニカの時代が始まろうとしていた。ロンドンは世界経済・国際金融の中心となり、一八五一年にロンドンで開催された万国博覧会は、イギリスの国力を世界に誇示した。また内政でも、ヴィクトリア女王君臨のもとで、保守・自由両党が交互に政権を担当する政党責任内閣政治が行われ、議会制民主主義が確立していった。

この間、一八〇七年には、フルトンが外輪蒸気船を建造してハドソン川を遡上し、一八一九年にはサヴァンナ号が初めて大西洋の横断に成功し、一八一四年にスティーブンソンの発明した蒸気機関車が一八二五年から実用化され、三〇年には当時の主力産業であった綿工業の中心地マンチェスターとリヴァプール港との間に鉄道が開通した。また、一八三五年には、モールスが電信機を発明していた。交通・通信革命が急速に進行していた。

それと前後するようにイギリスは、新植民地の獲得に積極的に乗り出す。地中海（マルタ一八〇〇年、アデン一八三九年）からインド洋（シンガポール一八二四年、マラッカ一八二五年）を経て、次々に東アジア（香港一八四二年、九龍一八六〇年）の根拠地を確保していった。さらに一八五七年のセポイの反乱を契機として、インドの完全領有を断行する。

このような東アジアへの進出の過程で勃発したのが、アヘン戦争（一八四〇～四二年）である。イギリスは、インドと中国へ大量のイギリス製品を輸出した。これに対して、インドはイギリスへの支払いのために、アヘンを中国に輸出し、銀を調達した。他方、中国は、イギリスに茶や絹を輸出して貿易を決済し、インドへ銀を輸出してアヘン代金を清算した。こうして、イギリス・インド・中国の「三角貿易」サイクルが形成された。

それは、中国からの大量の銀流出を招いた。大量の銀貨流出は、国内銀貨を騰貴させて政府財政を圧迫した。またアヘン中毒が広がったため、清朝は、アヘン輸入を禁止する方針をとった。しかし、アヘン輸入は増加の一途を辿ったため、強硬派の林則徐《りんそくじょ》（一七八五～一八五〇）が一八三九年に広東に派遣された。林はイギリス所有のアヘンを没収し、イギリスに輸入禁止の誓約を求め、さらにイギリスとの一般貿易をも禁止する強硬策をとった。これに対してイギリスは、この機会に武力で貿易の障害を取り除こうとし、本国から艦隊を派遣して清朝を屈服させた。一八四二年の南京条約で、清国は、香港をイギリスに割譲し、広東・福州・上海など五港を開き、軍費・アヘン賠償金二一〇〇万ドルを支払い、輸出入関税率を平均五％とすることや、開港地における治外法権の承認など、屈辱的条件を認めさせられた。こうして中国の植民地化の危機は一気に高まった。

フランスでは、一八三〇年の七月革命によってブルボン・オルレアン朝が成立し、立憲君主制が採用された。フランス革命によって早期に封建制は崩壊したが、農業が主力産業であり続けた。一八二五年にイギリスが機械輸出を解禁したため、一八三〇年代以降、綿工業と絹工業で産業革命が進行し、イギリスに対抗して保護主義を採りながら、海外進出を図った。一八四八年の二月革命により、第二共和政が誕生し、普通選挙が実施された。その結果、一院制議会と共和国憲法が制定され、ルイ・ナポレオンが大統領に選出された。さらに五二年には、第二帝政が布かれ、ルイはナポレオン三世と称し、議会主義の形式をとった独裁政治を行った。国内で産業発展を図る保護政策を推し進め、公共土木事業を実施し、積極的なアジア進出に乗り出した。一八五八年仏越戦争を引き起こし、六二年サイゴンを占領しコーチシナを割譲させ、さらにカンボジアを保護国化し、フランス領インドシナの基礎を築いた。この間、四四年には東アジアへの進出を目指し、琉球に開国と通商を求める行動に出ていた。

一方、新大陸アメリカでは、一八〇三年にフランスからミシシッピ川以西のルイジアナを買い取り、広大な西部が拓かれ、アメリカが大陸国家として発展する基礎が築かれた。一八一二年の米英戦争によって、アメリカの国民意識が高まり、イギリスへの経済的依存を断ち切って自立しようとする機運が高まった。そして一八二三年には、モンロー大統領が「モンロー宣言」を発し、アメリカ大陸への欧州諸国の干渉を排除した。こうして一八三〇年代に産業革命が本格化し、急速な西部開拓が進められ、一八四〇年代には太平洋岸に到達した。また一八四六年には、アメリカの東インド艦隊司令長官ビッドルが浦賀に来航し、幕府に対して国交と通商を要求した。その後一八四八年にカリフォルニアで金鉱が発見され、ゴールドラッシュによって西部が急速に発展した。その西部の発展を背景として、アメリカは、太平洋を横断して中国との貿易に進出しようとした。また北太平洋の捕鯨業も発達を示していた。そこで中国貿易の商船や捕鯨船の燃料・食料の補給地を確保する必要が生じ、日本への開国要求を強めていた。こうした要請が高まる中で、一八五三年、ペリーの来航を迎えることになる。

国内情勢と薩摩藩の対応

世界情勢は大きく動いていた。産業革命が進展し、東アジアに植民地化の波が押し寄せつつあったこの時期、日本では、老中水野忠邦《ただくに》(一七九四～一八五一)を中心に「天保の改革」が進められていた。天保三～四(一八三二～三三)年には、収穫が半分以下になるような激しい飢饉が起こり、百姓一揆や打ちこわしが頻発した。また、天保七年の飢饉では、甲斐の郡内騒動(八〇村・一万人)や三河の加茂一揆(二四〇村・一万二〇〇〇人)など大規模な一揆が起こった。ともに幕府天領で発生した一揆に、幕府は大きな衝撃を受けた。大坂でも米価が高騰し、民衆は困窮した。だが幕府は、救済策を取らず、米を江戸に回送する措置をとった。大坂奉行所の元与力であった陽明学者の大塩平八郎(一七九三～一八三七)は、窮民の救済と幕政改革を掲げて、門人等とともに武装蜂起した。幕府の直轄地であり商業の中心地あった大坂で、元幕府役人大塩平八郎の反乱が勃発したことは、日本中に深刻な衝撃を与えた。幕府の財政難は、深刻さを増していった。このような状況の中で、清国とイギリスの間で戦われたアヘン戦争の情報が伝えられた。

しかし、幕府の改革の方向は、享保・寛政の時代への復古を目指す、旧態依然たるものであった。厳しい倹約令を布告し、「人返しの法」を布告した。農民が江戸に出ることを禁止し、江戸の人口を減らし、農村人口を増やそうとした。また株仲間を解散して、財政危機の原因となった物価騰貴を抑えようとした。激しい物価騰貴は、株仲間が商品流通を独占し、不正な価格操作をしていることが原因であると考えたからであった。しかし、激しい物価騰貴の主因は、貨幣を品位の劣るものへと改鋳して、その差額を幕府の財政収入にしようとしたため生じたものであったから、大きな効果は期待できなかった。

そこで幕府は、天保一四（一八四三）年、財政窮乏を打開するために上知令《じょうちれい》を出した。江戸・大坂周辺の豊かで年貢の多い大名・旗本の領地を取り上げ、年貢収入の劣る代地を与えることによって、収入を増やそうとしたのである。この措置は、政治的・軍事的に枢要な江戸・大坂周辺地域を幕府直轄にして、アヘン戦争などによって高まった対外的危機への対応を図ろうとする狙いを持っていた。しかし大名・旗本が強く反発したため、上知令は実行不可能となり、水野忠邦は失脚した。幕府の命令が、大名・旗本の反対で中止されるという事態に至ったことは、幕府権力の低下を如実に示していた。

他方、諸藩も、財政危機に苦しみ、農民一揆に悩んで、藩政改革に取り組んでいた。この藩政改革に成功し、幕府に対抗して歴史の主役として登場してくるのが、薩摩、長州、土佐、福井などの雄藩であった。

深刻な財政危機に見舞われていた薩摩藩は、はやくも文政一〇（一八二七）年に、調所広郷《ずしょひろさと》（一七七六〜一八四八）を家老に抜擢して、改革に着手した。当時、三都の商人からの薩摩藩の負債は、五〇〇万両にも達していた。調所は、無利息二五〇年返済という条件で負債を事実上凍結し、他方で奄美の黒砂糖の専売制を強化し、さらに北海道の松前から長崎へ幕府が独占的に回航し清国貿易で利益を上げていた俵物を、途中で買上げ、これを琉球経由で清国に輸出するという密貿易を行い、巨額の利益を上げて、藩財政を一挙に再建した。

島津斉彬《しまずなりあきら》（一八〇九〜一八五八）が、少将に任じられ、世子として初めて帰藩したのが、天保五年であった。松方正義が誕生する一年前のことである。弘化元（一八四四）年には、フランス軍艦が琉球の那覇に来航し、貿易・布教・通信を要求した。この年オランダ国王は、幕府に親書を送り、アヘン戦争を教訓として清国の二の舞にならないようにと開国を勧告した。幕府は、アヘン戦争の結果、清国が香港を割譲し開国を強要された事情を知っていたが、国王の勧告を拒否して鎖国を続けた。翌弘化二（一八四五）年には、イギリス船が那覇港に来航し、開国・通商を要求し、弘化三（一八四六）年には、アメリカ東インド艦隊司令長官ビッドルが浦賀に来航し、国交と通商を求めるという事件が続いた。幕府はこれらの要求を全て拒絶した。

斉彬は、幕府老中・阿部正弘《まさひろ》（一八一九～一八五七）の意を受け、琉球問題を処理するために薩摩に下り、海防の準備に着手した。嘉永四（一八五一）年に藩主となった斉彬は、阿部の同意の下に、琉球を外国交渉の緩衝地帯として、漸進的開国主義の政策を採用した。他方で、斉彬は、薩摩藩の近代化に着手した。積極的な殖産興業政策を実行し、安政三（一八五六）年には製鉄のための反射炉を建設し、造船所やガラス製造所など洋式工場を建設し、富国強兵政策を推し進めた。

アメリカの東インド艦隊司令長官ペリーが、軍艦四隻を引き連れて浦賀に来航し、幕府に開国を強要したのが、嘉永六（一八五三）年である。幕府は、従来の方針を破って、米国の国書を受け取り、翌年に回答することを約した。ペリーは、翌年軍艦七隻を率いて再度来日し、江戸湾の測量を行いながら幕府を軍事的に威圧し、その圧力の下で日米和親条約を結んだ。こうして日本の鎖国政策は終わりを告げ、開国することになった。

老中阿部は、アメリカ大統領国書について朝廷に報告し、またそれへの回答について諸大名や幕臣に意見書を提出させた。この措置は、朝廷や諸大名と協力して、難局に対処しようとした措置であった。しかし、結果として、朝廷の政治的権威を高め、諸大名とりわけ薩摩藩をはじめとする雄藩の幕政への参加と発言権を強化することになり、幕府の政治権力を著しく弱める作用を果たした。歴史の重い歯車は、雄藩の手でゆっくりと回転を始め、やがて幕府は倒壊し、近代国家建設への扉が開かれることになる。

松方は、このような激動の時代に生まれ、時代の波に洗われながら、次第に時流の方向を認識し、近代日本の設計と建設に関っていく。日本の国体の優越性を確信し、欧米社会のパワーと行動様式を認識し、近代国際社会の中で生き抜く手立てを模索していく。

近代の海へ

欧米列強の侵略に遭遇した一九世紀初頭の東アジアは、中国を中心とする伝統的な中華世界（華夷秩序）の下にあった。日本は、清国やオランダとの限定的な貿易関係を維持しながら、鎖国体制をとっていた。東アジアに位置しながらも中華世界からは独立した存在であり、西欧世界からも隔絶して、独自の成熟を遂げつつあった。

このような東アジア秩序は、イギリスを先頭とする西欧列強の進出によって根本から崩壊する。西欧列強が織りなす国際関係は、東アジアの国際秩序とは全く異質であった。西欧列強は、圧倒的な経済力と強大な軍事力を備えており、その圧力によって西欧で成熟したルールと制度をグローバルな規模で外延的に拡大しようと行動していた。植民地を保有する列強が、主権国家として国際舞台の基本単位として行動し、競合するシステムであった。東アジア諸国は、次々と軍事力で植民地化され、あるいは開国を強要され、西欧国際秩序の中に強制的に編入されていった。西欧の圧力の前に、アジア諸国は、植民地への転落か、近代国家へと転生するかの選択を迫られた。

西欧基準の近代国家とは、立憲的政治体制を備え、進んだ国内産業と強力な軍事力を備え、植民地を持ち、国際社会の構成員として角逐し、国際通貨制度と自由貿易制度の中で行動する「自立した国家」であることを意味していた。

日本は、まさに世界を席捲しつつあった国際秩序の中で生き抜く術を模索しなければならなかった。

「富国強兵」・「万国対峙」というスローガンを掲げ、立憲政治制度を整備し、高度な経済力と強大な軍事力を早期に建設し、「不平等条約」を解消し、朝鮮問題・中国問題を解決して、国際舞台で自立した国家として認知を受けることが、近代日本の国家目標となる。

しかし、西欧ルールと制度の受け入れは、日本人が保持していた「神国日本」としての自己イメージと衝突せざるをえない。日本は、万世一系の天皇を中心とする国体観念を精神的支柱に据え、これと西欧的価値観との接合を図らねばならなかった。日本は、文化的・思想的には中国の儒教の影響を強く受けていたが、政治・経済・軍事面では中華世界からは独立していた。日本が鎖国体制をとり、中華世界から「自立」した存在であったことが、西欧秩序への接合にあたって自力の対応を余儀なくさせると同時に、西欧制度の採用への摩擦を低減させる素地を与えていた。これに対して、中華世界にどっぷりつかった清国や朝鮮を始めとする諸国は、西欧思想や制度を受け入れるにあたって摩擦が大きく、早急な近代化を実行できる素地が乏しかった。そのため西欧世界との出会いは、「植民地」への転落を内包する悲惨な進路を辿ることになる。

日本は、神国日本という独特の心情を保持し、中国の影響を強くうけた儒教思想とアジア意識を強く残しながら、西欧基準の政治・経済・軍事システムを早期に導入していった。日本は、国家としての独自性の確保（「自立」）、中華世界との関係調整（「アジア主義」）、そして西欧世界への参入（「欧米協調」）という三つの座標軸が織り成す近代化の道を辿ることになる。日本は、万世一系の天皇を中心とする国体意識を持ち、地理的には東アジアに位置して、中国儒教思想の影響を強く受けていた。しかし他方では、西欧型の近代的政治・経済・軍事システムを早期に導入した。その結果、日本は、アジアにもなりきれず、西欧にもなりきれない中で、自立の道を模索しなければならなかった。この独特な国際的地位から、日本は、自らの存在意義と国家進路をどのように定義したらよいか、苦しむことになる。

日本の明治維新を起点とする大転換過程では、独立確保が最優先の課題であった。国内の政治・経済・軍事制度を近代化するとともに、条約改正を実現し、対等な国際関係を樹立することが目標となった。憲法を制定し、国会を開設して立憲的政治制度を創出する。同時に、近代的財政・金融制度を整備し、日本経済を国際開放経済体制に接合し、「自立」した近代国家としての内実を整えなければならなかった。

そして日本は、急速に近代化を実現し、欧米国際システムへ適応し、参入することに成功する。明治三〇（一八九七）年の金本位制採用と明治三五（一九〇二）年の日英同盟の締結とは、日本が西欧秩序へ一人前の国家として参入し、その本流に位置したことを示すものであった。この間、徹底した西欧基準の行動規範を遵守し、「欧米協調」主義の中で、日本の自立を追求した。他方、日本との戦争に敗れ、近代化に失敗した中国は、衰退し、内政は混乱して、統一を失っていった。中華世界は崩壊し、東アジアにおける中国の影響力は後退する。こうして日本は、近代の海の中を航海し、自立を達成しながら、中華秩序の再編を促し、朝鮮問題を解決して、東アジアに日本が主導する新しい国際秩序を整えようと模索することになる。

松方の羅針盤

このような怒濤逆巻く近代の海の中で、松方の羅針盤は、しっかりと「信義」を基盤とする航路を捉えていく。松方は、近代的な財政経済制度を整備し、幣制の紊乱を正し、金本位を採用して日本を国際開放経済制度の中に定着させることこそが、日本の発展の基礎であると確信していた。他方で、日本の国防問題ではロシアの侵略行動に対しては断固として戦うことを主張し、日英同盟締結を支援した。それは、まさに西欧国際秩序の本流に日本を位置させようとする政策行動であったといえよう。欧米諸国とは、あくまでも国際共通ルールを遵守して付き合わねばならないとする一方、中国大陸への侵略行動には強硬に反対した。中国の発展を支援し、その信頼を獲得し、日・中提携して「東亜の自治」を実現することこそ、日本の発展と安全保障を長期に確保する唯一の方法である。中国が日本を敵視するような信義に悖る侵略的行動は、悔いを千載に残す愚挙であり、決してとるべきではないとする一貫した政策思想の下で行動していく。

しかし、日露戦争によって大陸に利権が発生したことによって、日本の生き方は大きく変質する。第一次世界大戦期には、日本の「自立」を目指す生き方と中国侵略とを結合した動きが胎動したのである。日本は、中国に「二十一カ条要求」を突きつけ、中国に対する特殊権益・優越的地位を確保しようとした。また日本首脳部には、日本が戦後に予想される欧米との厳しい国際競争に勝ち抜くためには、アジアに日本を盟主とする独自の「生存圏」を築き、軍事力の傘を準備しなければならないという「日中提携論」に基づく「アジア主義」の観念が芽生える。

松方は、このような日本の侵略行動を基礎とする「アジア主義」的な生き方を根本的に批判した。

「信義」こそが、近代の海を乗り切る政策行動の基盤であるという考え方は、松方の一生を貫く羅針盤であった。

2　藩官僚として台頭

生い立ち

松方正義は、近代の海がまさに沸騰を始めた天保六（一八三五）年、鹿児島城下の下荒田正建寺方域の邸で、父松方正恭・母袈裟の四男として生まれた。幼名は金次郎といい、正作、三之丞、一郎、助左衛門と改名し、後に正義と称した。

父正恭は、谷山郷士・松田為政の二男為親として生まれたが、後に谷山郷を出て鹿児島城下の士・松方左衛門の後を継ぎ、名を正恭と改めた。正恭は、時代の趨勢を見る目があった。薩摩藩は、調所広郷の指導のもとで財政再建に取組み、琉球を介する中国貿易を奨励する政策を採用していた。そこで、正恭は、鹿児島と大島との貿易に目をつけ、莫大な利益を上げ、財を成した。しかし、欧州諸国が薩摩近海に出没して、日本の開国を迫るという天下の大勢から判断して、今日の急務は子弟の教育にあると考え、鹿児島城下に移り住むことを決意した。そして決断するや、迷わず谷山郷の知行を放棄し、松方七左衛門の名跡を継いだのである。

母袈裟は、賢母として聞こえた人であった。正義は、幼少のころ病弱であり臆病であった。漢籍の素読の教授を受けるため師の家へ向かう途中、薄暗い墓地の中を通らなければならず、尻込みした。

母は、家事繁忙の中を、毎朝黎明に正義の手を引いて、風雨寒暑の中一日も欠かさず師のもとに通った。また慈悲深く、倹素を守る人であった。

正義は、父から「大勢を判断する大局観」と「勇断果決」の資質を、母から「堅忍不抜」と「質実剛健」の資質を受け継ぐことになる。

天保一三（一八四二）年、正義数え年八歳の時、太守斉興に御目見えする。この頃、正義が川上助八郎の所で遊んでいたときのことである。川上は、正義の行動をつぶさに観察して、この子は少弱にもかかわらず非常に利発である、成人すれば名士となるだろう、しかしその方向を誤れば無頼の徒になりかねない、と評した。正義は、童子にして、すでに尋常ならざる自我と機知を見せていたことが窺われる。当時の薩摩童子といえば、粗暴を競う風があり、その中で無頼の徒といわれたほどであるから、その粗暴ぶりは際立っていた。体が小さく、病弱であったが故に、一味違った機転と行動で、それを補い、群童の中で目立つ存在になっていた。しかし、正義は、このことを伝え聞いて、他日必ず非凡の偉人として天下に立つと誓い、発奮した。

鹿児島藩では、伝統的に、鹿児島城下の士を尊び、郷士を賤しむ風習があった。正義の父は、初めは谷山郷士であり、後に城下の士籍に列せられたので、「元々は郷士の子ではないか」と罵言を浴びせられ、反復して嘲弄された。正義は、憤懣切歯して、この侮辱に報復しようと発奮した。そのことが、正義の際立った粗暴ぶりと、名士になって見せるという発奮の大きな基になっていた。それは、正義に、「実力主義」、「自助自立」の精神を養っていく素地を形成していった。

天保一四（一八四三）年、九歳のとき痘瘡を患った。しかし、それは正義に幸運をもたらした。病が癒えると、強健無病の体質へと一変したからである。しかし翌年には不幸が襲う。正義一〇歳の時、叔父田中清蔵が藩金を使い込み、弁済の方法が立たず、切腹して罪を償う以外にないという切迫した状況に追い込まれた。清蔵は、正義の父に泣きついて、補償金額の借用を申し込んだ。父正恭は、近親より罪人を出す汚名を考え、家財を傾けて補償に充て、清蔵の危難を救った。ところが、清蔵は再び松方家を訪れて、金若干両を貸与してほしい、何倍かの儲けが期待できるので、三日後には返済すると申し入れた。正恭は、すでに家産を傾けて清蔵に融通していたので、余裕金がなかった。そこで娘婿の谷村彦助に頼んで、三日の期限で所要の金額を借用して、清蔵に融通した。しかし、旨い儲け話が首尾よく運ぶはずはない。清蔵には、初めから返済の意思がなく、騙し取ることが目的であった。

父正恭は、清蔵のために自家財産を傾けたことは仕方がないと諦めていた。しかし谷村家への借金は、なんとしても返済しなければならないと苦吟した。正恭の行動は、信に基づき、義に出たものであった。しかし、事実を知らない谷村家に弁解することはできず、弁済する資力にも欠けていた。結局、正恭が谷村家を騙したように受け取られ、その苦衷は尋常一様ではなかった。遺憾の極みの中で、翌弘化二年一〇月、正義が一一歳の時、母袈裟は病没し、続いて弘化四年六月、一三歳の時、父も他界する。

この事件は、正義に、「信義」の重要性と、「実業」に基づかない投機的経済活動に対する不信感を、骨の髄まで滲み込ませた。松方は、一生涯を通じて、賭け事や相場（投機）を、蛇を嫌うが如く忌避した。後のことになるが、松方には、大久保利通に向かって勝負事を止めるよう忠告し、大久保が困惑して、俺から勝負事を取ったら何も残らないと応えたというエピソードや、政商の五代友厚に、相場を止めない限り屋敷への出入りを許さないと言い放ったというエピソードが残されている。

無頼の徒から陶冶された人格へ

このような事情から、松方は、少年時代を通じて、非常な窮乏生活を余儀なくされた。貧しい境遇のなかで、松方は、武道の修練に励んだ。父が他界した一三歳のとき二才組に加わり、東郷長左衛門に就いて日置流の弓術を学び、一八歳で皆伝を得た。東郷は、「弓道の奥儀は家伝であり、門外不出が原則であるが、正義のみには伝譲する」として免許皆伝を与えた。松方の技量がほとんど神域に達していたことを窺わせる。剣道は、示現流を学び、後に免許皆伝を得、馬術にも熟達し、一たび鞍上の人となればいかなる悍馬といえども矯馴したという。松方は、馬・弓・刀の全般にわたって、文字通り武道を極めた。武道の奥儀を得るために、長く厳しい修練を積み、自制心を鍛錬したことは、正義の精神的年齢を一気に高め、人格を洗練し、陶冶していった。

ところで一五歳になった時、松方は、翻然として書に耽るようになった。当時の鹿児島の士風は、文学等の教訓書を学ぶ者や、書籍に親しむ者を嘲弄し疎外するものであった。しかし、正義は、そのようなことでは一生を誤るとして、学問に志すことになる。これからの世には学問が必要であるとして、鹿児島城下へ移り住んだ父の薫陶が生きていたのであろうか。一六歳で藩校教授平川喜兵衛に師事して、経書の講義を受けた。それによって、専ら精神の鍛錬を積み、道義の観念を養い、「実践躬行」を旨とする考え方が涵養された。正義は、章句の末葉に拘泥せず、「精神一到何事不成」の句を誦し、大義に通じ実行に励むことを重視した。また文章は、意見を発表する必須の手段であるとして熱心に修練した。学問の目的は、単に智能を啓発するに止まらず、身を修め、道を行うことによって、国家に貢献することにある。文辞章句は末梢である、というのが正義の考え方であった。

また正義は、学を志してより、一言一動悉く「礼」に適うように努めた。当時一般の薩摩の習俗より見て、頗る異とされたところであった。松方は、無頼の徒になりかねないと評された自らの粗暴な振る舞いを、何としても矯正しようと努力した。

平川宗之進に就いて、孫子も研究した。敵を知り、己を知ることの重要性、戦わずして勝つことが最上の勝利であるとの信念が育まれた。物事に取り組むとき、綿密な調査を行い、実際に照らして実行可能な政策を立案し、できるだけ争いを避けながら目的を達するが、有事には迷わず果断の処置をとるという松方流は、孫子の兵法と無関係ではなかろう。

一方、松方は、この過程で尊王（攘夷）思想を育んでいく。それは、西郷隆盛や大久保利通らと同じ流れの中を進んでいることを意味していた。

また、鹿児島城下の士族の子弟は、同一方限だけで団結し閉鎖的に交際し、他の方限とはまったく疎隔して、互いに反目するという弊風があった。松方は、方限の垣根を越えて広く交際した。そして仲間が増えるとともに水戸学派の学風が広がり、尊王攘夷を唱導する勤皇有志の糾合を促した。そのため、焼酎を暴飲して漁色するという悪弊が改まり、質実剛健の気風が城下に広がった。わずか一六、七歳の少年時代に、正義が旧来の因習に囚われず、それを打破するために大きな役割を果たしたことは、正義の柔軟な思考様式を捉える上で、特筆に値しよう。

極端に粗暴でしかも機知に富み、「無頼の徒」になりかねないと評された少弱な正義は、文武の修養に努め、精神的に陶冶された強壮な青年へと変貌していった。鹿児島城下の青少年には、質実剛健の気風がみなぎり、その中で正義はまさに将来を嘱望される人物となっていった。

松方の国体観

松方は、朱子学の影響を強く受け、臣民として守るべき節義と分限を明らかにする大義名分を重んじ、王朝の正統性と絶対性を信じ、君臣父子の道徳を重視していた。そして何よりそれを実践することを重んじた。これに水戸学の影響を受けて、尊王思想が重なり、天皇を中心とする政治体制の絶対性への確信は、次第に確固たるものになっていった。

日本を統治する万世一系の皇統は、神聖尊厳にして、日本国民はその赤子として一大家族を成している。国の初めより忠孝一本の大道により、至誠奉公によって一貫し、それぞれが姓氏部民に分かれてその長を定め、互いにその姓氏を尊び、その系族を重んじ、整然として秩序を保ってきた。君臣は親子の情誼を有し、一国は一大家族そのものである。日本の祖神は先天的君主であり、統治の大権は皇位にあり、それは万世一系の皇統として受け継がれる。天皇は皇祖に帰一し、臣民は天皇に帰一し、さらに祖先に帰一し、もって万世不変の国体を形成する。君民一体、上下同心たるべきは当然である。日本は、万邦無比の国体を持ち、その大義名分は明らかである。

（『松方正義関係文書』第一巻、四四〜四五頁）

これは、松方自身が『侯爵松方正義卿実記』で自ら語った国体観であるが、このような観念は、年少の時点で、ほぼその素地が固まっていた。そして国体をそのようなものと捉えて、尊王攘夷運動に参加し、王政復古を唱え、そして天皇を中心とする「国家」に貢献しようと決意することになる。

旧負債の返済

嘉永三（一八五〇）年、松方一六歳の正月、御勘定所出物問合方勤務を拝命し、嘉永五年、大番頭座書役に進み、安政六（一八五九）年、二五歳のとき、勤続七年の慰労金として苦労銀一三〇両を拝領した。

松方は、拝領金の封を切らずに谷村家に対する旧債の返済に充て、多年の恩義に感謝する所存であると兄達に告げた。父母の晩年の憂苦は、実に負債償却の困難に対する焦慮にあった。負債は自家使用のためのものではなかった。信義を重んじる父母が日夜苦痛に耐えざる様子を目撃して、自分は実に血涙を禁じえなかった。この際、旧債を完済すれば、父母に何よりの供養になり、われわれの本懐である、と正義はその意中を披瀝した。

兄達は、異存はないが、全部を返済に充てれば家計が成り立たない、半金を家計に充て、半金を返済に充ててはどうかと反対した。松方は、諸兄の言は一理あるが、まず返済すべきは返済し、改めて借用するも可であると主張した。こうして兄弟四人で、谷村家を訪れ、旧債を完済し、両親の墓前に報告した。

松方は、「生涯の欣快此時に比すへきものなし」と回顧している。この一事からも、正義が、信義を重んじ、公明正大な正直な生き方を尊び、私利私欲に走らず、祖先を尊崇し、当面の損得勘定で物事を判断しない、という価値観の持ち主であったことが窺われる。

松方の内面に刻印された、この旧負債の顛末とその返済問題は、その後の松方の「信義」と「正直」と「目先の損得勘定を超えた」政策観に色濃く投影されていくことになる。

将軍継嗣問題と公武合体論

一八六〇（萬延元）年、松方が二六歳の時、江戸出府を命じられた。この年、島津斉彬《なりあきら》が薨去した。島津忠義《ただよし》（一八四〇〜一八九七）が藩主となり、その父島津久光《ひさみつ》（一八一七〜一八八七）（斉彬の弟）が後見となった。藩主忠義は、江戸への途上、「桜田門外の変」を知り、病気と称して出府を中断した。松方は、後発して一行を追ったが、まもなく「桜田門外の変」についての変報に接し、藩主を急追し、同行して鹿児島に帰還した。時代は、大きく動き始めていた。

この年一二月、川上左太夫の長女政子（満佐子）と結婚した。川上家は薩摩の名門で、松方家とは家格がまったく違っていた。薩摩では、家格にうるさかった。にもかかわらず松方が川上家の長女と結婚したということは、この時点ですでに松方の将来を嘱望する声が高かったことを示している。

この時期、幕府は、政局の一大転換期に差し掛かっていた。第一三代将軍家定《いえさだ》（一八二四〜一八五八）の跡継ぎを巡って、越前藩主松平慶永《よしなが》（一八二八〜一八九〇）・薩摩藩主島津斉彬・土佐藩主山内豊信《とよしげ》（一八二七〜一八七二）ら雄藩の藩主は、一橋家の徳川慶喜《よしのぶ》（一八三七〜一九一三）を推し、徳川譜代大名らは紀伊藩主徳川慶福《よしとみ》（一八四六〜一八六六）（家茂《いえもち》）を推して対立した。一橋派は、雄藩の幕政への参加を強めて幕府の権力基盤を強化して難局に当ろうとし、慶福派は、徳川譜代に支えられて、幕府の専制体制を維持しようとした。これに通商条約をめぐる幕府と朝廷との対立が連動して、朝廷を巻き込んだ争いに発展した。この難局に対処するため、彦根藩主井伊直弼《なおすけ》（一八一五〜一八六〇）が大老に就任し、朝廷の勅許を得ずに日米修好条約に調印するとともに、一橋派を抑えて慶福を将軍継嗣に定めた。

孝明天皇（在位一八四六〜一八六六）は、開国を好まなかった。また、条約調印は違勅である、とする幕府への批判が高まった。そこで井伊大老は、一橋派の弾圧に乗り出した。徳川斉昭《なりあき》（一八〇〇〜一八六〇）・徳川慶喜・徳川慶永らは蟄居・謹慎を命じられ、橋本左内《さない》（一八三四〜一八五九）や吉田松陰（一八三〇〜一八五九）など多数の人々が処刑された。安政の大獄である。しかし、この厳しい弾圧に憤慨した浪士によって、井伊大老は桜田門外で暗殺され、幕府の専制体制は大きく崩れ始めた。

幕府は、通商条約問題で対立した朝廷と幕府の関係を改善し、幕府の威信を回復するために、朝廷と幕府が協調して政局に当ることを目標とする公武合体政策を進め、孝明天皇の妹和宮《かずのみや》（一八四六〜一八七七）を将軍家茂の正室に迎えた。しかし、公武合体政策を推し進めた老中安藤信正《のぶまさ》（一八一九〜一八七一）は、文久二（一八六二）年、坂下門外で刺客に襲われ失脚した。

薩摩藩は、公武合体運動に深く関わっていた。一一代将軍家斉の夫人は、島津重豪《しげひで》（一七四五〜一八三三）の子であり、近衛家の養女であった。島津家は朝廷と幕府の双方に深いつながりを持っていた。斉彬の遺志を継いだ久光は、独自に公武合体の実現に動く構えを見せていた。

藩官僚としての台頭

文久元（一八六一）年、松方二七歳のとき、御家老座御帳掛書助役になり、翌文久二（一八六二）年「国父」島津久光の出府に際して、御先定御供を命じられ、名前を正作と改めた。さらに六月江戸藩邸において、助左衛門と改名した。久光は、開明的君主として知られた先藩主島津斉彬の弟であり、藩主忠義の実父であったので、事実上の藩主として実権を握っていた。この久光の側近に仕えるようになったことが、松方の立身のきっかけとなり、藩官僚としての台頭をもたらすことになった。

久光は、藩内の尊皇攘夷派を抑えて、公武合体を推進しようとしていた。この年、藩兵を率いて、京都に立ち寄り、勅使大原重徳《しげとみ》（一八〇一～一八七九）を擁して江戸に赴き、幕政改革を要求した。幕府は久光の意向を入れ、幕政改革を断行した。一橋家の徳川慶喜を将軍家茂の後見職とし、松平春嶽《しゅんがく》（慶永）を政事総裁として公武合体構想の実現に努めた。また京都守護職を新設し、松平容保《かたもり》（一八三五～一八九三）を任命し、参勤交代を三年に一度に緩和し、安政の大獄以来の政治犯の赦免を実行した。公武合体を目指す流れは、この「文久の政変」で、一応の成功を見ることになる。

この久光上洛の途上に、所謂寺田屋事件が発生し、また江戸からの帰途に生麦事件を引き起こし、それがやがて薩英戦争へと繋がっていく。

薩摩藩の中では、久光の公武合体論に不満を持つ有馬新七をリーダーとする尊皇攘夷派が、久光の頭越しに、九条関白や酒井京都所司代を襲撃して、幕府の罪を糾そうという計画をたて、文久二年四月二三日、大坂から伏見の寺田屋に集結し、夜襲を決行しようとした。京都にあった久光は、二二日松方を大坂に派遣して、暴発を鎮撫しようとしたが、行き違いになった。この間、久光は、鈴木、大山、奈良原等八人を選抜して伏見に派遣していた。急ぎ京都に帰った松方に、久光は、さらに足軽一〇名を率いて有馬等を討伐するように命じた。しかし、この時すでに奈良原等は、寺田屋において有馬等八名を上意打ちにしていた。

この「寺田屋騒動」は人心の不安をもたらした。そこで四月二五日、久光は松方を鹿児島に急行させ、ことの真相と京坂の形勢を藩主忠義に報告させ、藩内の動揺を抑えた。五月一八日松方は鹿児島を発し、久光の後を追って、六月一三日江戸高輪の薩摩藩邸に到着した。

松方は、七月一九日に御近習番に抜擢され、八月二一日久光に随行して帰国の途に就いた。一行が神奈川近郊の生麦に達したとき、英国商人三名と婦人一名が乗馬したまま久光の行列の中間に割って入り、行列を分断する恰好になった。御供目付けの奈良原喜左衛門が、一人を斬り、二人に傷を負わし、落馬した一人に海江田武次が止めをさした。いわゆる生麦事件である。

事件が起きると、供回りの者は現場に駆け出し、久光の駕籠周りは無人となった。松方はこれに気づき、直ちに駕籠脇に駆けつけ、大声で供回りの者を呼び戻し、警固にあたらせた。この松方の沈着な行動は、後に事の顛末を聞いた西郷隆盛の称賛するところであった。この処置は、物事の本末を本能的に判断し、「花」より「実」を重視するという松方の行動様式を、いみじくも象徴する出来事であった。

久光は京都に入った。しかし生麦事件の処理をめぐって、英国、幕府、薩摩の間の交渉はこじれた。

英国艦隊の鹿児島襲来が懸念される事態となり、その対応策を講じる必要性が切迫した。松方は、久光の意向を携えて、八月一五日鹿児島に先発し、久光も九月七日鹿児島に帰着した。

文久三（一八六三）年五月、松方は御小納戸勤役となり、一代新番馬廻格に任じられ、さらに六月議政所掛を拝命した。ついに、松方は藩政に直接参与する地位につくことになった。これ以降、松方は常に久光・忠義の側にあって、藩政の枢機に参与し、京阪にある大久保と内外呼応し、肝胆相照らして事に当たるという間柄が出来上がっていった（『松方正義関係文書』第一巻、一〇六〜一一三頁）。

六月二七日、英国艦隊が鹿児島湾に入り、生麦事件の賠償金と犯人処罰を要求した。七月二日、薩摩側の拒否の回答とともに、戦闘の火蓋が切っておとされた。交戦は二日間に亘ったが、四日には英国艦隊は撤退した。

薩英戦争は、結果として薩摩藩と英国との連携を強めるきっかけとなった。強大な西欧軍事力を目の当たりにし、攘夷が不可能であることを悟った薩摩藩は、以後急速に尊王開国主義、そして倒幕へとその路線を大転換させていくことになる。薩摩は、英国からの武器の輸入・英国への留学生の派遣・西洋式工場の建設などの藩政改革、富国強兵政策を進めていった。

松方と大久保

元治元（一八六四）年八月の第一次長州征伐では、薩摩藩は幕命に応じて出兵し、松方は薩軍監察として出征した。しかし、その後薩長の提携交渉が急速に進捗し、一八六六（慶応二）年には薩長同盟が成立する。歴史の歯車は急速に回転して倒幕へと向かい、公武合体派は次第に時勢に乗り遅れていく。薩摩藩では、公武合体派の久光の影響力は次第に薄れ、討幕派の西郷隆盛や大久保利通のリーダーシップが確立されていった。

松方は、久光側近として順調に出世したが、他方では西郷や大久保と密接に連絡をとり、特に大久保には一貫して兄事していた。例えば、文久二(一八六二)年七月江戸に出府の折、久光の御近習番に抜擢されたが、このとき大久保を招待し、祝杯を挙げている。両者の親密ぶりは、特別なものであった。

また慶応元(一八六五)年二月一八日、藩主忠義が栄之尾温泉に赴き、長期滞在(三月二一日まで)することになったとき、初め忠義は、西郷を随伴させようとした。しかし西郷は鹿児島に留まる必要があったので、御側役島津求馬が随行し、松方と野村須磨等が随員になった。その後、西郷は藩命によって筑前に出張し、そのまま京都に上洛してしまった。鹿児島に藩の柱石と頼むべき重臣がいなくなったことを心配した松方は、二二日京都滞在中の大久保に至急帰郷するように手紙を書いている。薩長同盟が成立する前夜であり、倒幕に向けての藩論の統一が重大な時期にさしかかっていた。西郷・大久保の両雄が鹿児島を離れれば、薩摩藩が政治的に不安定化する恐れがある微妙な時期であった。松方は、大久保への手紙の中で、「数ならぬ私いとど心配に御座候」と書き送っている(『公爵松方正義伝』乾巻、一七五〜一七七頁)。松方がいかに大久保を頼りにしていたかが窺われる。

徳富蘇峰は、「出仕以来、久光の側近に仕え、先輩として大久保を推し、終始大久保とともにその進退を同じくして、その常軌の外にでることがなかった」と松方の行動を評価している(『公爵松方正義伝』乾巻、八五頁)。この見方が、大久保と松方の関係の重要な側面を捉えていることは間違いない。

確かに明治維新後、松方が新政府で重きを成す重要な要因の一つが、終始一貫して大久保と進退をともにしたことにあることは疑いない。しかし、松方の経済財政思想と大久保のそれとは相当異なっていた。また大久保は、必ずしも松方を政治的に重用したとは言えない側面をもっていた。むしろ明治政府部内で、松方の台頭を抑制する役割を果たしていた。大久保は、松方を、忠実な実務担当者として重宝していた。大久保は、松方の昇進を、「人事の公平」を確保するという名目で凍結していた。大久保存命中には、大久保の力による松方昇進は、実質的にはなかったといってよい。

そして何よりも、松方が政治家・財政家として明治政府内で独自の役割を果たし、真価を発揮するようになるのは、実は大久保が暗殺されて以後のことであった。松方が政治家・財政家として大をなす上で、大久保「要因」は、その一要因であるに過ぎない。

3 海軍を志す

長崎へ

松方は、一八六六（慶応二）年一月、三二歳で郡奉行に抜擢され、五月には御船奉行添役となり、九月には豊瑞丸乗頭（船長）を命じられ大坂に航海した。その後、軍艦掛に任じられ、一二月に長崎に出張した。

当時、薩摩藩では新たに海軍を設立する計画が進んでいた。松方は、海軍設立の急先鋒であった。軍艦の操縦や海軍訓練方法の研究が急務となり、松方は自らその任にあたるべく、長崎出張を志願した。長崎には幕府の海軍練習所があった。松方は、そこで海軍技術の習得を目指すことになった。

長崎では、西洋数学の研究と測量術の研究のため、日夜寝食を忘れて刻苦勉励した。珠算の加減乗除しか知らなかった中年の松方が、西洋の数学を身につけるということは、尋常一様の難事ではなかった。松方が「算数」に熟達したのは、このときの修練の賜物であった。このときの訓練によって、論理的思考力が身についたということであったろう。

軍艦の規則や艦内の整理に関しても研究を行っている。松方は、艦内整理の良否を視察するにあたっては、必ず先ず「水夫部屋の整頓如何」に着目すべきであると強調している(『松方正義関係文書』第一巻、一三一〜一三二頁)。松方は、物事を分析するにあたって、抽象的な規則の中身から出発するのではなく、実際の現場を観察することを重視した。そして実際に即した実践的方策を案出する能力に長けていた。

慶応三(一八六七)年四月、藩命によって一旦鹿児島に帰還した松方は、再び長崎出張を命じられ、八月帰藩して、九月三度藩命により長崎に赴く。松方は、目まぐるしく鹿児島と長崎を往復した。そして一〇月には、御軍賦役兼務を命じられる。近く倒幕を決行することが決定されており、一一月には藩主忠義が上京するとの報が伝えられ、事態が急迫していた。しかし、薩摩が保有する軍艦乾行丸は破損して修理中であり、軍艦の不足が深刻化していた。

松方は、新たに一隻の軍艦を購入しようと決心し、当時長崎で売却される予定の外国軍艦に試乗し、そのうちの最大かつ新造で一六ノットの快速を誇る春日丸に目をつけた。船価は、一六万両であった。

松方には、資金の準備はまったくなかった。しかし、鹿児島出身の商人浜崎太平治から半金の八万両を借入し、残金は後日払いという条件で、洋商グラバーを仲介に立て、独断で購入に踏み切った。周囲の者は、松方の独断的行動を危惧した。これに対して、松方は、「もし戦に破れれば唯死在るのみ。幸い勝てば残金の支払いなど簡単にできる」と応えた（『松方正義関係文書』第一巻、一三四頁）。

有事には、平時の金銭勘定で行動すべきではない。有事に最も重要で最も必要なものは何かという根本的観点から、思考を組み立てる必要がある。松方の積極果断な性格が、遺憾なく発揮されたといえよう。そして、有事においては時期を逸せず積極果断な処置を実行するという性向は、松方の終生変わることのない行動パターンであった。松方は、当時藩の重役であり、相当の裁量権を持っていたであろうが、独断専行して軍艦購入の決定を下すことには、相当な決意を要したはずである。

無論、春日丸授受に当たっては、周到な配慮をめぐらす用心深さも示した。当時外国船を購入した場合、実際の受け渡し前に高価な船具類が劣悪なものと取り替えられて、引き渡されることが通例であった。松方は、船具再製の労費を省くために、契約成立と同時に外国船員の乗艦を禁止し、薩摩の船員を搭乗させて、現状のままでの授受を完了させた。

長崎にて（30歳ころ）

父親譲りの英断果決の資質と、「実利」を重視する実務家的資質が、開花した瞬間であった。平時には慎重に実利的に行動し、有事には積極果断に行動するという松方流の行動哲学が定着していくことになる。

春日丸を鹿児島に回航した松方は、当然これを軍艦として使用することを主張した。しかし藩首脳は、財政困難の折から、商船と同一の扱いをして運送船として米穀を積載すべきであると主張して対立した。松方は、春日丸の購入動機は軍艦として使用するためであり、商船として使用するなら、自分は艦長を辞すると主張して対抗したが、上層部の容れるところとならず、松方は艦長を辞任した（『松方正義関係文書』第一巻、一三五～一三六頁）。

結果的には、松方は、これを契機に海軍志望を断念することになる。もしここで松方の主張が容れられていたら、後に「薩の海軍」といわれた日本海軍を率いる松方の勇姿が見られていたかもしれなかった。しかし、海軍を断念したことが大きな岐路となり、後に文官として身を立て財政家として大成する出発点となった。金なくして海軍無し。松方は、軍事の基礎が財力にあることを思い知らされ、財政基盤の重要性を認識することになる。

歴史は巡って、後年松方が大蔵卿として紙幣整埋に取り組み、財政事情を盾に、大規模な軍艦建造計画を主張する海軍を抑制する役回りを演じることになる。まさに歴史の配剤の妙であるとしかいいようがないであろう。

松方は、一二月、新たに乾行丸掛に任命され、再び長崎に赴いて、小銃購入にあたった。明けて明治元（一八六八）年一月、松方三四歳の時、鳥羽伏見の戦の火蓋が切って落とされた。

長崎奉行河津祐邦は、配下の振遠隊を使って、薩摩や海援隊の人士に威圧を加えていたが、鳥羽伏見で幕府軍が敗れると、フランス船を買収して公金一万七〇〇〇両を持って逃亡を図った。松方は、海援隊の佐々木三四郎（高行）とともに、いち早く長崎奉行所を占領し、フランス船に使いを出した。官金返還に応じない場合には断固たる処置をとると警告し、河津を屈服させた。そして松方と佐々木は、この公金を活用して長崎の秩序維持と人心安定に努めた。この一件では、松方の臨機応変の処置と、危機管理能力の高さが示された。

さらに振遠隊の暴挙を、未然に抑える必要があった。松方は、同行を望む佐々木に対して、二人同時に斃れれば後事を託す人物がいなくなると説得して、非常の決意をもって単身屯営に赴いた。隊長に面会して、大義名分を説き、厳然たる態度で説諭して、これを帰順させた。その状況は、元振遠隊員であった兵部省仕官の回顧によれば、「松方の決死の決意はその容色に顕われ、厳然として寸毫も犯すべからざるものであった」という（『松方正義関係文書』第一巻、一四三頁）。松方が、武道の達人であり、平素から精神修養を積んでいたからこそなしえた業であったろう。松方の果断の資質は、ここでも遺憾なく発揮された。

幕末―維新期に長崎が混乱と動揺を免れ得たことには、松方等の臨機応変の処置と果断な意思決定が大きく貢献していることは間違いなかった。松方の長崎における行動は、久光の称揚するところとなり、書を送って、海軍方を辞めて政事の方に従事するようにと申し渡した。松方は、武官としての立身の道から、文官として立つ決意を固めた。

長崎奉行が出奔してから長崎の時局を統率する人物がいなくなり、政治的権力の空白状態が生じていた。長崎の人心を安定させ、外国領事との商議を全うするために、内政外交上の意思決定機構を整備することが急務となっていた。松方は佐々木と計って、長崎在留の各藩士会同合議によって万事を決定することに決め、西役所を会議所と改称して、ここに各藩士が交代で出勤することを約した。しかし実際には、松方と佐々木の協議によって、ことは決められていた。

大隈との出会い

当時、佐賀藩からは副島種臣《そえじまたねおみ》（一八二八～一九〇五）と大隈重信が長崎に来ていた。松方が合議処断のことについて意向を質したのに対して、大隈は「未だ藩命がないので参加することは出来ない」と答えた。しかし、各藩が続々集まり、共にことを処断しようということになると、大隈は数日後に「藩命があったので参加する」と回答してきた（『松方正義関係文書』第一巻、一四六～一四七頁）。これが、公の場所での、松方と大隈の最初の折衝であった。

このような状況から判断して、松方の大隈に対する第一印象は、どうも芳しくなかったようである。もっとも大隈も、「松方も薩摩に生まれなかったならば、せいぜい知事ぐらい」として、松方をあまり評価しなかった（西野喜与作『歴代蔵相伝』四三頁）。人の評価は、最初の出会いで大きく左右されることが往々にしてある。松方と大隈、明治財政の屋台骨を担った二人の長い協力と対立の歴史が、ここに始まることになる。

今一人、明治財政の大家に擬せられる人物としては、長州の井上聞多（馨）（一八三五～一九一五）がいる。その井上が、明治元（一八六八）年一月、沢宣嘉《さわのぶよし》（一八三五〜一八七三）九州鎮撫使の参謀として、長崎に赴任してくる。二月長崎裁判所が設置され、沢が総督を兼任した。松方と佐々木は、鎮撫使参謀となり、明治新政府に仕えることになった。奇しくも後に明治財政の三大家に数えられることになる大隈、松方、井上が長崎の地で会同し、同僚として机を並べることになったのである。

その後、三月長崎裁判所参謀、四月内国事務局権判事となり、同月二五日日田県が設置されると同時に、松方は大久保の推薦によって同県知事に任命された。

松方は、長崎で新政府官僚としての第一歩を踏み出した。大隈と同役としての出発であった。大隈は、持ち前の才気を生かし、外交交渉で実績をあげ、急速に頭角を現し、政府高官として、中央政府の中枢へと早足で駆け上っていった。松方は、地方長官としての地道なキャリアから、政府官僚としての長い階段の入り口に立った。

松方の資質と政策センス

公武合体を推進する島津久光の側近として頭角を現してきた松方は、幕末に長崎にあって、薩摩藩官僚から維新政府官僚に転換できるチャンスをつかみ、近代国家建設という新しい歴史の奔流に乗った。そして、新政府の地方長官として、当時の国民生活と生産活動と密着した「たたき上げ」の経歴を積んだことが、維新後の経済社会の実情を踏まえた政策論、実務に明るい財政家としての資質を鍛え上げていく。常に直面する現実の「実際」から物事の本末を見極め、十分な調査を実行し、具体的解決策を発想するという政策態度を育んでいった。欧米で発達した抽象的な「理論」や「知識」から発想して、日本の現実を裁断するという、一見華麗な政策論とは全く肌合いの違う政策思想が生まれる土壌が、そこにあった。松方は、その実際から発想するスタイルゆえに、「実際（現状）」を把握するために、その実際が出現するに至った歴史的な来歴を重視した。しかしその分、時代の先端的な議論からは遠く、欧米の知識や文物に疎いという弱点をも抱えていた。直面する政策課題を「実際」に即して解決するには、現実に適合した具体的で実現可能な政策を採用しなければならない。その意味で、物事の本末を見極め、まず基本方針を確定し、実現可能な「健全性・安全性」を重視した政策選択を行う。いったん決定されれば、不退転の決意でやり抜くという「果断の精神」を持たなければならない。国家の信用がかかっているからである。しかし選択された政策は、実際に適合し時代の進歩に対応できているか否かでテストし、洗練されていく弾力性をあわせ持たねばならない。

松方の政策論は、まさにこのようなステップを踏んで、体系的な形を整えていくことになる。松方は、日本の実際から出発する。実際を生み出した歴史的経緯を分析する。そして、実際から抽出された実務的知識と実務的創意に基づいて基本方針を導き出した。その後、行政的経験と欧米の知識や理論的研鑽を積むなかで、次第にその政策センスは洗練され補強されていく。こうして、松方の政策論は、論理的に首尾一貫した「実際に適応する」政策論として凝固していった。

これに対して大隈の政策論は、外国から輸入した「知識」や「理論」をもとにして、日本の「あるべき姿」を論じる傾向が強い。したがって、現実とは遊離した一種の机上論に陥りがちであった。大隈の博学は、欧米の「常識」と日本の「現実」との落差から生じる外交上のトラブルを解決する外交交渉の場では、遺憾なくその強みを発揮した。しかし内政面では、日本の現実と遊離した財政経済構想を強引に進めようとしたり、また日本の現実に引き戻されて方針を逆転したりして、一貫性を欠くという欠陥をあわせ持っていた。

才気煥発で西欧の知識を縦横に駆使して、新たな構想を次々に政策化しようとする華麗な「国際派」の大隈。国内社会経済の実際から発想し、実践的な政策路線を追究しようとする地味な「民族派」の松方と言ってよいだろう。

大隈は、博識を売り物にして、大向こうを唸らせる華麗な政治論や政策論を好み、その場その場で政治的に有利な政策論に速やかに転換する柔軟性をもち、その政治的才腕は群を抜いていた。日本が政治・経済面で欧米に決定的に遅れていることを認識し、欧米の制度文物を一気に導入して、近代化を図ろうとした。しかし、政治的柔軟さは、一貫性や信頼性の欠如と紙一重であり、重大な政治的欠陥ともなりうる。

これに対して松方は、万世一系の国体を信奉する保守的政治観を持ち、海外の制度や知識も日本の足らざるところを補う目的で活用しようと考えていた。日本の政治制度の優位性を確信し、日本の潜在的経済能力を高く評価していた。したがって、日本の持つ特徴を生かした「実際」に適合する政策論を主張した。日本の底力を信じる松方の政策論は、欧米の経済理論や実情についての研鑽を積むにしたがって、次第に精緻さと政策的一貫性が備わっていった。財政経済政策は、実務と理論のバランスに裏づけられた整合性を持つようになり、現実的で堅実な政策路線として結実していく。その経済財政政策論の確実性に対する信認は高かった。総じて、松方の政治観や政策論は、細部では柔軟性を持つが、大筋では剛直であった。

このように殆どすべての面で対照的であった大隈との協力と対立の中から、松方の政策思想は洗練されていき、独自の政策スタンスに結実していくことになる。

ともあれ、松方は、大久保の推薦により、維新後日ならずして、日田県知事に就任し、次いで中央政府に転じ、維新政府の最大の課題の一つであった地租改正事業に、大隈の下僚として協力して取り組むことになる。

大隈の立身出世

大隈は、新政府のキリスト教弾圧から生じた「浦上切支丹事件」を処理したことで、一躍中央政界で台頭するチャンスをつかんだ。長崎の沢総督は、攘夷派の公卿であったから、キリスト教を弾圧した。そしてそれが、外交問題に発展したのである。しかし、新政府にはキリスト教問題を処理できる知識はなかった。そこで、東西に亘る博識を武器にまくし立て相手を圧倒する大隈の弁舌が、力を発揮することになる。大隈は、明治元（一八六八）年三月、外交局判事に任命され、四月、京都において政府首脳や外国公使が見守る中で、英国公使パークスと対決した。大隈は、持ち前の博識を駆使して、国家統一を図る上で当面はキリスト教の禁制は解きがたいことを論じ、パークスの抗議を封じ込めた。

この事件を契機に、岩倉など政府首脳は、大隈を頼みとするようになり、明治元年一二月、外交官副知事に抜擢された。そして、貨幣をめぐる外交交渉に関わるようになったことで、大隈は財政問題を手掛けることになった。

維新政府は、政府の財政需要をまかない、殖産興業政策を遂行するために、巨大な財政資金を必要とした。しかし、創成期の政府の財政基盤は、旧幕府の所領を引き継いだだけであり、薄弱であった。したがって、政府紙幣の発行や借入金に依存せざるをえなかった。政府は、会計事務掛であった由利公正の建議に基づき、会計基金三〇〇万両を募集し、殖産興業資金を創出するために四八〇〇万両の金札を発行した。しかし金札は、本来の目的である殖産興業資金として活用されたものは一部に留まり、大部分は財政赤字を埋め合わせるために使用された。つまり、結果として財政窮乏を凌ぐために不換紙幣を発行したのと同様になった。いまだ薄弱な信用しかない新政府の発行した金札は、円滑には流通せず、大幅な打歩が生じた。一方、幕末には内外の金銀比価の相違（日本では著しい銀高）から激しい金の流出が生じ、幕府はこれに対応するため品位を落とした金貨を鋳造し銀高の是正を図ったが、それを契機に贋貨が横行し、外交問題が生じていた。

新政府は、当初この状態を改善しようと考えていた。だが金札の流通が困難になると、旧幕府と同様に、品位を落とした貨幣鋳造を開始し、結果として贋貨が溢れた。こうして、貨幣の混乱・贋貨の氾濫は損害をもたらすとする外国商人の不満が爆発し、事態は外交問題として重大化した。このような状況から、外交官副知事として外交交渉に当たっていた大隈は、外交問題解決のためには、国内の財政制度・貨幣制度の整備が不可欠であると意見具申した。これに対して、政府首脳は、外交交渉に当たるためには、大隈に財政上の権能も与える必要があると考えた（『大隈侯八十五年史』一二二六～二二七頁)。

その結果、大隈は、明治二年一月参与兼会計官御用掛を兼務することになり、辞任した由利公正に代わって、同年三月会計官副知事に任命され、政府の財政責任者として活躍することになった。さらに同年七月に大蔵大輔(次官)となり、外国公使と折衝を開始し、数日で交渉は決着した。日本は、二分金の量目を確定し、それ以外は贋貨として流通を禁止し、外国人の保持する贋悪貨は、兌換することとした。

この外交紛争を契機に、兌換制度の確立を目指した通貨制度整備が目指され、明治四年二月造幣寮が開業し、五月新貨条例が公布される。貨幣の呼称を「円」とし、金本位制度をとることが規定された。しかし、開港場での貿易に使用する一円銀貨を鋳造して「貿易銀」とすることを同時に規定したので、実質的には金銀複本位制であった。金銀比価は1:16と定められた。大隈は、明治四年までに、金札をすべて新鋳造貨幣で兌換するか、利子付公債に振り替えると公約していた。しかし、廃藩置県が断行され、政府支出が膨張したこともあって、公約は実行できなかった。政府は、新たな政府紙幣を発行して、金札などの旧官札や政府に引き継いだ旧藩札をすべて新紙幣と交換し、紙幣の統一だけは何とか実現した。

大隈は、明治二年七月に大蔵大輔に任命された際に、民部大輔も兼任し、政府の高官として縦横にその経綸を揮う地位が与えられた。新政府に仕えてからわずか一年半で、薩長の領袖と肩を並べる政府高官の地位に上った。大隈の下には、伊藤博文、井上馨、渋沢栄一《しぶさわえいいち》(一八四〇~一九三一)、五代友厚、加藤弘之《かとうひろゆき》（一八三六〜一九一六）、神田孝平《かんだたかひら》（一八三〇〜一八九八）など野心的な俊英が集まり、彼らのアイディアが大隈の手で、政策化されていくことになる。

例えば、大隈は伊藤と協議して、東京—横浜間に鉄道建設を企画し、オリエンタル・バンクからの借款によって、明治五（一八七二）年に新橋—横浜間の鉄道を完成させた。この外資導入による建設には政府部内に強い反対があったが、大隈は押し切った。また大蔵省の方針として、経費節減を強引に推し進めた。

このような強引さが保守派の反発を招き、大隈の大蔵・民部両省に亘る権限を縮小しようとする動きを生み出し、いわゆる「民・蔵分離問題」を引き起こすことになる。大隈に対する攻撃は、大久保を中心とする薩摩の保守派を震源としたものであった。これに対して、大隈を支持したのは、主として木戸孝允《たかよし》（一八三三〜一八七七）を中心とする長州閥であり、その底流には大久保に対する反発が流れていた。事態は紛糾したが、大隈がいずれは参議に就任するという含みで、一八七〇（明治三）年七月、大隈は一旦民部大輔を辞任し、大蔵大輔専任となり、結局九月に参議に就任することで決着した。

大隈は、すでに廃藩置県以前の段階で、新政府の最高の地位にまで上り詰め、財政経済政策を主導する立場に立っていた。これに比べれば、松方の歩みは、問題にならないほど遅かった。

新時代の奔流

時代は急速に動いていた。新政府は、封建割拠体制を清算し、中央集権的な政治体制を一挙に確立しようと動いた。明治四年廃藩置県を断行し、全国の徴税権を掌握して地租改正に着手した。旧来の年貢を近代的地租へと変革し、政府財政基盤の整備を図った。同時に、兵部省を創設し、徴兵制を導入して、軍事権を掌握した。ついで、旧武士団の処分に着手し、華士族の秩禄処分を行って財政負担を軽減し、さらには士族の帯刀を禁止した。

政府は、殖産興業政策にも力を注いだ。明治三年工部省を設置し、官営模範工場を各地に建設して、日本への新産業の導入と普及をはかった。明治四年には、新貨条例を公布して貨幣の統一を図り、翌明治五年国立銀行条例を公布して、米国型の分権的な銀行制度を導入した。

外交面でも、幕末に締結された不平等条約の改正と、清国・朝鮮問題の解決に取り組んだ。政府は、岩倉具視を団長とし、政府の主要閣僚を含む使節団を欧米に派遣して、条約改正の予備交渉を行う計画をたてた。あわせて、欧米諸国の議会・政府・産業・教育・文化の実情を視察し、日本が近代制度を整備する上での参考にしようとした。

使節団一行は、欧米諸国の立憲政治や高度に発展した産業など強大な国力を目の当たりにし、日本の国力の劣弱さを痛感し、条約改正の機が熟していないことを痛感した。早急に富国の実を挙げる政策を実施することこそ、日本がとるべき最優先課題であるとの使命感を胸にして帰国した。

ところが、日本国内では、武力を背景にして、鎖国政策を固守する朝鮮に開国を迫るべきであるという征韓論が高まっていた。留守政府の西郷隆盛・板垣退助《いたがきたいすけ》（一八三七〜一九一九）・後藤象二郎（一八三八〜一八九七）・江藤新平（一八三四〜一八七四）・副島種臣の諸参議は、西郷を使節として朝鮮に派遣し、朝鮮が国交要求を拒絶すれば、武力に訴えて朝鮮の開国を実現させるという強硬方針を内決していた。征韓論は、政府に不満を持つ不平士族の目を対外緊張に向けさせ、政治不安を緩和しようとする政治目的をも併せ持っていた。

しかし、欧米視察から帰国した大久保・木戸らは、「内治優先」を主張し、征韓論は破れた。征韓論を唱えた諸参議は、一斉に辞職した。この「明治六年の政変」で、内治充実を最優先する大久保を中心とする勢力が、政府の主要部署を独占した。大久保は、自ら内務卿に就任し、大隈重信を大蔵卿に、伊藤博文を工部卿に配して、所謂「大久保独裁体制」を整えた。大久保政権は、殖産興業政策に注力しながら、内外の懸案を迅速に処理していった。これに対して、下野した参議は、「民撰議院設立建白書」を提出して、政府の「有司専制」を激しく攻撃した。

政府は、朝鮮問題を解決する道を模索したが、明治八年江華島事件を契機に朝鮮に圧力をかけ、翌年日朝修好条規（明治九年）を結んで、釜山・仁川・元山を開港させ、片務的領事裁判権や関税免除の特権を獲得し、朝鮮開国問題に一応の決着をつけた。一方、明治四年台湾に漂着した琉球漁民が原住民に殺害されるという事件が発生した。清国は、その責任を取ろうとしなかったので、日本は明治七年台湾に出兵した。事件処理を巡る交渉は難航したが、結局清国が賠償金五〇万両を支払って解決した。清国との台湾問題を巡る紛争も、武力衝突に至ることなく無事に乗り切った。こうして、日本を取り巻く当面の外交上の紛争の火種は鎮火し、内治に専念できる環境が整えられた。

政府は、国内の不平士族の武力鎮圧に乗り出す。明治七年の前参議江藤新平の佐賀の乱、明治九年の熊本の神風連の乱、福岡の秋月の乱、山口の萩の乱など相次いで起こった不平士族の反乱を、個別撃破して鎮圧していった。

そして、政府は、ついに反政府運動の一大強国と化していた鹿児島の反乱に直面した。明治一〇年二月、鹿児島で私学校生徒を中心とする不平士族が、維新の最大の元勲西郷隆盛を担いで挙兵した。政府は、九月には西郷軍を鹿児島に追い詰めて、西郷ら首謀者を自刃に追い込み、完全に敗北させた。西南戦争は、八カ月の期間と、四一五七万円の戦費を費やし、政府軍・西郷軍合わせて三万五〇〇〇人以上の死傷者を出した、戊辰戦争以来の深刻な内乱であった。徴兵制の軍隊が、日本最強と目されていた鹿児島の西郷軍を撃破したことは、士族に武力反乱の時代が終焉したことを思い知らせた。

政府は、内乱を最終的に鎮圧し、政治的・軍事的威信を確立した。そして維新の動乱は、西南戦争によって終結し、対外的な紛争の火種も鎮火したのである。時代の歯車は、近代的な経済基盤と政治制度の整備へと急速に回転していくことになる。

第二章　富国強兵国家への参画

1　地方官僚として政策センスを磨く

日田県知事として奮闘

明治元（一八六八）年四月二五日、松方は、日田県知事に任命された。松方の任務は、新政府のために一〇万両の借款を調達することであった。「金借知事」と呼ばれた所以である。日田県は、旧幕府天領であり、比較的裕福な地方であった。成立当初の新政府の財政基盤は極めて薄弱であり、倒幕や東北征討の軍資金や新制度移植に要する莫大な経費は、主に旧天領の年貢や富豪に対する御用金と太政官札の発行によって調達されていた。当時の財政は、政府・各藩ともに、臨時に生じる経費を支弁するために臨時に収入を画策して一時を凌ぐ、という状態であった。松方の任務は、まさに中央政府に要する資金を調達し、財政困難を救済することであった。

日田県は、旧幕府天領を引き継いだという事情から、新政府に人心をひきつけることが出来るかど

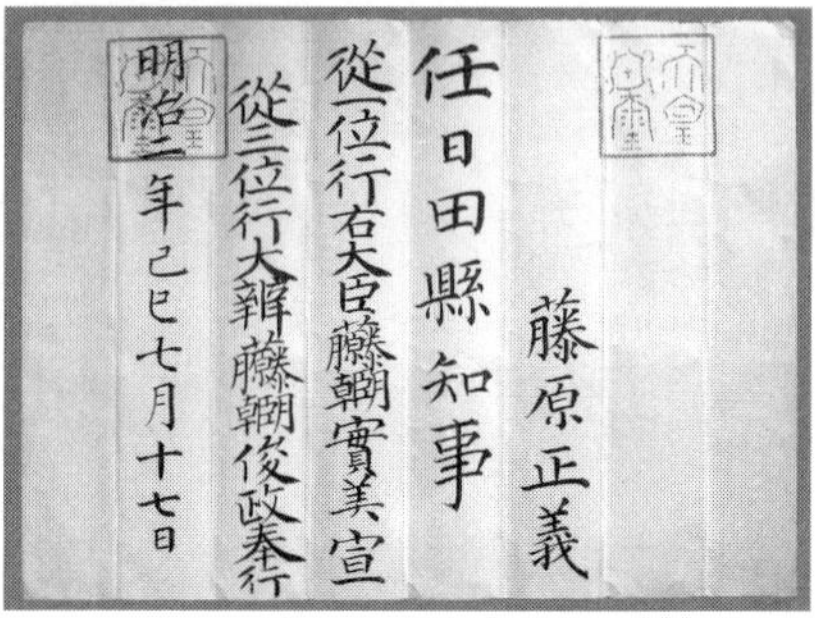
藤原正義
任日田縣知事
從一位行右大臣藤朝臣實美宣
從三位行大辨藤朝臣俊政奉
明治二年己巳七月十七日

日田県知事の辞令

うかが、施政の鍵を握っていた。松方は、当初より、この点に周到な配慮をめぐらしていた。松方が赴任するに当たって、日田に暴徒が蜂起し、近藩から鎮圧の兵が動員されるという事態が生じた。松方の知人は、危害を避けるために長崎の兵を引率して任地に赴くように忠告した。しかし、松方は、自分には期するところがあるとして、単身任地に乗り込む。日田の人士は、松方が予想に反して単身で赴任してきたので意表をつかれ、松方の行動を賞賛した。さらに、県の役人に、土地の人材を広く採用し、誠意をもって政治を行った。こうして、短期間に人心を収攬することに成功した。

また、資金調達にあたっては、富豪を招いて、新政府の財政多端の折、忠誠奉公の必要を説いた。そして、旧幕府時代の御用金とは異なり、将来返済する借入であることを周知させ、強制的に割り付けることをしなかった。松方は、政府（知事）に対する信認を取り付けることを重視し、自発的拠出によって一〇万両の資金調達に成功した。人々の自発的意思を尊重し、政府の信用を重視する正直な姿勢は、後に松方が財政家として大成する上で不可欠の資質を示すものであった。

六月一七日、松方は、日田陣屋を日田知県事役所と改称し、役所前に上書箱を設け、何事によらず意見があれば遠慮なく申し出るように布達している。人心を安定させることが目的であったが、これを通じて民情を詳しく把握できる利点もあった。そして、知事の座席を受付の隣に設置し、直接に民情に通じ民意に触れる機会を作った。

また同日、三つの県治方針を明らかにした（『松方正義関係文書』第一巻、一六二～一六三頁）。第一は、悪弊を洗浄し、朝命を遵守し、職業に励み、上下心を一つにすべきことであった。この趣旨にそむき「民間の妨げをなし、または賄賂授受をおこなうこと」を厳禁した。天皇を中心とする一君万民の松方の政治観が、よく現れている。天皇のもとで万民は、上下一体となって行動し、民間は正業に励み、政府は民間の妨げになる行為を慎み、公正に振舞うべきであるとしたのである。

欧米の知識や理論とは異なった基準からではあるが、財政・経済の運営についての基本方針が示された。それが効率性を重視する近代資本主義的経済運営の基本方針と殆ど一致していることは、興味深い。そこには、政府の民間に対する干渉を排除し、民間の自立的発展を重視する経済思想が、明確な形で息づいていた。

第二は、金銭貸借上に関する信義の強調である。金銭は「実意」をもって貸借すべきものである。ただ自分勝手に返済を等閑に付し、軽薄の風俗に流され、義理を欠くにいたるのは、人たる道に悼り、はなはだ不都合である。金銀は急用を凌ぎ、あるいは商いの元手に用いるものであるから、職に就き、あるいは利得を得たならば、期日を守って元利を返済するよう取り計らうべきである。借主は自分が窮迫していたときを忘れず、貸し手は貧しきもののために高利を貪らず、正常の取引をおこなうことが必要である、と。

松方の金銭観が、よく現れている。金銭貸借は「信義」に基づき「正常の取引」をおこなうためにこそなされるべきである、とことさら強調する背景には、少年のころ親戚の叔父の危機をその信義によって救った父親が、重ねて騙され、その後の松方家の貧窮を引き起こした記憶が色濃く投影されているということが出来よう。

第三は、従来、役人が領内を巡回するたびに、領民に余計な出費と負担をかけていた。今後は、知事の村落巡検の際にも、村々から余分の差出を行う必要がないと布告した。

これは、実質的な減税政策であり、県民の負担を軽減するとともに、人心の収攬に大きく貢献したと考えられる。

社会政策への取り組み

松方は、赴任した当初より、日田地方で行われていた堕胎や捨子の悪習の刷新に取り組んだ。医者と産婆を集めて説諭し、僧侶の協力も求めたが、一向に効果が上がらなかった。道徳論や精神論では効果が上がらないと見た松方は、自ら養育館を創設して、育児事業に乗り出した。まず私財を投じ官民の寄付を募って基金を作り、堕胎防止の具体策を工夫した。事業の主眼を、無父の私生児を保護することに置き、各村に周旋方を定め、孤児・捨子および妊婦の調査を行い、実情を正確に把握する一方で、それを報奨制度と結合させて運営するシステムを作り上げた。

無配偶者婦人の妊娠を探知して報告した場合には、探索賞金一〜二分を与え、堕胎を止めるよう説得に成功した場合には説得賞金二分を与え、胎児出産後に密夫密婦を結婚させ自育するよう説得した場合には媒酌賞金二分を与えた。また既に養育館に収容した胎児や、収容前の私生児の貰い受けを周旋した場合には、周旋賞金一〜三分を与えた。そのほか、堕胎の罪を犯さずに分娩した者に対しては、祝儀金二分と衣服肌着を与え、生計困難にもかかわらず自ら養育する者に対しては自育賞金一〜五両を与え、館児を養う養母には持参金として養家に付属金三〜五両を与えることにした。他方で、堕胎の罪を犯すものに対しては、その婦女ならびに産婆に対して、出張館員の面前において剃髪させ、重罪の場合には放逐を命じた（『松方正義関係文書』第一巻、一七二〜一七五頁）。

現在から見ると少し酷いようだが堕胎に対する賞罰を明確にし、出産と育児にインセンティブを与え、同時に養子縁組を促進するという実際的な方式は、顕著な効果を挙げた。民情を把握し、実情に即した実践的な解決方法を開発する創意にあふれた方式であった。既成道徳論や外来思想の受け売りに陥りがちな当時の社会状況の中で、松方の「実際」に足をつけた対応策が光っている。

これと同時に、産児を養育館に随時請託できるように、胎児を館の門前に捨て置くことも差し支えないとし、個人の体面に配慮した方法をとった。そのため、館児の数は一五〇余人に達した。松方は、新しい育児の方法を工夫する。まず、天井から多くの籠をつるし、各嬰児をその中に入れて揺り動かすようにして、少人数の保母で多数の育児をこなす事が出来るようにした。その上で、哺乳の方法も、牛乳に着目し、長崎から乳牛数頭を購入して搾乳し、哺乳器を上海から購入して、これを使用した。松方が、長崎において注意深く外国人の生活習慣を観察していたから可能になったことであった。こうして、多数の館児を収容保育することが可能になった。

さらに、既に養子となった者に対しては、世間はこれを蔑視する傾向があるので、松方は、しばしば彼らを自宅に招きその成長発育を確認し厚遇して、軽蔑されることがないように配慮した（同、一七五～一七六頁）。かつて、自らが鹿児島城下で郷士出身であるという理由で、言われなき嘲弄を受けた体験がこのような形で生きているといえよう。

松方は、政治的には保守的な人物であったが、合理的思考方法と現実に対する鋭い観察力を持ち、有用な文物は果断に取り入れ、自らの創意と結びつける柔軟性を持っていた。そして何よりも、それを周到な吟味を行ったうえで、具体的な施策として提示し、実行に移している。ここにも、直面する課題の本質を実情に即して吟味し、具体的政策を立案し、実践的な創意を凝らして取り組むという、松方の優れた資質をみることができる。

殖産興業に乗り出す

他方で、松方は、水利、開墾、交通、植林を奨励し、生産会所を設けて産業の発達に意を用いた。生産会所は、現金もしくは不換紙幣を発行して県下の人民に貸与し、生産増進をはかることを目的とする金融機関である。新地を開墾し、植林や水利事業を起こし、養蚕を奨励し、道路橋梁を修理し、交通運輸の整備を図った。例えば、別府の生産会所は、現金三万二二〇〇両、不換紙幣二万六三〇〇両を貸付けていた。松方が手がけた最大の事業は、別府築港事業であった。松方は、現地を踏査し、温泉郷として将来繁栄が見込まれると考えた。そこで土地の人士のうちで築港を出願する者があれば、保護を与えて計画を助成するとの意向を示した。別府の有志は築港計画を日田県に出願し、松方は、二万両の「国札」を発行して融資を行ない、築港事業が遂行された。また、県庁内に殖産課を設け、有能な人材を登用して、現地に適した生産方法を奨励した。

松方が、維新直後のこの時期に、一種の「銀行」を設立し、新たに通貨を発行して殖産事業に対する貸付けを拡大し、公共事業を展開して、成果を挙げていたことは、注目に値する。後に松方が提唱した「興業銀行」構想の端緒として、興味深い。

国政に関する建議

明治二（一八六九）年三月、明治天皇は、諸藩主ならびに三等官以上を召集し、皇道の興隆、知藩事の新置、蝦夷地の開拓、外国との交際、財政の方針について諮詢した。松方も召集され、三月六日、日田を出発した。まず海路大阪に赴き、二九日「金札通用の公布に対する建言」を岩倉具視に提出している。金札相場に対する政府の朝令暮改によって、命令を遵守しているものは損失を被り、不正の輩は暴利を博するという状況を呈し、そのために政府の信用は揺らいでいる。政府は、「一度命令を決定したならば転変せず、信義を第一として民心の安定を図るべきである」という趣旨であった。

四月二六日、東京で天皇に拝謁して詔書を拝し、五月四日、松方は「聖諭に對へ奉るの議」を提出した。

王政に復古し、版籍奉還の名はあるが、いまだ「公平の政」の実は備わっていない。速やかに国是の基本を確立し、朝令暮改の失政を避けなければならない。第一に廃藩置県を断行し、全国均一の租税を実現しなければならない。全国一律に「租庸調」の制度を復活すべきである。惣検地を実行し、地方ごとの貢租負担の不公平を是正し、土地の境界を正し測量を実行し、歳入歳出を明確にし、物産の生産額を把握してはじめて天下の会計は整備される。「富国の根本は民心を得て物産を殖やすにあり」、また幣制の乱れを正す必要は言をまたない。一般施政の根本方針を確立することが重要である。第二に、外国との交際は日本の興廃に関する。国体の本末是非を判断して、失言失事なく対処しなければならない。第三に、万国の長所を採用し日本の短所を補うことは当然であるが、国体を明らかにして本末の順序を違わないように注意しなければならない。「実利をとって浮華をすてる」ことが重要である、としたものだった。

松方は、伊藤博文などと並んで、廃藩置県の断行をいち早く建言していた。大久保は、この建言が鹿児島に聞こえたら命はないので、建議の内容を口外しないように注意している。「廃藩置県の如き改革案を聞知せんか其驚愕は青天の霹靂よりも尚甚しく寧ろ激昂憤怒ノ餘り暴挙を敢てする惧れある」(『松方正義関係文書』第一巻、一九三頁)。当時の雰囲気を知ることができる。

そして建議の最重点を財政の確立に置いていることが、松方の特徴である。地域ごとの租税負担の不均衡を是正し、全国一律の公平な税制を確立することが、その根本方針とされている。そして、まず検地を実行して土地を実測し、米をはじめとして主要産物の生産額を正確に把握し、租税負担の均衡を図ろうとする構想は、一県の知事としての見識をはるかに超えていた。それは、後年の地租改正事業の理念と軌を一にしていた。そして、「富国の根本は民心を得て物産を増やす」ことにあることを明確に認識していた。政府は、民間への干渉を慎み、公正に振る舞い、秩序を維持して、民間が安心して生産活動に励むことができるような環境を整備しなければならない。それが富国を実現する根本であるという信念がその根底にあり、そのためには、課税の公正・均衡を図り、信義に基づく金融秩序を確立することが重要である、と主張されていた。

また、西洋の文物・制度の輸入は肯定していたが、外見上の「華」を追うことを戒め、その「実利」を取ることを重視していた。日本独自の天皇を中心とする国体に基づく政治システムの構築が重要であり、西洋文物は日本に欠けている要素を補完するものとして活用すべきであるとした。

さらに同月二七日、外国交際、貨幣私鋳の厳禁、内外債問題、歳入歳出に関する御下問に対して、次のように奉答している。

外国交際においては、信義と条理を明らかにし、独立自主で臨まなければならない。日本は万国に卓越する皇統を中心とする国体をもっており、食料は自給でき、物産も豊富なので、上下同心協力して努力し、物産を振興し、富国強兵を実現し、海軍を興して軍備を備えれば、小国であることを憂うることはない。これまでの条約は曖昧なところが多い。利害得失を研究して、後悔なきように論定すべきである。悪貨幣においては、まず新貨幣の本位を定め、私鋳贋金を厳禁すべきである。内外国債については利息の遅滞は許されない。元金の返済には、諸経費の節約か増税か、鉱山の出貨のいずれかで対応せざるを得ない。将来の起債は極力避けたほうがよい。最後に、歳入歳出については各藩に石高の何分の一かを上納させ、さらに商税を徴収するべきである。農に租税があって、商に租税がないため、「農を捨て商に就く」。この弊害を除去するために、租庸調の法を正せば、財政に余裕が生じる。

（同、一九五〜一九七頁）

松方は、日本の国力の将来に対して、比較的楽観的な見方を示している。このような考え方が、西欧文物の取捨選択的導入の考え方となり、日本の国体を重視し、花を捨て、実利をとる考え方と結びついていた。対外政策は、信義に基づく自主独立路線を採るべきである。

松方は、当時、古代の大宝令を熱心に研究しており、王政の復古にならって「租庸調」という古い用語を使用している。租は、田地の税であり、庸は労役であり、調はその他の物産への課税である。松方の強調したかったことは、農とその他の工商への課税の均衡を図り、課税ベースを拡大し、税負担率の均衡を実現すれば、生産が増大し、税収が増大して、財政基盤が固まり余裕が生じる、という点にあった。そして、その前提として貨幣制度の乱れを正す必要性を強調した。

松方の思考様式は、欧米の知識・理論の輸入から発想されたものではなく、日本古来の制度や知恵を生かそうとする歴史的アプローチから出発し、当時の日本の実際から発想するところに特徴がある。そして、それが近代的な経済財政論としても正鵠を射ていたことである。そこに、松方の天性の経済財政感覚を見出すことができよう。

経済活動に対する政府の役割を明確に認識し、財政経済基盤の確立を新国家建設の中心的命題として真っ先に目をつけ、体系的な議論を展開したのは、松方の卓見であった。維新の多くの人物が、政治制度や軍事力整備に注意を集中している明治創成期に、平等な租税負担に基づく財政経済基礎の確立を何より重視し、廃藩置県をそのような見地から捉えていたことは、当時の常識からすれば例外的な感覚であったといってよいであろう。

2　大蔵官僚として租税改革に取り組む

中央政界へ進出する

明治三（一八七〇）年一〇月、松方は民部大丞として中央政府に栄転する。日田県知事としての業績が評価され、なおかつ大久保の推薦があったからである。

民部省に転任してまもなく日田騒動が起こり、松方は、これを鎮撫するために派遣された。松方が使命を終えて帰京してまもなく福島県騒動が起こり、再びその鎮撫のために派遣された。松方は、騒動を綿密に調査し、その原因が、為政者の苛斂誅求にあることを突き止めた。農民は、維新政府に対して、負担軽減の期待を寄せていた。しかし、為政者が重い付加税を課する因習はなくならず、農民は扇動されて反乱に走っていた。松方は、地租改正の必要性を改めて認識することになる。まず応急の処置として、政府高官の俸禄額を削減して財源を確保し、口米、延米、出目米等の因習は即刻廃止し、課税を軽減すべきである。そして、海外諸国の税法を参照して、日本の新税法を確定し、国民一般に公平な確固たる画一の施設を実行する必要がある。他日、自らの改革案を建議したいと、松方は、その決意を披瀝している（明治四年三月七日「口永延永出目米等の課税廃止に関する建議」『公爵松方正義伝』乾巻、四〇六〜四〇七頁）。松方は、早くも、租税改革について、海外の税法の長所を取り入れ、自らの改革案を建議する決意を固めていた。

明治四（一八七一）年六月、廃藩置県が断行され、続いて七月に官制改革が実施された。その結果、民部省は廃止され、大蔵省に租税寮及び勧業、統計、紙幣、戸籍、駅逓の五司が置かれた。大久保利通は、前年の「民・蔵分離」により、大隈重信の権限を縮小することに成功していた。大久保は、再度官制改革を断行し、大蔵省に民部省を吸収し、大蔵省を内政・経済全般の管理権を有する強力な官庁に強化し、自ら大蔵卿に就任して、新政府の主導権を掌握したのである。

こうして松方は、七月二八日、大久保が全権を掌握する新大蔵省へ勤務することになった。しかし大蔵省で松方に用意されていたポストは、大蔵権大丞であった。それは紛れもない降格人事であった。松方は、民部大丞として、治績を挙げていた。なんら降格される理由はなかった。しかし入省に当たって、大久保は、公平な人事を行うため、同郷の薩摩出身者を抜擢することははばかられる。大丞ではなく権大丞で忍んでほしいと、その降格を告げた。民部省合併後の大蔵省は、天下の俊才を集め、内政、殖産興業、財政金融を一手に収めた絶大な権力を持つ官庁となっていた。大蔵卿は大久保利通、次官の大蔵大輔は井上馨、租税頭は伊藤博文という布陣であった。松方は、「国家に尽くす上で官等の高下を選ぶものではない、至誠奉公の一念あるのみ」と応えて、甘んじてこの人事を受けた。同年八月には租税権頭に転じて、井上大蔵大輔、伊藤租税頭の下僚として、維新政府の浮沈をかけた地租改正の大事業に取り組むことになる。松方は、この時、井上や伊藤の風下に立った。このことが後の政府部内での松方の立場に、大きな影響を与えることになる。

松方は、実務担当者として、廃藩置県後に各地方から太政官に提出された地租徴収に関する膨大な規則・文書を、精力的に調査整理した。激務のために健康を害し、猛烈な胃病に罹り、動くこともできなくなるほどであった。松方の奮起のほどが窺えよう。そして、早くも一〇月に、地租改正の意見書を大久保大蔵卿に提出し、政府の容れるところとなった。それは、(1)地所の耕作は所有者の自由とする、(2)土地売買譲渡は自由とする、(3)穀物の輸出入は自由とする、(4)地引絵図を精細調整する、(5)地価を定める、(6)地価に基づき税額を決定する、(7)土地所有者に地券を交付する、の七カ条からなっていた（同、五〇四〜五〇九頁）。

この松方の意見書によって、事実上、政府の地租改正についての基本方針が定まった。この基本方針で画期的なことは、地価を課税標準にとっている点である。松方は、一二月に太政官に提出した「地租改正所由略説」の中で、神田孝平が地価に税を賦すという建議を行ったが、地租改正論の嚆矢とも言うべきものであった、と評価している。それは、明治三（一八七〇）年六月の「田租改革建議」のことであり、松方の注目するところとなった。神田は、旧来の税法を改めて、田地売買を許し、沽券高に準じて租税を徴収すべしとの建議を公議所に提出したが採用されなかった。神田の建議の要点は、土地売買の自由化を行い、自由市場で決定される地価に一定率で課税し、金納とすれば、検地や検見といった面倒な手間や恣意性が排除され、公平な課税が実現される、という点にあった。欧米の事情と経済学的知識に通じていた神田ならではの着想であり、当時の日本では極めて斬新なアイディアであった（神田乃武編『神田孝平略伝』一六頁）。

しかし、この建議の核心である「土地の自由売買に基づく地価」は、当時の日本の実情では、大部分の土地で成立しない。また仮に自由売買による地価が形成されても、すべての土地について価格変動に応じて弾力的に租税額を調整することは、徴税技術上不可能である。その意味では、神田の建議は現実から遊離した机上論であった。ただし、地価を課税標準にとるという考え方を、日本の政策当局に認識させたのは、神田の功績であった。

そして地価を課税標準にとるとして、どのようにすれば公平な地価を算定することが出来るだろうか。現実問題として、すべての土地に地価をつけるためには、極めて抵抗の大きく煩雑な全国検地を行い、一筆ごとに地籍、面積、収穫量の査定評価を行い、地価を確定しなければならない。そのような大事業を成立間もない新政府が、農民の抵抗を抑え、短時間に実行出来るかどうかが、最も重大な問題であった。

大蔵省は、当初、新政府に対する民心が薄い状況で、検地を実行することは無理であると判断していた。そこで一八七〇（明治三）年七月「検見規則」を制定し、旧慣にしたがって当面三〜五年をかけて、全国均一の税率に是正していくという方法を採用した。しかし、政府が廃藩置県を断行した結果、地方区画が大きく変更され、同一県内で異なる地租徴収法が並存し、負担の不均衡が顕在化した。農民からの不満が高まり、地方官はその対応に苦しみ、対処方策を問い合わせる声が大蔵省に殺到した。松方が、先の七カ条の意見書を建議したのは、このような声に応えるためであった。

松方は、七カ条の意見書の中で、旧幕府以来、農民は「検地」を増税の予兆であると抵抗してきたが、農民に地所台帳の整理次第地券を交付することを説諭し、農民自ら測量するという方法を許せば、摩擦も少なく経費もかからず実行できる、と主張している点は注目に値する。全国検地により地価を決定する実際的方法を提示しているからである。地価は、査定評価による法定地価が採用されるべきであるという意見であった。「惣検地」による全国均一の公平な地租の実現という方策は、松方年来の主張であった。そもそも当時の状況では、地租改正は、全国検地に基づく法定地価の決定を前提としなければ実現できなかった。

地価の法定主義は、陸奥宗光のアイディアであるといわれている（福島正夫『地租改正の研究』一九六二年、一〇一頁）。しかしこの説に確たる根拠は見出せない。陸奥は、明治五年四月に太政官に上申した「田租改正建議」で、旧来の租法の弊害を指摘し、地租は「現在田畑の実価に従い」一定率（五％）で全国一律に課税することを主張した。問題は、この「実価」をどのようにして確定することができるかにあった。陸奥は、労力の点から言っても、費用の点から言っても、公正の点からいっても、「検地」が成功する見込みはないと批判していた。「検地」（査定）に基づく法定地価には、明確に反対していた。しかも、陸奥は、この建議の中では、「実価」をいかに決定するかの具体策を示していなかった。

こうして、自由売買「地価」に基づいて課税し、地券を交付するという神田のアイディアは、最終的には、松方の全国検地＝地価査定評価に基づく「法定地価」と結合され、地租改正論の基本的方向を決定することになる。それは、廃藩置県により政府の権力基盤が強化されたことと、表裏の関係にあった。そして、当時困難と見られていた「検地」を、農民に自らに測量させるという具体的方法論を提示することによって実現したことは、松方の「実際」に通じ「実際」から発想する実務的資質が光る点であった。

地租改正への道

明治四年一一月、政府は、岩倉を特命全権大使として欧米に派遣することに決し、大久保大蔵卿が副使として同行することになった。井上馨が大蔵卿代理となり省務を執ることになった。井上は、松方と協議し、松方の意見書に基づいて地租改正を進めることになった。

直ちに松方は、大蔵小輔吉田清成と連名で、内国税法改正見込みの上申を行い、当面の具体策を提案した。田租を一時に変革することは困難である。まず土地売買の禁を解き、地券税法を設け、一般土地の税を薄くする。他方において、物産を興し工芸を進め、物品税および専売特許税等を設けて、諸税の権衡を図り、かつ保護政策によって輸出の拡大を期す。こうして租法の平準を図り、農民貢租の偏重を除き、負担の公平と歳入の増加を図ることが必要である、とした（『松方正義関係文書』第一巻、二八一頁）。地租を軽減し、物産を振興して非農業部門の税収を増大させ、農・工・商の課税ベースを拡大し、租税負担の均衡を実現し、あわせて税収の増加を図る、という税制全般にわたる松方の構想が示された。同年一二月、まず従来免租とされてきた東京の市街地に地券発行と課税の布告を行い、一八七二（明治五）年一月地券発行地租収納規則を発布し、二月田畑売買を解禁して、地租改正への準備が整えられていった。

明治四年九月、租税頭の伊藤は、工部大輔へと昇格して転任し、租税頭のポストは空席となっていた。租税権頭としての実績からしても、入省時の経緯から考えても、当然松方が昇格してしかるべきであった。しかし、井上大蔵大輔は、明治五年六月、突然、陸奥宗光を神奈川県令から租税頭に抜擢する人事を行った。

陸奥は、先の「田租改革建議」で、大阪・兵庫・和歌山に在職中に地価算定の方法を熟慮し、ほぼ定算を得たので、施行方法はさして困難はない。自分の建議を採用するなら、大蔵省と協議して合同で議論させてほしい。その時、具体的方法は詳細に説明する、と述べていた。井上は、その言葉を信じ、六月、陸奥を一躍、租税頭の重職に起用した。

こうして七月、大蔵省は、全国一般の土地所有者への地券の交付を実行すると令達して、地方官の意見を求めた。問題の焦点は、「検地」によらない地価決定の方法であった。新任の陸奥租税頭が、確固たる地価査定の具体案を示すことが、頼みの綱であった。しかし陸奥は、何らの具体案を持っていなかった。陸奥の方針は、ただ「方今適当な代価」を申告させるというものであった。地方官はこの方針に戸惑い、数多くの意見が租税寮に寄せられた。それらの意見に共通していたのは、それぞれの土地の収益を資本還元して地価を算出するのが適切である、というものであった（『明治初年地租改正基礎資料』上巻）。

このような情勢を見て、陸奥は、地券を交付して全国の地価に見当をつけてから改租の方法を決定するという方針を変更し、まず改正の一般的構想と地価決定について当局の構想を示すことにした。九月、陸奥は、「地価取調規則」（のちに「地方官心得」になるもの）を制定して、各県に令達した。そこでは、地価の決定は、「入札」を持って定めることとし、最高値を入札した者に所有権を認めるとしていた。しかし、入札価格が適当でないと認められる場合には、評価によって決定されるとしている。その評価方法は、収益から費用を控除し、そこから得られる純利益の一〇倍を地価とする、というものであった。ここでは、すでに地租の税率は、三％と想定されていた。

陸奥の案は、入札による「売買地価」を基本とし、これを査定主義で補完するという構想であった。これをたたき台として、地方官の意見を徴収し、成案を得ることが目指され、一〇月、大蔵省は地方官合同会議の開催を決定し、明治六（一八七三）年一月召集状が発せられ、四月会議が開催された。会議は、地方官議員六五名、大蔵省議員十数名で構成され、議長は井上馨が務めた。

会議の中心議題は、地租改正問題であった。議論は百出したが、根本的な改革を行い、「たとえ土地の測量、地価の査定に関して、多少の困難に遭遇しようと断固として目的を貫徹しなければならない」、全国画一の新法を実施すべきであるという議論に、多数が賛成した（『松方正義関係文書』第一巻、二八四～二八五頁）。

陸奥の原案は、全く否定された。陸奥は、農地の実際に疎かった。井上は、議員中から委員を選抜して地租改正法の草案を起草した。しかし、井上は、財政政策をめぐる政府部内の対立で辞職した。

大蔵省事務総裁として事務を引き継いだ大隈は、これを地方官会議全員に配布して審議にかけ、松方の修正意見を入れて、「地租改正条例」原案として正院に上申した。これに修正を加えて明治六年七月に公布されたのが、地租改正条例である。

結局、地価決定については、陸奥の現実から乖離した入札主義（売買地価）は放棄され、全国的な「検地」を実施する法定地価主義が採用された。したがって、結果として、松方の「七カ条の意見書」が、全国的「検地」に基づく法定地価主義の下で、地租改正の基本方針となった。松方の構想が、地租改正の基本線として採用されることになったのである。

地租改正条例の内容

地租改正条例の制定にあたって、神田の「地価」を基準とする新しい課税方式のアイディアと、井上や陸奥の果たした行政的手腕は、極めて大きな役割を果たした。しかし、地租改正の基本骨格が形成される過程で、松方の実際から出発する実務家としての能力が、決定的に重要な役割を果たしたことは疑いない。松方は、古来の日本税法と徴税技術を、近代的租税システムの建設に活用する柔軟な能力を開花させていった。

従来の地租は、「土地の収穫」を標準として賦課されていたが、改正法では「土地の価格」に応じて課税されることになった。負担の程度は、旧幕時代には、実質的に三公七民であり、収穫の三〇％が地租として徴収されていたが、新法では地価の三％となり、当時の収穫高に換算すると二四〜二五％に相当する。したがって、旧来の年貢負担と比較すれば、二〇％程度の減税となる。地価の三％を金納する制度によって、年々の財政収入は、米価変動の影響から免れて確定され、徴税が簡易化され、全国的に負担の均一化が実現する。さらに、農民の不満が大きかった地租に対する付加税も、地租定額の三分の一以下に制限され、全体としての地租負担は大きく軽減されることになった。

松方の大蔵官僚としての実務能力は、地租改正事業の過程で遺憾なく発揮された。その基本骨格は松方が作りだしたといっても過言ではない。しかし、松方は、大蔵省のキャリアの上では、その能力に見合う待遇を受けなかった。むしろ大蔵省における実績から見れば、極めて不利な扱いを受けたといえよう。大蔵省に転任した時点で大久保により大丞から権大丞へと降格され、次いで租税権頭として長崎で同輩であった井上の遥か風下に立たされた。井上は、大風呂敷を広げた陸奥を租税頭として松方の上司に起用し、松方の昇進はまたもや阻止された。国家に奉仕するに官等の上下は問わないと、一身をなげうって地租改正に取り組んだ松方は、内心その処遇に不満を募らせていたことは間違いあるまい。

新政府で、かつて同僚であった大隈、井上や、後進の陸奥らの下僚に位置づけられ、長く実務担当者として縁の下を支える役割を勤めた経歴と印象が、後に政府首脳として松方がこれらの人物と接する上で、大きな後遺症となる。これらの人物は、松方を、格下のように見がちであった。

松方が、大久保の推薦によって新政府に転任したことは事実であった。しかし、大蔵省においては、薩摩閥の一員として、決して優遇されていたわけではなかった。むしろ、その達成した業績に比して冷遇されていた。しかし、松方は、隠忍自重し、租税問題を研鑽し、農民経営の実情に通じ、経済財政の実務に精通していった。

3　大久保の富国強兵構想が固まる

大久保利通と岩倉欧米使節

大久保は、幕末薩摩藩のリーダーであり、新政府で維新の元勲として君臨し、とくに征韓論で西郷が没落した後は、政府の大黒柱として「大久保独裁」体制を築いた。明治元（一八六八）年一月、大久保は、徴士、内国事務掛となる。四月には総裁局顧問に、六月には東京で鎮守府参与となり、江戸の再建に尽くし、東京遷都を主張した。明治二年五月参与に選ばれ、七月参議に就任し、新政府の中枢に上った。

しかし政府部内では、大隈が木戸、伊藤、井上等の長州系と結びついて事実上大蔵省と民部省を掌握し、開明的な政策を次々と実行に移していった。大久保は、明治三年七月「民・蔵分離」を図って大隈一派の権限を大蔵省に封じ込め、岩倉と組んで民部省を掌握する行動に出た。これに対して木戸は、一〇月工部省を設置させ、反大久保の後藤象二郎（土佐）を大輔に据え、民部省から製鉄・鉱山・鉄道・電信等の管轄権を移動させた。大久保の薩摩閥と、木戸の長州閥・大隈の連合勢力は、政府部内で激しい主導権争いを繰り広げた。

だが廃藩置県の実施に当たっては、大久保と木戸は協力し、鹿児島の西郷と土佐の板垣を参議として新政府に参加させ、政治的な基盤を強化した。薩長土肥の藩兵を御親兵として政府に供出させ、軍事力を整えた上で、明治四年廃藩置県を断行した。

廃藩置県が完成すると、大久保は官制の大改革に着手した。自ら参議を辞任して大蔵卿に就任し、民部省を廃止して駅逓・戸籍・勧業などを大蔵省に移管した。こうして大久保は、大蔵省に主要権限を集中し、大蔵卿として財政・経済・内政のほぼ全権を掌握した。

しかし、大久保が新生日本の基本針路を決定するためには、広く海外の事情に通じる必要があった。大久保は討幕・新政府樹立の立役者であったが、海外の制度・文物には無知であった。たまたま、不平等条約改正の予備交渉を行うことが必要となり、岩倉を全権大使とする欧米使節団が派遣されることになった。この使節団は、外交予備交渉のほかに、欧米の制度・文物の調査を大きな目的としていた。この使節団に副使として参加したことが、大久保に海外事情を実見する機会を与えた。もともと欧米使節団は、大隈が企画したことであったが、実施の段階で大隈は使節から外され、留守政府を預かる役回りとなった。明治四年一一月から六年九月（大久保・木戸は、国内情勢の切迫で一足先の五月及び七月に帰国）に及ぶ一年一〇カ月の海外巡回経験は、その後の日本の進路に決定的な影響を及ぼすことになる。

欧米視察は、大久保の政策構想の形成に決定的な影響を与えた。そして大久保の富国強兵構想は、その後の明治政府の政策構想の基本になったといっても過言ではない。大久保は、欧米視察以前は、統一政権の樹立に心血を傾けていた。しかし帰国後は、「我帝国をして宇内万邦に対峙せしめんには、必ず富国の基礎を強固ならしめなければならない」、「この世界上に独立して国を建てるには、富国強兵の必要は申すまでもないが、この富国強兵を実行するには、是非とも殖産興業上から手を下して、着実に、其進歩発達を図らなければならない」と認識するようになった（勝田孫弥『甲東逸話』二三九〜二四〇頁）。

井上大蔵大輔の奮闘

大蔵省では、大久保大蔵卿の留守中、井上大蔵大輔が大蔵卿代理として実権を握った。岩倉使節団の出発に際して、留守政府は原則として新規事業や改革は実施しないという約束が取り交わされた。しかし、留守政府では、陸軍省、文部省、司法省、工部省が、新規事業を計画し、予算増額を要求した。陸軍省は、六年一月、徴兵令を布告し、平時定員を三万一六八〇人と定め、当時の実員一万七〇〇〇人を倍増させる計画を定め、一〇〇〇万円を要求した。文部省は、明治五年八月に学制を発布し、小学校を義務教育化するなどの画期的教育改革を実現すべく、二〇〇〇万円を要求した。司法省は、五年八月、司法職務定制を布達し、全国に裁判所を新設し、司法権を大蔵省や地方行政権から独立させることを目標として、九六万円の予算を要求した。工部省は、交通・運輸・通信等の新施設のため五〇二万円を要求した。井上は、陸軍には八〇〇万円を認めて妥協したが、その他の要求は財政多端を理由に容易に認めなかった。井上は、財政収入に見合った歳出額にまで各省定額金を削減すべきであると主張し、文部省一〇〇万円、司法省四五万円、工部省二九〇万円へと、各省要求を削減した。

これが各省の反発を買った。この間、大蔵省が予算決定権を握っていることが紛争の温床であり、正院が財政決定権を握り各省要求を調整するよう太政官職制を改定すべきであるとする意見が強まり、五月正院章程が改正された。こうして井上の権限が及ばないところで、文部省は一三〇万円、司法省は六三万円、工部省は二九〇万円（鉄道・鉱山には定額以外に新財源を追加する）と決定され、大蔵省は同意を迫られた。井上はなす術なく敗退し、明治六年五月辞職に追い込まれた。井上は、腹癒せに、政府歳入は四〇〇〇万円に過ぎないのに、歳出は五〇〇〇万円に及び、一〇〇〇万円の財政赤字に陥っていると、政府の財政破綻を新聞で暴露した。これに対して内外の信用が失墜することを恐れた政府は、大蔵省事務総裁に就任した大隈に「歳入出見込会計表」を作成させ、明治六年度の歳入四八七三万円、歳出四六五九万円、歳入超過二一四万円とする予算を公表した。これが日本における予算公表の嚆矢であった。

井上の緊縮論は、歳入を内輪に見積もった上で、歳入に見合う水準へと支出を削減しようという財政論であった。米価を一石二・七五円と予想して、歳入見積もりが立てられていた。ちなみに、実際の深川正米平均相場は、明治五年三・八八円、六年四・八〇円であった。当時の政府の地租取分を一三〇〇万石と概算すれば、僅か〇・一円米価が変動しただけで、歳入は一三〇万円も変動する。しかも米価の変動を正確に予想することは困難であるから、確たる歳入見積もりは不可能であった。当時のシステムでは、そもそも計画的な財政運営は困難であった。井上が、僅か数十万円の予算復活折衝で、硬直的な対応をする財政的必要性があったかどうか疑問であろう。米価変動によって財政収入が大きく変動する欠陥を是正し、予算計画の確実性を増そうとすれば、地租改正事業を完成させる以外にはなかった。

ともあれ、井上や渋沢栄一が政府を去ったことで、硬直的な財政緊縮論は、政府中枢部から排除された。それは、政府部内において、来るべき積極財政路線にたいする障害がほとんど消滅したことを意味した。大隈も、井上排斥に一役買っていたといえよう。

富国強兵政策構想

ところで、留守政府内は、西郷隆盛を中心に、板垣退助、江藤新平が征韓論を主張し、征韓実施は、すでに閣議で内決されていた。政府としての正式決定が、欧米使節の帰国を待って行われるばかりとなっていた。しかし、帰国した大久保は、留守政府で内決されていた征韓論を退け、西郷等四参議は下野した。

主導権を確立した大久保は、内務省を設立し、広範な内政・経済にわたる権限を集中し、自ら内務卿に就任した。対外的な軍事的冒険を退け、政府主導の積極的産業育成策が講じられることになった。大久保は、大隈重信を大蔵卿に据えて、積極財政を推進する体制を整えた。また伊藤を工部卿にして、近代的工業の移植に取り組んだ。

大久保が征韓論に反対し、内治優先論を唱えた背景には、次のような対外認識があった。ロシアの南下と並んでイギリスのアジア侵略に警戒を要する。日本は、外債を多くイギリスに依存している。日本が征韓論を実行すれば、国際収支の赤字は大幅に拡大し、外債の償還が不可能になる。イギリスは必ずこれを口実として日本の内政に干渉し、日本はインドの二の舞になりかねない。日本は、「早く国内の産業を興し、輸出を増加し、富強の道を勤め、もって負債を償還せんことを計るべし」。日本は、いまだ治安が確立せず、財政も大幅な赤字である。増税は政治不安を増すことになりかねず、貿易入超で正貨流出がはげしく、不平等条約によって英仏軍の駐屯を余儀なくされている。ここで対外戦争を行えば、日本の近代化政策全体が崩壊することになる。富国強兵・殖産興業政策を実施することは、国内安定のためにも、イギリスを先頭とする欧米列強と対峙し、そのアジア侵略に対処するためにも必須の課題であるとしたのである。

このような認識にたって、明治七(一八七四)年「殖産興業に関する建議」を行う。「大凡国の強弱は人民の貧富に由り、人民の貧富は物産の多寡に依る。而して物産の多寡は人民の工業を勉励すると否さるとに胚胎すと雖も、其源頭を尋ぬるに未だ嘗て政府の誘導奨励の力に依らさるなし」(『大久保利通文書』第五巻)。一国の強弱は、民間の近代工業に立脚した経済力によって決定される。このような経済力を建設するためには、政府が民間工業を「誘導奨励」しなければならない。政府による誘導奨励は、イギリスのような先進国においても行われた。政府の保護主義の段階を経て、今日のような自由主義国家が成立した。日本は、地理的条件や天然資源面での条件がイギリスに似ている。したがって、政府が適切な誘導政策を実施することができれば、イギリスのような大国になれる素地を持っている。ただイギリスと比較して劣るのは、日本人が「気性薄弱」であるという点である。「其薄弱なる者を誘導督促して工業に勉励忍耐せしむるは、廟堂執政の担任すべき義務」である。国情に応じた殖産興業政策を実施しなければならない、と主張した。

高度に市場経済が発達した「イギリスを規範」にして、殖産興業政策を説くのは当時の日本の実情から乖離した議論であった。あえてイギリスを目標においた含意は、何であったのか。まず、イギリスのような経済が高度に発達した先進国でも、政府の誘導奨励があったからこそ今日の富強を実現したという議論は、大久保が実行しようとしていた殖産興業政策に、強い正統性を付与する効果が期待できた。国民経済自立の見込みが立つ水準に発達するまでは、政府の保護誘導が必要であるという主張は、一種の幼児産業保護論に通じる主張であった。またイギリスのような強大な帝国を築くことを、日本の目指すモデルとして国民にイメージさせることは、国民に具体的目標を与える効果を持っていた。具体的目標を明示することは、国民のエネルギーを結集させるためには、極めて有効であった。

大久保は、経済的な産業育成誘導主義を掲げ、「有司専制」という保守的政治システムによって殖産興業政策を推進しようとしていた。一種の開発独裁国家論であったといえよう。

したがって、日本の政治システムに関しては、イギリス型の民主政治をとらず、プロイセン型の立憲君主制度を採るべきであるとした。大久保は、一八七三（明治六）年一一月の「立憲政体に関する意見書」で、民主政治は「天下を以て一人私せず、広く国家の洪益を計かり、あまねく人民の自由を達し、法政の旨を失わず、首長の任に違わず、実に天理の本然を完具する」制度であるとして、その正統性を承認した。しかし日本は、人々が長く封建圧制に馴れ、それが習い性になっているので、直ちに民主政体へ移行するのは無理である。といって、君主専制という旧い制度を採用するわけにはいかない。したがって、両者の折衷した中間形態である立憲君主制の採用が適切であるとした。具体的には、プロイセンの政治システムをイメージしたものであった。

大久保路線は、経済的保護誘導（積極政策）と政治的保守主義（立憲君主制）を組み合わせて、イギリスのような経済的に強大な島帝国の建設を目指したものであったといえよう。これ以後、富国強兵・殖産興業は日本の「国是」となり、欧米から近代的な諸制度と新産業や新技術の導入が実行されていった。そして大久保路線は、その没後、政治的には伊藤博文によって、経済政策的には大隈重信によって受け継がれ、推進されることになる。

大久保は、内政全般にわたる事務を統合し「民業の育成」を任務とする内務省を創設し、自ら内務卿に就任した。同時に、伊藤を工部卿に配して近代工業移植と技術の伝習を本格化するための「官業の経営」を行い官民補完して産業育成を図る体制を整備し、あわせて大隈を大蔵卿に据えて積極的財政政策を遂行していくことになる。征韓論で西郷が下野した後、明治政府は、内務省（大久保）、大蔵省（大隈）、工部省（伊藤）という大久保を頂点にしたピラミッドを形成して、内治優先の殖産興業政策を推進していった。

大久保の富国強兵構想は、イギリスを外形的目標とし、ドイツを実質的目標としたため、自由主義的色彩の強い大隈や、開明的な考え方を持つ伊藤、天皇中心の国家主義を信奉する岩倉・松方など、政府部内の革新派から保守派にいたる幅広い有力者を包含しうる、政治的求心力を持っていた。この内治優先の連合勢力は、西郷隆盛や板垣退助・江藤新平を中心とする征韓論と対抗することで、一層強固なものとなり、凝集力を生み出していった。

そして、政局の焦点は、征韓論に敗れた不平士族の不満を抑えて、早期に近代国家としての制度と内実を整備することに置かれる。不満士族の武力討伐を実施し（佐賀の乱）、政府内部の結束を維持するために「征韓論」の代替策である「台湾征討」を実施して士族の不満を対外的にそらし、他方で一挙に秩禄処分を断行して旧武士階級を解体する。これと並行して、漸進的な立憲制度の採用を公約して政治的安定に配慮しながら、殖産興業政策を進め、内治優先政策のもとで国力充実を実現する、という構想が出来上がっていく。大久保独裁体制が着々と整えられていった。

挫折した金貨本位制度

大久保大蔵卿が留守の間、井上大蔵大輔は、明治五（一八七二）年一一月、国立銀行条例を発布し、明治六（一八七三）年三月には金札引換公債条例を交付して、兌換銀行券を基礎とした通貨制度の創出に邁進した。国立銀行条例は、明治三年財政金融制度の調査のために米国に出張した伊藤博文の建白に端を発するものであった。伊藤は、金本位制を採用すべきとし、金札引換公債を発行して不換紙幣（金札）を公債に換え、公債を引当として兌換銀行券を発行すれば不換紙幣の整理が可能であると考え、アメリカの「国法銀行」を模範とした国立銀行を設立すべしと主張した。これに対して大蔵省御用掛の吉田清成（薩摩）は、米国型の分散的発券制度は日本には適さない、イングランド銀行を模範として中央銀行を設立すべきであると主張した。両論は対立したが、結局井上の裁断で、米国型の分散的発券銀行システムが採用された。国立銀行を設立し、資本金の四〇％を正貨（金貨）で保有して兌換準備にあて、残り六〇％を金札で政府に納入して同額の金札引換公債の下付を受け、この公債を担保として同額の銀行券を発券するというシステムであった。

このシステムが円滑に作動すれば、政府不換紙幣は、金札引換公債と交換され、国立銀行券へと転換される。金貨を本位貨幣とする兌換制度が徐々に整備され、いずれ紙幣の統一が達成されるはずであった。したがってこれ以降、イングランド銀行のように発券を独占する中央銀行を設立して、統一的な金融システムを創出するという構想は、政府の政策論議の対象から消え去ることになる。

国立銀行条例に基づいて、第一、第二、第四、第五の国立銀行四行が設立された。資本金総額二四四万円、銀行紙幣発行高八〇万円であった。しかし国立銀行は順調には発展せず、営業不振に陥った。兌換銀行券の発行がうまくいかなかったからである。政府紙幣の価値が動揺していたのに加え、ドイツが金本位を採用したため大量の銀貨が売られ、明治六年ごろから世界的な銀貨低落が進行していた。日本の設定した金銀比価と国際的金銀比価との間に乖離が生じた。その結果、銀行紙幣を発行すれば直ちに金貨兌換が請求された。兌換で入手した金貨を国際市場で売買すれば大きな差益をうることができたからである。

経営難に陥った国立銀行は、明治八（一八七五）年三月連署して、金貨兌換制度の廃止を政府に要請する。この時、政府は、華族・士族の秩禄処分を断行する計画を進めていた。そのため一億七四〇〇万円の交付公債の発行が予定されていた。このような巨額の公債発行が行われると、当然公債価格の下落が予想される。それを回避し経済発展政策と齟齬しないような処置が模索されていた。そこで、この交付公債を資本として銀行を設立すれば、財産保全・利殖増大に寄与し、同時に民間に対する資金供給を増大させ、殖産興業の実をあげることになるという主張が有力になってきた（『明治財政史』第一三巻、一一二頁）。しかし、金禄公債を保証として銀行紙幣の発行を認めるということは、兌換銀行紙幣を不換銀行紙幣へと転換しようという構想に他ならず、兌換制度の放棄を意味していた。

大隈は、明治初年以来、外交交渉の場で外国の圧力に直面し、兌換制度を確立することを目指してきた。しかしその後、積極的な産業の育成には潤沢な通貨供給が必要であると認識するようになる。とくに明治六年以降、大久保独裁体制の下で積極政策の主要な推進者となってからは、兌換制度は次第に桎梏と感じられるようになっていた。

明治九（一八七六）年八月、大隈大蔵卿は、国立銀行条例を改正し、銀行紙幣の金兌換を停止し、資本金の八割を公債で政府に供託し、同額の銀行紙幣を発行し、二割を政府紙幣で保持して引換準備とすることに改めた。金準備なしに資本金の八割まで銀行紙幣を発行できることになり、巨額の産業資金の追加供給を可能にする制度が整備された。こうして、国立銀行システムを通じて兌換制度を確立しようという政府の方針は、完全に崩壊した。

大隈の国家観と政策観

大隈は、維新当初は、外国との交渉を通じて、貨幣制度の不備を正し兌換制度を確立することが重要であると認識していた。その後の造幣寮開業、新貨条例の制定と金本位制度の採用は、大隈の主導のもとに実行された。

また大隈は、早くから日本の経済発展を図るために「工部院」の設立を構想し、イギリス型の工業社会を目指そうとしていた。イギリス社会は、各人が自由の権を持ち、立法を基礎として、中産者が事業を営み、国家の干渉を嫌うシステムである、と捉えていた。国の優劣は、まず「政府の条理」が確立しているかどうか、次いで「工業が盛ん」であるかどうかによって決定されると認識していた（「工部院建置の議」「工部省を設くるの旨」）。大隈は、イギリス型の市民社会を前提とした工業国家、すなわち自由主義的国家の実現を目標としていた。

大隈は、長州系の木戸と結び、若手の伊藤や井上らとともに、大蔵省と民部省で主導権を握り、自らの経綸を実現しようと画策した。しかし大久保を中心とする薩摩系の保守派の反発が強まり、「民・蔵分離」により大隈の影響力は大蔵省に限定された。これに対して木戸は、工部省を通じて殖産興業の主導権をとろうと図る。しかし大久保は、民部省と大蔵省を合併し、自らが大蔵卿に就任して、経済・行政全般にわたる管轄権を掌握した。大隈は、イギリス型の工業社会を目指し、積極的な開明政策と産業政策を構想していたが、当面実現困難となった。

一方、大久保が欧米巡回使節団に加わり、大蔵業務を掌握した井上は、伊藤の建白に基づきアメリカ型の分散的発券方式に基づく兌換銀行券を発行し、不換紙幣の整理を行おうとした。他方で、政府は、地租改正事業を進め、地価の三%を目途として地租を徴収する方針が固まり、財政基盤を確立する作業が急ピッチで進められた。こうして、経済制度面では、結果的に、健全財政・健全通貨制度の整備が進められていった。

大隈は、政治的にはイギリス型の市民社会を実現し、経済的には積極的な殖産興業政策を推進し工業国家を実現すべきであると考えていた。大隈の脳裏にあったのは、イギリス型の社会であった。しかしイギリス型の進んだ社会を実現するプロセスでは、当面、巨大な財源が必要である。したがって、外資導入も辞すべきではなく、政府が主導して積極的に興業資金を創出すべきであると考えていた。

大隈は、政策論上、重大なジレンマを抱えていた。大隈の積極的産業育成論は、イギリス型の「国家の干渉を排除する」自由主義的国家像や、「国家の紙幣増発を排除する」健全通貨主義・兌換通貨制度とは、必ずしも整合的ではなかったからである。

大隈と大久保の政策提携

しかし、欧米を実際に視察して帰国した大久保は、イギリスも政府の保護主義の段階を経て、自由主義国家としての今日を築いたとし、国家が積極的な殖産興業政策を推進する根拠を示した。この説に接した大隈は、自由主義的国家像を捨てることなく、経済政策の面で、政府の誘導主義を強化する政策的根拠を獲得することができた。大隈は、大久保の所説を根拠とすることで、本来国家の干渉を排除するという自由主義国家の建設をもって理想とする考え方（政治的にはイギリス流の議会制民主制）を放棄せずに、積極的な殖産興業政策を推進する政治的立脚点を確保することができた。大隈が大久保との政策的協調路線を採用しえた根拠を、ここに見出すことができるであろう。

勿論、大隈にとっては、征韓論争後に政府の実権を掌握した大久保と協調することは、自己の保身の上からも、政府部内の政治力学としても当然であった。しかし、大隈は、本来の自由主義国家観を理想としていたため、民主政治実現への潜在的希望を持ち、国家の干渉を嫌うイギリス型の経済政策に近親観を持っていたことも事実であった。大隈の「官業払下げ論」などは、積極政策実現のための財源確保という政策意図のもとに行われたものであったが、他面からみると、まさにこの自由主義的経済観がひょっこりと顔を覗かせた部分であったとも考えられよう。

こうして、大隈は、ドイツ型の国家主導の積極的経済政策を中心におきながらも、底流に流れるイギリス型の民主的政治制度志向や自由主義的経済観が入り混じった複雑な政策スタンスをとることになった。したがって、大隈には、イギリスに対する警戒感が薄く、外資導入に対する警戒感も強くない。イギリスの脅威や外債への警戒感を緩めない大久保との、対英国観の違いを見て取ることができる。

このように、大隈は、政治的に可能な場合には、常にイギリス型の自由主義的な経済観と一致点を見出すことができた。そして、そのことが、時の政治力学・状況に応じて、弾力的に政策スタンスを変更する「政策の幅」を大隈に与えた。それは逆に、場当たり的、状況対応的、一貫性欠如という印象を与える弱点と表裏をなすものであった。

政策スタンスが、時の政治経済状況に応じて振れるという性向は、後にインフレ対策をめぐる大隈の財政・通貨政策の中に、遺憾なく再現されることになる。

4　財政基盤確立と産業育成を目指す

地租改正の実施

松方は、明治七（一八七四）年一月、四〇歳にしてようやく租税頭に昇進した。大隈との意見の対立から陸奥が辞任した後を受け、地租改正の実務を取り仕切ることになる。地租改正は、土地の近代的私有権を確立するという制度上の大改革を伴っており、政府の財政基盤を確立するという経済的意味にとどまらず、封建制度の最終的解体という意義を担う大事業であった。その実施には、農民の激しい反対運動や不平武士の反抗が予想され、極めて困難な事業であった。

松方は、大蔵卿の大隈とは、性格的・思想的に反りが合わなかった。それでも松方が困難な仕事を遂行することができたのは、松方の自己抑制の修練の賜物であった。当時、いまだ維新の志士気分が抜けない人物が多く、政府部内で意見が対立すると、さっさと辞表を叩きつける者が跡を絶たなかった。松方は、天皇中心の新生国家にとって、地租改正事業を成功させて財政基盤を確立することが緊急の課題であると認識していた。そして地租改正の基本方針が自己の構想に沿った形で確立したため、なんとしても自分自身の手で事業を成し遂げたいと考えていた。当時の官制では、土地の処分、権利移転等の事務は内務省が所管するが、租税事務は大蔵省の所管であった。地租改正事業は、租税寮だけでは処理できず、内務・大蔵両省にまたがる事務を統一的に処理する必要が生じる。

そこで内務卿の大久保を地租改正事業の総裁に戴き、自らが事務局長に就任して、大隈大蔵卿の頭越しに、一切の事業を取り仕切るシステムを作り上げ、地租改正事業に臨んだ。まず改正事務の根本を定め、従来の漸進主義を改めて「全国一斉に着手し、急速に断行する」方針を局員に指示し、明治八年八月太政官達で完成期限を明治九年と定めた。全国地租税率の均一化は、従来負担率の高かった地域においては、歓迎される。しかし負担率が低かった旧幕府時代の天領では地租負担は加重され、農民の反抗は強くならざるをえない。松方は陣頭指揮に立ち、特に旧幕領の多い難区である関東地域を自ら担当した。

当時、不平士族の反乱が相次ぎ、社会不安が増していた。明治九年には、地租改正に反対して、三重・岐阜・愛知・堺の四県にまたがる大規模な農民一揆が発生した。大久保は、農民一揆が不平士族の反乱と合流することは、なんとしても避けたいと考えるようになる。明治一〇年一月、地租は二・五％へと引き下げられた。しかしこの措置によって、政府は、租税収入低下に対応した、財政支出の巨額な削減を実行しなければならなかった。

松方は、政治的には大久保体制の本流に位置していた。しかし、政策的には殖産興業政策の本流には深くタッチせず、地租改正という財政基盤確立の立役者として重要課題をやり遂げていった。地租改正の成功は、松方の実務能力の高さを実証した。決定的な政敵を作ることなしに、松方が後に表看板に掲げた「健全政策論」を首尾一貫したものにさせる大きな要因として作用した。もしも維新後、松方が大隈のように華々しく活躍し、中央政府の中枢に位置するようになっていれば、大久保の積極政策を直接推進する立場に立っていたかもしれなかった。この場合、後に展開された独自の財政金融政策論を首尾一貫して展開できたかどうか、微妙であろう。立身出世が大隈や伊藤よりも遅かったこと、大久保路線にコミットしながら主流の「積極政策」に直接責任者として関与しなかったことが、後の松方の政策体系の形成に重要な要因として作用したということができよう。

軍費調達と財政救済策

しかし、松方は、財政基盤の確立にのみに専心することは許されなかった。度重なる内外紛争が起こるたびに、政府は財政困難に直面した。当面の軍費を充足し財政破綻を救済する方策を案出することが、松方の仕事となった。

松方は、安全第一の「石橋を叩いて渡る」健全財政主義者の代名詞のようにイメージされることが多い。しかし、有事の際には、機先を制する果断な積極論を主張し、大胆な財政施策を決断するという性向は、松方の政策思想の他の一面を示している。平時の「安全第一」と、有事の「積極果断」という両面を理解しなければ、松方の財政運営の真の姿を捉えることはできない。松方は、平時の健全な財政経済の整備と、有事の積極果断な対応力の準備という両面を両立させてこそ、富国強兵の実が上がると考えていたのである。

松方が租税頭に昇進した明治七年には、佐賀の乱が発生し、続いて台湾征討が実施され、国費多端となった。財政需要の増大に直面した松方は、当面を凌ぐ一時的な財政救済策ではなく、国家百年の大計を立てることが肝要であると考えた。

松方は、条約を改正して関税自主権を回復し、関税収入の拡大を図るとともに、地租以外の内国税の整備により増収を図ることが急務であると考え、一連の建議を行っている。地租に全面的に依存する税制から脱却し、課税ベースを拡大して租税負担の不均衡を是正することが急務であると主張した。特に海関税については、七年四月「条約改正並びに海関税回復の議」、五月「再び海関税改訂の建議」、一二月「三度海関税権回復の建議」、明治八年一月「四度海関税権回復の建議」と四度の建議を行っている（『松方伯財政論策集』『明治財政資料集成』第1巻所収）。

現行条約は日本の国権を無視したものである。全廃して自主独立の実を挙げなければならない。開国以来、邦人は洋品を好み、輸入が増加して、従来内地で生産されていたものも輸入品に替えられている。輸入超過が続いたため、金銀が流出し、紙幣に対する準備正貨の減少を招き、国民の紙幣に対する信用を失わせた。輸入品は製品が多く、輸出品は半製品や原料が中心である。放置すれば、製品はすべて輸入品で占められ、国内産業は衰退して国民は貧困に陥る。困難の原因は、内国の利益を無視して外国に便益を与える「輸出税に重く輸入税に軽い」海関税則にある。税権を回復し、輸出税を軽減し、輸入税を重課して、国内産業を保護し、税収の増大と国内産業の振興を図らねばならない、と主張した。

税権を回復し、保護関税をかけて国内産業を振興し、正貨流出による紙幣信用の下落を防止し、税収を増大させて財政基盤を強化するべきであるという趣旨であった。政府首脳に異存はなかったが、条約改正や関税自主権の回復は一朝一夕に成就するものではなかった。

他方、松方は、内国税の整理・充実を進めた。明治七年五月、「農に重く商工に軽い」税制を改革し、商工に課税して租税の公平を期し、旧来の諸税を整理して税制の統一を図ることが急務であるとして、確固たる税法改革方針を決定するよう建議した。そして同年一二月、大蔵省は税制整理案を太政官に稟議した。明治八年二月、松方の提案は太政官の容れるところとなり、旧来の各地で賦課されていた一五五三種の雑税を廃止し、旧来の小物成から九種目を国税に編入し、新たに一三種類の新税を設けて、税制整理は決着した（林健久『日本における租税国家の成立』）。並行して進展していた地租改正事業も、大きく進捗し、内国税については近代的税制の確立に目途が立ちつつあった。

この間、大隈は、台湾事件の要務を帯びていた上に病気引きこもりがちで、一年以上にわたって登省することができない状態が続いていた。そこで松方は、明治七年九月大蔵省三等出仕に兼補され、大蔵卿の大任を補佐して事実上の財政責任を分担することになった。

当時の最大の懸案事項は、台湾征討経費、士族授産支出等が嵩み、歳計の目途が立たなくなっていたことである。万策尽きたかに思われた。しかし、松方は、欧米の会計法を研究した結果、会計年度を変更して財政収支を改善するという一策があることを発見する。松方は、同年一〇月、会計年度改正案を立て、毎年七月より翌年六月に至る期間をもって新会計年度とするよう提議した。従来の会計法は、暦年によって収支を出納し、前年度の歳入をもって当該年度の歳出に充てる方法をとっていた。会計年度を変更し、当該年度の歳入をもって当該年度の歳出に充てれば、六カ月分の追加歳入が生じ、数千万円の歳入余剰が発生する。一時的歳入不足から発行されていた政府予備紙幣も回収でき、紙幣価格も安定する。こうして明治八年度から、会計年度は、旧来の暦年（一月～一二月）から、新たに当該年七月に始まり翌年六月に終わる一二カ月に改められた（『松方正義関係文書』第一巻、三〇五～三〇六頁）。この窮余の一策によって、政府は当面の財政危機を回避することができた。

一方、台湾事件については、次のようなエピソードが残されている。この年八月、大久保が全権大臣として清国の北京に乗り込み、講和の談判にあたったが、交渉は難航した。日清の戦争が深刻に危惧される状況となった。大蔵省では、戦費調達に関して検討したが、良策は発見できなかった。対策に窮した大隈大蔵卿は、華族より借金する以外にないと主張した。松方は、それに反対し、非常手段を主張して、大隈の同意を求めた。非常手段とは、廟議にかけず旧紙幣を無断使用し、戦争終結後に二人が全責任をとるという大胆不敵な案であった。旧紙幣とは初期の太政官札のことである。新紙幣と交換して大蔵省の倉庫の中に蓄積してあった。これを軍費に使用することは、明らかな違法行為であった。

松方の有事における「積極果断」の性格が遺憾なく示されているエピソードである。そもそも、戦争が勃発すれば、「戦争に勝つ」ことがなによりも優先される。負ければ健全な財政政策を遵守する意味はなくなる。松方は、堅実な安全策を好んだ。しかし、有事には非常時の処し方をもって、断固として所期の政策目的を達成することに最優先順位を置いた。幕末の春日丸購入の独断専行以来、松方の内部に脈々と息づいている思考方法と行動哲学である。有事には、戦争に勝つことが至上目的であり、紙幣の乱発もやむをえない。「健全財政主義者」松方正義のもう一つの素顔が、そこにあった。

この計画に対しては、当然省内で物議が起こったが、幸いに清国との講和が成立し、ことは実行されずに終わった。

大隈・大久保の積極政策構想

大隈は、大久保と提携し、その翼下で殖産興業政策を実施していった。大隈は、明治八（一八七五）年に財政経済運営に関して多数の建議を行い、当面する問題への対処方策を示しながら、自らの政策構想を明らかにしている。

一八七三年頃から世界的な銀価格の低落が生じ、それが連年の貿易赤字と重なって、日本から大量の金貨流出が生じた。また小野組、島田組の倒産で金融閉塞が憂慮される事態となっていた。正貨流出防止と貿易赤字の解消が焦眉の問題となっていた。また廃藩置県によって、旧来の藩財政システムや古い商習慣が崩壊したが、これに代わる近代的財政経済システムや商習慣が未だ完備するには至っていないという、過渡期の混乱が連動していた。

大隈は、明治八年一月「収入支出の源流を清まし理財会計の根本を立つるの議」を建議し、その対策を提示した（『大隈文書』第三巻、一〇三〜一一六頁）。まず、輸入防止・正貨流出を防止しなければならない。関税自主権がないので、それに代わる「権宜の税法」（具体的には明確ではないが何らかの形で輸入品に国内課税する）を考案しなければならない。また政府・府県で国産品の使用を厳命して、国産の振興を図り、輸入せざる得ないものは、大蔵省に申告させて一括処理し節約すべきである。他方では、政府主導の積極的な産業振興を実施すべきである。政府は、農・工・商を奨励するために各々の分野を管轄する専門官庁を設け、内国債を発行して郵便・海運・鉄道等の事業を推進すべきである、と主張した。政府輸入を削減して正貨流出を阻止しつつ、国内産業の振興を図るために運輸通信事業を政府が推進し、他方で生糸・茶などの輸出を振興することが提議されていた。

さらに同年九月「天下の経済を謀り国家の会計を立つるの議」において、産業が振興しないのは、「運輸の便が開けず、金融の道が閉塞している」ことに原因があるとして、その対策を提議している。道路・橋梁・堤防を整備することが緊急の課題である。その整備財源としては新税を創設する以外にないが、「分頭税」（人頭税の一種）が適当である。また金融の疎通については、「内国債の発行」、「国立銀行の保護」等の政策を実行すると同時に、「官金の活用」、「農民に対する不動産抵当の資金供給」を実行すべきである、と(『大隈文書』第三巻、一二一～一二五頁)。

「官金の活用」は、国家の租税収入の内、直ちに使用されない余剰資金を活用して、これを貸し付けにまわして資金供給をはかるという構想であるが、結局実現されなかった。しかし、形を変えて国立銀行の保護に活用されることになる。後に官金の取り扱いが国立銀行の重要な資金源になっていくからである。

「農民に対する不動産抵当の資金供給」は、日本における不動産銀行案の嚆矢である。この構想は、明治九(一八七六)年五月、大久保・大隈連署で提議された「貸付局設立並資本手形発行の議」によって発展させられた(『大久保利通文書』第七巻、一一九頁。『日本勧業銀行史』五八～五九頁)。

貸付局は、田畑・屋敷などの不動産や公債証書を抵当にして、農民に低利の資本を供給しようという構想であった。秩禄処分によって生み出される財政余剰の一部を、毎年一〇〇万円、三〇カ年で三〇〇〇万円積み立て、これを準備として三〇〇〇万円の「一種の手形」を発行して貸し付けるという構想である。この手形は、所持人の要求により通貨と交換することが保証されるので、通貨と同様の通用力が与えられる。実質的な通貨の増発により資金を造出し、農業の振興と農産物(生糸・茶など)の輸出を振興しようとする構想であった。当面の最重要課題である正貨流出を防止し、金融閉塞を打開しようとする対策であった。

政府は、この構想を採用しなかった。その理由は明確ではないが、当時、国立銀行が経営不振にあえぎ、その保護・救済が焦眉の課題となっていたことと無関係ではあるまい。政府が巨大な不動産銀行を開業し、新たな「手形」発行特権を持って本格的に営業を開始すれば、金融閉塞は緩和されても、国立銀行の存続は絶望的になる。また、政府が鋭意進めてきた、政府紙幣統一政策にも逆行することは、明らかであった。

貸付局構想が否定された後、金融閉塞打開の決め手として実行されたのが、国立銀行条例の改正であった。これによって、国立銀行紙幣は兌換券から不換銀行券へと転換された。

このような経過を通じて、大隈の財政経済政策は、兌換制度を放棄して通貨増発を行い、公債を発行して運輸・交通・土木などの政府事業を推進し、産業振興と輸出拡大を図っていくという「積極政策」の基本構造を形作ることになった。それは、富国強兵を目指し、当面する貿易赤字解消と正貨流出防止を実現しようとした大久保の殖産興業政策を、代弁するものでもあった。

松方の基本的見解

これに対して、松方のこの時期における財政経済に関する基本的見解は、明治八年九月の「通貨流出の防止に関する建議」に集約されている（『松方伯財政論策集』二八六頁以下）。この建議は、「金貨流出」問題の解決なしには、地租改正を断行し、国内財政基盤を整備しても、財政経済問題は安定化しないと論じたものであった。正貨流出の原因を、(1)輸入超過分の正貨による決済(2)国産品の輸出少なく外国品の輸入が多い(3)貿易取引にメキシコ銀が通用し金貨本位が一定しない(4)国内紙幣が巨額で正貨交換が保証されてない(5)巨額の外債や海外駐在経費(6)金銀比価の内外乖離に求め、その対応策として(1)税権回復(2)大節倹(3)金貨収税(4)紙幣縮小と正貨準備増殖(5)外債・外国払い消却の方法の五件を提案した。

金銀比価は、ドイツが金貨本位制度へ移行したため国際比価が「金高・銀安」となり、日本の比価が「金安・銀高」となって、内外乖離が生じ金貨流出を招いた。これは金銀比価を国際水準に是正すれば技術的に解決される問題であった。したがって、これを別にすれば、松方が提起した問題は、「貿易不均衡」と「幣制の不備」に帰着する。

貿易不均衡を根本的に解決する方法は、税権回復であった。しかしそれが実現されなくとも、外国品需要を止め、国産品を使用することによって、貿易不均衡は是正できる。政府が財政支出を大節倹し、外品需要を制限し、外国人雇用を削減すれば、その効果は大きい。また国産品の生産を奨励し、輸入品に代替するよう努力しなければならない。

また幣制の不備を是正しなければならない。我国は、貿易決済にメキシコ銀を流用している。そのため幣制は錯綜し、金本位制度が揺らぎ、金貨流出を招いている。日本は、新金貨・新銀貨を鋳造したが、品位が低く、貿易決済のために品位の高い貿易銀を新たに鋳造して取引の円滑化を図った。そのため関税は貿易銀で収入するが、金貨で収入する場合には貿易銀との間で相場を立てて授受せざるを得ない。加えて、外にはメキシコ銀が貿易通貨として使用され、内には不換紙幣があるので、金貨は一個の取引商品として扱われ、本位貨幣として機能しなくなった。メキシコ銀が内外通貨の本位として機能しているという有様である。これが金貨流出の一大原因である。したがって関税収入を必ず金貨で徴収する法を定め、貿易取引の際にも、金貨を使用させ、金本位を確立しなければならない。

現在、正貨が海外に流出する一方で、紙幣の発行額は九〇〇〇万円の巨額に達し、兌換に応じられない状態となっている。政府紙幣の信用は低下を免れない。有事に、正貨と紙幣の間に差異を生じるのは疑いない。台湾事件の際には、紙幣と正貨の差位は五分に及び、現在でも二分内外の差位がある。放置すれば不測の事態に陥りかねない。ことに現在、金貨流通は殆ど途絶し、金利が著しく騰貴して、農・工・商は停滞している。

したがって、直ちに着手すべき基本対策は、紙幣の兌換を実現し、国民の信用を確実にすることである。具体的には、速やかに現在の流通紙幣総額を減額しつつ、他方で国庫に正貨を蓄積することである。大蔵省では、準備金一〇〇〇万円のほか、この春以来五〇〇万円の金貨を蓄積して、準備を厚くすることに着手している。

正貨蓄積の具体的方法は、国産品輸出に紙幣で所要資金を貸し付け、海外で正貨による返済を受け取るという方法で行う。代価を海外銀行に預け、外債その他の海外払い資金に充てる。また輸入代金を金貨の代わりに国産品輸出代金で支払うことが可能になり、他方では国内産業を振興し、輸出を拡大するので、正貨流出を防ぐことが可能になる。

松方は、貿易赤字問題の解決を図るため、金融的手段によって輸出を拡大し、国内産業を発達させ、貿易赤字・正貨流出問題に対処すべきであるという「輸出振興＝正貨吸収」の政策スタンスへと主軸をシフトさせつつあった。そして、紙幣整理を実行しつつ、蓄積した正貨を準備として、兌換制度を確立することが急務であるとした。保護関税を重視する考え方から一歩を進め、貨幣制度を整備し、輸出荷為替資金を供給して輸出産業を振興することが、財政経済政策の実践的中心課題であると明確に認識するに至っていた。

この建議は、松方の財政・経済論が一国の政策全体に及ぶ目配りを持つようになった画期を示すものであった。特に注目すべき点は、正貨と紙幣に価格格差が生まれたことが、正貨流出の重要な要因として挙げられていることである。松方は、その救済策として、正貨の蓄積を進め、紙幣流通額を削減して、兌換制度を確立することを建議した。

正貨流出の原因として、貿易赤字を挙げ、輸出不振や輸入増大を挙げることには、誰しも異論はなかろう。対策として、輸入削減や政府海外支払節約は常識的である。国産を奨励し、輸入品に代位させ、輸出を促進することも、誰しも思いつく当然の対策であった。

しかし、「紙幣価格の下落」が、正貨流出の「原因」であり、それを救済するには兌換制度を確立することが必要だという主張は、このような対策とは、論理的に異質の主張であった。常識論として、率直に考えれば、紙幣価格の下落は、正貨流出の「原因」ではなく、「結果」であると考えられるからである。巨額の貿易赤字が続けば、対外決済のために巨額の正貨が需要され、継続的に「正貨買い、紙幣売り」が生じ、それが為替投機を誘発して紙幣価格が下落する、というのが一般的に観察される光景だからである。

松方がこのような為替需給という側面から、「直接に」事態を捉えなかった点は、その他の論者との大きな違いであった。紙幣価格の低下は、人々の「紙幣に対する信頼」低下から生じる、というのが松方の理解である。紙幣の信用を維持するためには、兌換を保障するに足る正貨を、政府が保有していなければならない。国産を奨励し、輸出を振興することが必要である。それには、何よりも低利の資金を供給することだ。兌換制度を実現し、紙幣に対する信認を高め、低利の資金を供給することが、紙幣価格の回復の対策、正貨流出防止策となる。紙幣価格を回復させる措置をとれば、正貨流出は阻止できる。紙幣価格の低下は、政府に対する信用が低下したことを示す指標であり、紙幣価格の低下が予想されれば、紙幣は売られ、正貨は流出するか退蔵されるというのが、松方の理解であった。

松方は、貿易赤字とそれに伴う正貨需要の高まりが、紙幣価格下落の原因であるとする貿易と「直結」した見方とは、一線を画する見方に脱皮しつつあった。そして、貿易赤字を関税自主権の欠如に求める見方から、条約改正は先の課題であるとして、国内産業の振興に重点を置いた対策を提議するに至る。それは、欧米諸国から「強制された」自由貿易システムのもとで、いかなる有効な国内的対策を採りうるかという視点に、政策の重点がシフトすることを意味していた。産業を育成する切札は、低利資金の供給であり、それを可能にする兌換制度を確立しなければならない、という認識が松方に凝固していった。

兌換制度と地租改正

ところで、松方の兌換制度確立論は、地租改正による財政基盤確立問題と密接な関係を持っていたことを忘れるべきではない。それは、「金貨流出」問題の解決なしには、地租改正を断行し、国内財政基盤を整備しても、財政経済問題は安定化しないという認識に明瞭に示されていた。

地租改正は、旧来の現物年貢を近代的な租税に改める試みであった。米作の豊凶によって税収が動揺することを避け、安定的な財政収入を確保することを目指した。法定地価の三％（後二・五％）を地租と定め、物納から金納に改めた。これによって、平年度四五〇〇万円規模の定額収入を上げ、地租に対する付加税（三分の一以下）を合わせて約六〇〇〇万円の「定額」地租を徴収するというシステムであった。これによって、中央政府は、税収の実に七割以上を地租に依存するという制度に移行した。

地租は、「定額」収入であったため、支出もこれに見合った改革を実行しなければならなかった。政府の最大の支出は、華族・士族に対する秩禄支給であった。そこで、地租改正を進めると同時に、家禄の現物支給が金禄へと改められ、金禄公債支給による最終処分が実行された。こうして、政府の財政基盤が定額地租を基礎としてほぼ固まるのが西南戦争前年の明治九年頃のことであった。

地租システムでは、インフレは大敵であった。インフレが進行し、米価をはじめとして物価水準が上昇すれば、地租は定額で固定されているため、政府の取り分は減少し、農民の取り分が増大して実質的な租税負担率は低下する。インフレが進行すれば、政府から農民への大規模な所得移転が発生する。政府の実質税収が低下し、実質政府支出も低下する。政府事業の遂行は、困難になる。つまり、インフレあるいは紙幣価格の低下は、政府財政基盤を掘り崩し、政府事業の進行を不可能にするわけである。このような租税制度の下で、財政基盤を安定させるには、通貨価値の安定が不可欠となる。通貨価値を安定させる最善の方法は兌換制度を確立し、その基盤を強固にすることであった。

松方は、地租改正事業の先頭に立ち、自らの足で綿密な調査を行い、全国の実勢を把握していた。米価を中心とする日本経済の動きを実際に即して理解し、地租改正のもつ財政的意味を明確に認識していた。地租を中心とする租税システムは、インフレ的経済運営にはなじまない。松方が、明治九年の時点で、兌換制度を確立することを以て、財政経済運営の基礎にしなければならないと主張した経済的根拠はここにあった。同年は、貿易収支も均衡を回復していた。その意味では健全な財政経済運営を実行するチャンスでもあった。

大隈は、松方と逆のことを考えていた。明治九年は、日本は不況に沈んでいた。国立銀行の営業不振で金融は閉塞し、米価も低落していたからである。そこで国立銀行条例を改正して、国立銀行紙幣を純然たる不換紙幣へと変換し、通貨供給量を拡大することを提議した。華麗な政策イニシアティブを好み、机上論に陥りがちな大隈は、紙幣増発を梃子として積極政策を実行し、一気に近代的産業を育成しようとした。それが政府の財政基盤を直撃するという考え方は、大隈にはなかった。

松方は、大久保や大隈が、兌換制度を放棄して、通貨を増発し積極政策を実行すべきであるという政策スタンスに移行しつつあった丁度そのとき、兌換制度の確立（紙幣発行額の削減と海外荷為替による正貨蓄積）こそが、財政経済運営の根本的方針であるべきだという持論を展開した。そして、松方は、兌換制度確立に向けて、実際に準備正貨の蓄積に着手していた。松方の「実際」から発想する実務者的政策観がよく現れているといえよう。

大久保・大隈と松方の財政経済運営は、まったく異なる座標軸をさしていたことになる。

この政策論における大久保・大隈路線との対立が、松方の大蔵大輔昇進問題に微妙に絡んでいたと考えられる。松方は、木戸孝允の推薦によって、ようやく大蔵大輔（次官）へと昇進した。木戸は、大隈に含むところがあり、大隈の頭越しに、大久保と直接交渉を行って、松方昇進を認めさせた。大久保は、松方の昇進を渋った。しかし、木戸は強力に松方昇進を推薦し、ついに大久保が折れた。木戸は、大久保・大隈と松方の政策スタンスの相違を見逃さず、その隙間をついて、松方の分離を図り、大蔵省に楔を打ち込もうとしたものと推定することが許されよう。ともあれ、松方は、木戸の推薦によって、ようやく大蔵大輔への階段を登ることができた。松方は、このときすでに四一歳になっていた。

ただし、この時点では、松方の構想は、国立銀行システムに替わる、中央銀行を中心とする近代的貨幣信用制度を創出し、財政と金融を分離することが、財政経済政策の中心課題であるという点にまでは成熟していなかった。また、度重なる内外の紛争と国内税収基盤の整備に忙殺されていた。松方は、海外の制度の実際を視察し、先進的な財政経済理論の研究を行いたいと熱望していた。しかし、大久保は、地租改正事業が完成するまでは、海外留学は認めないと松方の希望を却下していた。西南戦争が終結し、地租改正事業がほぼ完成を見ることによってはじめて、松方は、念願の外国視察の機会を得ることになる。

松方の心事と政策スタンス

大久保は、欧米視察の結果、「日本国民」が西欧諸国の国民より「劣る」と考え、「政府の指導」が必要と考えていた。これに対して、松方は、「政府の信用」が薄弱なことが経済困難の根本にあると考えていた。政府の信用を確立することが、財政の根本であり、経済政策の根本でなければならない。金本位制度を基礎とする貨幣信用制度の確立こそが、日本経済の発展を保障する前提条件であると考えていた。

一方、大隈は「工業の育成」を基本線としていた。しかし大久保は、西南戦争後の明治一〇年一二月「行政改革建言書」で、工業育成は短期的には無理であり、農業振興を中心にすべきであると考え方を変化させていた。そこに、松方は、勧農局長として大久保路線の衣鉢を継ぎながら、大隈路線と対決して勧業政策を転換させていく「種」を見出すことになる。

ここで、松方の心事とその政策スタンスを振り返って見よう。松方は、旧藩時代のつながりから、大久保の引きで明治政府の官僚へと転進した。しかし、民部省が大蔵省に統合された際、大蔵卿に就任した大久保は、大蔵省に転進した松方を格下げし、松方は甘んじてこれを受けた。松方は、薩摩出身者として、決して優遇されたわけではなかった。松方が大久保に従順な薩摩出身者だったからこそ、大久保の人事における公平さをアピールする証拠として利用され、かえって昇進を抑制された。松方の心中は、決して穏やかではなかったはずである。松方にとって、大蔵省での生活は当初から順風満帆とはいかなかった。

松方は、早くから日本の税制について関心を持ち、古代の日本の租庸調の制度を研究し、将来日本のとるべき租税の要点を、政府に建策した。地租については、全国を検地して、負担の不公平を正し、地租の付加税を思い切って軽減すること、また従来殆ど課税されなかった農業以外の産業に物品課税して、租税負担の均衡を図ることが重要であることを強調した。そしてそれを実現するためには、廃藩置県を断行する必要があるとした。

松方は、王政復古という政治的スローガンに忠実に、日本古来の制度を立脚点として、日本の農業の実際に即し、日本に適合した新時代の税制を模索した。松方は、この時点では欧米の制度や知識に疎く、近代社会に適合した租税制度の具体像をイメージすることはできなかった。しかし、検地を実行して、租税負担の均衡化を実現することが、地租改革の着陸点であることを、誰よりも明確に捉えていた。このことは、日本の実情から発想する松方の財政センスが、卓越していたことを物語っている。それは、輸入された欧米の経済理論や財政知識から生み出されたものではなく、日本古来の税制や賦役を研究し、実際の地方農村の実情を調査研究する中から見出されたものであった。

しかしそれは、松方の弱点ともなっていた。欧米に対抗して急激な近代化や富国強兵を進める場合、西欧の事情や制度、経済理論を活用した政策が必要となる。この点で欧米事情に疎く、海外留学の経験がなかった松方は、これらを活用できる立場にあった人々の建策には及ばない点が生じた。それが、政策立案上、松方に不利な条件として作用していた。

大久保が欧米回遊に出発した後、松方は租税権頭として井上大蔵大輔の下で地租改正事業に努力する。松方は、過去に太政官に建議されたすべての文書を整理し、地租改正の基本方針を策定する作業を行った。そこで建議の中に西欧の事情や経済理論を活用した神田孝平の建議を発見し大いに啓発された。松方は、真剣に海外留学を希望するようになる。

地租改正事業を進める上で、最大の問題は、課税の標準に採用する地価を、どのようにして決定するかであった。これをめぐってわれに成案ありと売り込んだ陸奥宗光が、井上の推薦で地租改正事業の責任者の租税頭として、いきなり松方の上司として抜擢された。しかし、陸奥は、地価決定についての具体案を持っていなかった。松方は、この時も、悔しい思いをしたに違いない。

欧米派遣組みが帰国する直前、井上等は政府部内で財政政策をめぐる争いから辞任し、帰国した大久保は、大隈を大蔵卿に据えて事態を収め、他方で征韓論を抑えて西郷らを下野させ、大久保体制を固めた。松方はようやく租税頭に昇進し、地租改正の実質的責任者として実務を取り仕切るようになる。松方は、実際に自ら海外を視察して見聞を広め、海外知識や制度を研究する機会が欲しいと考えていた。松方は、大久保に海外留学を願い出るが、却下された。地租改正事業をやり遂げるまでは、海外留学は許可しない、と言い渡された。

これまで、松方は、政府財政の税収基盤を確立することに全力を投入してきた。いわば、大久保が推進する積極政策と内外騒乱のための所要資金調達を担当する役割を担ってきたといってよい。財政需要に応じる所要資金を確実に調達する力量を備え、忠実であり正直であった松方は、大久保にとっては便利な股肱であった。大久保は、松方を、その役割に意図的に貼り付けていた。大久保は、松方の政策立案能力には期待していなかった。松方も、大久保に対する尊敬の念から、大久保の意思に従って忠実にその役割を果たした。

そして、大久保や大隈が兌換制度を放棄して通貨増発＝積極政策へ転換していく明治八〜九年に、松方は兌換制度の確立こそが根本的な課題であると確信するに至る。地租改正事業が大詰めを迎えようとしていた。松方は、安定的な貨幣制度・財政基盤の整備によって、政府信用を確立することが最も重要な課題であると考えるに至っていた。それは、とりもなおさず、大久保・大隈路線に対する批判であった。この時点で、松方が、どこまで批判であると意識していたかはわからない。むしろ率直な意見の表明であり、主観的には、大久保を批判する意図はなかったと考えられる。

松方は、大久保との政治的関係を崩すつもりはなかった。実際にも、忠実な大久保の股肱として行動した。しかし経済政策観では、この時期すでに両者の意見は大きく乖離していた。兌換制度を放棄しようとしていた大久保・大隈と、兌換制度の確立が急務であると唱えた松方。したがって、大久保や大隈にとって、政府部内で松方の政策論が力を持つことは望ましくなかった。大久保や大隈は、松方の大蔵大輔への昇任を認めたくなかった。

この僅かな隙間に、木戸が介入してきた。伊藤や大隈は、大久保に接近し、木戸から離れていった。そこで、木戸は、実直で財政政策の専門家であった松方に目をつけたものと考えられる。木戸は、松方の昇任を、大隈の頭越しに取り計らい、大久保に強力に働きかけた。大久保は、人事の公平を図るために薩摩人を昇進させない方針だとして、松方昇進に難色を示したが、長州の木戸の推薦ということで、しぶしぶ呑んだ。

大久保は、松方に、「兌換制度の確立」を軸にした独自の財政経済論を主張してほしくなかった。すでに、この時点で「兌換制度の放棄」＝国立銀行条例の改正を決意しており、それを軸とした積極政策こそ採るべき政策であると決断するに至っていたからである。大久保は、松方が大蔵省で責任ある地位に着き、独自の政策論を主張することを望まず、あくまで自分の手足として忠実に「財政資金調達」に専念してほしかったと考えられる。大久保は、地租改正が完成するまでは外遊を認めないとして、松方の海外留学希望を却下した。また、地租改正事業とその他の兼務は過剰負担であり不可能である、と辞退を申し出たときは、「死ぬまでやるべし」と「激励」している。松方は、信義を守って、甘んじてそれをやり遂げようと努力した。大久保は、地租改正を達成するために、松方を使い潰してもよいと考えていたことはほぼ明確である。

明治九年、大久保の知遇をえて、渡辺国武（当時租税寮六等出仕・三一歳、後大蔵次官・大蔵大臣）が、一躍高知県令に就任するよう勧誘された。躊躇する渡辺に、大久保は、「地方官などは松方でも勤まるものだ」といって説得したといわれている（『歴代蔵相伝』六六頁）。大久保の松方に対する評価は、このようなものであった。あるいは、このような演出を凝らして、大久保なしでは松方の現在はありえないという評価を定着させ、便利な実務者として活用しようとしていたとも考えられる。逆に言えば、内心、松方の財政経済面での力量や実績に警戒感をもっていたといえるかも知れない。いずれにせよ、財政経済政策で、大久保路線に対する松方の反対発言を、封じたかったということは間違いあるまい。

松方台頭の抑制要因

これらの状況から判断して、松方にとって、自己の財政経済に関する経綸を存分に発揮し、政府の政策決定に影響力を及ぼすようになるためには、三つの大きな障害があったことがわかる。第一に、大久保という「頭を抑える」重石の存在があったこと、第二に、西欧の文物・制度・ノウハウに直接触れ、自己の政策論を国際的文脈において吟味し洗練させる機会が与えられないこと、そして第三に、松方の政策論の正統性を示す経済状況（積極政策の破綻）が顕在化していなかったという点であった。

やがて、地租改正事業が峠を越し、西南戦争を乗り切ったあと、松方に、渡欧の機会が与えられた。しかも、偶然、渡欧の最中に大久保が暗殺され、松方を抑える政治的重石が除去されることになる。また西南戦争後しばらくして、インフレが顕在化し、財政基盤の脆弱化が顕在化し、兌換制度を軸とする紙幣整理を主張する松方の政策論への強い追い風となった。しかも松方は、インフレが顕在化する前に渡欧し、インフレが顕在化した後に帰国したため、大蔵省首脳の一人として西南戦争戦費調達に従事した張本人であったにもかかわらず、インフレに直接責任を負う立場を免責される、という幸運に恵まれた。

欧州の先進的な財政経済や制度・文物に触れ、自己の財政経済論を洗練させ、自信をつけた松方は、政策の主導権を確立すべく行動を開始する。まず大久保路線の継承という政策的立場を損なわない財政・経済政策を主張し、政治的には薩摩閥の中心に位置して、伊藤など長州系との関係を維持しながら、政府主導の積極路線を推進していた大隈路線と対決していくことになる。

松方は、凡庸であり、大久保という後ろ盾を持ち、薩摩閥という出身母体がなかったならば、政府で立身出世は不可能であった、というイメージで捉えられることが多い。しかし、松方が無能であったというイメージは、後に議会開設後の「首相としての」適格性欠如や優柔不断という評価から、類推されたものである。実際には、松方は、大久保に昇進を強力に抑制されていた。そして、松方が昇進を重ね、自らの政策論を開花させ、政府部内で揺るぎない地位と業績を上げるのは、大久保の死後のことであった。さらに、松方の財政経済政策論は、薩摩閥の積極論とは、全く対照的なものであった。西南戦争後に実行された「松方財政」は、大久保の引き立てや、薩摩閥の政策論的後援を一切受けなかったことが、特徴であった。

5　不平士族圧迫と西南戦争

江華島事件と禄制改革案

明治八（一八七五）年一二月、松方は大蔵大輔に昇進した。ほどなく朝鮮で江華島事件が勃発し、またまた軍費支出の目途がたたず、大隈大蔵卿はさじを投げて、松方に方策を諮った。松方は、熟慮した結果、禄制改革を実行して財政支出の思い切った削減を図り、それを財源に充てるべきであると提議した。

家禄処分の問題は、廃藩置県以来の懸案であった。華士族に対する家禄支給は、政府財政を強く圧迫していた。しかし、秩禄処分の断行は、時期尚早であるとして凍結されていた。士族の反発を憂慮して、いまだ最終的な処分に踏み切れずにいた。松方は、財政基盤を強化するとともに、軍費の財源を得る一挙両得の策として、懸案の禄制改革を実行すべきである、と大隈に建策した。大隈は賛同し、政府もこれを実行することに決した。しかし、朝鮮との紛争が平和裏に収拾される場合には、改革中止論が起こる可能性が予想された。そこで松方は、その場合でも禄制改革は必ず断行すべきであると主張し、再度廟議にかけられた結果、裁可を得た。実際に、朝鮮問題は交戦に至らず、外交的に決着した。明治九年二月日朝修好条規が締結されると、果たして閣内で禄制改革に異議が生じた。しかし、松方は、追申裁可を盾にとって反対論を封じた。政府は、明治九年八月、禄制改革を断行した(『松方正義関係文書』第一巻、三四八〜三四九頁)。

禄制改革は、秩禄の最終的処分を意味する。つまり、旧武士階級を最終的に解体することを意味していた。明治九年三月、廃刀令を公布し、次いで同年八月俸禄支給停止を決定したことは、大久保を中心とする政府首脳が、征韓論以来政府に反抗している不平士族の武力鎮圧を決意したことを意味していた。

日朝修好条規が締結され、朝鮮問題が一応の決着を見たため、征韓論争以来燻ぶり続けていた対外戦争の火種は鎮火した。これによって不平士族と軍部が結合するという契機は未然に摘み取られた。軍部と不平士族が連携して対外戦争を引き起こすという恐れがなくなったことは、政府首脳にとって、不平士族問題に安心して対処できる環境が整ったことを意味していた。士族の財政面での最終処分を断行できる環境は、こうして整った。

松方は、大久保の意を汲み、江華島事件を好機として、対外紛争に対応するための戦費調達という反論不可能な財政問題と絡めることで、反対論を封じ、秩禄処分を断行する裁可をえた。財政問題として考えれば、対外紛争による戦費支出は一時的な臨時支出であり、秩禄処分は経常的な支出削減問題であるから、江華島事件は、士族の最終的解体の絶好の口実として使われたと見てよい。勿論、日朝間が戦争に発展すれば、現実に戦費の調達が必要となる。しかし、あらかじめ平和裏に解決しても禄制改革は断行すると決定されたことは、松方をはじめとする政府首脳の真の狙いが、士族の最終的解体を実行して政府の財政基盤を強化し、不平士族の鎮圧に乗り出すことにあったことを意味している。

廃藩置県後の政府給付俸禄は、およそ四九〇万石であり、国家財政の三割に及ぶ負担となっていた。政府は、まず明治六年に秩禄奉還法を定めて俸禄の自主的奉還を奨励し、明治八年には俸禄を現米から貨幣（金禄）に切り替えて、着々と秩禄処分の準備をすすめていた。そしてついに明治九年八月金禄公債条例を制定して家禄制度を全廃し、金禄公債（五〜七分利付き交付公債）一億七三〇〇万円を交付して俸禄の支給を停止した。

旧幕時代の家禄は、三四六二万円相当であったが、廃藩置県後の家禄は、二二六五万円相当に低下した。それが、金碌に変更されたことで一七六七万円に減少し、さらに秩禄処分後の金禄公債利子支給額は、一一六一万円となる（『明治前期財政経済資料集成』第四巻）。したがって、政府の財政支出は、平年度ベースで一一五〇万円程度削減され、一挙に半減する。秩禄処分によって財政支出は大幅に軽減され、政府の財政基盤が格段に強化された。

廃藩置県、徴兵制度の採用に始まり、廃刀令、秩禄処分へと至る急激な政治改革の波は、旧武士階級を追い詰めた。そして一連の改革によって、武士階級の所得は、実に三分の一へと圧縮された。特権を失い経済的にも困窮した士族階級は、当然反発を強めていった。

大久保の豪腕と不平士族対策

明治六年の政変で野に下った板垣退助等は、明治七年民撰議院設立建白書を提出して政府の「有司専制」を攻撃した。また佐賀に帰った江藤新平は、不平士族に担がれて「佐賀の乱」を起こし、鎮圧された。政権強化の必要に迫られた大久保は、征韓論で下野した板垣や台湾出兵に反対して下野していた木戸と、大阪で会議を開き、両者を政権に復帰させて政府を強化した。この大阪会議の結果、漸次に立憲政体を樹立することを公約する「立憲政体樹立の詔」が発布され、立法機関である元老院と、司法機関である大審院が設置された。大久保は、憲法を制定し近代的立憲政治を実施することを公約し、政局の主導権を確立した。それは、封建制の最終的解体を宣言したものであった。同時に、政府は、讒謗律・新聞紙条例を発布して、反政府的言論活動を抑える措置をとった。

ところで、江華島事件は思わぬ副産物をもたらした。板垣は、大阪会議の懸案たる内閣分離問題を提出したが、閣議は事件決着まで当該問題を延期すると決定したからである。これに激怒した板垣と島津久光左大臣は辞職し、再び政府は政治的に打撃を受けた。

一方、不平士族がその要求を貫徹するためには、武力に訴える以外の選択肢はなくなっていった。当然、征韓論に敗れて下野した鹿児島の西郷の決起に期待し、それに呼応してことを実行することを望む空気が醸成されていった。

このような情勢の中で、朝鮮問題に決着がつけられ、廃刀令が布告され、秩禄処分が断行される。それは、いよいよ政府が、いかなる反発をも抑えて士族の最終的解体を実行し、あわせて政府の財政基盤を確立する決意を固めたことを意味していた。すでに、明治九年中に地租改正事業を完成するという方針も決定されていた。

こうした中で、明治九年一〇月熊本で「神風連の乱」が起こり、これに呼応して福岡で「秋月の乱」が起こり、また山口で「萩の乱」が起こった。しかし、これらの不平士族の反乱は、十分な準備の上で組織的に行われた反乱ではなかったので、各個撃破される形で政府によって武力鎮圧された。何より、鹿児島の西郷党を欠いた反乱であったことが、反乱の威力を大きく減殺していた。西郷は、遠からず政府は瓦解するとみて、時期を待つ心算であったので、これらの反乱には加わらなかった。政府は、最も恐れていた西郷を中心とする不平士族の組織的反乱という最悪シナリオを、辛くも回避することができた。

政府にとって、西郷党の処理が焦点となる。国内の政治不安は、確実に高まっていった。世間は、鹿児島の西郷隆盛を中心とした強大な軍事力をもつ反政府勢力の動向に注目し、政府は神経を尖らせた。大久保は、士族反乱と農民一揆の結合を未然に防止するため、明治一〇年初頭、地租を三％から二・五％に引き下げ、農民の慰撫に努めた。政府の鹿児島対策は、着々と進んでいった。西南戦争の機は熟しつつあった。

西南戦争と戦費調達

一八七七（明治一〇）年二月、反政府勢力の拠点と化していた鹿児島において、私学校の生徒を中心とする不平士族が西郷隆盛を擁して挙兵し、西南戦争の幕が切って落とされた。政府軍六万人、西郷軍四万を動員した大規模な戦争であった。戊辰戦争以来最大の内乱であったが、八カ月の戦闘の末、同年九月西郷の自刃によって幕を閉じる。新しい徴兵制による軍隊が、士族の軍隊を撃破し、政府の権威は揺るぎないものとなった。

西南戦争には、四一五七万円という莫大な戦費が費やされた。当然その調達に、大隈大蔵卿と松方大蔵大輔は、苦しまざるをえなかった。二月一二日、二〇万円が非常予備金から支出され、その後軍費は激増して数百万円に達した。当初、政府は、大蔵省の準備金ならびに財政資金の内部流用によって急場を凌いだ。しかし五月には、戦費は一〇〇〇万円を超え、さらに六月一日、西郷従道陸軍卿代理は、戦線延長に伴い追加的な軍費の必要があるとして、六月より九月の四カ月間の軍費予算一二四五万円を要求した。

政府の信用が薄弱であったので、巨額の戦費を公債で調達することは不可能であった。また地租減税を布告したばかりであったので、増税は論外であった。そこで、政府が注目したのが、第一五銀行である。明治九年に華士族の家禄・賞典禄が金禄公債に切り替えられた。その際、松方は、それを活用して銀行を設立することが華族の財産保護に有利であると、岩倉に国立銀行設立を強く勧めていた。そして、岩倉が華族総代として銀行設立の方法書を大蔵省に提出したのが明治九年一二月三一日であり、当該銀行設立の計画中に、西南戦争が勃発した。戦費調達をはかるため、松方は、明治一〇年二月京都に大久保を訪ね、熟議して帰京し、岩倉と会談した。そこで、種々の特典を与えて銀行を設立し、銀行から五分の利息で一五〇〇万円の銀行紙幣を借り入れ、戦費に充当することが決定した。

政府は、西南戦争の戦費の大部分を、政府財政資金と準備金からの内部融通によって調達した。その最大のものは、準備金からの借り入れ八五二万円と財政資金の繰替支出一六九三万円であった。不足分は、第十五国立銀行紙幣一一三四万円で賄った。

そして戦費の最終処理は、次のように行われた。戦費総額は四二〇〇万円と概算された。大隈は、当時の経済の景況から、金融を疎通する必要性があると判断していた。そこで、戦費全額を、国立銀行紙幣借入と政府紙幣発行で清算することに決定した。戦後の一一年に、二七〇〇万円の政府予備紙幣を発行し、また第十五国立銀行から三六六万円の借入を追加して銀行借入総額を一五〇〇万円とし、さらに堺県上納金一万円を加えて、四二〇一万円の戦費財源の調達が実行された。そして戦費四一五七万円を控除した残余の四四万円を紙幣の償還に充て、決算を終結した。西南戦争戦費は、戦争終結後に、新たに政府紙幣二七〇〇万円と銀行紙幣三六六万円の合計三〇六六万円の不換紙幣を増発することによって処理された。

一方、当時の政府財政には、巨額の決算余剰が発生していた。決算余剰は、準備金に繰り入れられる。準備金総額は、九年度期首の七月一日には、二八三四万円であった。九年度末の明治一〇年六月末には三九〇三万円に増加し、一〇年度末の一一年六月末には五一二七万円へと激増している。明治九～一〇年の二年度間で、二二九三万円の準備金増額（決算余剰）が発生していた。この点から見れば、西南戦争戦費は、決算余剰金二二九三万円を活用すれば、準備金からの借入八五二万円と、国立銀行第一期借入一一三四万円の合計四二七八万円で十分支弁できたはずである。戦後に戦費会計を閉じるに当って、予備紙幣・銀行紙幣の合計三〇六六万円もの追加発行を行うことは、必ずしも止むを得ざる非常措置ではなかった。

潤沢だった政府財政

明治初期の政府財政には、意外に大きな余裕資金が発生していた。明治初年の「八期間」の財政収支は、第五期および第七期に赤字を計上したが、その他の会計年度は黒字を計上していた。累積黒字額は、第三期に一七〇〇万円を超え、第四期にはほぼ二〇〇〇万円に達し、第六期には三五〇〇万円を突破し、第八期末の明治八年六月には四六九〇万円に達した。

しかし実際の金庫現在金は、第三期には五〇四万円、第四期には三一五万円、第五期三二四万円、第六期四九二万円、第七期二四一万円に過ぎず、第八期においても一〇六三万円に過ぎなかった。財政当局者の目には常に、底をついた国庫の姿があった。

このような「ズレ」が発生したのは、各省庁経費が、年初に支出予定額を前渡しする制度であったため、実際支出額との間に大きな差額が生じるという制度上の不備があり、また第三～四期の頃から地金銀を購入して貨幣改鋳に着手したこと、第五期以降には準備金を保蓄するようになったこと、さらに仮納払回漕金米等の存在も、大きな理由であった。そして、予算制度が十分整備されておらず、甲乙出納制度の下で、財政収支の概要が判明するまで三カ年を要するシステムであった。このため、実際の財政余剰資金と国庫の現在資金の乖離が巨大となり、常に国庫現在金が欠乏するという状況に置かれていたのである。

ところで、準備金総額は、明治八年六月末の二四四二万円から、明治一〇年度末には五一二七万円に増大していた。準備金の最大の目的は、常用会計から独立して正貨を蓄積し、政府紙幣の兌換準備として役割を果たし、維新以来巨額に膨れ上がった政府紙幣の信用（価格）を維持することに置かれていた。したがって、常用会計で生じた決算余剰は、準備金に繰り入れられ、正貨蓄積に充てられることになっていた。

このようなシステムの下で、西南戦争戦費が、財政資金の繰替支弁と準備金からの借入で調達された。このため戦費決算に当たり、準備金の充実という財政目的を達成するために、予備紙幣二七〇〇万円が追加発行され、財政資金で繰替支弁された戦費全額の補填と、準備金からの借入の全額返済とが実行された。

予備紙幣発行は、決算余剰資金を使用すれば、回避することができた。しかし、大隈はそのような措置をとらなかった。戦費に充当するという名目で、金融を疎通するために、進んで紙幣増発を実行したのであった。大隈は、「財政四件を挙行せんことを請ふの議」において次のような認識を披瀝している。西南戦争で二七〇〇万円の紙幣を増発したが、「弐千七百万円の額は原と独り已むを得ざるの挙に出るのみならず当時貨幣流通上に措いて亦深く考察する所あり即ち因って以て貨幣の用を充足し若しくは金融の道を疎通する等の微意亦在る」（『大隈文書』第三巻、三四六頁）と。

戦費を調達するだけなら、必ずしも二七〇〇万円の紙幣増発は必要ではなかった。あるいは、一時的に増発しても、決算余剰を充当することで回収することは可能であった。大隈には、巨額の紙幣増発がインフレを誘発するという発想はまったくなく、むしろ金融を疎通するために通貨増大が必要であると判断して、戦後意図的に紙幣増発を実行した。それは、大隈が、起業公債を財源として、大規模な産業育成政策を展開しようとしていたからである。

西南戦争が巨大な戦費需要を伴い、大規模な不換紙幣増発を伴っていたにもかかわらず、インフレを顕在化させなかったことが、戦後、政府（大隈）に積極的経済政策を推進させる背景となり、結局政府を大きな失政に導いていく動力となった。

不換紙幣増発の誘因

維新政府が不換紙幣を増発したのは、財政基盤が安定しない中で、一般財政需要、征討費、さらには殖産興業のための資本供給などの原資を、紙幣の増発に依存せざるを得なかったからである。しかし、廃藩置県で徴税権を確保した後も、紙幣増発は停止しなかった。

第一の理由は、準備金の創設である。明治二年一〇月、政府紙幣および国債を回収し、国庫の予備とする目的で、不用物品売払や雑収入などを蓄積する「積立金」が創設された。この積立金を引き継いで明治五年に、「準備金」が創設された。その目的は、一般会計から分離して政府資金を蓄積し、「真貨」を貯蓄して、紙幣や公債の信用を維持することに置かれた。時の大蔵大輔井上馨は、翌六年一月「通貨を適当の位に置き高低なからしむ」ために準備金を充実し、「内国貨幣流通の上人民を保安する基礎と為」す、ことを建議した（「準備金始末」『明治前期財政経済資料集成』第一一巻）。紙幣価格を安定させることが主要な関心事であった。準備金を充実し、紙幣価格が低下するときは準備金で紙幣を購入して価格を回復させ、紙幣を安定的に流通させることが目指された。準備金を充実する主要な方法は、決算余剰の繰り入れである。準備金（正貨）を充実させておけば、紙幣の信用は維持される。したがって、一方で紙幣を増発しながら、他方で準備金を充実させるという財政運営方針が継続された。西南戦争では、財政余剰の使途をめぐって、戦費調達と準備金充実とが「競合」するという事態が生じた。その意味で、準備金の充実は、紙幣増発の誘因となるとともに、紙幣の信用を維持する根拠ともなった。また準備金を財政投融資の拡大に活用することによって、積極政策の原資として活用することも可能となる。

第二に、このようにして明治一〇年までに九五〇〇万円の政府紙幣が発行されたが、紙幣価格の下落は生じず、正貨とほぼ等価で流通し、人々は正貨より取り扱いの便利な紙幣のほうをより好んだ。正貨と紙幣に多少の差額が出ることもあったが、輸入超過により、開港場での銀貨交換によって生じたものであり、一般に国内流通では等価を維持していた。巨額の不換紙幣増発にもかかわらず、インフレの懸念はまったくもたれていなかった。それは、紙幣増発の誘因を高める要因として作用した。

第三に、日本は連年多額の貿易赤字を計上し、巨額の正貨流出を記録していた。正貨の大量流出は、国家の安危に関わる重大事であると認識され、明治八年以降、政府部内で正貨流出を阻止する方策が議論された。とくに大久保内務卿と大隈大蔵卿は、正貨流出の原因は貿易赤字にあり、貿易赤字は国内物産が繁殖しないゆえである。したがって、国内生産を振興し、輸出を拡大することが基本的な対策であるとした。このような見方は、当時一般的に支持された考え方であった。そして、国内物産が繁殖しないのは資本が不足しているからであり、資本を増加することが根本的対策となる。資本が欠乏しているのは、通貨が欠乏しているからである。通貨供給を増すことが、急務であるという結論に至り、紙幣増発を促進する強力な誘因として作用した。その結果、九年八月には、国立銀行条例が改正され、国立銀行券は不換紙幣となり、その増発が促進されたのである。

西南戦争とインフレ

ところで、西南戦争で四二〇〇万円もの戦費を必要とし、結果的に、それがほぼ全額不換紙幣の増発でまかなわれたのであるから、激しいインフレが生じても不思議ではなかった。前年八年度の国家歳出規模は六九〇〇万円程度であり、しかも通貨流通残高も九〇〇〇万円レベルから一億四〇〇〇万円レベルへと一気に四〇%以上膨張したからである。

しかし不可解な点は、西南戦争中は勿論のこと戦争終結後もインフレは顕在化せず、戦争終結後二〜三年という長いラグをともなって激しいインフレが顕在化したことである。一般にインフレについては、人々の貨幣錯覚から認識ラグが生じることは、不思議ではない。しかし、少なくとも巨額の超過需要が戦費として一時に発生し、それが巨額の通貨増発によってまかなわれ、人々はその事実を明確に認識していたとすれば、それが迅速に物価に反映されなかったことは不思議であるといえよう。もしも政府の戦費調達―散布がインフレを顕在化させていれば、戦後の政府の政策は、その後実行された政策とは余程異なったものになっていた可能性が高い。戦後に発生したインフレ問題は、相当異

西南戦争前後の財政支出動向

（単位：千円）

	会計年度	歳入	歳出			
			軍事費	家禄・賞典禄	内国債利子	
第６期	６年１月〜６年12月	85507	62679	9398	17830	850
第７期	７年１月〜７年12月	73446	82270	13597	26221	1257
第８期	８年１月〜８年６月	86321	66135	12202	26757	109
明治８年	８年７月〜９年６月	69483	69203	8786	17658	2113
明治９年	９年７月〜10年６月	59481	59309	10330	17617	1925
明治10年	10年７月〜11年６月	52338	48428	9203	——	13872
明治11年	11年７月〜12年６月	62444	60941	10087	——	14769
明治12年	12年７月〜13年６月	62152	60317	11896	——	14866

（出典）『明治大正財政詳覧』東洋経済新報社，1926年。

なった様相を呈していたはずであり、政府の財政経済運営は相当異なった経路を辿っていたものと考えられる。何ゆえインフレ圧力が顕在化しなかったのかが問題となる。

西南戦争前後の財政状況を確認しておこう。明治初期の財政収支は、八期に区分されて整理されているが、多分に便宜的なものであった。廃藩置県が断行され、政府の基本的骨格が出来上がった明治六年以降の第六期からは、会計年度は暦年の一二カ月となり、ほぼ当時の財政収支を反映するものとなる。

明治七年には、軍事費が急増し、家禄支給が膨張したため、巨大な財政赤字が発生した。そこで、増大する軍事費と家禄の財源捻出のために、会計年度が変更された。歳入規模は一時的に八〇〇〇万円を超え、約四〇〇〇万円の軍事費・家禄支出をまかなったうえに、さらに二〇〇〇万円を超える財政余剰が生し、歳計上に大きな余裕が生み出された。

明治七年に軍事費が急増したのは、佐賀の乱や台湾征討の軍費が嵩んだためであった。また、家禄が膨張したのは、この間米価が高騰したからであった。東京の米価は、明治六年に一石四・八〇円であったが、七年には七・三〇円、八年には七・一三円に上昇していた。家禄を現米で支給すれば、その貨幣換算支給額は膨張せざるをえない。米価高騰は、家禄の財政負担を著しく重くした。この事情が、明治八年になって、家禄の貨幣による支給（金禄化）を促す要因として作用した。金禄化が実施された八年度以降、家禄負担は一〇〇〇万円も減少した。米価が急激に値下がりして明治九年には五・一三円へと低下したからである。そして、九年に秩禄処分が決定され、金禄公債が交付されて処分が完成する。士族は、公債利子によって生活することになり、家禄・賞典禄の財政負担は大幅に軽減された。

また、明治一〇年一月には、地租の減税（地価の三％から二・五％へ）が実行され、減収額は約八〇〇万円に及んだ。それは、減収に見合った財政支出の節減を強制した。政府・地方の産業育成政策は抑制され、地方土木費や勧業費は削減された。そして軍事支出は、明治八年度以降は収縮し、不平士族の反乱も散発的なものにとどまったので安定した。

このように明治九年度以降には、「軍事費収縮」、「地租減額に伴う支出削減」、「秩禄処分実施」によって、政府の財政支出は著しく削減された。財政支出は、明治八年度の六九二〇万円から、九年度には五九三一万円、そして一〇年度には四八四三万円へと急速に収縮していった。削減規模は、八年度と比較して、九年度には一〇〇〇万円、一〇年度は二〇〇〇万円に達した。

西南戦争は、九年度、一〇年度に戦われ、四一五七万円の戦費の大部分は、この両年度に支出され、一一年度にも若干の戦費（数十万円）は支出されている（「九州地方賊徒征討費決算報告」）。各年度の戦費支出は、端数を切れば、九年度一七〇〇万円、一〇年度二四〇〇万円、一一年度五〇万円程度とみて大過ない。そこで通常の財政支出と西南戦争戦費を合わせて全体として政府財政支出総額をみれば、支出水準は、明治九年度七六〇〇万円程度、一〇年度七二〇〇万円程度となり、明治八年度の水準（六九二〇万円）を若干上回る程度にとどまっている。

したがって、西南戦争の戦費需要の急増が超過需要となって、インフレを引き起こすことはなかったのである。また総需要の最大項目たる農民消費が、米価の低落から大きく削減されていた。米価は、明治七〜八年には一石七円以上の水準を維持していた。しかし明治九〜一〇年には一石五円台へと急落した。農民の購買力は、一億九〇〇〇万円前後から一億三〇〇〇万円前後へと低下する。つまり、明治九〜一〇年には米価が急落し、年ベースで六〇〇〇万円前後の農民購買力の落ち込みが生じていた。総需要の最大項目である農民消費需要の大幅な落ち込みが西南戦争時に発生していたことが、戦費撒布の総需要拡大効果を完全に打ち消し、国民経済全体に対して強力なデフレ要因として作用していたと考えられる。

西南戦争に先立って、日本経済はデフレ状態にあり、金融は閉塞し、国立銀行も開店休業の状況に置かれていた。米価の停滞から定額地租の農民負担が増大し、地租改正に抵抗する一揆が頻発した。政府が明治一〇年一月に減租の決定を行ったのも、そのためであった。

このように西南戦争の勃発以前の明治九年度から政府財政支出は急速に収縮を開始し、民間消費需要は米価急落から大規模に落ち込んでいた。また金融も逼塞していた。したがって西南戦争は大規模な戦費支出を伴っていたが、総需要の落ち込みの一部を相殺する規模にしかならず、インフレを誘発する超過需要とはならなかった。特に、西南戦争戦費のほぼ三分の一を占めたのは傭夫使役費であった。これは主として農民所得となったと推定できるが、米価低落で激減した農民所得の一部を補う役割を果たしたと考えられよう。

もし政府が戦争勃発に先立って、経費節減による政府需要削減を実行せず、さらに米価が低落していなかったならば、戦乱による軍費支出は、急速にインフレを顕在化させていたであろう。そして戦費として充当された政府紙幣や銀行紙幣の大部分は、戦争終結後の明治一一年以降に戦費決算処理の段階で増発された。そして増発された紙幣の大部分は、準備金への返済や財政繰替え資金の償還へと充当され、国庫内部に一時滞留した。こういう事情から、戦争終結後に大きなタイム・ラグをもって、明治一二年以降にインフレが爆発することになった。

政府がこのような事態に対して、どのような対策を実行したのか、改めて検討することにするが、その前に、松方のその後の行動を追っておこう。

第三章　大隈路線への挑戦

1　渡仏そしてレオン・セイとの出会い

松方は、一八七八（明治一一）年二月、パリ万国博覧会副総裁として事務取扱を命じられ、フランスへ派遣された。地租改正作業が実質的に終了し、長年の夢がかなったのである。

フランスへ

この機会に、欧州各国の文物・制度ならびに財政経済の実況を視察したことによって、松方は大いに啓発された。ことに経済学者として名高い仏国大蔵大臣レオン・セイとの交流は、松方の財政経済知識を深め豊かにした。レオン・セイおよびその高弟の経済学者リーロイ・ボリューより受けた感化は、極めて深かった。松方は、自らの財政構想に理論的裏打ちを得て、自らの政策信念の正しさに確固たる自信を得た。

松方は、フランスの大蔵省の煙草専売局を視察した折、各局の個別データと総裁局のデータとを詳細に検討し、両者が食い違っていることを発見して、その点を質した。ところが総裁局は、その質問事項を大蔵大臣セイに報告したので、セイは、松方のために人を配し、調査表をつくって便宜を図った。このことからセイは松方を厚く信用し、常に大蔵大臣の側に松方の椅子を設け、相対して議論を交換するようになった。こうして、いわばセイのゼミナールに参加するような機会を摑み、松方の財政経済知識は急速に深まることになった。松方は、フランスで願っても得られない幸運を摑みとった。

松方との議論の中で、日本の地租改正の話を聞いたセイは、「最善最良」の施策であると称え、フランスの地租改正事業の参考にしたいので、詳細な経過を文書にして贈与してほしいと要請した。松方は、それまで大蔵省で地租改正事業に心血を注いできた。そして、地租改正をやり遂げたことに強い自負を持っていた。今や、その事業がフランスの大蔵大臣に激賞されたのである。日本の流儀で行った地租改正が、国際的に高い評価を与えられたことで、松方は、財政運営について大いに自信を深めた。

欧米からの知識や経験などノウハウの一方的輸入国であった後進国日本が、財政経済分野で、先進国フランスの地租改正事業に日本の経験を「輸出」するという役割を果たしたのである。まさに未曾有の出来事であったといってよかろう。松方の内面の得意と満足の気持ちはいかばかりであったか。一方的に教えを請うという立場ではなく、いわばギブ・アンド・テイクの関係でセイと交際することができたことが、松方の思索的充実を深めさせたといえよう。

中央銀行設立構想

とりわけ、銀行問題についてのセイの懇切な助言は、松方の財政経済構想に決定的な影響を与えた。セイは、各種の銀行が、ばらばらに統一なく営業をおこなっているのはよろしくない。政府保護の下に、中央銀行を設立することが、なによりも重要であると明言したからである（『公爵松方正義伝』乾巻、七〇〇〜七〇一頁）。それは、米国流の分散的な国立銀行を中心とする、日本の通貨・信用制度の欠陥を指摘したものであった。フランスは、松方の渡仏直前の明治九（一八七六）年に、セイのイニシアティブの下で金本位制を採用したばかりであった。セイが、自らの実際の経験に基づき、金本位採用と中央銀行を中心とする統一的な近代的通貨信用制度の重要性を論じたことは、松方に一つの確信を与えることになった。物事の実際から発想する松方は、机上論とは異なり、実際論からその所信を披瀝するセイの議論に、深い感銘を受けた。

松方は、従来の自己の財政経済政策に欠けていた、最も重要な要素を認識した。松方は、正貨流出を防止するためには貿易不均衡を是正することが必要であり、そのためには輸入を制限すると同時に、国内産業を振興し、輸出を拡大することが緊要であると考えていた。松方がその構想の切り札と考えていたのは、政府が、輸出業者に低利の資金を貸し付け、輸出を拡大するとともに、輸出代金から正貨で返済を受け、正貨蓄積を図ることであった。このような方針の下で、政府紙幣流通残高の削減を進めながら、蓄積した正貨を基礎として兌換制度を確立することを構想していた。松方にとって、低利の資金供給と兌換制度確立を同時に達成できる、近代的システムを確立することが課題となっていた。

松方は、セイとの交流の中で、この課題を、中央銀行を中心とする近代的貨幣信用制度の整備という枠組みの中で実行することが、最も重要なポイントであることを明確に認識した。松方が、帰国後本格的な紙幣整理を開始し、日本銀行を設立して近代的な銀行制度を創出する事業に努力したのは、このセイの助言が大きな契機となっていた(『松方正義関係文書』第一巻、三八六〜三八七頁)。松方は、その事業遂行中の明治一六(一八八三)年、セイに勲一等旭日大綬章が贈られた(松方の推薦によって)ことを知らせる手紙の中で、「余が財政の事に於けるや、決して軟貨を以って目的を定めず、固より硬貨の主義に是れ依る。故に敢えて現今の形況に満足するの念慮毫末も存せず。是れ乃ち閣下が曾て余に向かって懇々教示せられたる大趣旨にして、余が終始確執して動かざる所なり」と述べている(『松方伯財政論策集』六二二頁)。

松方は、セイとの議論の中で、自らが抱懐していた兌換制度確立(硬貨の主義)の正しさを確認し、それを中央銀行設立と結合させ、金貨を本位貨幣とする貨幣制度と近代的銀行制度を確立させることが、財政経済運営の要であるとの信念を固めた。そして、その構想の具体化について自信が深まり、財政経済運営の基本構想が凝固していった。松方は、セイの助言に基づき、明治一一(一八七八)年、ベルギー国立銀行を訪れ、同行した大蔵省の加藤済をブリュッセルに残留させて中央銀行制度を研究させた。

鉄道論と外資導入の弊害

また、仏国議員兼博覧会事務官長カランツとの会談で、「欧州諸国が富強を競い、今日の繁栄を見るに至った原因をどう考えるか」とのカランツの問いに対して、松方は交通機関の完備、就中鉄道の敷設であるとの見方を示し、「運輸の便起るにあらざれば、農工商の業、決して振興し得ざるは、必然の勢いである」とする所見を披露した。カランツは、その見方は実に「緊要の事項」であると同意を示した。そして、日本は縦に長く横に狭い地形なので、全国の中央を縦断貫通する基幹線を建設し、そこから枝線を張る建設方針が軍事的観点から見ても適切である、と日本の鉄道建設に対する意見を述べた。

松方も基本的にこの説に同意した。松方は、進んで鉄道の敷設は、政府が行うべきか民間に任せるべきか、についての意見を求めた。カランツは、民間に任せるほうが経済効率がよい。ただし収益の期待できない場所は、政府が建設すべきであると明言した。そして、注目すべき点は、カランツが外国資本の導入の弊害を強調したことであった。

「政府は決して外国人に対し、鉄道経営の免許を与え、外国の資本を用いて、之を建設せしむべからず。先年我が仏国において、鉄道経営を英国人に委し、大に其の損害を招いた悪経験があったことは、現に余の諒知する所。当時我が仏国が損害を受けたことは、莫大であったので、呉々も忠言を呈して置く。勿論平時にありては、措て問わざるも、若し一朝外国と戦端を啓く場合に於て、外国人をして、鉄道経営の衝に当たらしめんか。之が為に不測の大害を醸すべく、此の如き鉄道あるは、却って之れ無きに勝るの万々なるを以て、深く之を戒めなければならぬ。殊に日本が永遠独立の国権を維持する上に於て、最も緊要なる事項中の眼目である」（『公爵松方正義伝』乾巻、七一〇頁）。

仏国鉄道の例を引きながら、外国資本（英国資本）に依存することの「負」の側面を、自らの実体験に基づいて力説され、日本の独立維持を危うくする危険性を率直に指摘されたことは、松方に大きな影響を与えた。日本の鉄道建設は、主として英国資本を導入して行われていたからである。国家の自主独立と貿易不均衡是正のために、条約改正と税権回復を再三にわたって建議していた松方にとって、思いは同じであり、また危惧の念は大きかった。外資導入は国家の独立を危うくしない方法を選ぶべきである、との考え方が確認されたであろうことは想像に難くない。後に、松方は、外国人支配人の下で外国資本を導入して「一大正金銀行」を設立し紙幣整理事業を実行するという大隈の提議に対して、「国を危うくする」と強硬に反対した。それは、欧州の大国フランスの実体験に基づきカランツが述べた教訓に、根をもっていたと見てよいであろう。

花より実の政策論

フランス滞在は、松方が抱懐する「兌換制度」確立を中心課題に据えた財政経済運営の正しさに、自信を与えた。具体的な政策論としては、中央銀行を設立して兌換制度を確立し、近代的な貨幣・信用制度を確立すること、殖産興業政策の中心は鉄道建設を中核とする運輸交通インフラの整備に置かれるべきこと、そして安易な「外資依存」を回避することであった。

松方の中で固まりつつあった政策構想は、大隈の急進的で華麗な政策構想とは対照的な、堅実な政策スタンスに基づくものであった。このことを象徴的に示す逸話が残されている。

松方は、博覧会を終えて帰国の途に着く直前に、関係者を一同に集めて、告別の宴を開催した。松方は、欧州社交界の慣習になっていた卓上に花を装飾することを止め、代わりに数種の果実を飾った。松宴たけなわのころ、松方はおもむろに一場の演説を試みた。

抑も欧州各国の文明は、猶ほ樹木に花あり実あるが如し。華麗の外に顕はるるは、其花であって、富強の内に充つるは其実である。……然るに、人或は花の美観に眩惑して、眼を其実に注ぐもの少なきは、予の頗る遺憾とする所である。……其実を播種して、以て他日欧州文明の花を我国に観んことを希望するのである。……文明の華を捨て、先ず富強の実を齎して、以て他日我国に栽培するの方法を講ぜられたい。今や予が卓上に一枝の花を置かず、代ふるに果実を以てしたる所以のものは、此にある。

西欧文明の外見や形式に惑わされることなく、日本の実際に適合する実利的要素を日本に移植し、根付かせ、富強の実を挙げることが重要であるとしたのである。

「花」より「実」を重視する、松方の価値観がよくあらわれている。それは、「いかに学術の精緻なるも、論理の高尚なるも、実際に適応せざれば、国家に何等の効益がない」という、松方の実務者的政策観を端的に示す逸話である（『公爵松方正義伝』乾巻、七一六〜七一七頁）。

松方の帰国

松方は、欧州の視察を終え、多くの知見を加え、洗練された財政経済構想を胸に、明治一一年三月に帰国する。

松方がフランスに滞在していた明治一一年五月、大久保内務卿が暗殺された。伊藤が内務卿に就任して、大隈大蔵卿とともに日本の政策運営を主導することになった。松方は、大蔵大輔と内務省勧農局長を兼任していたので、大隈・伊藤両卿の補佐役として、戦後の財政政策と農業を中心とする殖産興業政策を推進する立場にあった。

大久保の変死は、松方に大きな衝撃を与えた。しかし、忠実な股肱として仕えてきた大久保が死去したことは、松方の台頭を抑える大きな重石が消滅したことを意味していた。欧州の視察体験と大久保の死去は、松方の政策思想を新たな水準に引き上げ、大久保路線とは一線を画した松方独自の政策スタンスを確立させていく直接の契機となった。

松方は、自己が抱懐する独自の政策論を政府内で積極的に開陳し、自己の存在意義を明確に示し、大久保の衣鉢を継ぐ後継者としての地位を固めていくことになる。さしあたり、松方は、農業の振興問題から活発な政策論を展開した。

松方は、自らが抱懐する新政策路線と、大久保が推進してきた積極路線とのあからさまな齟齬を表面化させることを避けた。自らの産業振興論を開陳し、積極姿勢をアピールして整合性を強調しつつ、大久保の積極路線を自らの新政策路線のなかに位置づけ直していった。

松方は、当面は、大久保没後に政府を主導する地位に立った大隈や伊藤と、正面から対決することを避けねばならなかった。松方は、勧農局長として、「農業振興」の新政策を示し、大久保路線との整合性を取りながら、自らの新政策路線を提示する作戦をとった。それは、松方が、財政経済政策面で大久保内務卿の衣鉢を継ぐものとして自ら任じ、政府内外にアピールすることを意味していた。

松方の強運

すでに見たように、松方は、西南戦争の戦費調達のために活躍した。政府不換紙幣発行による戦費調達の立役者は、財政の最高責任者である大隈大蔵卿であった。しかし、松方も大蔵大輔として、第十五銀行設立と銀行紙幣借入について大いに尽力した。そして、戦後激しくなったインフレの収拾が政局上重大な問題となり、その責任問題が政策運営の責任問題と連動して表面化する。しかし、松方は、インフレが顕在化する前に日本を離れ、フランスに渡航した。

一方、大隈は、戦後の財政経済政策の中心に座り、起業公債を発行し、また準備金からの投融資を実行して、積極的殖産興業政策を展開していく。そして顕在化した銀・紙価格の格差に対処するため、政府保有の銀貨を売り出し、紙幣整理にも取り組んだ。しかしインフレは沈静化せず、次第に高進し、政策の失敗が大きな政治問題に発展していった。

西南戦争戦費の財政処理にともなう巨額の不換紙幣増発がインフレの主要な原因であるとすれば、松方は大蔵大輔として当然責任を負う立場であった。だが幸運にも、インフレが顕在化するまでの間、松方はフランス滞在していた。

銀貨の紙幣相場は、西南戦争勃発前の明治一〇年一月には、一・〇一三円であった。紙幣相場は、戦争が勃発し一一〇〇万円以上の銀行紙幣が増発されたため、九月には一・〇五三円と五％以上の銀紙格差が生れたが、戦争終結後の一二月には一・〇三〇円まで回復し、落ち着きを取り戻した。しかし、征討費の会計を閉じるに当たって、二七〇〇万円の予備紙幣が増発された一一年一月以降、紙幣相場は徐々に軟化し始めた。松方は、明治一一年二月に日本を離れた。二月の紙幣相場は、一・〇七五円であり、相場下落の兆候が現れていたが、まだ深刻な問題とは考えられていなかった。その後、紙幣価格はじりじりと値を下げ、松方が帰国した一二年三月には一・二六一円となり、銀紙格差は二六％を超えるに至っていた。インフレは顕在化し、もはや放置できない状況に立ち至っていた。その後、一二年一二月には、一・三三六円、一三年四月には一・五四九円、一三年一二月一・六五九円、一四年四月一・七九五円と急激に値を下げていった。インフレは、一気に爆発した。一〇年に一石五・三四円であった米価は、一一年六・三九円、一二年七・九六円、一三年一〇・五七円と、三年で倍増した。

貿易収支は、連年赤字を続け、一三年には八二三万円の赤字を記録することになる。そして、インフレの進行は、当然政府の財政を圧迫した。日本は、激しいインフレの中で、貿易収支の悪化に悩み、財政逼迫に苦しむという苦境に陥っていった。

このような経済環境の中で、松方は、インフレを引き起こした責任を追及されることなく、逆にその原因を戦後の経済政策の失敗として、大隈の責任を追及できる立場に立つことができた。松方は、インフレが顕在化し、不換紙幣の弊害が広く認識され、政府財政が危機に陥ったため、兌換制度確立を中心とする自己の「紙幣整理」政策構想が、現実の政策土俵に乗るための強い追い風を受けることになった。

松方の台頭にとって大きな制約条件となっていたのは、第一に大久保利通という松方の頭を抑える存在があったこと、第二に西欧の文物、制度、知識に触れ自己の政策論を国際的文脈で吟味する機会が与えられなかったこと、第三に松方の政策論の必要性を証明する経済状況が顕在化していなかったことであった。このうち「大久保要因」と「海外知識要因」は、フランスへの渡航と帰国という時間の流れの中で、一挙に解除されていた。そして、今やインフレが顕在化することによって、松方の主張する政策論の「正統性」が証明されつつあった。時代は、松方という個性と松方が提唱する政策を必要とし始めていた。

2　経済困難と政治対立

西南戦後の経済困難

西南戦争では、政府は、財政資金を繰替使用し、第十五国立銀行からの一一〇〇万円の銀行紙幣を借入れて戦費を調達して、難局を乗り切った。戦争勃発当時、米価低落や政府財政支出収縮に加えて、金融も閉塞状態にあり、日本経済は不況に沈んでいた。したがって、巨大な戦費支出は、インフレを顕在化させることはなかった。

大隈大蔵卿は、戦後に積極政策を本格化させようと考えていた。そのためには通貨を増発し、金融を疎通する必要がある。そこで、戦後の戦費会計を閉じる段階で、巨額の政府予備紙幣（二七〇〇万円）を増発し、さらに第十五国立銀行からの借入を追加して、戦費の決算を行った。このような大規模な不換紙幣増発は、戦後に続々と新設された国立銀行による銀行紙幣増発と相俟って、紙幣流通量を一気に拡大させた。

大隈は、通貨増発を背景として、起業公債を募集し、大規模な政府事業を実行に移し、併せて準備金からの財政投融資を拡大していった。財政・金融両面にわたる拡大政策は、インフレを一挙に顕在化させた。人々はインフレに幻惑され、価格差益を当て込んだ相場に熱中し、全国的に投機が盛行した。米価の高騰で突然富裕化した農民は、奢侈に流れ、輸入が拡大し、貿易収支は大幅な赤字を計上した。巨額の正貨流出が生じ、紙幣と銀貨の価格差が顕在化した。インフレが高進する中で、人々は投機行動に支配され、経済発展の中心となるべき生産的事業はかえって阻害されるという憂慮すべき事態が現出された。

大隈大蔵卿が推進した積極政策は、政府が掲げた「国内生産を発展させ、輸出を振興する」という目的の達成には、効果を顕さなかった。逆にインフレを促進し、貿易赤字を拡大させ、「投機」が全国一般の流行となり、「正業」を妨害するという深刻な事態が生じた。一般に財政・金融にわたる積極政策が実行されれば、短期的な生産拡大効果が発揮されるが、同時にインフレや貿易収支を悪化させる、という経済パフォーマンスが想定される。しかし、大隈が実行した積極政策は、短期的にもあまり生産拡大効果を発揮せず、インフレに伴う投機行動のみを煽り、逆に生産を阻害するという事態を引き起こしていた。

最大の問題は、人々が実業を疎かにし、投機行動が経済パフォーマンスを左右する「相場」が支配する世界が現出された点だった。投機が盛行し、人々の驕奢の風習が蔓延し、それが実業を停滞させるという状況は、由々しき事態であった。日本経済は、高インフレの下で生産が停滞するという、一種の「スタグフレーション」状態に陥ったのである。

インフレ期待に基づいて相場を張るという経済行動は、商家にとどまることなく、農家の経済行動を支配し「農民は其余穀を貯蓄し時価の高騰を待つが為め一時借入金を為すもの多き」という状況を示し、さらには「魚屋が売り歩く途中に洋銀の騰貴と聞いて天秤棒を投げ出して取引所に駆けつけたという話も伝へられてある程に洋銀相場に投機を試みしもの頗る多かった」という事態に立ち至っていた。広範な人々に強固なインフレ・マインドが埋め込まれ、相場に走るという経済行動が蔓延していたのである。

この時代の日本経済の危機を理解する上で、見逃すことの出来ない重要なポイントがここにあった。人々が真面目に生産事業に従事しようとしないという風潮は、まさに経済不振の元凶に他ならない。したがって、人々のインフレ期待を沈静化し、インフレ・マインドを解消して、安定的な物価を実現し、人々の「労働と資本」の流れを生産的事業へと向け変えることが、日本経済の発展にとって、極めて重要な要素となっていたのである。

しかも、高率のインフレは、当時の定額金納の地租を太宗とする税制の下では、社会の分配関係に大きな影響を与えずにはいなかった。米価の高騰は、農民所得を一気に膨張させ、農民を富裕化させた。地租負担は大幅に軽減され、農民は旧幕府時代の重い年貢負担から解放された。農民の富裕化は、消費需要を増大させ、輸入を拡大していった。

逆にインフレは、政府の財政基盤を根底から揺るがした。地租改正によって、日本の地租は、物納

明治10年代の経済動向

（単位：千円）

	明治10	11	12	13	14	15	16	17	18	19
紙幣流通高	119150	165698	164355	159367	153302	143754	132275	124396	122154	136328
正貨準備高	15115	17838	9968	7167	12700	16730	25876	33569	45274	49933
準備比率(%)	12.7	10.8	6.1	4.5	8.3	11.6	19.6	27.0	37.0	36.6
紙幣相場(円)	1.033	1.099	1.212	1.477	1.696	1.571	1.264	1.089	1.055	1.000
輸出	23349	25988	28176	28395	31059	37722	36268	33871	37147	48876
輸入	27421	32875	32953	36627	31191	29447	28445	29673	29357	32168
貿易収支	－4072	－6887	－4777	－8232	－132	8275	7823	4198	7790	16708
金銀収支	7268	6140	9644	9585	5634	－1731	－2295	－607	－3290	455
米価(1石/円)	5.336	6.385	7.955	10.571	10.593	8.810	6.309	5.288	6.609	5.990
平均金利(%)	10.00	10.43	12.16	13.11	14.03	10.10	7.59	10.91	11.38	9.16
金禄公債(円)	—	83.495	81.307	71.851	69.500	73.382	83.947	93.393	96.331	107.349
国家歳入	52338	62444	62152	63367	71490	73508	83108	76670	62157	85326
国家歳出	48428	60941	60317	63141	71460	73481	83108	76663	61115	83224
財政収支	3910	1502	1834	226	30	28	－	7	1042	2102

（注）単位は千円であるが，その他の単位は表中に表示。
（出典）日本銀行『日本金融史資料・明治大正編』，『日本貿易精覧』，『大蔵卿年報』。

の年貢から定額の地租を金納するという制度に変更された。定額地租は、インフレの進行とともに実質収入を大幅に低下させる。財政は逼迫した。また政府支出の実質額も大幅に低下し、政府の機能は劣化した。同時に、金禄公債の利子収入で生活していた士族階級も、困窮した。固定的な公債利子所得は、インフレの進行で実質価値を激減させ、さらに公債価格の下落は資産を目減りさせたからである。

戦後に発生した高率のインフレは、あらかじめ予期されたものではなかった。そして「予期されなかった」高率のインフレは、社会的に大規模な「予期せざる」所得再分配をもたらした。政府のインフレ政策は、農民を富裕化させ、政府自身を苦境に落としいれ、士族を貧困の淵に投げ込んだ。士族は、西南戦争で武力鎮圧されて特権を失い、インフレ過程で経済的にも苦境に陥った。昂進するインフレ、巨額の貿易赤字、財政逼迫の中で、大隈が主導する政府の財政経済政策運営は、次第に行き詰まっていった。

政策論の対立

西南戦後に顕在化したインフレは、政府が推進しようとしていた近代的生産事業を停滞させるという事態を生み出した。インフレ沈静化、貿易赤字解消、正貨流出抑制、産業振興、政府財政再建、士族救済などの諸問題が、緊急の政策課題であると認識された。これらの諸問題は、詰まるところインフレ問題と貿易赤字・産業不振問題に帰着する。したがって、インフレ問題を解決し、貿易不均衡を是正するために、「不換紙幣整理」と「産業振興」とをいかにして両立させるべきか。それが、政府の経済財政政策の中心課題となった。

経済不振を解決するためには、政府主導の産業育成策を継続すべきか、あるいは政府の「保護干渉」主義を停止し、民間の創意工夫に委ねる方策をとるべきか。政府の産業振興策は、財政的措置を重視すべきか、金融面での支援を中心にすべきか。デフレ的な調整政策をとるべきか、デフレを避けて積極政策を継続すべきか。不換紙幣の処理をどのように進めるべきか。正貨流通制度を目指すべきか、兌換制度を確立すべきか。幣制改革にあたって、外国資金に依存すべきか、国内貯蓄で賄うべきか。財政再建は、経費節減によるべきか、増税によるべきか。経費節減は、冗費の節約によるべきか、政府事業の縮小を断行すべきか。増税の負担を農民（地租）に負わすべきか、消費税に頼るべきか。

政策上の論点は、多岐にわたり、錯綜していた。当時、これらの経済問題は、結局「インフレ」問題と「貿易赤字」問題に帰着すると考えられていた。したがって、インフレと貿易赤字の原因をどう見るかによって、当然それに対する対応策と政策論は異なってくる。

インフレの原因に関しては、「貿易赤字による銀貨騰貴」にありとする説、「米価騰貴による農民需要の過剰」にありとする説、「準備正貨不足」や「紙幣大量発行」に由来する「紙幣価格低下」にありとする説、が唱えられていた。また貿易赤字の原因については、「輸出不振」にあるという説と、「輸入過剰」にあるという説とに別れた。そして、前者は「輸出産業の未発達」に原因があるという説と、「金融制度の不備」が真因であるという説にわかれ、後者は「政府輸入」の拡大説と「農民の奢侈品輸入」膨張説に分かれた。

危機の原因をめぐるこれらの見方は、論者によって異なる組み合わせで、異なるウエイトをおいて主張されたため、議論は錯綜していた。しかし、政策論として影響力をもった主張は、次の三説に集約できる。

(1)インフレは、正貨流出に伴う銀貨騰貴（その裏側に生じる紙幣価格の下落）によって生じたものである。正貨流出は、貿易不均衡とりわけ輸出不振に起因している。したがって殖産興業政策を推進して、国内産業を育成し、輸出を振興することが必要である。国内産業が発達し、輸出が拡大すれば、貿易赤字は解消され、正貨流出は停止し、銀貨相場は低下する。その結果、紙幣価格は回復し、インフレは解消される。

この政府主導の「積極政策」の主張は、当時の支配的な政策論であり、政府部内はもとより在野の論調も概して同様の主張を行っていた。政府部内では、積極政策は主流であり、多数派を占めていた。大久保利通を中心とする「大久保政権」の公式な政策スタンスであった。そして西南戦争直後に大久保が暗殺された後は、大隈重信や黒田清隆を中心とする薩摩閥が、この政策の主導者となった。そして、インフレと貿易赤字が深刻化する中で、積極政策を継続するための切り札と考えられた処方箋が、「外債募集」であった。巨額の外資導入によって、一挙に正貨流通制度を確立し、不換紙幣整理と殖産興業政策推進とを両立させようとする構想であった。

(2)インフレは、米価騰貴によって農民購買力が膨張したために生じたものであり、貿易赤字も主として農民の輸入増大が招いたものである。そして、米価騰貴と農民の富裕化は、地租を「定額金納」制度に改めたことによって生じた。したがって、地租を現物の「米」で納入する制度に戻せば、米価は低下する。米価が低落すれば、農民所得は圧縮され、政府収入は回復し、貿易赤字も解消する。

この「地租米納論」は、地租を法定地価の二・五％に固定した地租改正が、政府や士族などの固定収入に依存する者を困窮に陥れ、農民に「不当」な暴富をもたらし、貿易赤字を招いたと認識していた。したがって、所得再分配の「歪み」をもたらした地租金納制度を改めることが、問題解決の根本であるとした。米納論を主張したのは、大木喬任や岩倉具視であった。

(3)インフレ（紙幣価格の下落）は、不換紙幣の過剰発行と準備正貨の不足から生じた。また貿易不均衡や産業停滞は、不換紙幣増発により幣制が紊乱し、金融が渋滞していることに起因している。したがって、インフレと貿易赤字を解消するためには、政府紙幣を整理し、正貨を蓄積して、兌換制度を確立しなければならない。中央銀行を頂点とする近代的貨幣信用制度を創設して資本供給を円滑にし、他方で財政制度を整備して不換紙幣増発の根を絶つことが必要である。つまり、財政および金融制度を整備して、「国家の信用」を確立し、近代的経済発展の基盤を提供することが根本的対策であるとした。

この紙幣整理論は、政府紙幣の減却を実行する「デフレ政策」を前面に掲げたものであり、政府首脳の中で賛同者は殆どおらず、絶対的少数派であった。松方正義や井上馨や佐野常民が紙幣消却論を唱えたが、その主張は硬軟様々であった。佐野は強力な政府紙幣消却論を唱えたが、井上は当面紙幣価格の現状維持（紙幣消却凍結）を主張し、松方は自力で正貨蓄積を行い、兌換制度を確立すべしと主張した。

これらの三つの政策論は、時系列的に見れば、まず政府の方針として「積極政策」が推進され、それがインフレ・貿易赤字の悪化の中で行き詰まり、外債論が提起されたが、国家を危殆に陥れる恐れがあるとして退けられた。ついで、その打開策として「米納論」が主張された。しかし米納論も拒否されることになり、財政余剰による「紙幣消却」や「正貨蓄積」を重視する紙幣整理論が浮上する。一方、政府部内の多数派の支持を背景として、大隈による積極政策の再定義が行われ、内外債案を中心とする「外資導入」と大銀行設立案が政府決定となる。丁度そのとき、開拓使払下げ問題を契機とする一四年政変が起きた。その結果、大隈が失脚し、黒田も傷つき、積極政策の動力は衰える。そして松方が大蔵卿に就任することによって、積極政策路線は清算され、「自力で」正貨を蓄積し紙幣整理を断行する中央銀行設立・兌換制度整備路線に帰着していくという経過を辿った。

士族の困窮と自由民権運動の高揚

一方、廃藩置県、秩禄処分によって解体され、特権を失い、定額の金禄公債利子収入に依存することを余儀なくされた旧武士階級は、政府の政策運営に不満を募らせていった。そして西南戦争の結果、武力反乱が鎮圧されたことで、議会開設を求める自由民権運動が、不平士族のエネルギーを吸収しながら、次第に激しさを増していった。

西南戦争は、最終的に不換紙幣増発によって処理されたため、農民の租税負担を増すことなく、農民の富裕化を促進する作用を持った。西南戦争は、農民を富裕化させ、農民の租税負担を軽減させた「特殊な戦争」であった。旧武士階級は、農民など平民を主力とする政府軍に撃破された。そしてインフレ高進の中で、所得と資産を激減させ、その生活は激しい困窮に晒されることになった。結果として、士族階級の政治的・軍事的敗北と経済的犠牲の上に、農民階級の富裕化が一気に進行した。

武力反乱の道を絶たれた士族は、藩閥政府の専制と経済失政を糾弾し、政治参加を求め、国会開設を要求する自由民権運動を繰り広げていった。富裕化した農民も、自己の政治的地位の上昇を目指して、民権運動に加わっていった。自由民権運動は、次第に豪農層を巻き込んで高揚していった。

士族の救済問題と、自由民権論者による政府攻撃は、政府の頭痛の種となっていった。インフレ・貿易赤字解消を目指す財政経済論と、近代国家としての政治システムを整備する国会論が、日本の国論を二分する問題として登場する。そして、財政経済問題を解決し、近代的政治システムを整備することは、幕末以来の懸案となっていた不平等条約の改正を実現するための必須の条件でもあった。

政府部内では、民権運動の機先を制し、政府自らがイニシアティブをとって、一方において財政経済問題を解決し、他方において憲法を制定し、議会を開設し、行政機構を整備して、近代的国家システムを建設することが、緊急の政治課題と認識されるようになった。

深まる経済危機と高揚する自由民権運動とを背景として、財政経済政策と国会開設をめぐる政府部内の意見対立が表面化し、国家の進路を巡って政策論が激突した。

国会開設運動と大隈財政批判

そもそも、国会開設運動の発端は、征韓論に敗れた板垣退助や後藤象二郎らが、明治七年愛国公党を結成し、民撰議院設立建白書を提出して、「有司専制」であると政府を批判したことにあった。納税者たる国民には、国政に参加する当然の権利がある。国会を設立して国民の政治参加を実現し、官民一体の取り組みを行うことによって、初めて国家は強力になると主張した。この建白書は、国内に大きな波紋を引き起こした。国会開設への関心が高まり、自由民権運動への口火が切られた。板垣は、郷里の土佐で立志社を立ち上げ、翌年大阪で全国組織の愛国社を結成した。

これに対して政府は、自ら主導権をとって立憲政治への道筋を立てようと動いた。明治八年大阪会議で、板垣と木戸を政権に復帰させて政治基盤を強化し、「立憲政体樹立の詔」を発布して漸進的に立憲政体を確立する方針を宣言し、元老院（立法機関）・大審院（司法機関）を設置した。さらに地方官会議を招集して地方議会開設の方針を定め、明治一一年三新法（郡区町村編成法・府県会規則・地方税規則）を制定した。翌一二年には府県会を開催して予算案審議権を与え、地主・豪農など地方名望家の地方政治への参政権を認めたのだった。

一方、民権論者は、明治一〇年六月、西南戦争の最中に、国会開設を主張した立志社建白書を提出し、翌一一年には、大阪で愛国社再興大会を開いた。西南戦争によって政府に対する武力闘争が不可能と認識した士族は、自由民権運動に活路を見出した。その後、府県会開催で政治的意識を高めた地主・豪農など地方名望家が民権運動に合流し、広範な自由民権運動の奔流が形成された。農民の富裕化で政治活動資金も豊富となり、国会開設運動は、空前の盛り上がりを見せるようになる。西南戦争は、士族の反乱を鎮圧したが、不換紙幣の発行による西南戦費の処理は、インフレを激化させ、士族の困難を助長して民権運動に走らせ、農民を富裕化させて民権運動への参加を促進した。

明治一〇年六月、土佐立志社が提出した国会開設建白書は、民権運動の本格的出発点を画するものであった。そこに含まれた「国会開設」、「地租軽減」、「条約改正」の三点は、その後の民権運動の基本綱領となった。そして明治一二年一一月の第三回愛国社大会は、全国規模での国会開設運動を決定し、「国会開設の願望致すに付四方の衆人に告くるの書」を発して全国に檄を飛ばし、翌一三年三月の第四回大会では名称を国会期成同盟と改め、四月には片岡健吉・河野広中を捧呈委員として、二府二二県、八万七千人の署名を集めて、「国会を開設するの允可を上願する書」を提出した。

愛国社の檄文の要旨は、大隈の財政計画は、現在のような不安定な政治状況の下では決して実行されない。「大蔵卿の考案も亦決して行われさるのみならす、益々国債を増加し愈々償却の道を失い、竟に如何ともす可らさるに臻らん」、国家の現状を救うには、速やかに国会を開設して、人民の愛国心を喚起し、挙国一致でことにあたる必要があるというにあった（吉野作造編『明治文化全集』第二二巻、五五二頁）。

また、国会開設の上願書の第八項においては、邦国の盛衰治乱は国家の財政に関する事が甚だ多いことは言うを待たないが、「今日我国の如きは国債固より夥しく、紙幣頗る過多にして、物価昂貴し、而して、其勢愈益甚しからんとす。豈憂ふ可きに非す哉。就中外債の如きに至つては事実に外国に渉る。若夫償却の道を誤るに至らば、則実に国家の存亡に関すべし」と政府の経済失政を鋭く批判した（『自由党史』上、二八八頁）。

したがって、大隈は、経済政策面で新たな政策イニシアティブを示して民権家の批判に対処しつつ、他面で政治的に民衆にアピールする国会論を提示する必要に迫られていく。

大隈は、当面の対策として、投機抑制を目指し、四月一二日に、株式取引所における金銀貨幣取引を禁止し、米商会所における米の限月売買を無期限禁止する非常措置をとった。しかしこのような姑息な一時凌ぎの政府の対応策に対して、在野の論者は、「政府の紙幣増発こそがインフレを招いた原因である」として、大隈財政の失政に対する批判を強めた。

明治一三年四月二一日の『東京経済雑誌』は、次のように政府の政策を批判した。通貨価値が安定していれば、「投機空商」を招くことはない。大蔵卿が取引所における金銀・米穀の売買を禁止したのは、まったくの「謬論」であり、「自ら為せる失策を以て他に嫁せん」とするものである。「今日紙幣の下落を救治するの法唯だ紙幣を償却するの一法あるのみ」、と。事実、米価は騰貴を続け、五月八日の『東京日日新聞』で、米騒動勃発の危機が迫っているとの報道もなされるに至った。

また一三年六月一四日には、択善会（東京銀行集会所の前身）会頭の渋沢栄一は、「紙幣下落の趨勢は全く紙幣増発の結果なり、徒に銀貨騰貴を抑制すとも其効あるべからず、宜しく紙幣を消却して兌換の制度を立つべし」と主張し、銀行業界は自らも銀行紙幣の償却を実行し、政府紙幣の消却を促進することが適当であるとして、国立銀行紙幣発行高の二割を上納消却することを提議した（『渋沢栄一伝記資料』第五巻、六七二～六七三頁）。

この間、政府部内では、明治一一年に大久保利通が暗殺され、主導権争いが表面化していた。長州閥の伊藤・井上と大隈一派との対立が、次第に先鋭化していった。一三年二月の官制改革で、参議と省卿とが分離され、大隈の権力は大きく制約された。自由民権運動は激しさを増し、大隈の経済失政を攻撃し、国会の開設を迫った。大隈は、当面を凌ぐインフレ対策を発表して民心の安定化を策し、その間に外資導入を柱とする積極政策を立案するとともに、イギリス型の議会制・政党内閣制の実現を目指して、巻き返しに転じた。このような大隈の「急進的」国会論の動きを掴んだ伊藤・井上は、岩倉と協力して、プロシャ型の立憲君主制を実現するために、漸進的に国会開設を実行すべきであると主張して、大隈と対立した。

日本が近代国家として、旧来のシステムから脱皮する歴史的構造転換に際し、どのような設計図を描くのか、各々の構成要素の建設にどのような優先順位を与えるべきか、国家の命運をかけた政策構想の対立が生じた。深まる経済危機と政治危機の中で、近代日本の命運をかけた政策構想が、競合し激突することになった。

明治一〇年代前半の、政策論議をめぐる評価や、時代イメージをめぐる対立は、このような経済論と政治論が複雑に合従連衡するという状況を反映して生まれたものであった。

3　大隈財政の攻防

大久保没後の主導権争い

大久保の死が西南戦後の政局に与えた影響は大きかった。薩摩閥の政府部内での影響力低下が生じることは、避けられなかった。大久保の後任内務卿に伊藤博文が据わり、井上馨がイギリスから帰国して外務卿に就任したことによって、政府部内における長州勢力がその影響力を高めた。大隈は、筆頭参議兼大蔵卿として、大久保の衣鉢を継ぐ者としてのスタンスを強調し、主導権を確立する必要があった。したがって自らが率先して積極政策を推進していく主役とならなければならなかった。

　一方、伊藤は、大久保独裁体制の下で、大隈と並ぶ二大支柱として協調行動をとってきた。しかし大久保の死後、伊藤は、薩摩閥や大隈派から一定の距離をとりながら、影響力の増した長州閥の中心に据わって、政治の主導権を掌握しようとする動きを見せる。こうして、大隈と伊藤との主導権をめぐる対立の動きが徐々に顕在化する。

　ところで、松方は、大きな重石であった大久保の束縛から解放された。政治的には薩摩保守派の中心に位置しながら、経済政策では独自の「勧業政策」を主張し始める。松方は、インフレが顕在化する中で、財政経済政策での発言権を次第に強化していった。松方は、政治路線においても、経済財政路線でも、ほぼ大隈の対極に位置していた。経済的には財政主導の積極路線に疑問を呈し、政治的には保守主義・漸進論を唱えていたからである。後の展開から考えると、松方は、この時点で、大隈路線に対する批判者として、首尾一貫した政治・経済スタンスに立っていたことになる。

　大隈は、経済財政政策で薩摩閥と共同歩調をとり、国会・憲法論では進歩派の伊藤・井上と協調して、主導権を握ろうとしていた。政府部内で孤立を避けるためには、政治的急進論をカモフラージュしつつ、大久保路線を走るスタンスをとらざるをえない。伊藤は、経済財政論では、大久保体制の積極政策の一翼を担ってきたが確たる定見はもたず、その意味で中間派であったといえよう。伊藤が政府部内で主導権をとるためには、経済財政政策では主流派の積極路線に同調しながら、政治面で主導権を確立することが必要であった。政府部内の保守派に対抗するために「進歩派」として大隈と協調路線をとりながら、他面で大隈の政治権力の削減を目指した。大隈の政治権力削減を実行しながら、同時に政府部内で国会・憲法論で主導権を確立することが目標となる。

大隈の財政経済政策と国会憲法問題の両面での主導権確立への努力と、伊藤の大隈への挑戦をメインストリームとした、西南戦後の政局が幕開けする。そして大隈・伊藤の主導権争いは、明治一三年二月の官制改革（省・卿分離）を契機として、明確な姿をとる。大隈を大蔵省から切り離すことが、改革の主要な目的の一つであった。

この改革で、参議兼大蔵卿として、財政経済面で全権を掌握してきた大隈の発言権は、大きく削減された。大隈は、会計部参議として、依然として財政経済政策への発言権を保持していたが、伊藤や寺嶋の同意なしには、政策決定権を行使できなくなった。松方は、この改革で内務卿に就任する。松方が大蔵卿へ昇格することは、大隈の抵抗で阻止された。しかしようやく省卿として勧業政策への発言権を確保し、権力中枢への階段を確実に一歩登った。参議・省卿の新旧対照を掲げれば次のとおりである（『明治天皇紀』第五、一二五頁）。新の顔ぶれで（　）内は前職であり、大木は元老院議長兼任、井上は外務卿兼任であった。

旧		新	
参議・司法卿	大木喬任	法制部参議	大木　山田
参議・大蔵卿	大隈重信	会計部参議	大隈　寺島　伊藤

参議・内務卿　伊藤博文
参議・文部卿　寺島宗則
参議・陸軍卿　西郷従道
参議・海軍卿　川村純義
参議・工部卿　山田顕義
参議・外務卿　井上馨

内務部参議　伊藤　黒田　西郷
軍事部参議　山縣　西郷
司法部参議　寺島　山田
外務部参議　大隈　川村　井上
大蔵卿　佐野常民（元老院議官）
内務卿　松方正義（大蔵大輔）
文部卿　河野敏鎌（元老院副議長）
工部卿　山尾庸三（工部大輔）
陸軍卿　大山巌（陸軍中将）
海軍卿　榎本武揚（海軍中将）
司法卿　田中不二麿（文部大輔）
外務卿　井上馨

大隈は、同郷の佐野を大蔵卿に押し込むのがやっとであった。経済財政政策では、会計部および内務部参議となった伊藤、新大蔵卿佐野、新内務卿松方の発言権が増した。大隈の経済財政政策での圧倒的な主導権は、大きく揺らいだ。ただし、大隈・伊藤・井上は、国会・憲法論の領域では「進歩派」として、「早期開設」を目指し、協調スタンスをとった。

大隈大蔵卿の政策対応

大隈は、積極政策を推進しつつ、日本経済を襲ったインフレ・貿易赤字・財政逼迫という三重苦に対処しなければならなかった。大隈は、積極政策を推進して輸出振興を図り、同時に政府手持ち銀貨を売り出すことによって紙幣価格を回復させようとした。これによって、貿易赤字問題に対処しつつ、インフレ問題を解決できると考えていた。

大隈には、通貨供給量が過大であるという発想はなかった。銀貨と紙幣の間に格差が生じているのは、紙幣が下落したからではなく、銀貨が騰貴したためであると考えた。福澤諭吉は、明治一一年三月三日の大隈宛書簡において、近日来、洋銀（メキシコ銀）価格が騰貴したことに注意を促し、洋銀騰貴を未然に防止するために、政府が手持ちの洋銀を放出し、相場を沈静化すべきであると勧告している（『福澤諭吉全集』第一七巻）。

大隈は、まず銀貨売出しを実行した。しかし効果は上がらなかった。銀貨売出し政策が失敗に帰し、政府準備正貨が枯渇したため、政府の政策に対する国民の信認は失われる。

また大隈の積極政策は、所期の産業振興効果を発揮せず、逆に人々の経済行動に強固なインフレ・マインドを埋め込み、生産の拡大を阻害し停滞させるという危機的状況を生み出した。「正業」を軽視して、投機に走り、相場を追い、奢侈に流れる風潮が蔓延した。士族は経済困難に陥り、政府財政は逼迫し、深刻な政治危機を引き起こした。

大隈は、明治一三年五月、経済危機を解決する切り札として、「五千万円外債論」を提議する。巨額の外資を導入して、一挙に政府紙幣を整理し、正貨流通制度を実現させるというのであった。大隈の狙いは、「通貨の収縮を回避する」という条件を満たしながら、インフレ問題を解決するという点にあった。そして増税と経費節減により外債利子支払いを賄えば、不要になった「紙幣整理予定財源」は積極政策の推進に活用できる。通貨の収縮を避けながら、「インフレ解決」と「積極政策」を両立させようとする構想であった。

政府部内では、大隈の主導する積極政策路線は、多数の支持を得ていた。しかし、巨額の外債募集は国家の独立を危うくするという反対論が根強かった。ことに佐野大蔵卿と松方内務卿は、それぞれ代替的な具体的政策論を提示して、大隈外債案を批判した。

明治天皇は、節倹を基本にした紙幣消却案を実行するよう勅諭を発したが、政府の大多数は、積極政策の継続を望んでいた。デフレを伴う緊縮財政＝紙幣整理路線を支持する勢力は、少数派に過ぎなかった。しかし、巨額の外債に依存することは、国を危うくするという危惧の声が強かった。その結果、外債論は、一旦棚上げされた。

外債案の政策効果

外資導入によって、正貨流通が実現すれば、積極政策継続が保証され、デフレを回避しながら紙幣整理を実現することができる。しかも、政府の収入と支出の実質額は、回復する。銀貨で歳入・歳出が行われようになるからである。まさに、大隈ならではの華麗な一石三鳥の政策構想であった。

しかし、紙幣流通が正貨流通に変化しただけでは、巨額の貿易不均衡は解消されない。貿易赤字が続く限り、正貨流出は継続する。しかも外債元利支払いのための巨額の正貨流出がこれに加わる。貨幣制度が正貨流通制度に変更される一方で、巨大な貿易赤字と外債元利支払いが継続し、巨額の正貨流出が継続すれば、正貨流出に見合う国内通貨の縮小が生じ、経済はデフレを引き起こす。毎年一〇〇〇万円を超える正貨流出が発生すれば、急激なデフレは不可避となるだろう。結局、外債により一挙に正貨流通制度を実現するという案は、短期的にはデフレを回避し（あるいはインフレ圧力を強めながら、積極政策の継続を可能にし、財政基盤を強化する効果をもたらすが、中期的には正貨流出を加速し、徐々にあるいは急激にデフレ経済に転落せざるを得ない。初めに優しく、後に苦しい政策であった。巨大な外債を背負った上で、デフレ経済に転換する。巨大な外債元利支払いは正貨流出を引き起こすので、強力なデフレ要因として作用し続ける。

当時、巨額の貿易赤字が継続し、正貨流出が続いていたにもかかわらず、国内景気が維持されていたのは、正貨流出と国内紙幣流通量がリンクされていなかったからである。つまり、不換紙幣制度であったからであった。したがって、一回限りの外資導入と正貨流通制の実現は、当面の経済収縮を回避する効果を持つが、正貨流出と国内通貨量を直結することになるので、結局通貨縮小を結果することにならざるをえない。デフレの苦痛を避けようとすれば、追加的な外債募集を余儀なくされ、それは元利支払いの追加を意味するので、国際収支の赤字構造（正貨流出）は深刻化していくというスパイラルを辿ることになる。しかもこの連鎖は長くは継続できない。外債元利返済能力の限界が存在するからである。長期的には、外債の元利償還能力は、年々の国内金銀産出量と輸出超過額を超えることはできない。技術的側面からいえば、外債募集には関税収入を担保に入れざるを得ない。ところが日本は関税自主権を持っていないので、かりに英国から外債を募集することになれば、英国人の手に税権が握られることになる。現に、中国は一八五八年の天津条約（付属協定）によって、関税自主権を完全に失い、関税は対外賠償支払いや対外借款の担保に当てられることになった。それが、中国の植民地化を促進し、対外的独立を掘り崩していった。この点を考え合わせたとき、大半の政府首脳の脳裏に、日本の独立を危うくするという恐れが過ぎったとしても、当然であった。

大隈の外債論に対する反対論の急先鋒は、佐野大蔵卿と松方内務卿であった。佐野は、大隈の意向を大蔵省の意思に反映させるために、大隈の強い推薦で大蔵卿に就任した人物である。その佐野が、こともあろうに大隈の外債案に最も強硬な反対論を唱えたのである。現職の財政担当部局の大蔵卿の反対論は、政府部内で大きな影響力を持った。内務卿であった松方も、危険な外債に依存することなく、自力で正貨を蓄積することを献策して、大隈外債論に反対した。松方が、政府の重要決定で、公式に直接大隈批判を行ったのは、これが初めてであった。「外債亡国論」が政府部内で強力になり、明治天皇も強い難色を示したので、結局大隈の政策構想は一時棚上げされた。これを機会に、財政経済問題の専門家としての松方の存在がクローズアップされ、財政政策形成に対する影響力は高まった。

米納論

明治一三年六月、「勤倹を本として経済の方法を定め」よという、勅諭が降下する。しかしインフレの進行で、政府支出は実質的に著しい「勤倹」が進行しており、大幅な節減を図ることは不可能であった。まとまった財源を得るためには、国民に負担増を求めることは、不可避であった。そこで登場してきたのが、地租の米納論である。

地租改正で、旧来の年貢を「定額金納」制度に変更したことによって、米価調節権が農民に移り、米価が騰貴したことが、現在の財政経済困難の原因である。インフレが発生し、農民は富裕化し、租税負担が軽減され、輸入が拡大して、貿易赤字が生じたからである。したがって、地租の一部を米納に戻せば、米価が低落し、政府財政基盤は強化され、過剰輸入も解消される、という主張であった。九月一七日に米納論採否の閣議が開かれたが、議論が分かれ、結局否決された。翌一八日、「米納の議を……今日に行ふ頗不穏を覚う朕熟考するに今日財政を救宜しく事の緩急と軽重を斟酌し経費上痛く節減を加え以て其の方法を考究するを可とする」との内勅が下った（『明治天皇紀』第五巻、一八〇～一八一頁）。地租軽減と国会開設を求める自由民権運動が激しさを増す中で、地租米納を実行すれば政治不安が一気に高まる恐れがあった。天皇が地租米納論に難色を示し、政府自らが経費節減で財源を捻出することを求めた理由は、そこにあった。

財政更改の議

大隈は、当面、増税と経費節減によって財源確保を図る以外に方法はなかった。しかし大隈は、それが「紙幣整理」と直結されることをなんとしても避けたかった。財政資金があげて紙幣消却資金として使用されれば、自らの構想する積極政策推進のための財源が失われ、同時に経済はデフレに陥る。それは、自らが中心となって推進してきた大久保以来の積極政策の成果のすべてを失い、政治的リーダーシップを失うことを意味していた。

財政問題主管の筆頭参議として政府内で主導権を確保するためには、自らの手で財政整理案を提起しなければならなかった。大隈には、伊藤の協力が是非とも必要であった。伊藤は協力を拒否する態度をとったが、大隈は、勅命によって伊藤の協力を確保するという手段を講じた。そうしておいて大隈は、伊藤が提出した案に乗る形で、国内財源調達問題を処理することにした。伊藤案は、盟友井上馨の財政意見を下敷きにしたものであった。ところが実は、井上案は大隈の意向を反映して作成されたものであった。大隈は、巧妙に立ち回って、主導権を確保することに成功した。

大隈は、九月「財政更改の議」を提議する。国要の所要額は、年一〇〇〇万円と算定され、増税と経費節減で財源を確保することが提議された。それは、その使途（正貨獲得に使用するか紙幣消却に使用するか）は別に決定するという暫定的措置と、新たに地方債を興して地方公共事業を推進するという積極政策を組み込んだ提案であった。大隈は、財源調達問題とその使用計画とを、微妙な表現によって分離した。そして「紙幣整理」問題には別の計画が必要であるとする含みを持たせた。

この「更改の議」は、積極派の大隈にとっては、新たな「紙幣整理」案の策定までの時間的余裕を与え、他方では、松方など「外債反対派」を満足させるものであった。そして積極政策継続とデフレ回避を望む政府首脳の大部分にも、受け入れられるものであった。

こうして「国内財源調達」のための増税と経費節減が実行されることになる。「官業払下げ」や「農商務省設置」は、その具体的措置であった。それは、経営不振の官業を切り捨て、行政機構を簡略化して勧業政策を効率化し、あわせて財源調達の手段にすることを目指したものであった。したがって、この措置自体は、必ずしも勧業政策の全面転換や「紙幣整理＝デフレ政策」実行を、政府決定したことを意味しなかった。

大隈は、「工場払下げ概則」を提案しているが、それは政府主導の積極政策の転換を意味しない。それは「財政負担の軽減」を目指し、払下げによって「投下資本の回収」を目指し、財政収入の拡大を主張したものであった。つまり収益が上がらず政府の財政負担となるものは切り捨てるが、「収益が上がる」鉄道や鉱山などの事業は、官業として維持するという方針は変更されていない。大隈の頭の中では、積極政策の推進と、民間が経営できる官業の払下げや、政府の負担となる事業の払下げは、なんら矛盾したものではなかった。

この時点では、「工場払下げ」は、不採算部門の切捨てによる財政赤字の改善と、収入増加を主要な目的としたものであり、根本的に勧業政策の転換を目指したものではなかった。

こうして提議に基づき、酒税増徴、地方土木費補助の停止、官業払下げ、地租納期繰上げなどの財源確保のための具体的措置が、佐野大蔵卿の下で順次政策化されていった。そして、明治一四年度予算（一四年七月～一五年六月）の編成作業で、七〇〇万円の紙幣消却費が計上された。佐野の下で編成された予算は、財政余剰によって紙幣消却を実施するという方向性を明確にしつつあった。これを、佐野の外債反対論と重ねあわせれば、佐野が強力な紙幣整理実行へのイニシアティブを発揮して、実質的な政策転換への軌道を整備する状況を示しつつあったということができる。

大隈にとっては、予想外の事態であった。佐野は、大隈が自分の大蔵省での影響力を残すために、強引に大蔵卿に据えた人物だったからである。しかし、大隈は、自らが提議した「財政更改の議」に基づく具体的施策に、正面から異を唱えることはできない。大隈は、積極政策を守るための、具体的政策構想を、早期に纏め上げる必要に迫られた。

前年の外債案は、「国を危うくする」という反対論の前に一時的に後退していた。しかし、大隈は、「財政更改の議」において、政府財政の信用を確立するために、「財政上に余裕を生み出すこと」（財源確保）と「紙幣整理の具体策」を確立することは別である、という論理で踏みとどまった。大隈にとって、「確保された財源」で「紙幣整理」が実行されることは自己否定であり、どうしても避けねばならなかった。

大隈路線の集大成

大隈が自己の政策を実現するためには、財政問題で主導権を確保し、財政担当責任者にとどまり続ける必要があった。財政責任者として仕事をこなすためには、当面、天皇の意向であり政府の正式決定である「勤倹による所要財源の捻出」という基本方針に基づき、財源調達を実行せざるを得ない。大隈は、この難問を、財源調達問題とその具体的使用方法は別問題であり、後者は財源確保後に改めて決定する、という留保をつけることによって解決した。このようなあからさまな「骨抜き案」が容認されたのは、政府部内で、積極政策継続を期待する勢力が主流を占めていたからに他ならなかった。

「積極政策」を継続し、それと矛盾せずに「紙幣整理」を実現するという点が、大隈構想のポイントであった。それを両立させるには「外資導入」を実現する以外に方法はない。まず「一定規模の財源」を確保するために、経費削減と増税を実行する。その上で、通貨収縮を回避できるように、「紙幣整理」を「外資」を導入して一挙に実行する。そうすれば、捻出された財源は、紙幣整理にではなく「積極政策」の遂行に利用できる。したがって、まず財源確保を先行させ、次に外資導入による紙幣整理策を講じれば、積極政策と紙幣整理を両立させることができる。

この間の大隈の政策行動を見るうえで、一三年の「財政更改の議」と一四年の「公債を新募し銀行を新設する議」(内外債案) とが「一体の政策」であったことを、明確に認識することが重要である。政府内部の積極派の支持を取り付けるためには、「外債 = 亡国」というイメージを緩和し、同意しやすい計画を策定する必要があった。

内外債案

大隈の「財源確保」と「紙幣整理」の二分法は、「財政更改の議」と「内外債論」とを分離して提議することによって可能になった。しかし、このような便宜的方針は、政府内部の政治力学では通用しても、人々 (市場) の信認を得ることはできなかった。そして何よりも、大規模な外部資金への依存は、日本の独立を危うくする危険性があった。

紙幣価格は、一三年九月以降、まさに暴落する。政府の政策に対する信任は、地に堕ちた。一三年の末から一四年前半にかけて、紙幣価格の下落は、ピークに達した。市場は、当面、紙幣整理は実行されないと見た。そして大隈の銀貨売り出しの停止は、政府の手持ち銀貨が枯渇したことを示していた。紙幣価格が暴落することは当然であった。

大隈の起死回生の「内外債論」が準備された時期は、明治一四年三~四月の頃であった。三月一八日には、大隈のブレーンであった小野梓が「今政十宜」をまとめて大隈に提出し、大隈型の積極政策に基づく財政経済論が体系化された。これに加えて、英国公使パークスが、シャンドの建策を背景として、外資導入に基づく紙幣整理案 (正金銀行設立・外債募集案) を、大隈に献策した。これらを基にして、大隈は、積極政策継続の具体策を詰め、大蔵省に回覧して佐野大蔵卿の同意を取り付け、四月伊藤の同意を得て、連名で閣議に提出した。そして国会開設をめぐる伊藤との政治対立が一時的に緩和された七月に「内外債案」は閣議決定され、八月一日天皇の裁可を得た。それは、大久保以来の積極政策継続への強い潮流が、なお政府部内で支配的であったことを示していた。大隈の外資導入に基づく紙幣整理と積極政策方針は再定義され、政府の財政計画として正式に決定された。

大隈の積極路線（外資導入）に対しては、佐野大蔵卿や松方内務卿などの紙幣整理路線を唱える有力な反対論が挑戦していた。佐野は、外債依存は民権論者を刺激し政治的安定を損なうと主張して反対し、松方は、大隈の「外債」依存論は国家の独立を危うくする危険な政策であるとして、激しい反対論を唱えた。外債に対する反対論や慎重論は、政府部内でも根強く、ことに明治天皇は、外債に強く反対した。しかし公債の非募債を唱えたのは、少数派に過ぎなかった。「外債」論には反対が大きかったが、積極政策の継続という点では、政府部内でほぼコンセンサスが形成されていた。

大隈は、外債反対論を抑えるために、「公債新募案」を提議するに当たって、「外債」という表現を巧みに避け、日本の国内法を遵守するという条件下で内債の「外国人への売り出しを許す」という規定を前面に出して、「外債亡国論」の批判を回避する方策をとった。この大隈の「創意」は、積極政策を待望する政府多数派の心理的抵抗感を緩和する狙いがあったと考えられる。

ともあれ、大隈は、伊藤と連名で「内外債論」を提出し、「外債亡国論」の批判をかわしながら、実質的な「外資」導入による積極政策を再定義し、ついに一四年八月一日に、政府の正式決定とすることに成功した。その結果、佐野大蔵卿の下で政策化された一四年度予算案の紙幣消却路線は、一挙に有名無実化した。

国会論での主導権争いと大隈の覇権構想

大隈の新経済政策は、「内外債」募集により、一挙に不換紙幣を整理して正貨流通制度を確立し、不要になった「紙幣整理予定財源」(年一〇〇〇万円)で、新たに大規模な「積極政策」を実行するという計画であった。政府部内の大部分を占める積極派を満足させる財政経済論であった。

この大隈による強引な経済政策の再定義の時期は、大隈が国会論・憲法論の「密奏」を行い、国会論において大隈と伊藤との対立が先鋭化した時期と一致する。一三年末から一四年の初春にかけて、大隈は、伊藤や井上と、国会論・憲法論で協力的な関係を築くことに努めていた。大隈と伊藤・井上が、財政問題で協調したのは、国会開設・憲法制定問題で、政府部内で同じ「進歩派」として提携する必要があったからでもあった。政府部内では、国会開設については、時期尚早論や保守的議論が支配的であった。しかし、進歩派の三人(大隈・伊藤・井上)は、自由民権運動の全国的高まりや、国会開設・憲法制定の世論の動向から判断して、国会の「早期開設」は不可欠であると考えていたからである。しかし、三人の間では、具体的な国会開設時期をいつにするか、憲法の内容をどのようなものにするか、政治体制をどのようなものにするかなど、具体的な内容についての合意はなかった。したがって、早期に国会を開設すべきであるという精神論では合意に達していたものの、具体的日程や内容については、大隈と伊藤は、進歩派の中で主導権を争う立場にあった。

政府の求めに応じて提出した伊藤や井上の国会論は、微温的・漸進的なものであった。大隈は、自らの国会開設についての意見書をなかなか提出しなかった。無用な誤解を避けるためというのが、その理由であった。しかし、政府の再三の求めに応じて、一四年三月、他の参議には内密にするという約束で、有栖川左大臣に意見書が提出された。それは、幕下の矢野文雄が起草したものであり、議院内閣制による英国型政治システムを実現するために、一五年に憲法を制定し、一六年には国会を開設するという急進的な「即行論」であった。

大隈は、伊藤や井上馨を憲法論で出し抜き、政治的主導権を確立しようとしていた。大隈が急進的な政治改革建議を密奏したことは、六月末に伊藤の知るところとなった。大隈の急進的な国会・憲法論に不安を感じた有栖川宮熾仁《たるひと》（一八三五〜一八九五）左大臣が、三條実美太政大臣・岩倉右大臣に大隈意見書を見せたことから、大隈の急進的な国会論・憲法案は、六月末に伊藤の知るところとなり、伊藤は大隈に対する不信を募らせ、大隈と伊藤の間に決定的な亀裂が入った。七月の初め、岩倉の周旋で大隈と伊藤の一応の和解がなり、表面的な協調が回復された。大隈は安堵した。しかし、伊藤、井上、岩倉らは、大隈の急進的国会開設論に反対であった。大隈と和解はしたものの、伊藤は、憲法論では、明確に大隈と別の路線を進んでいく決意を固める。

これらの動きから明らかなように、大隈は、一方で「紙幣整理」と「積極政策」を両立させる起死回生の財政経済政策を再定義し、他方で民間の自由民権・国会開設論の高まりを背景に、進歩的な国会・憲法論を提起して、経済論・国会論の両面で一挙に主導権を確立しようと企てていた。これによって、大隈の政策論を政治・経済・財政面で首尾一貫したものへと整序し、世論の支持を獲得しつつ、大久保以来の正統を継ぐものとして自己をアピールすることができる。そして、その試みは、七月末に至って、一旦は成功したかに見えた。憲法論では伊藤との和解が成り、財政経済論では外資導入に基づく積極政策の再定義に成功し、八月一日には正式に政府決定となったからである。大隈は、勝利を確信して、北海道・東北への天皇巡幸に随行し、東京を後にした。

しかし、この七月から八月にかけての時期は、岩倉と伊藤が、井上毅の献策によって、プロシャ型憲法を採用し、その制定の責任者を伊藤にすることが水面下で決定した時期であった。伊藤は、大隈一派の英国型議院内閣制に対抗して、プロシャ型国家システムの採用を推進することで、政府部内で主導権を確立しようとしていた。一方、大隈と連名で提出した「内外債論」は、積極経済路線を待望する政府部内の多数派の中で主流派に位置するためには、伊藤にとっても好都合であった。

こうすることで、伊藤は、憲法論・国会論でも、財政経済論でも、政府部内で主流派・多数派の中に位置することになり、政治・経済両面で主導権を確立することができる。伊藤は、国会論・憲法論で大隈と決別して「進歩派」の色彩を緩和し、政府主流の保守的流れの中心に位置することで大隈に対抗し、他方で大隈の財政経済戦略を逆手にとって積極政策の主流派として自らを位置づけ、巻き返しを図り、一気に主導権を確立しようとした。こうして大隈が天皇の供奉で東京を留守にしている間に、伊藤の巻き返しが進んでいった。伊藤は、財政経済政策で大隈や政府の積極派と提携しながら、憲法論では保守的スタンスをとり主導権を確立しようとしていた。

国家の政策進路は、「外資導入」を梃子として積極的政策を推進するという多数派の財政経済論を共通の前提として、大隈型の英国流の議員内閣制を急速に導入するか、伊藤流のプロシャ型の立憲君主制を漸進的に導入するかを巡る対立に集約されようとしていた。

このような流れを一挙に覆す事件が勃発した。北海道開拓使払下げ問題である。この問題を契機に、「大隈一派」対「薩長藩閥」という対立図式が出来上がり、一四年政変で大隈の「急進的国会論」が葬られ、次いで政変を契機とする人事異動の結果、「外資導入による積極政策」路線までもが、放棄への道を進んでいくことになる。

結果として、漸進的な立憲君主制度と「自力の」紙幣整理路線の組み合わせが、日本の政策進路として選択されることになる。政府部内の有力者で、このような政策論の組み合わせを主張していたのは、実は松方唯一人であった。そして急進的な議院内閣制と積極政策の組み合わせを主張した「大隈派」の政策論は、完全に崩壊した。他方、漸進的・保守的立憲制度と積極政策の組み合わせを主張した「薩長」連合の主流派も、財政経済論では挫折する。日本は、政変を契機として、松方が主張した経済政策進路へと大転換することになる。財政経済政策に果した松方の大きな役割がここに暗示されているといってよいであろう。

第四章　松方財政の実像

1　一四年政変と松方大蔵卿の誕生

松方政策論の台頭

フランスから帰国した松方は、明治一一（一八九七）年、まず「勧農要旨」を纏めて局員に示し、勧業政策の基本方針を示した。大久保は、西南戦争勃発の直前の明治九（一八七六）年一二月、「行政改革建言書」を草して、一〇年間の殖産興業政策を総括していた。そこでは、政府が試みてきた西欧型工業の育成政策は、「欧亜の皮相を移したもの」に過ぎず、一朝一夕に実現できるものではないことが認識されていた。そして、輸出入の均衡を図り、殖産興業の実を挙げ、士族授産を推進するために、「農業に中心眼目を置く」（農業には軽工業も含まれる）ことが、主張されていた。近代工業の移植が一朝一夕に実現できないことは当然であった。輸出振興を図るには、何よりも主力輸出品である生糸・茶の増産と品質改良が緊急課題であった。

松方は、勧農局長として、この大久保路線を忠実に継承するスタンスを確立しようとした。そのためには要するに「輸出入を均衡させ、民産を振興する」という目的を、最も効率的に実現する方法を提示すればよい。松方は、民産が停滞し貿易が逆調を示している原因を、「貨幣運用の機軸」が確立していないことに求めた。政府が不要な介入・干渉をやめ民間活力を引き出す一方で、政府が率先して輸出金融を積極化し、低利資金を供給することこそ根本対策であると主張して、実質的に大隈路線に対抗する政策路線を打ち出した。

松方は、渡仏を契機として西欧の経済財政理論や欧州各国の財政経済の実際に接する機会をもった。松方は、先進的経済論に触れ、欧州経済の実際を広く視察して、自己の政策論に理論的根拠と実務的経綸を付加した。それが、「生産活動は民間主導で行い、政府事業は運輸交通インフラの整備に限定し、何より中央銀行を中心とする近代的貨幣信用制度を整備することが財政の根本である」という政策構想に整理された。

政治的には保守的で、天皇中心の万世一系の国体論を信奉する松方が、「自由主義的」経済政策論に基づく経済制度改革に取り組むことになったのは、大隈との対比で、まことに興味深い対照を示している。大久保の衣鉢を継ぎ、直面する経済困難を救済するためには、大久保路線の真髄である「民産を促進し、貿易を振興する」ための、最も有効な方策を提示しなければならない。したがって、「民産が停滞し、貿易が逆調を示している」原因は何か、が問われることになる。

松方の第一の主張は、国民の企業家精神を奮い立たせことが根本であり、政府は民業への干渉をやめ知識や技術の伝道に重点をおくべきであるとした点であった。国民の自助努力を重視し、官営事業は民営化すべきであるという「官業払下げ」の原則的立場を明確にした。もともと、松方は、「民をして安心して生産に励ませる」ことが、富国強兵の基であるとの信念をもっていた。この伝統的な信念は、欧州新知識に触れることで、古典派的な政府活動の制限（財政的な保護干渉の排除）と民間の自助努力を基本に据えた政策論として、再生されることになった。松方の政策論の基盤に、一本の大きな筋が通った。

第二に、「共進会」を日本に導入し、輸出振興の最重要課題が、コストダウンと品質改良であることを示した点である。民間は、安くて高品質の製品を製造し、国際競争に勝ち残らなければならない。自助努力で、それを成し遂げなければならないとした。「博覧会」の開催や、それへの参加を重視しているのも、これと共通する考え方からである。

第三に、政府の産業育成施策の中心に、海外輸出荷為替取り組みを中心とする、「低利資金の供給」を据えるべきであるという構想が具体的に固まってきた。

第四に、経済困難を救済する財政政策構想がこれらの視点と結合され、総合的な政策ビジョンが示された。松方は、経済困難の原因を次のように分析する。インフレの原因は、紙幣に対する国民の信認が失われたことにある。それは兌換が保障されていないからである。兌換ができないのは、正貨が流出し紙幣発行が巨額に達しているからである。

正貨流出を救済するには貿易収支を改善するしかない。輸出を振興し、輸入を抑制しなければならない。保護政策は、条約改正が実現しない限り不可能である。したがって、国産を奨励し国産品使用を奨励して輸入を抑制し、品質改善とコストダウンをはかって輸出を振興して、貿易収支の改善に努めることが課題となる。政府は、輸出産業に低利資金を供給して、直輸出を振興し、正貨蓄積を図らなければならない。

そして地租を財政基盤の中心にすえる税制を取っている以上、インフレのコストは政府に集中する。財政基盤を確立するためには、インフレを収束させ、貨幣制度を安定的な確固とした基盤に据えなければならなかった。

松方は、大隈の外債論に反対した際、自己の財政政策論を献策した。しかし、外債募集は棚上げされたものの、松方の献策は容れられなかった。積極派が多数を占める政府部内では、松方の意見は、主流になることはなかった。もっとも紙幣整理を中心に据える政策論は、佐野大蔵卿が強力な紙幣整理論を唱えたことで、政府部内で一定の影響力を持つようになった。しかし、積極政策推進の主体となっていた薩摩閥の中では、松方の経済政策論は、異質であり、孤立していた。そして、一四年八月には、外資導入を梃子とする積極政策論が政府決定された。したがって、政府に何らかの大変動が生じない限りは、松方の政策構想が日の目を見ることは、望み薄い状況にあった。

北海道開拓使払下げ問題

ところが、政府にとっては極めて厄介な、一大政治事件が巻き起こった。この事件を契機として、松方の政策構想は政治的有用性を増し、結果として松方を一躍政治の中枢へ引き出すことになる。その事件とは、北海道開拓使払下げ問題であった。開拓使は、一八七一年に開設され、以降一〇カ年で一四〇〇万円の財政資金を投入した国家事業であった。八一年に廃止されるにあたって、開拓使長官黒田清隆（薩摩）は、薩摩出身の政商五代友厚らに開拓使官有財産一切を三九万円（無利息三〇年賦）で払い下げる方針を決定した。大隈等は、この払い下げ案に反対した。しかし黒田は、八一年七月三〇日、天皇の裁可をえることに成功したのだった。

ことの顚末が伝わると、「報知」「毎日」などの諸新聞は藩閥と政商の結託であると政府を激しく攻撃し、払下げ反対の世論が沸騰した。しかし閣内で大隈が払下げ反対論を唱えたことから、在野民権論者の中での大隈人気が一気に高まった。国会開設・憲法問題での在野世論の高揚を背景として、進歩的な議論を展開し、政治的主導権を確立しようとしていた大隈にとって、この騒ぎは政治的「追い風」となった。大隈は、政府部内で「正論を吐く」希望の星となり、自由民権論者の議論に理解を示す「いい子」になった。在野で、俄に大隈を待望する機運が沸き起こった。一方、開拓使長官の薩摩閥の雄・黒田清隆は、同郷の政商・五代友厚と「グル」になって不正を働く諸悪の根源とみなされた。「報知」「毎日」等の諸新聞は、大隈の息がかかっていると目されていた。こうした状況の中で、民権論に理解を示す大隈が、薩長藩閥の専制・横暴と対決し、在野の民権論者が大隈の後押しをしている、という図式が次第に出来上がっていった。大隈が、三菱の資金を背景に、福沢諭吉と組んで、薩長藩閥政府を打倒しようと陰謀を企てている、との風評が広まり、政府部内で浸透していった。

大隈は、即時憲法制定・議会開設論で主導権を確立しようとした。しかし伊藤・岩倉ら政府首脳の大半は、早期国会開設論に反対し、漸進的な政治制度整備を主張した。この国会開設論をめぐる政治対立は、大隈・伊藤の話し合いの結果、一旦は沈静化した。大隈は、この機を捉えて「五千万円内外債案」を政府決定に持込み、積極政策を継続しつつ不換紙幣即時消却（正貨流通制度の確立・インフレ収束）を実現する財政経済政策を提示して、天皇の裁可を取り付けた。政府の多数派も積極政策の継続を望んだ。

まさにその時、「北海道開拓使払下げ」問題が、政治問題化した。北海道開拓使官有物払下げ問題は、小康状況にあった大隈と伊藤等の対立を、抜き差しならない政治的対決に転化させていった。在野の民権論者やマスコミは、開拓使問題で、薩長藩閥の横暴を糾弾した。在野の民権派は、これまで大隈の経済失政を厳しく糾弾する論陣を敷いてきた。しかし今度は、大隈の経済政策の失政を忘れて、一転して大隈待望論に傾いた。それは、薩長グループからみると、座視することの出来ない脅威・陰謀と映った。結局、この開拓使払い下げ問題が引き金となって、薩長藩閥グループが大隈一派を政府から追放する「明治一四年一〇月政変」が引き起こされることになる。

一四年政変と政策転換

伊藤等は、事態を解決するためには、内閣を改造して憲法問題に対する根本方針を確立し、他方で人心の安定を図るため開拓使払下げを取消すことが急務であると決意した。薩摩の西郷従道、川村純義両参議が黒田を説き、黒田が説得に応じて払下げ取消しに同意し、その結果、黒田が薩派の代表として事態の収拾に乗り出した。政府部内の対立は、急速に「大隈一派」と「薩長連合」の対決という様相を呈した。こうして結局、大隈排斥、開拓使払下げ中止、そして一〇年後の国会開設が決定された。大隈は失脚し、積極政策推進の中心であった黒田も実質的に失脚する。

その結果、大隈の進歩的な議院内閣制は破れ、薩長藩閥勢力の下で、プロシャ型の立憲君主システムを、一〇年を期して整備するという方針が残った。そして、積極政策推進の中心人物の大隈・黒田の退陣の結果、積極政策の推進は、一人伊藤の肩にかかる。しかし、政変後に予定されていた伊藤の大蔵卿就任が流れ、参事院議長に就任することになったため、積極政策は推進の政治的動力を失い宙に浮いた。

一方、松方は、政変後、伊藤から、参議への昇任と内務卿への就任を打診されたが、松方は、それを辞退していた。結局、伊藤の大蔵卿就任が流れたことによって、松方が参議兼大蔵卿に就任することになる。松方は、一言の辞退もする事なく大蔵卿を受け、機敏に行動して、閣議で紙幣整理への支持を取り付け、さらに天皇に拝謁して紙幣整理を絶対中途で止めないとの保障を取り付けた。

大隈失脚の時点では、「五千万円内外債案」に基づいて再定義された積極政策路線が閣議決定され天皇の裁可を得ており、実行プランの策定が伊藤の手によって進められていた。しかし、大隈が失脚し、蔵相に就任予定であった伊藤が参事院議長に転出し、大蔵卿に松方が就任したことで、事態は急転する。大隈の主導する積極政策は、大隈路線を批判してきた松方路線に、一挙に転換されることになったのである。

松方は、「外債」および「外国人依存」という積極政策継続論の最大の「政治的弱点」を巧みについて、天皇の支持を取り付け、政策転換を成し遂げていった。政変後、大隈・伊藤の手で外資導入を前提として再定義された積極政策路線は、伊藤によって細部が詰められ、成案を得ていた。しかし、政変後の一一月に松方の手で清算され、自力で「正貨蓄積」と「紙幣減却」を並行実施するという「紙幣整理」路線が確定する。

大隈一派と薩長藩閥勢力との対立は、財政経済政策では積極政策の継続という共通の土俵の上で、早期国会開設（英国型議院内閣制）か漸進的国会開設（プロシャ型立憲君主制）かで対立するという図式であった。しかし、開拓使払下げ、一四年政変という政治変動の結果、伊藤・岩倉が進めようとしていたプロシャ型の国会・憲法路線と、松方が主張する「自力の紙幣整理」を中心においた財政経済路線とが国家政策として残った。そして、天皇を中心とする「君権の強い政府」と「自力の紙幣整理」路線の組み合わせを、一貫して主張していたのは、結果的に見ると、政府上層部では松方のみであった。松方は、権謀術策を弄することなく、自然体のままで、政権の中枢に位置することになる。

こうして、政府部内で殆ど支持者のいなかった「不人気な」財政経済政策が、政府の基本方針となり、松方によって「不退転の政策」として推進されていく。大隈の退陣によって、積極政策の失政の責任は明確化された。そして政治責任を明確にした松方の新政策は、人々の政策の確実性への「信認」を高め、インフレ期待は急速に解消されていった。松方の「自力の紙幣整理」路線は、「開拓使払下げ」という特定の問題を契機とする「一四年政変」という政治的変動と人事異動を経なければ、決して実現されなかった政策であった。そして政変の結果成立した「専制政府」が、万難を排して政策を実行するという「不退転の決意」を示したことによって、確固不抜の政策シグナルが国民に送られ、「紙幣整理」実行のクレディビリティ（信認）は高まった。政治責任を明確化した不退転の紙幣整理の告知は国民のインフレ期待を一挙に挫き、結果として、デフレにともなう摩擦的コストを軽減し、短期間で紙幣整理を成功に導き、「貨幣の機軸」を整備することを可能にするのである。

政変前夜の東京へ

この間の松方の行動を追って行こう。松方は、明治一四（一八八一）年七月二三日、明治天皇の東北・北海道への巡幸の先発として、一足先に東京を後にした。東北を経て北海道へ至り、そこで天皇一行を迎えた後に、再び先発して、北海道から東北へ渡った。山形県庄内に至った時、三條実美太政大臣から、「急談あり御暇を願ひて速に帰京されたし」との電報に接した。九月下旬のことであった。

政府部内では、大隈追放の手筈が着々と整えられていた。松方の帰京は、このような政治状況の真只中へ、薩長藩閥の一員として乗り込むことを意味していた。松方は、憲法制定、国会開設問題については保守的な考え方の持ち主であった。内閣を改造して、憲政の基本方針を確定すべきであるという点では、伊藤らとほぼ同意見であった。三田の黒田屋敷に、伊藤（長州）、山縣（長州）、井上（長州）、西郷（薩摩）、大山（薩摩）、松方（薩摩）が集まり、国会開設問題と大隈進退問題について意見交換が行われ、薩長の結束が固められた（『公爵松方正義伝』乾巻、七九四～八〇一頁）。こうして大隈追放への準備が整う。

一方、三條太政大臣は、一〇月一日、再度川村純義参議（薩摩）を京都の岩倉具視右大臣の許に派遣した。川村は、岩倉に、憲法制定、国会開設の時期を予定することが第一の急務である。開拓使問題は、西郷・大山と協力して、黒田を説得しており、必ず平穏に解決する。速やかに帰京されたい、と要請した。岩倉は、時局収拾のために帰京することに同意し、六日帰京する。即日、三條は岩倉を訪問し、井上馨も合流して、「今日のことは、ただ閣下の決心如何にある」と岩倉に決断を迫った。七日、伊藤は、さっそく岩倉に国会準備の勅諭案、内閣、元老院、並びに参事院章程案を示し、速やかに閣議にかけることを要請し、同時に大隈辞職は止むを得ないと通告した。九日、岩倉邸で、三條、岩倉、伊藤、西郷、井上、山田が会合し、国会準備の勅諭宣布に関する順序が決定された。

こうして政変の舞台はすべて整い、一一日、明治天皇が千住駅に到着するのを待って、御前会議が開かれ、一二日、明治二三年を期して国会を開設するという詔勅（「国会開設に関する詔勅」）が発せられた。大隈参議は、政府を追われた。

一〇月二一日、政府は、太政官職制章程を改正し、新たに参事院を設け、同時に従来の内閣参議と各省行政長官との分任組織を改正し、参議と各卿の兼任制度に復帰し、内閣更迭が実施された（『公爵松方正義伝』乾巻、八〇六〜八〇九頁）。

松方の役割

この間の松方の政治的役割については、明確にされていない。松方は、内務「卿」であったが「参議」ではなく、憲法問題では直接の発言権はなかった。松方が急遽東京に呼び戻された理由としては、内務卿の要職にあったこと、薩摩閥の一員としての政治行動をとる必要性が生じたことなどが考えられる。しかし、それだけの理由で、天皇の供奉の役目を放棄して帰京しなければならなかったとは考えがたい。そして松方は、政変後には「参議」へと昇格している。したがって、松方でなければなしえない役割を期待され、松方はその役割を果たしたと考えることが自然であろう。

そもそも一四年政変は、国会論での対立と開拓使問題を直接の引き金として生じたものであった。そして国会論が政府部内で緊急課題と認識されたのは、在野の民権論者が大隈の財政失策を攻撃し、財政問題の解決策を国民の代表が一同に会する国会で審議すべきであると主張し、国会開設の請願を行ったことが大きな契機となっていた。ところが、開拓使問題で、大隈は払下げに異を唱えた。その結果、大隈は、在野の民権論者と同一歩調をとって薩長藩閥の専横を糾弾するという図柄の中で行動することになった。そして在野の民権論者は、大隈の財政経済問題における失政を忘れ、開拓使問題に焦点を移して、もっぱら薩長藩閥攻撃を行なうことに血道をあげ、むしろ大隈に好意を寄せる論調へと変化していた。明敏な大隈は、これを政治的に利用し、自己の政府部内における憲法論・財政論の主導権確立のために利用しようとしていた。

したがって、薩長藩閥が、世論の批判に対抗しつつ、大隈追い落としの正当性を確立するためには、財政経済問題における大隈の失政を追及する必要があった。現に、人々が相場を追い投機に走って、実業が停滞する様相を呈する中で、インフレは一向に収まる気配がなかったからである。インフレ問題は、当時の民権論者やマスコミにとっても最大の関心事のひとつであった。インフレ問題で大隈の経済失政を攻撃し、またそれを解決するために大隈が提案した「国家の独立を危うくする外資導入」論を批判することは、大隈追い落としを図る上で、世論に訴える点において、最も有効な打撃力をもっていた。

松方ならではの役割とは、このインフレ問題の責任追及と外資導入に関して「亡国」の危険性をアピールし、大隈の財政経済政策の失政を追及し、民権論者の経済論を論破する役割であったと考えられる。それは、大隈追放劇の正当性を保障する重要な役割を担っていた。黒田や伊藤をはじめ政府首脳の多くは、大隈の積極財政政策を支持してきた立場上、財政論の失政で大隈を批判することはできなかったからである。

松方の政治的台頭

松方は、大久保利通を中心とする薩摩閥の共通の政策であった「積極政策」に、薩摩閥の中で反対の立場をとった唯一の人物であった。しかも、薩摩きっての財政経済通であり、長く大蔵省高官の地位にあった。その松方の「反薩摩閥的な」財政経済論が、政変において、薩長藩閥勢力を強力に支援する役割を演じることになったのである。松方は、自己の財政経済論を放棄することなく、政治的に願ってもない「台頭の」幸運を摑んだということができよう。松方は、政府部内で孤立無援であった自己の「紙幣整理」論を、反大隈の文脈を明確にしながら、政治的リスクなく主張することができた。

当時、政府部内で財政経済に見識を備えた人物としては、大隈や現職の佐野大蔵卿を除けば、伊藤、井上両参議があった。しかし、伊藤・井上は、財政問題ではほぼ大隈と共同歩調を採ってきたため、正面からの大隈批判を行うことはできなかった。大隈の財政経済政策を正面から批判できる人物は、松方正義を措いて他にはいなかった。

松方は、まさに政変前夜、三條太政大臣に「財政議」（一四年九月付）を提出した。その中で、松方は、大隈・伊藤連名で提出された「五千万円公債新募案」（内外債案）に基づく外資依存の積極経済路線を「国家の独立を危うくする」と批判し、外債に依存しない「自力で」銀貨蓄積をはかる紙幣整理政策のグランドデザインを打ち出した。

まさに、天の配剤の妙ともいえる、絶妙のタイミングで、松方の藩閥政治家としての、また財政家としての登場が促されたのであった。薩摩閥の中で、長く政治的に「第二流」の地位にとどまっていた松方は、政変を契機として、最高権力者の「参議」の一人へと昇進する。松方正義、四七歳のことであった。

財政議の提出

『公爵松方正義伝』は、松方が三條に建議を提出したその足で伊藤を訪ね、現在の財政の窮状をもたらしたのは大隈とそれに追随する伊藤の責任であると批判し、自分の提出した「財政議」が採用されないならば内務卿を辞任すると言い放って、財政政策転換への決意を促した。これに対して伊藤は、国家の将来に関して考えるとことがあるので、辞表の提出は思いとどまるように松方を説得した。その後、松方は、天皇の東北巡遊の先発として東京を離れた、としている。だがこの記述は、前後の経緯からして、矛盾している。

「財政議」の提出日付は、「九月」である。『公爵松方正義伝』は、九月六日としている。しかし松方が天皇巡遊の先発として東京を後にしたのが七月二三日であり、その後北海道をへて東北山形で三條太政大臣からの急電で接し、天皇の許しを得て東京に向かったのは九月二六日以降であり、東京に帰着したのは一〇月二日であった。この間松方は、東京にはいなかった。

物理的にも日程的にも、松方が「九月六日」に三條を訪れて財政議を提出し、その足で伊藤を訪ね、伊藤の責任を追及することは無理であり、また政治的に見ても、政変前夜にわざわざ伊藤を訪ねて攻撃を行ったということも、不自然であろう。この時点では、すでに「薩長」対「大隈一派」という対立の基本図式がほぼ固まっていたからである。

松方が「財政議」を提出したとされる九月六日には、三條は、京都で病気静養中であった岩倉右大臣宛の書簡で次のように述べている。

「大隈氏建言以来、専ら福澤党の気脈、内部に侵入之事に至っては、一同憤激の模様に之あり候間、此般は到底大隈氏と一和は整い難し、必ず内閣破裂之場合に切迫致し候事と存候。」(『公爵松方正義伝』八三〇頁)

政府部内の意見対立は、この時点で、すでに修復不可能な状況となっていた。反大隈派の急先鋒であった山田参議(長州)は、三條の内命を受けて京都に飛び、岩倉を訪問した。「大隈は、農商務卿河野敏鎌と相議し、急進主義の政党を樹立し、民権論者と気脈を通じて、その陰謀を企てている、開拓使問題が紛糾したのは、大隈に関係ある富豪が巨万の金を各新聞社、及び各政談者流に投じ、官有物払下げの処分問題を痛論し、政府を攻撃させたからである。この富豪等は、前年、北海道諸製造所の払下げを内願したが、拒絶されたので、今回の官有物払下げ処分を聞き、政府の不公平な取り扱いに憤慨して、この反対運動を為す」との観測を伝えた。ここでいう富豪とは、三菱のことであった。

「大隈一派」―「三菱」―「新聞・福澤諭吉」―在野「自由民権論」という官財民を縦断する政治連合体が、「薩長藩閥」政府の転覆を画策しているという図式で、大隈一派の政治行動が認識されていた。山田は、その上で、開拓使払下げ問題は末節であり、憲法制定、国会開設の時期を予定することが根本問題である。明治天皇が帰京する「車賀還幸の日」に、ことを決行しなければならない。大隈を罷免し、その一派をことごとく排斥しなければならない、と論じた（『公爵松方正義伝』乾巻、八〇二〜八〇四頁）。

ところで、松方は、七月二三日、天皇巡幸の先発として東京を離れ、九月下旬山形県庄内で三條からの急電で帰京するよう指令をうけ、酒田で天皇の許しを受けて、急ぎ帰京した。天皇が酒田に到着したのが九月二五日夕刻であり、酒田を出発したのが二六日午後であるから、松方が帰京し三條に面会したのは、九月二七日以降ということになろう。ちなみに、一四年一月に警視総監に就任した樺山資紀の「日記」には、「一〇月三日、晴、午後二時松方氏を訪ふ留守なり、昨日帰京、……、四日、晴、……午後二時より松方氏へ赴き四時過帰る」との記述がある。松方が帰京し自宅に戻ったのは、一〇月二日であった。

また、松方が伊藤宛に送った明治一四年九月二三日付書簡には、「御地の形勢吉井より承知、且御伝言の趣逐一拝承仕候。亦条公閣下よりも電報にて可成速に帰京候様承知仕候間、速に御暇仕一日も早目帰京相決罷在候所、……一応は酒田にて奉迎、翌朝より打立必す来る三十日には帰京仕候上、何も拝承仕度、……、今般は断然と大姦物の暴状を明挙して可退事緊要と第一着に被存候」（『伊藤博文関係文書』七、九九〜一〇〇頁）と述べられている。

実は、松方が、「財政議」を三條太政大臣に提出したのは、五月六日であった。そして後日、伊藤を訪ねてその採用を談判し、その後東北・北海道へ出発した。国会論を巡る議論では、参議ではない松方は、発言権を持っていなかった。松方が急遽呼びもどされたのは、薩摩閥の省卿であったという事情に加えて、財政論での大隈の「暴状を明挙」する切り札として松方の「財政議」を活用しようとする伊藤・三條等政府首脳の思惑があった、と考えるのが最も自然であろう。もっとも松方の財政論の内容自体は、この時点でも政府首脳の賛同を得ていたわけではなかった。提出時には政府の容れられなかった「財政議」は、ここに来てその政治的有用性が高まり、日付を含めて幾分修正されて「九月付」で活用されたということになろう。建議の中に、「他日財政の益々危殆に陥るに至るや必ず資本を外国に仰ぐの説を生すへし」との表現は、大隈の「内外債」案が正式に裁可された八月一日よりも、一カ月以上後に提出された建議としては、不自然の感を免れないからである。

「海東伝記資料　談話筆記第二」「松方正義聞書ノート」は次のように述べている。

一四年五月六日（当時参議と各省長官と分立）、侯は三條公に書き上りて、我国財政遂に埃及、土耳古たらんとするを論じ、遂に伊藤公を訪ひ、之に謂いて曰く、今日の財政は君と大隈との所為也、之儘に打過さねば埃及、土耳古たらんのみ、予は已に鄙見を三條公に呈す、行はれずんば覚悟せざる可らず、君大隈に付随して居るは如何、気の毒なり、現状ならば現政府に望みなし、内務卿を辞せんのみと、伊藤公曰く、予も考えあり、辞表は姑く見合せられよ、侯曰く、君にして考慮する所あらば、今必しも辞職せす姑く隠忍して君等の所為を観んのみ、不日にして伊藤公至る、曰く、怪事あり、未だ閣僚に告げず、又未だ條公にも語らず（岩倉公は下総出張）、大隈は一六年国会開設の建白を独断にて陛下に上れり、侯曰く、ソレ見よ大隈の尻馬に付随して居ては、如此き事となるなり、今や大隈の為にやられたり、能々お考なさるべし、云々　（『松方正義関係文書』第一〇巻）

すなわち松方は、「財政議」を五月六日に提出し、その足で伊藤を訪れ、責任を追及して辞職を仄めかしたが、その後六月に大隈の国会論の「密奏」を知った伊藤が激怒し、松方を訪問して大隈の裏切りを告げた、という経過を説明している。七月二三日、松方は天皇の巡幸の先発として、東北へ出発したが、その後北海道開拓使払下げ問題が勃発し、大隈排斥が決定され、九月下旬、三條からの急電で帰京した。

松方の談話は、日付を五月六日と明示している。伝記の作者は、「財政議」の提出日付が「一四年九月」となっているので、「九月六日」と考えるのが自然と考えたのであろう。

事態の推移を、時間的な経過に即して整理すれば、次のようになる。明治一四年に入るとインフレは益々激しさを増した。大隈が、経済危機を打開し、政府部内で主導権を確立するためには、積極政策を継続させる妙案が必要となっていた。そこで、大隈は、外資導入を企図した「内外債案」を作成し、伊藤の賛同を得て、四月頃に大蔵省の吉原次官、佐野大蔵卿に回覧して同意を求めた。草案の内容を掴んだ松方は、五月六日、政府にその方針が正式決定されないように、自己の対案を三條太政大臣に建策した。大隈の外資に依存した一大正金銀行設立案に対して、松方は外資に依存しない中央銀行設立案を対置した。

しかしその時点では、松方の建議は容れられなかった。政府部内は、ほとんど積極派に属しており、また憲法問題でもこの時点では、大隈の密奏が伊藤に知られるに至っていなかった。前年の外債案に反対した大蔵卿の佐野も、今回の大隈の提案が純然たる外債案ではなく、自己の主張に類似した「内外債」案であったので反対のしようがなかった。大隈は、伊藤との連名の「内外債案」を閣議に提出する運びとなった。

他方六月末に、英国流の議会制民主主義を早期に採用すべしという急進的な国会論を、大隈が「蜜奏」した事実を掴んだ伊藤は、激怒した。大隈と伊藤の憲法論・国会論での対立が決定的になった。松方を訪問した伊藤は、「大隈は、三條、岩倉両卿にも告げず、独断にて、明治一六年を期し、国会を開設すべきと奏上した。到底大隈と廟堂に立つことは出来ぬ」と決意を披瀝した。松方は、「先に卿に忠告したるがごとく、大隈に追従していたため、その術中に陥ったのではないか」、慎重に善後策をとるべきであると応じた。

財政論では、外資導入を柱とする積極政策推進で政府部内の意思統一が成り、天皇の裁可を得た。しかし国会論では、大隈一派と伊藤ら薩長グループとの対立が決定的となる。そして岩倉は、薩長と結んでドイツ型の立憲君主制を目指すことを決意した。

このように事態が推移する中で、北海道開拓使払下げ問題が沸騰し、政府部内で「薩長藩閥」対「大隈一派」という公然たる対立構図が鮮明となる。新聞や自由民権論者は、昨日までの大隈批判を忘れ、払下げ反対を唱えた大隈の支援に回り、薩長藩閥政府攻撃を強めた。元来、民権運動の主要な目的の一つは、大隈が主導する財政政策の失敗が激しいインフレを生み出し、社会的困難が増したことを批判し、国民代表による経済困難解決のために、国会開設を要求するという運動であった。民権家や新聞は、大隈の経済政策失政への批判を棚上げし、批判の中心を薩長藩閥に定め、大隈支援へと態度を変化させていた。

しかし、伊藤ら薩長閥の政府首脳は、財政論で大隈の失政を追及する立場にはなかった。こうして大隈財政批判の急先鋒であった松方の財政論は、政治的効用を増した。そして、一〇月初め松方が帰京した際に、大隈の財政経済政策における「失政」批判の切り札として、松方の「九月付け財政議」が使用されたと考えることが許されよう。しかし、松方の財政論の内容自体は、この時点でも政府首脳の賛同を得ていたわけではなかった。それは、政変後直ちに大蔵卿の椅子が松方に用意されなかったことから明らかである。政変後の大蔵卿には、伊藤が予定されていた。松方に提示されたポストは、「参議兼内務卿」であった。伊藤らは、松方を「参議」には昇格させるが、大蔵卿には就任させない方針であった。

一四年政変と松方大蔵卿の誕生

明治一四（一八八一）年一〇月一一日、御前会議において、「立憲政体に関する方針」が決定され、大隈参議は罷免された。大隈の即時国会開設案は否定され、黒田の開拓使の払下げも中止された。一四年政変の結果、大隈の急進的政治路線は否定され、薩長藩閥支配が確立する。一〇年を期して憲法を制定し、議会を開設し、内政を整備する、という漸進的な国家システム整備の大方針が決定された。

しかしこの政変では、新たな財政経済方針が打ち出されたわけではなかった。大隈・伊藤連名の「内外債案」を中心とする政策路線は、政変以前に政府で閣議決定され、八月一日には天皇の裁可を得て、具体案の策定が進められていた。

政変の結果、大隈が下野したため、具体案の策定は、伊藤の手に委ねられた。大隈派に属した政府高官は下野し、あるいは更迭されて政府部内での発言権を失った。さらに積極政策路線を推進する中心人物であった黒田は、開拓使問題で政治的に打撃を受けた。ただし、政府部内では、積極的な財政経済運営を望む勢力は依然として多数派を占めていた。

このような中で、積極政策を推進すべく期待された人物は、当然伊藤であった。そして政変後の内閣改造では、伊藤が大蔵卿に就任する予定になっていた。伊藤は、長く工部卿として、大久保が主導した内治優先の積極政策の中心的メンバーとして、大隈大蔵卿とともに両翼の役割を果たしてきた。伊藤は、前年の大隈の「五千万円外債案」に対しても、巨額の外債は国を危うくすると反対したものの、外債募集そのものには反対しておらず、その他の施策では概ね大隈と政策行動をともにしてきた。その後大隈と協力して「財政更改の議」を提案し、また大隈と連名で積極政策継続の切り札たる「内外債案」を建議した。その意味では、大隈と共同歩調をとり、ほぼ一貫して積極政策路線を歩いてきた。

ただし伊藤は、経済財政政策について、確たる定見を持っていたとは思われない。伊藤の経済論が、決定的な場面では得てして不明瞭な色合いを増すのは、長派の盟友であり財政経済通である井上馨の政策論の影響を受けることが多かったからである。ともあれ伊藤の政策スタンスは、大隈と近く、積極政策路線に深く関与していた。

政変後の内閣改造で、伊藤は松方を「参議兼内務卿」に推薦した。しかし、薩摩閥の反対で、実現しなかった。「松方正義聞書ノート」によれば、官制改革参議兼各省長官に項に、「伊藤は侯を参議兼内務卿に薦む　黒田、西郷、寺嶋、皆侯に勧めて之を辞せしむ」（『松方正義関係文書』第一〇巻、一四五頁）との記述がある。伊藤は、政変後にも、松方を「大蔵卿」に据えることは考えていなかった。そして、薩摩閥の巨頭達は、松方が「参議」に昇格することに反対していた。松方の微妙な政治的立場が示されていた。伊藤は、論功行賞で松方を「参議」にして政治的地位を引き上げはするが、松方型の紙幣整理を実行させようとする意思を持っていなかった。しかし、以後、松方と伊藤は、政治的には緊密な関係を築いていくことになる。ともあれ政変は、大隈型の外資依存の積極政策路線の放棄や、松方型の紙幣整理路線の採用を意味してはいなかった。

しかし、政変後の内閣改造で、当初予定されていた伊藤大蔵卿構想が挫折した。伊藤の内閣制度創設構想が否定され、伊藤は参事院議長に就任する。当初構想で大蔵卿に就任する予定であった伊藤が参事院議長に就任したため、いわば消去法により財政経済通の松方に、待望の大蔵卿のポストが回ってきたのである。財政経済の難局を乗り切るためには、財政のエキスパートでなければならず、政権内部では松方以外に大蔵卿の重任を果せる人物は見当たらなかった。こうしてついに松方に大蔵卿の椅子が回ってきた。そして、松方は、「一言の辞退することなくして大蔵卿の重任を拝受した」（『侯爵松方正義卿実記』（『松方正義関係文書』第二巻、五五頁））。当時の慣行からからすれば、「聊か大胆に過くるの感ある」行動に出て、「参議兼大蔵卿」の地位に就き、文字通り財政経済の最高責任者となった。

松方の大蔵卿就任に、薩摩閥の首脳達は反対した。薩摩閥は、大久保以来の積極政策推進で一致しており、積極路線堅持でほぼ一貫していたからである。松方の緊縮財政・紙幣整理路線には反対であった。松方は、自己の信念である財政論と、薩摩閥の中での政治的孤立のリスクとの狭間で苦悶した。政治的には伊藤との間に太いパイプができていたが、薩摩閥の中で完全に孤立するリスクは余りにも大きかった。松方は、思い余って大山巌を訪ねその意見を叩いた。そして、大山の賛意を得て、ついに大蔵卿を引き受け、自己の信念である紙幣整理を断行しようと決意した。大倉喜八郎は、次のように述べている。

> 松方公が大蔵卿の後任になることになったのだが薩派の同僚先輩は皆公の大蔵卿就任に反対したものです。公も大分迷って大山さんに相談した處大山さん丈けは賛意を表したので早速大蔵卿就任も引き受けたのでした
>
> （『松方正義関係文書』第一五巻、三六三頁）

政策転換への不退転の決意

松方の大蔵卿就任は、政変後の新政権の既定路線ではなかった。事実、伊藤は、松方に「参議兼内務卿」のポストを提示した。その意味で、伊藤大蔵卿が誕生していたならば、大隈と伊藤の連名で提案した「公債新募案」(内外債案)を中心とした財政経済政策が実行に移された可能性は高かった。少なくとも、全面的に政策転換が行われることはなかったであろう。伊藤には、自らが共同提案した経済政策論に反対する積極的な理由はなく、また政府の大部分は積極政策の継続を期待していたからである。こうして「内外債案」の実行プランの細部が詰められ、一一月にはその成案が完成した。大隈・伊藤連名で再定義された「積極経済路線」は、政府案そのものであった。したがって、極論すれば、この時点で、「積極経済路線」に反対していたのは、松方唯一人であったということができよう。

伊藤が大蔵卿に就任し、「内外債案」が実行に移されていたならば、一三年九月の計画で捻出された年一〇〇〇万円の紙幣整理財源は、そっくり不要となり、積極政策の財源に転用されることになったであろう。

しかし松方が、一〇月二一日参議兼大蔵卿に就任し、財政経済政策の最高責任者となった。松方は、就任直後から自己の紙幣整理構想を実現するために機敏に行動した。まず大蔵省幹部を集めて紙幣整理の方針を説明して協力を求め、次いで紙幣整理については松方の処理に任せるという内閣の支持を取り付け、外債募集反対を上奏して松方の紙幣整理方針への天皇の裁可を取り付けた。そして、伊藤の手によって一一月に完成し提示された外資導入に依存する「内外債案」実行プランを廃案に持ち込む。こうして、経済政策の全面的転換への環境が整えられた。

松方大蔵卿が登場して初めて、「自力の」正貨蓄積・紙幣整理政策への転換が行われることになる。松方大蔵卿の登場は、財政経済政策に新紀元を画した。松方の新財政方針が政府の採用するところとなったのは、第一に、松方の迅速な政治行動が功を奏したこと、第二に、松方が大隈路線に代わる明確な財政経済運営についてのグランド・ビジョンを持っていたことに原因があった。

松方は、大蔵卿就任直後に大蔵省幹部を集め、「世間の議論などは決して省みない」と断言し、松方流の紙幣整理方針を明確にして、大蔵省が一致協力するように要請した。また就任後の閣議において、紙幣整理には五カ年の忍耐が必要であり、各省予算の経費緊縮を継続し、また国民の不満を沈静するために一致協力することを求めた。閣議は、松方の提議を承認し、紙幣整理についての措置は松方に委任することを議決した。

しかし、松方は、外部の反対運動よりも、政府内部から沸き起こる政策再転換への圧力に強い危惧をもっていた。積極派が多数を占める政府の中にあっては、当然の危惧といえた。松方は、直ちに参内して、明治天皇の前で、大隈・伊藤の「公債新募案」の本質は国家独立を危うくする「外債案」であると反対論を展開し、自らの紙幣整理論を対置して、天皇の同意を取り付けようと考えた。外債論を封じさえすれば、国内資金(国民貯蓄)による財政整理論以外の選択肢はなくなるからであった。

そこで松方は、三條、岩倉に同道を求めて参内した。両人に参内を求めたのは、紙幣整理の根本方針を奏上して天皇の保障を取り付け、その内容を閣員に周知徹底させ、あらかじめ将来に予想される反対論を封じるためであった。

松方は、まず、「今や紙幣の価格が下落して、既存外債をも返済し得ざる財政状態である。然かもなお新に外国債を募集するという計画があるが、現在の状況で外債を起債すれば、極めて不利であり、必ず後に害をのこす」として、「公債新募案」の中止を主張した。大隈・伊藤案が、本質的には「外債案」である点を強調して、天皇の注意を喚起し、その弊害を力説したのである。そして、外債に依存しない「自力による」紙幣整理案を説明した。現在の経済困難の原因は、紙幣に対する国民の信用を失ったからである。今日の急務は不換紙幣の回収にあり、五年計画で正貨を蓄積し、その間予算据え置きを実行する以外に方法はない。紙幣整理を実行に移せば、物価下落が生じ、国民の紛擾が発生するであろうが、いったん着手した事業を中途で止めれば、その弊害は極めて大きい。やる以上は一切を顧慮せず断行しなければならない、と。

これに対して、明治天皇は、「卿の方針通り之を断行せよ」との聖断を下し、松方支持の意思を明確に示した。松方は、「一死報国の決心を以て紙幣整理の大事業を断行」する腹を固めた（『侯爵松方正義卿実記』第二巻、五三三頁）。

紙幣に対する国民の信用を回復することを目指して、紙幣整理事業に取り組む「不退転」の体制が整えられた。外債に依存せず、不換紙幣を整理し、財政制度を整備し、日本銀行を頂点とする金融システムを整備する。そして銀本位制度を確立して、近代的財政・金融制度を整備するという方針が確定した。財政余剰を確保し、不換紙幣消却と正貨蓄積を並行して行い、日本銀行に発券機能を独占させて兌換銀行券を発行し、全国の不換紙幣と引き換えて、統一的貨幣信用システムを確立することが目指された。「松方財政」の開始である。こうして、松方の長期にわたる大蔵大臣としての仕事が始まった。

このような政治的変転の結果、閣内で殆ど賛同者のいない「紙幣消却」＝デフレ論が政府の政策として、採用される環境条件が整った。その上で、一一月大隈によって再定義され政変後に伊藤の手によって完成された「内外債」案による積極政策の具体案を葬ったのである。

松方は、伊藤案に対して、「一案紙幣消却断然取計候主義は如何にも快然の趣に相見候へ共、今日迄は既に紙幣消却の事は（此挙は既に内外人も承知せり、何も今更に注意すべきに及ばぬ事と存候）順次相運び居候上俄然公債発令候ては政務上においても余り上策にては有之間敷哉」と拒否し、正貨蓄積と貨幣整理を並行して実施し、兌換制度を確立すべきであると主張した（『伊藤博文関係文書』七、一〇二～一〇三頁）。政変後、松方は、伊藤の機先を制して敏速に政策転換への根回しを行い、それを既成事実化することによって、外資依存の積極政策を退けたのであった。

こうして松方財政が開始されることになったが、この時点においても、政府部内の多数派は、松方の主張する紙幣整理（デフレ）政策に心から賛成してはいなかった。伊藤博文はじめ陸奥宗光などは、「松方のあの遣り方はどんなものであろうか」と松方の緊縮方針を嫌っていたので、松方の苦労は並大抵のものではなかった（「渋沢栄一談」『松方正義関係文書』第一五巻、四六七頁）。

一四年政変の全プロセスを、結果として見れば、「政治的な保守主義」、「経済的な健全主義」路線の組み合わせが、政府の政策路線として定着する。それは、謀らずしも、松方の抱懐してきた政策路線が、天皇制国家の中枢に位置したことを意味していた。そして、松方の主張した紙幣整理路線が成功し、日本経済が早期に回復し企業勃興期を迎えたことは、松方の政府内部での地位を一気に引き上げた。維新以来誰もなしえなかった財政整理と幣制の確立を短時間で成し遂げ、近代的経済成長のための環境条件を一気に確立したからであった。

自由民権論の衰退・政府の主導性確立

一方、在野の民権論者は、国会開設の勅諭が発せられたことを契機として、意気が上がり、政党を結成する動きを示した。明治一四年一〇月には、板垣を総理とする自由党が結成され、翌一五年には、下野した大隈重信を総理として立憲改進党が組織された。政府党も福地源一郎を党首とする立憲帝政党を結成した。これらの政党は、立憲君主制のもとで政党内閣を樹立することを目的として活発な運動を展開した。

しかし、政党間での主導権争いから対立が激化した。しかもデフレが進行する中で、農村が厳しい不況に晒され、次第に活動資金不足に悩まされるようになり、瞬く間に分裂と停滞状況に直面した。一五年の福島事件を始めとして東日本各地で騒擾事件が相次ぎ、一七年の秩父事件で生活に困窮した農民が蜂起するという事件が起こり、自由党は統制を失った。正常な活動が不可能になる中、一七年一〇月自由党は解党に追い込まれた。ついで、一二月には、立憲改進党も大隈らの脱党で、活動を停止した。政府の立憲政体確立の動きに対抗して、民党主導の立憲政体・政党政治の確立を目指した自由民権運動は、こうして一旦中絶状態に陥った。国会論・憲法論は、政府主導の下で、伊藤博文を中心に進められていくことになる。

一四年政変は、国会論・憲法論を軸とする立憲政体の樹立に関して、伊藤を中心とする政府主導の立憲君主制確立への出発点を画した。そして、財政経済面では、紙幣整理・日本銀行設立を軸とする「松方財政」への画期ともなった。政変によって、従来の積極政策で主導権をとってきた大隈が政府を追われ、黒田が政策的に無力化し、伊藤が参事院議長へ転出した。この人事異動によって、結果的に従来の財政政策における政治責任が明確化されたことは、政策転換にはきわめて重要な要素であった。松方による新政策が効果をあげ得るか否かは、新政策への市場（人々）の「信認」を確立することができるか否かに、大きく依存していたからである。

2 覚悟のデフレ政策

紙幣整理への具体的施策

松方は、政治的には保守的であったが、経済的には大久保構想以来の英国モデルを念頭におき、市場経済重視の経済政策スタンスに親近感を持っていた。したがって、近代化初期の政府による「近代産業・新技術の導入」や一定期間後の「官業の民間払い下げ」は、当然であると考えていた。

日本が財政経済政策を遂行する上で、松方が最も重視したのは、「国家信用を確立」することであった。それは、健全な財政基盤を確立することと、金本位制度に立脚した安定的な貨幣信用制度を整備することによって達成される。そしてこれらの大事業を、外資導入を排除しながら慎重に実行しようとした。安易な外資導入は、日本の独立維持を危うくすると考えていたからである。

政府財政の基礎は、地租改正によって整備された。しかしインフレ高進により再び危殆に瀕した。また貿易収支は悪化し、投機が盛行して、生産事業は不振に陥っていた。したがって経済政策の重点は、紙幣整理を実行してインフレを解消し、輸出を振興して「自力で」正貨を蓄積し、産業発展のための基礎的インフラである運輸鉄道網を整備し、中央銀行を中心とする通貨信用制度と低利資金の供給体制を整備することに置かれた。

財政困難は、基本的には紙幣価格が回復すれば解消される。紙幣価格が回復すれば税収入と財政支出は実質的に増大するからである。松方は、増税と経費節減によって捻出されていた財源によって、正貨蓄積と紙幣削減を併行させる政策運営を行った。正貨蓄積は、海外荷為替資金を紙幣で輸出業者に貸付け、海外で正貨による返済を受けるという方法によって実行された。政府紙幣は、全額消却を目標とせず、銀貨と紙幣の価格差がなくなる点まで消却を進めた。また松方は、財政制度の欠陥を是正し、予備紙幣発行を完封する措置をとった。当時政府は、一時的な財政資金不足を予備紙幣増発によって手当てしていたが、人々は政府が裏で紙幣を発行して財政資金を調達していると疑念を強め、政府の信用が失墜して、紙幣価格下落の大きな原因となっていたからである。

他方で松方は、中央銀行を設立し、蓄積した準備正貨を基にして兌換銀行券を発行して、政府紙幣・銀行紙幣を順次中央銀行券に統一し、銀本位制度を確立した。財政と金融は分離され、中央銀行を頂点とする近代的信用制度が整備され、全国的な資金需給の調整と、低利の資金供給が実現されることになる。

このように政府の役割を明確にし、大久保以来の「殖産興業政策＝輸出振興」と、自らの年来の主張である「紙幣整理＝兌換制度確立」を、外債に依存せず、自助努力による一貫した政策論に統合した点に、松方の創意があった。

「紙幣整理」は、デフレを引き起こし、深刻な不況をもたらす。松方は、政策遂行途中で中止論が沸騰することを予見していた。そこで予め三條・岩倉に同道を求めて三人で天皇に拝謁し、決して中途で政策転換を行わないとの天皇の保障を取り付けた。それは、政府の最高責任者である三條・岩倉に、「紙幣整理」の共同責任を負わせ、閣員一同に周知徹底させる効果も併せ持っていた。松方は、当時の政治システムの下でとりうる最高の政治的保障を取り付け、政策遂行上の不退転の政治環境を整えることに成功した。ここに松方財政成功の政治的要因があった。

インフレ期待の沈静化

紙幣整理を断固としてやり抜く決意を示し、その目に見える保障を天皇から取り付けたことは何より重要であった。紙幣整理にかける「不退転」の政策スタンスは、人々のインフレ期待を収束させるために是非とも必要な条件であった。

松方は、インフレの真因を、貨幣に対する「国民の信用」が失われていることにあると捉えていた。国民の信用を回復する上で最も重要な役割を果すのが、「政策の確実性」に対する国民の評価である。国民が不退転の決意で紙幣整理に取り組むという政府の政策を心底信じれば、紙幣相場の先行き回復を予想して、インフレ期待は下方修正される。期待が変化すれば経済行動も変化し、現実のインフレも収束に向かう。その意味で、松方の不退転の政策行動は、紙幣整理事業を成功に導く上で極めて大きな役割を果たした。松方は、大蔵卿就任後、大蔵省に次官局長以下の人々を集めて、次のように訓示した。

今日財政上第一の急務は不換紙幣の弊害を救うことである。……私が大蔵卿を拝命いたしたについては断然自分が確信するところを持って紙幣整理のことを決行する。世間の議論などは決して顧みないのである。併し大事も往々にして細事から敗れることがある。この事を決行するについては決して人から心事を疑われる様なことがあってはならぬのである。私も諸君も一身を持することは極めて厳正に、相場などに関係するというようなことは噂だけでもあらせてはならないのである。万一この点にして一度世間の信用を失うようなことがあればこの事は忽にして失敗するのである。諸君は深くこの点に注意して私と共同してこの一大事業の遂行に尽力あらんことを望むのである。

（『日本金融史資料』第一六巻）

紙幣に対する「国民の信用」は、究極的には正貨との兌換保証に依存している。兌換の確実性に対する国民の信用は、紙幣の発行量と兌換準備正貨との比率に大きく依存する。この意味で、一方で紙幣消却を進めながら、他方で正貨蓄積を進めた松方の紙幣整理方針は、「国民の信用」を回復する上で大きな役割を果たした。高率のインフレを沈静化するという事業は、極めて困難な仕事である。何よりも政府の「政策に対する信認」を獲得し、人々の「インフレ期待」を沈静化させることが必要であった。

政府は、西南戦争後、急増した政府紙幣のストックを徐々に削減していった。しかしインフレは徐々に進行し、一二年以降は急激な物価騰貴が生じた。一般に貨幣供給の動きと物価の動きには一定のラグを伴う。しかし当時の乖離には人々のインフレ期待の形成と修正のメカニズムが大きな役割を果していた。大隈は、紙幣消却を公約し、実際に着手した。しかし国民は大隈の政府紙幣消却政策の信頼性を疑い、積極政策や銀行紙幣増発傾向からインフレ期待を上昇させ、インフレは高進していった。大隈は、紙幣消却を、一時的な「変通の方策」と明言していた。大隈の政策スタンスは、人々の期待に反映され、紙幣価格の下落に反映された。政治責任を明らかにした政策提示でない限り、人々の信認は得られない。信認の得られない政策は、効果を発揮し得なかった。

これに対して松方は、インフレ収束に「不退転」の体制を整備し、実際に激しい政府部内や国民の反対論にもたじろがず、断固とした政策スタンスを継続した。このため国民は、政策転換はありえないと認識し、インフレ期待を急速に修正していった。松方財政期には、政府紙幣ストックの削減率を遥かに上回る紙幣価格の急回復が生じた。

松方は、周到な準備の下で、人々の信認を収攬し、インフレ期待を払拭し、新たな貨幣信用制度と健全な財政基盤を僅か数年の間に作り出した。その政策手腕は卓越したものであった。しかも、積極政策の中心人物は政策中枢から排除され、結果的に政治責任を取っていた。したがって、政策転換の告知効果は強力であった。

「デフレ的経済調整」が国民に大きなコストを課すかどうかは、インフレ期待を早期に沈静できるかどうかに大きく依存している。松方財政は、日本経済のインフレ体質を是正し、人々に「正業」重視の意識を徹底させ、在来産業の再編と技術改革を促し、輸出を軸とする経済成長の軌道を整備する効果をもたらした。

軍備拡張問題への対応

松方の紙幣整理政策は、経済不況を危惧する反対論にもかかわらず、堅持された。しかし松方路線に対する最大の挑戦は、海外からやってきた。一五年七月に勃発した朝鮮事件（壬午事変）による対外危機の高まりが、それであった。国家の安全保障問題は、危機が顕在化し、それが明確に認識される限り、国家の最優先課題として、財政に圧し掛かってくる。国防は、何より優先順位が高いと主張できる問題であった。

すでに一四年一〇月に、川村純義海軍卿は「軍艦製造及造船所建設計画」案を提出し、二〇カ年で六〇隻の軍艦を建造し西部に一大造船所を新設するという海軍拡張案を建議し、一五年一月には山縣参謀本部長が、僅か四万人の常備兵定員を割り込む現状を憂い、所定の全員を今年度から徴募すべきであるとする意見書を提出していた。松方は、紙幣整理を遂行するために、一五年度以降三カ年の経費据え置き方針を建議し閣議で承認をとりつけ、これらの軍備拡張案を退けていた。しかし朝鮮事件を契機とした清国脅威論は、政府部内で深刻に受け止められ、在野の論調も強硬論を唱えるものが大勢を占めた。

事件の報を受けた政府は、七月三〇日緊急閣議を開いた。黒田・山縣が開戦論を唱えたのに対して、井上外務卿は、艦隊を派遣しその圧力の下で日本の要求を実現すべきと主張し、その案が採用された。八月二日に予備軍の召集が発令され、五日に戒厳令が定められ、一二日には徴発令が布告された。新聞は連日そのニュースを伝え、在野の啓蒙思想家である福澤諭吉も、台湾・琉球問題以来の日本を敵視する清国との開戦を主張した。

このように事態が推移する中で、山縣は、八月一五日「陸海軍拡張に関する財政上申」を建議し、清国に対抗するための軍備拡張を唱えた。政府は、松方の紙幣整理事業に全面的に協力することを保障し、三カ年予算据え置きを決定したばかりであった。大規模な軍備拡張を実現することは、極めて困難な状況であった。一方、経済的な沈滞が表面化しつつあるなかで、在野の民権論者の政府批判は激しさを増しており、大規模な増税を行うことは、社会不安を増加させことから、極めて困難視されていた。

しかし、政府首脳の岩倉右大臣も海軍拡張を強力に主張した。一六日、岩倉は、清国に対する戦備を速やかに整えるべきであるという意見書を各参議に示し、九月に入って「官民を調和し海軍を拡張するの意見書」を提出する。岩倉は、朝鮮事件で露呈された日本海軍の弱体振りに驚愕した。「非常収税」を実施して清国に対抗できる海軍を急速に整備すべきである、人民の激しい反対が生じても断固実行すべきである、と政府首脳の決意を促した。

明治16～23年度軍備拡張実行プラン　（単位：千円）

	明治16年度	17年度	18年度	19年度	20年度	21年度	22年度	23年度	実行プラン合計(A)	当初プラン合計(B)	差引(A)－(B)
増税収入	7,828	7,878	1,332	7,878	7,878	7,878	7,878	7,878			
酒造税	6,265	6,367	0	6,367	6,367	6,367	6,367	6,367			
煙草税	626	1,240	1,022	1,240	1,240	1,240	1,240	1,240			
仲買人税	933	272	310	272	272	272	272	272			
拡張充当	7,500	7,500	1,332	7,500	7,500	7,500	7,500	7,500	53,832	60,000	－6,168
軍備部より	0	182	1,263	122	0	0	0	0	1,547	4,360	－2,813
軍拡総額	6,083	7,682	6,391	8,461	9,568	9,773	9,849	9,602	67,408	59,520	7,888
陸兵増加費	1,500	2,000	3,000	4,000	4,000	4,000	4,000	4,000	26,500	12,000	14,500
東京湾砲台	193	322	489	974	965	971	847	400	5,161	5,520	－359
軍艦製造費	3,625	4,388	2,133	2,415	3,330	3,330	3,330	3,330	25,880	24,000	1,880
軍艦維持費	250	404	599	799	999	1,200	1,398	1,598	7,274	17,000	－9,753
差引き	1,567	0	—	—	—	—	—	—	—	480	—
			3,791	839	2,068	2,273	2,349	2,102	13,426		13,906
軍備部繰入	1,547	0	0	0	0	0	0	0	1,547	4,840	－3,293

（注）1．「軍備部計算の件」（伊藤博文編『秘書類纂　財政資料』下巻，123～135頁）でも，本表と同様の数値が掲げられている。松方が，軍備部廃止の財政的経緯を説明した際に，会計年度変更を踏まえた拡張プランの推移を説明したものである。

2．軍艦製造費の16年度の実行予算は，333万円に105万円が追加され，438万円となったが，76万円の減額削除が行われた結果，363万円となった。

3．陸軍陸兵増加費の明治18年の実行予算額は，「軍備皇張費取調諸表」では，400万円となっており，したがって総額は2750万円となる（伊藤博文編『秘書類纂　兵制関係資料』262頁）。

（出典）当初プランは，『明治前期財政経済史料集成』第1巻，34頁。実行プランは，「自16年度至22年度軍備皇張費」伊藤博文編『秘書類纂　財政資料』中巻，321～333頁。本表では，19年度以降の会計年度変更を織り込んで，18年度は9カ月予算が組まれており，年度400万円の陸兵増加費のうち，9カ月分の300万円が計上されていると考えられる。

大規模な軍備拡張が不可避であるとすれば、政府の取りうべき選択肢は、「非常収税」を行って新たな財源を捻出するか、紙幣整理を凍結しその財源で軍備拡張を実行するか、の二つに絞られる。松方は紙幣整理を遵守する方針を曲げなかった。政府は、増税により軍備拡張に必要な財源を新たに捻出するという方針で、意思統一が図られていった。そして、一五年一一月に、増税方針は政府内部で合意が得られた。一二月二五日、三條太政大臣より諸卿に対して、「方今宇内の形勢に於て陸海軍の整備は実に已むを得さる事宜なり」とする御沙汰が伝えられ、軍備拡張が正式に決定された。

翌二六日松方は、酒・煙草税を増税し、年七五〇万円を軍備拡張財源として充当するという財政案（「軍備皇張之議」）を提出する。松方が提示した軍拡予算総額は、八カ年で六〇〇〇万円であった。軍備拡張予算の年額を、海軍三〇〇万円、陸軍一五〇万円の合計四五〇万円とし、拡張に伴い将来増加する軍艦維持費をも含めて、年七五〇万円の枠内で処理するという計画案であった。準備金の中に新たに「軍備部」を設け、拡張期の前半で発生する財政余剰分を軍備部に積み立て、後半で七五〇万円の枠を超過して増大する維持費増大分に充当し、全体として八カ年で六〇〇〇万円の収支均衡を図るという「増税＝軍備部方式」を提示した。

松方は、軍備拡張は当然としつつも、拡張要求を増税による増収見込み額の範囲内にまで大幅に削減した。「紙幣整理」の大目的をあくまで推進し、これと抵触しない範囲内で軍備拡張を実現するという松方財政の基本政策スタンスが、明瞭な形をとって示された。

もともと政府内部には、紙幣整理＝デフレ政策に反対する薩摩閥と軍部からなる積極派が存在していた。当然、積極派が、対外危機の高まりを奇貨として、紙幣整理を凍結し、その財源を軍備拡張に充当すべきであると唱えても不思議ではない。国家安全保障は、何よりも優先順位が高いと主張できる問題だったからである。この論理の前には、松方は窮地に陥らざるをえない。紙幣整理路線は、一旦凍結されても不思議ではなかった。

松方は、軍備拡張は必要であるが、それを実現するためには紙幣整理の成功が前提条件となるという論理で対抗した。紙幣整理を中断し、その財源を軍備拡張に充てれば、結局軍備拡張自体が不可能になる。したがって、紙幣整理は規定方針通り遂行し、これに抵触しない方法で軍備拡張を併行させるべきであるとして、「増税＝軍備部」方式を提案した。

一五年一二月「各地方長官の延遼館集会席上に於ける演説」は、この間の事情を、雄弁に物語っている。まず、今日の財政困難の主因は紙幣下落にあり、紙幣整理こそが最大の急務である旨を述べた後、朝鮮事件を契機とする対外情勢の急変に説き及び、「果して目下財政を救済するの大目的を変じて、以て海陸軍の経費に充つべき乎、其の目的を変ぜずして別に兵備を拡張するの策を講ずべき乎」として、次のように論じた。

兵備の拡張を図らんと欲せば益々財政の速やかに救治せざる可からざるを見る。……夫れ紙幣の下落は全国一般の損失にして財政上の百弊此より生ず……然るに今遽に兵備を拡張せんとすれば、兵艦・武器より以て百般の装具に至るまで、今日猶ほ給を外国に仰ぐもの蓋し尠々ではない。若し十分に之を整備して、独立帝国たる兵制に愧づるなからんことを欲せば、益々外品の輸入を促し、紙幣益々下落して全国一般の弊害、将た何れの日か之を矯正するを得ん。況や一朝外事あるに当っては、土崩の勢腹た之を奈何ともするなきに至らんとするに於てをや。是れ及ち正義が財政を捨て、兵備を専らにするの不可なるを論ずる所以にして、諸君も蓋し余と同感なるべきを信じて疑わぬ。財政の救治にせよ兵備の拡張にせよ、其の偏廃す可からざるや此の如し。今や此の二者をして双進併行相悖らず、之に処して其宜しきを得せしめんことを欲せば、蓋し国帑を増加するの外方法がない。……税額を増加し、一方には海陸の軍備を皇張し、他の一方には現今財政の目的を変ぜず、益々救済の方を進むるに於ては、是れ所謂両全の策である。

（『松方伯財政経済論策集』五七二頁）

軍備拡張を実行するには財政基盤を固めることが必要である。紙幣整理を断行して紙幣価格を回復させねばならない。一方、軍備拡張に伴う軍艦兵器の大量輸入は、正貨を流出させ、紙幣価格を下落させ、財政基盤を破壊する。したがって軍備拡張と紙幣整理を両立させるには、既定の紙幣整理政策を堅持する一方、新たな財源を調達して軍備拡張を実行する以外にない、としたのである。

松方は、紙幣整理という大目的を変更せず、軍備拡張に要する予算と正貨需要を、増税額の範囲内に抑制することによって、紙幣整理と国防上の要請を両立させようとした。松方は特に正貨支出が見込まれる海軍拡張に関して、「方今の如く内国銀貨欠乏の際に在ては、海軍卿上請の如き巨額の銀貨目下支弁の道無之候間、新艦製造費は先以年々通貨三〇〇万円を目的とし、其銀貨を要する分は総て時価交換取計」と釘を刺した。軍拡規模を総額年四五〇万円へと圧縮したうえで、さらに正貨支出に制限を課し、万が一にも紙幣整理に要する正貨蓄積が阻害されることがないように、慎重な予防措置を講じたのである。

近代的財政・金融制度を整備し、経済発展の基礎を確立することが、本格的な軍備拡張を可能にする条件であるとする立論は、強い説得力を持っていた。こうして、朝鮮事件による対外危機感の高まりの中で、松方は、軍事優先を唱える軍部の要求を抑制しつつ、紙幣整理優先の政策スタンスを堅持した。紙幣整理政策が変更されなかったことによって、紙幣整理にかける政府の不退転の決意は、再確認された。

それは、人々のインフレ期待を、挫く効果をもっていた。朝鮮事件の勃発で、八月に一旦反落に向かった紙幣価格は、回復に向かう。そして、軍備拡張が決定された一六年以降に、紙幣価格の急速な回復が生じた。それは、対外的危機が勃発したにも拘らず、紙幣整理中心の政策方針が変更されず、松方の不退転の政策スタンスが再度実証され、それが国民に広く浸透したことを示していた。こうして、国民のインフレ期待は急速に除去され、極めて短期間にインフレは沈静化した。

鉄道建設の推進

また紙幣整理の実行過程において、不況が深化した一六年末からは、不況期間の長期化を回避する方策が模索された。不況期間を短縮するために、紙幣整理の促進と産業振興を両立させることを目指して、鉄道建設が着手された。鉄道公債を発行して、紙幣の市場流通量を削減して紙幣整理事業を加速し、同時に鉄道建設を推進して産業の振興をはかる政策であった。紙幣整理を完成するという財政の大方針を堅持しながら、鉄道を建設して物産繁殖を図り、貿易収支を改善させる産業振興策を併進させねばならない。

松方の認識によれば、不況期間を短縮するためには、人民の生産拡大や消費拡大を阻害する原因である「銀貨と紙幣の価格差」を速やかに解消することが必要であった。紙幣価格の回復過程では、人々は「高く仕入れて、安く売る」ことを強制されるため、「買い控え＝生産抑制」行動を誘発していたからである。そのため、紙幣整理の速度を加速することが必要であり、また産業振興の動脈となる鉄道建設をあわせて実行する必要がある。

紙幣整理を促進し、「銀・紙の格差」を解消するためには、市場に流通する紙幣量を削減する措置を強化する必要があった。鉄道公債は、一時に巨額の紙幣を流通市場から引き上げるが、鉄道建設に支出する金額はその一部にとどまるので、当面紙幣の市場流通額は減少し、紙幣価格の回復に貢献するであろう。

松方は、紙幣整理事業に抵触しないように周到な財政的配慮を払いつつ、鉄道建設を実行した。さらに、一七年以降山縣が内務卿となり内務省の地方土木費補助要求が強力になる。松方は、公式にはこれを拒否しその制度化を認めなかったが、実際には要求額を大幅に削減した上で、土木費増額を認めた。こうして「紙幣整理」を中心に置きつつ、柔軟な財政運営を実施し、「富国強兵」を図る上で必須の諸政策を、体系的な政策に纏め上げていった。松方は、財政非常時において、その手腕を発揮した。政府部内各省は、富国強兵政策を巡って財政的な「ゼロ・サムゲーム」に陥ることを免れた。

それは、不況の中で政府部内の政治的結束を維持することを可能にした。これによって松方は、経済財政分野で、大久保の衣鉢を受け継ぐ第一人者となり、まさに自然体のままで薩摩閥の政治的中心人物へと変貌していくことになる。

意外な政策効果

松方は、紙幣整理を中心に据える「松方財政」を不退転の決意で実行し、インフレを沈静化させ、人々の経済行動を「投機」から「正業」重視へと回帰させる機能を果した。デフレの進行は、農民から政府部門への所得移転を促進し、輸入を削減して貿易収支を改善させ、兌換制度確立への条件を整えていった。しかしインフレ過程で投機や消費等のために多額の借入れを行っていた農民は、米価下落で一挙に経済困難に陥り、抵当に入れた土地を手放さざるを得なくなった。その結果、地主や高利貸しなど債権者への土地集積が進み、農民の中には小作に転落し、あるいは賃労働者として都市に流出する者が多く出た。デフレは、農民と農村にとりわけ大きな経済困難をもたらした。

しかし、このような厳しいデフレ経済に、「予想外」の兆候が現れた。松方は、明治一七年九月一三日、ニューヨークの高橋新吉公使に宛てた書簡で、次のように述べている。

幸に現今財政の目的漸く其法を得て紙幣の間差は僅に四五銭の間に昇降す。最早正貨と殆ど同等の価格を保持せしと云へるも可ならん。去る程に本年に至り一般の口猶不景気を唱ふれども、諸商家に於は皆隠然として其目的初めて立ち、自から活発の萌芽を発生したるの勢あり。」「本年既に世上には隠然活発の萌芽を生ずるの勢いありて不景気の時限案外に短く、破産倒貲の輩格別に多からざりしは欧米諸国の実歴に照らし実に意外の好結果にして、却て怪む可き程なりしは、財政の病根未だ骨髄に浸漸するの深からざるに先立ちて早く之が療法たる紙幣滅却の始末に着手し、一意その目的を断行せしに由れるものとす。

（『松方伯財政経済論策集』六二五頁）

銀・紙の価格差が殆ど消滅したことによって、人々は「高く買って安く売る」という経済環境から解放され、商売が軌道に乗り、商況は活性化し始めている。欧米の事例に比して、倒産件数は以外に少なく、紙幣整理は予想外の好結果をもたらしていた。松方の予想よりも遙に早く、景気回復への動きが始まっていた。

図は、明治一〇年代の国民支出の動向を示したものである。紙幣で表示した国民支出は明治一四年をピークとして大きな山を描いており、一四年以降急激な国民支出の低下が生じたことを示している。しかし、これを紙幣価格の変動を除去した銀貨表示で見ると状況は一変する。明治一四年以降の松方デフレ期の国民支出低下は軽微であり、一六年以降には堅実な経済成長過程に転換していることがわかる。

松方財政には、意図せざる追い風が吹いていた。

第一に、輸出環境の好転が生じた。日本の主力輸出品は、生糸・茶など在来産業の生産物であり、その輸出先の太宗を占めていたのが米国であった。米国は南北戦争後に厳しいデフレ政策をとり長期の不況に沈んでいたが、一八七九年頃に調整が終了し、一八八〇年代には長期の景気拡大局面へと転換した。松方デフレが開始された時期に、米国の景気拡大が急速に進み、生糸・茶を中心として輸出が急増するという外部条件が与えられた。デフレ政策は輸出を促進し、国内需要を圧縮して輸入を縮小させ、貿易収支を一挙に改善した。また各国が金本位制度へと移行する中で日本は銀本位を採用した。それは対金貨国の為替相場を押し下げ、輸出を促進し、政府の正貨吸収を容易にした。ただし交易条件は悪化し、軍艦兵器や鉄道資材など巨額の「輸入」が重要課題となると、金本位制への移行を促す有力な要因となる。ともあれ意図せざる輸出拡大効果は、景気上昇への圧力として作用した。

第二に、財政支出の顕著な実質増大が生じた。財政部門は、総需要の観点から見ると、強力な景気回復への下支え効果を発揮した。インフレ期待が下方修正され、紙幣価格が急速に回復し物価が低落すると、政府の「実質」支出は増大する。しかも朝鮮事件を契機として軍事費が増加し、また地方土木支出増大や鉄道建設がこれに

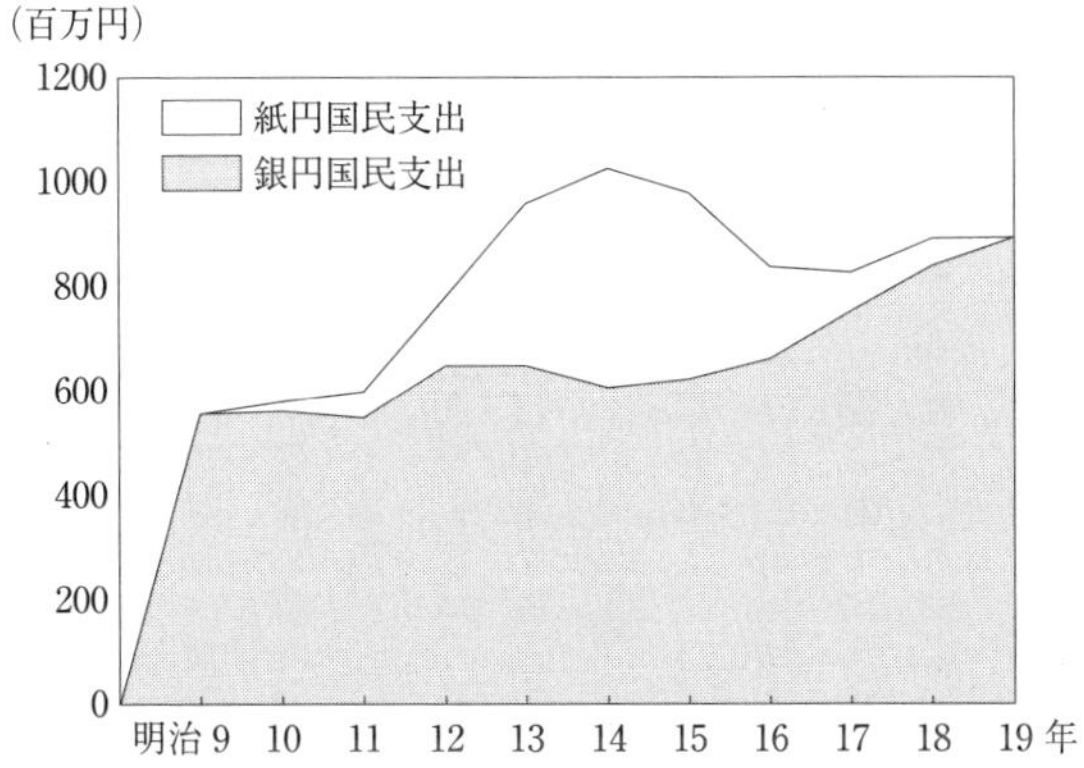

銀円国民支出

（出典）『松方財政研究』ミネルヴァ書房，2004年，261頁。

加わって、全政府支出は顕著に増加した。松方は、紙幣整理を中心に据える政策運営を実行しながら、軍備拡張や公共土木支出を認め、鉄道建設を進めるなど実務的政策スタンスを採用した。それは、政府部内での深刻な政策対立・競合を回避させ、政府の統一を確保させた。実質政府支出額はこの間ほぼ倍増し、民間消費需要の落ち込みを相殺した。松方財政は、実質的な政府支出の顕著な拡大を伴う、特殊な「緊縮財政」であった。

第三に、「紙幣整理」は、人々の予想とは異なり、通貨供給量の縮小をもたらさなかった。実際には、実質通貨残高は顕著に増大し、強力な金融緩和効果をもたらした。大隈期にはインフレが進行し、「銀・紙の差」が拡大して正貨は市場から姿を消した。そのため「実質」通貨残高は急速に収縮し、景気を抑制する効果を果たした。これに対して松方期には、紙幣削減が実施されたが、紙幣価格が回復して実質通貨残高は顕著に増大した。しかも「銀・紙の差」が消滅に向かう中で、海外から銀貨が流入し、国内で退蔵されていた正貨の一部が市場に復帰した。さらに日本銀行が設立され、兌換銀行券の発行が開始されたことによって、通貨供給量は増大し、金利を押し上げる圧力として作用した。

このように松方財政は、単なる「デフレ」政策ではなかった。「予期せざる」外需拡大効果、財政支出拡大、金融緩和効果が発生したことが、経済の急速な回復を後押しする経済環境を提供したのである。松方が早期に実感した景気回復への「意外の好結果」の大きな要因がここにあった。

「デフレ政策」と景気回復のメカニズム

明治一〇年代の日本経済は、「一四年政変」に至る前半では、通貨増発を背景として公債が発行され、積極的な政府事業が実施された。激しいインフレが発生し、貿易収支は大幅な赤字に陥った。財政は危機的状況に陥り、政府機能は著しく劣化した。結果として「小さな政府」が実現された。「積極政策」が実行された時期としては、極めて特殊な性格をもっていた。これに対して政変以後に実施された松方財政は、明らかなデフレ政策であり、財政も緊縮方針が堅持された。しかし松方財政は、通常の緊縮財政とは性格が全く異なっていた。松方の不退転の姿勢は、インフレ期待を早期にくじき、不況局面を比較的短期に終結させた。また財政および金融部門の両面で強力な総需要拡大効果を伴っていたという点で、一般の「緊縮政策」とは決定的に異なっていた。国民経済に対するダメージは、通常イメージされるほどには破壊的ではなかった。

松方財政は、一般には、財政・金融両面の厳しい引き締め政策であったと理解されている。物価水準は急落し、経済は不況のどん底に沈み、農業経営は苦境に陥り、賃労働者と小作人を大量に排出した。緊縮財政の中で、経済は厳しい縮小均衡を強いられた。その結果金利が低下して、経済は均衡に向かい、為替相場が下落して外需が拡大するという条件の下に企業勃興を迎え、景気が回復したとイメージされてきたといえよう。

しかし経済統計データは、このような調整を支持する動きを示していない。松方デフレ期を紙幣価格変動の影響を取り去った「銀貨ベース（銀価格）」で見ると、賃金は継続的に上昇を遂げ、一般物価水準も顕著に上昇している。デフレ過程で賃金が上昇を示したとすれば、古典的な価格調整による景気回復は不可能になるはずである。不況は深刻化するであろう。しかし実際には「松方デフレ」期の極めて早い時期に、急速な国民生産の上昇が生じている。デフレが進行し不況が深刻化したとイメージされてきた「松方デフレ」期に、継続的な実質賃金上昇が生じ、物価水準上昇と国民生産拡大が同時に進行していたのである。同期の経済成長率は相当高かった。このような事態は、一般には、総需要が増大すると同時に、生産方法改善や新技術採用が進み生産性が上昇したときに生じる経済パフォーマンスに他ならない。

松方のデフレ政策は、一般にイメージされているような大きな生産低下をもたらさなかった。比較的軽微な生産低下を経験した後、速やかに景気回復軌道へと乗った。その主要な経済要因は、「インフレ期待の急速な解消」、「輸出環境の好転」、「実質財政支出の拡大」「実質貨幣供給の増大」にまとめることができよう。

注目すべき点は、インフレ期待の変更という要因が、松方デフレの過程で大きな役割を果たしていたことである。現在の経済理論が想定するような、期待の調整によって経済のパフォーマンスが大きな影響を受けるという事態が生じていたのである。大隈は、インフレを抑止するために、紙幣消却を実行して民心安定化の努力を行った。しかし他方で、準備金からの銀貨売出しや財政投融資を拡大し、巨額の外資導入を柱とする積極政策を実行しようとした。人々は、大隈の紙幣整理政策を信用せず、積極政策継続を予想したため、インフレ期待が高まり、紙幣価格は暴落した。これに対して松方は、外資に依存する積極政策を破棄し、「自力の」正貨蓄積を柱とする紙幣整理方針を内外に周知させ、天皇の支持を取り付けて、不退転の決意で実行すると宣言し、実行に移した。政治責任を明確にした政策転換は、人々の政策信認を獲得し、人々の期待を変更させ、インフレは急速に収束した。理論的には、人々が政策変更を正確に予想すれば、直ちにインフレ期待は変更され、インフレは沈静化し、実物経済には影響が及ばず、生産低下は生じないという状況も想定可能である。松方デフレにおいても、インフレが急速に沈静化する中で、実物経済への影響は意外に軽微であった。松方財政期には、期待が主要な役割を果す経済パフォーマンスが出現していた。

一方、総需要の動向で決定的な役割を演じたのは、政府需要であった。政府需要の動きを見る場合、「当時の租税制度」による特殊な所得再分配メカニズムに注目しなければならない。西南戦争後、日本は激しいインフレに襲われ、政府財政は困難に遭遇した。財政危機を生じさせた有力な要因は、地租改正にあった。政府は、法定地価の二・五％に固定された定額金納の地租収入に財政基盤を置いた。地租に対する付加税を含めれば、地租総額は、年六〇〇〇万円程度と概算できる。米作の豊凶や米価の騰落により収入が変動するというリスクは取り去られた。しかし反対に、インフレに対して極めて脆弱な構造を埋め込んだ。

地租制度は、日本経済のパフォーマンスを根本的に変更する機能を持っていた。それ以前の米価の変動に比例して財政規模が変動するというシステムや、現在の経済理論が想定する世界とは、全く異なる経済パフォーマンスを示すことになる。

次頁の図のような単純なモデルで考えると、この点は明確になる。米生産額を三〇〇〇万石、地租を六〇〇〇万円とし、米価は紙幣価格に連動するとしよう。このモデルで、米価が一石五円から、一石一〇円に変化したとき、「実質ベース」で政府取分と農民取分にどのような変化が起きるかを見て

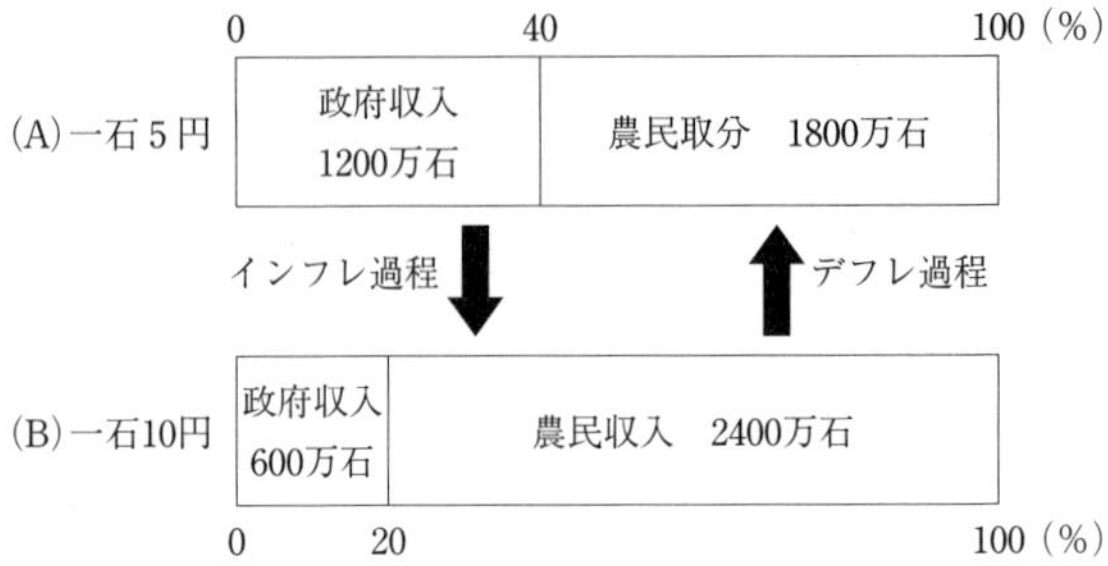

インフレ・デフレの所得再分配効果

みよう。(A)一石五円の場合、政府収入は一二〇〇万石（四〇%）、農民取分は一八〇〇万石（六〇%）である。(B)一石一〇円では、政府六〇〇万石（二〇%）、農民二四〇〇万石（八〇%）となる。

西南戦後のインフレ過程では、(A)から(B)への変化が起こり、松方デフレ期には(B)から(A)への動きが生じたと考えれば、当時のインフレ・デフレの基礎過程で何が起こったかが明確となる。インフレは自動的に政府収入を圧縮し、その分をそっくり農民所得へと移転させる。逆に、デフレは農民所得を圧縮し、その分をそっくり政府収入へと逆移転させる。このような変化が「実質ベース」で生じる。インフレ・デフレは、名目価格の比例的変化を引き起こすだけではなく、大規模な所得再分配をもたらす。地租を主要税源とする特殊な租税制度は、大規模な実質所得配分の変化をもたらすのである。つまり紙幣価格が下落すれば、政府取分は減少し、紙幣価格が上昇すれば、政府取分は上昇する。単純化すれば、紙幣価格は、政府と農民の間での米穀生産物の分配率を決定する役割を果すのである。

したがってデフレ過程では、農民部門所得・需要の縮小は、政府部門の収入・需要拡大によって自動的に相殺されるという構造になる。デフレ下では、農業部門の打撃は大きいが、その他の部門では底堅い動きを示すのは、ある意味では当然であったといえよう。

現在の税制では、インフレ進行に連動して税収が拡大し、財政基盤が強化されることになるが、当時は政府税収がインフレ進行分だけ削減され、そっくり農民所得に移転されるという事態が生じた。一般に紙幣増発＝インフレは、政府に追加収入をもたらし、紙幣保有者に負担を転嫁して所謂インフレ税を課すが、当時の地租を太宗とする租税制度の下では、主としてインフレの負担を背負うのは政府自身であった。全く同様の事態は、金禄公債の固定的利子収入に生活基盤を置く士族等にも当てはまった。

地租税制の下では、紙幣価格が下落すれば、農民の所得分配率が自動的に上昇し、紙幣価格が下落れば、政府の所得分配率が自動的に上昇するという「ゼロサム」的構造になっていた。デフレ政策と政府需要拡大とは、定額地租を太宗とする特殊な租税制度を媒介として、太いパイプで直結していた。紙幣価格の回復は、米価低落を介して、実質ベースで、農民から政府・定額所得者への大規模な「逆」所得分配をもたらす。それは、そっくり政府需要として支出され、農民の需要低下を相殺する。

一般的には、紙幣価格の変動は、全ての物価水準を比例的に増減させるだけで、実物関係には影響を与えない。したがってデフレが進行し、全般的な物価水準が低下しただけでは、政府需要の実質的な拡大は生じない。しかし、松方期の紙幣価格回復は、農民からの所得移転に基づく「実質的」政府支出増を示している。デフレ過程で農民が失った所得や農民消費の大部分が、自動的に政府税収を増大させ、実質的な政府支出拡大や移転支出拡大による「非農業部門」の需要（一部は貯蓄）拡大となり、民間消費や投資を誘発し、総需要を押し上げる。紙幣価格回復による実質政府支出の拡大は、単なる数字上の需要増大ではなく、農民からの所得移転を背景にした、実質ベースでの支出増を含意する。その意味で、当時の日本経済は、現在の経済制度とは全く異なる仕組みを持っていた。

そして輸出拡大が総需要の拡大を強力に牽引した。これらの需要増大は、それに応える新たな生産拡大の必要を生み出し、在来産業の再編成と生産拡大を促し、近代工業の勃興を促し、それが新たな労働需要を創出し、実質賃金を上昇させ、物価を上昇させる要因として作用したと考えられよう。

加えて、紙幣価格の急速な回復は、実質通貨残高を増大させた。中央銀行を基軸とする通貨信用制度が整備されたことによって、金融疎通の経路が通り、金融は大きく緩和され、新たな資金需要が盛り上がりを見せる中で、金利低下圧力をもたらし、それが投資を刺激した。市中金利の低下は、公債価格の上昇に反映され、資産効果を発揮した。金融の側面からも、強力な総需要拡大効果が働いた。こうして早期に景気回復を促す経済環境が整備されたといえよう。

インフレが急速に収まり、経済発展の外部環境が整備される中で、民間部門では、インフレ過程で一斉に甦生した投機目的の泡沫会社は整理された。「正業」へと回帰する動きが強まり、企業家精神が鼓舞されて、在来産業で新技術の導入や生産方法を改良して生産を拡大するという動きが活性化し、国内市場へ進出し、輸出を拡大していった。デフレ期に、日本の在来産業の中心であった織物産業で、生産構造の改変が進行した。原料を輸入綿糸に転換し、バッタン機を導入するなどの技術革新が実行され、品質の改良と価格の低廉化に成功して、生産額を急速に拡大し、輸入額を減少させ、国産を増大させていった。地域別の差異が大きく、低生産性企業の淘汰が進んだが、技術改良に成功した地域と企業は高い成長を記録し、景気回復を主導するエンジンの一つとして機能した。当時の日本の主力産業部門で、技術進歩に支えられた生産性の向上が発生した。実質賃金の上昇を可能にする動きが生じていた。このような在来部門の動きと踵を接して、紡績業などの近代工業部門が勃興し、為替相場低下という条件に支えられて国内市場に進出し、次いで輸出を拡大して近代的経済成長を軌道に乗せていった。

我に奇策なし正直あるのみ

日本が近代国家として発展する上で、松方が最も重視した要因は、「国家の信用」を確立することであった。「信義」に最も大きな価値観をおく松方の政策哲学に基づいていた。大蔵卿に就任した松方は、英国公使パークスを訪ね、財政意見を披瀝している。

紙幣下落は人民の信用を失えるに由る。……元来人民の信用を得んと欲せば財政上唯正直の一途あるのみ。即ち人民をして不安の念を抱かしめす専ら信を政府に置かしむれば足れりとす奇策を用ふるか如きは断じて不可なり。今や紙幣の下落は財政上に対して人民の信用を失へるに由る。是れ不正直なるか為にして紙幣は即ち紙なり。紙を以て通貨と為すは不正直に非ずや。畢竟之を正金に引換へ得るに非ずんば到底正直なること能はす。而して之を正直ならしめんか為には乃ち引換準備金を増加し順次交換を実行せさるべからず紙幣価格下落は、政府に対する「人民の信用」が崩壊していることに原因がある。信用を回復するためには、人民の不安を払拭し、政府に対する信認を回復することが必要である。具体的措置として有効なのは、紙幣と正金の「兌換の確実性」を増すことである。人々が、正金との引き換えが確実であると信用すれば、紙幣価格は回復する。政府が準備正貨を着実に蓄積し、正貨の増加の動向を人民に周知させれば、人々の政府に対する信用は回復し、紙幣に対する信用も自然に回復する。正貨蓄積は、人民の「不安の念」を取り去り、政府の「正直」を証明する何よりの「目に見える」証となる。正貨の蓄積が進めば、政府が掲げた兌換制度の確立という政策目的達成に対する人々の「信認」は確かなものとなり、人々の「期待」は確実に変更され、インフレは解消されていくであろう。

我に奇策あるに非ず、我は寧ろ奇策を忌む。唯正直あるのみ、正直に之を行へは人民必ず之を信せん。

（「海東伝記資料　談話筆記第一」『松方正義関係文書』第十巻、六一頁）

松方は、奇策を排して、「正直」な政策を掲げ、政策を国民に周知させ、不退転の決意で実行に移した。そして、期待の調整によるインフレの急速な沈静化と、「意外な」財政・金融両面での総需要拡大効果が「複合」し、米国の景気拡大や銀貨低落による為替切り下げ効果が加わって、早期に景気回復が生じた。ここで生じた景気刺激効果は、人々が「予測しえない」ものであったため、その効果は大きかった。

松方財政成功には、大きな「幸運」が存在していた。そして敢然として正面から政策課題に取り組む松方の姿勢が、幸運を摑み取ることを可能にしていた。その点から言えば、奇策に頼らず、信義を重んじ、正直な政策を実行するという松方の政策哲学こそが、松方財政を成功に導く原動力であったということが出来よう。

3　健全通貨・健全財政の追求

松方の政策目標

銀本位制度確立以降は、日清戦争に至るまで、健全通貨・健全財政政策が継続される。財政規模が比較的抑制傾向で推移するなかで、順調な経済成長が進んだため、財政の国民経済に対する相対的な規模は縮小し、「小さな政府」が実現する。

松方の頭を支配していたのは、兌換制度の基礎を強固にし、銀本位制度から金本位制度への移行を達成することであった。ことに金本位制度の採用は、財政経済制度を安定的な基盤に置き、国家の信用を国際的に確立する上で、何よりも優先されるべき課題であると位置づけられていた。兌換制度を維持し、金本位制度へ移行することを財政経済政策の中心におき、その他の政策をこの目標を阻害しないように配置するというのが、松方の基本スタンスとなる。

松方は、日本が近代国家としての内実を整備するためには、軍備を拡張し、鉄道を建設し、公共土木事業を推進し、近代工業を育成することが必要であると、強く認識していた。しかし、富国強兵政策を進める上で、その根本に位置するものは、健全な通貨・信用制度であり、健全な国家財政基盤であった。欧米列強と国際社会で伍していくためには、欧米諸国と共通の貨幣制度を採用し、日本財政を強固な基盤の上に置き、日本の国際的な「信用」を確立することが必要であるとの信念をもっていた。

松方は、明治一九年に銀本位制度が確立すると、それ以降、兌換制度維持と財政基盤の確立に全力を注いだ。しかし、金準備が不足していたので、当面、金本位制への移行は、現実的な日程には乗らなかった。

正貨は信用の基礎

紙幣整理の成功により、紡績業や鉄道業をはじめとする民間企業が力強く勃興し、日本経済は好景気に沸いた。それは、各種の機械設備・資材・原料の輸入急増を招いた。また、政府の軍艦兵器輸入や鉄道資材の輸入も拡大していった。輸入の急増は、正貨の流出を伴わざるをえない。そして、大量の正貨流出は、日本の兌換制度の基礎を掘り崩す危険性を孕んでいた。兌換制度が崩壊すれば、日本経済は再びインフレに見舞われ、財政経済が混乱に陥ると、危惧された。

松方は、明治二〇年「二一年度予算調製の期に際し経済社会の景況に付建言」を内閣に提出し、紙幣整理＝兌換制度確立の経緯を述べ、それが現今の輸入急増によって重大な脅威に晒されている、と警告を発した（『松方伯財政論策集』、五四二〜五五二頁）。

第一に、近年国際的な金貨高騰が生じたため、金本位国との貿易では「表面外」の銀貨流出が増加し、「経済上実に巨多の損失を招く」ことになった。金貨国からの輸入を一〇〇万円とすれば、平均相場で換算して銀貨で支払えば一一九万円となる。また、輸入品にかかる運賃・保険料は、平均して原価の一割二分厘となるので、一二万八〇〇〇円となる。したがって、表面上一〇〇万円の輸入には、一四一万円強の支払いを要する計算となる。

第二に、民間会社が一斉に勃興して、鉄道・製糸・紡績・汽船等の機械輸入が増大し、加えて政府の軍備拡張・鉄道建設に伴う物資の輸入が増大している。「今日輸出物品の増進を謀らんとするも内地生産力の現況にては俄かに併進し難きものとす。故に今日正貨流出の勢いを防ぎ以て経済の基礎を強固ならしむるの方策を講究するは最も必要の主眼とす。」

日本は関税自主権を喪失しているので、輸入削減に関税政策を用いることは出来ない。政府の歳計を節約して正貨支払いを削減し、正貨吸収を促進するために我国最大の産物たる米穀の輸出を奨励する以外に即効性のある良策はない。経済的変動が予想されるのは、この先三～四年の間である。民間輸入を優先し、政府の軍艦兵器等の輸入は一時制限すべきである。民間企業の機械・原料輸入は、当初は正貨流出をもたらすが、やがて国産を増大させ輸出を増進し、国際収支を好転させて銀本位制度の安定をもたらす効果をもち、それがまた経済成長を保障する。これに対して軍艦・兵器の輸入は、そのような効果を持たない。軍艦・兵器輸入は、民間企業の発展が国際収支を好転させ、銀本位制度が安定した後に行われるべきである。ほぼ三年後には、今日着手した事業が軌道に乗り、生産が増加し、純輸出改善効果が現れ、経済は安定する。その間、軍備拡張は、士官・技術者の養成に力を注ぎ、その後経済が安定した後に、軍艦兵器の充実に着手すればよい。

松方の中では、国際的な銀貨低落が、金貨国に対する為替相場の切下げ効果をもたらし、輸出を促進して国際収支の改善と銀本位制度の安定に寄与しているという側面が、意識的にか無意識的にか殆ど欠落していた。もっぱら銀貨低落は、輸入増大を結果し、正貨流出を加速し、銀本位制度を崩壊に導くというマイナス面に焦点が据えられていた。松方の頭を支配していたのは、金貨国との貿易、とりわけ金貨国からの輸入であった。

日本の産業構造の下では、輸出増進には時間がかかる。しかし新産業の勃興や在来産業の近代化による機械類や、鉄道・海運の発達に伴う車両・船舶・鉄製品、軍艦兵器の輸入など欧米からの輸入の増大は、官民共に急速に拡大する。したがって、先進国への輸出増進は先進国からの輸入増大に遅れるという基本的認識をもっていた。こうして対欧米諸国からの「純輸入」の増大による正貨流出、すなわち兌換制度の危機に焦点が当てられることになった。政府の輸入、ことに巨額の正貨需要が発生する軍備拡張が実行される場合には、松方のこの考え方は正統性を強めることになろう。松方の頭の中では、「本位制度の安定＝正貨蓄積」こそが、財政経済の健全な運行を保障する根本であったからである。

したがって、正貨支払節約が主要な政策目標となり、財政緊縮が政策運営の中心に据えられることになる。政府貯蓄の増強は、民間投資を増大させ、輸出拡大に貢献する。そして世界的な銀貨低落環境の中で、正貨準備の自然減少を食い止めるためには、金本位制度への移行が課題となるのは当然であろう。金本位採用へのインセンティブは、銀貨低落の度合いが大きくなるほど、また金貨国からの輸入が巨大になるほど、高まることになる。

松方にとって、銀貨の低落は、輸出促進作用よりも、正貨準備の減少＝兌換制度の危機という側面の効果のほうが重要であった。松方は、「抑も正貨は信用の基礎たり」との固い信念を持っていた。「国に兵乱騒擾あり……、故に其無異健全の時に於て予め之か準備をなささるを得ず。」有事の際に、政府の信用を維持するのは「正貨」である。「紙幣の準備を厚うし、国家危急存亡の秋には従来の紙幣を不換紙幣となし其準備を軍用に使用し、平和の後徐々として兌換の制に復するなり」、と考えていた。

有事を想定した場合、「正貨」こそが、国家信用の基礎となり、必要物資の調達を可能にするという松方の考え方は、対外的な近代戦に耐える軍備や戦時に必要な物資を調達するためには、正貨の蓄積問題こそが根本である、という認識につながっていた。まさに対外有事は、優れて正貨問題であった。平時において正貨を蓄積することが、経済安定にとっても、有事の対処能力を増大させるためにも、最も重要な課題であるということになる。そして、正貨として最も望ましいものは、金であった。

財政整理

紙幣整理を完成させた松方は、懸案の国債整理事業に取り組む。巨額の高利公債を抱えた政府の利子負担は、巨額に上っていた。明治一七年度を例にとると、国債費は一九八二万円にのぼり、陸海軍事費一七四九万円をはるかに上回っていた。公債費の圧縮は、財政支出の中で、政府事業規模を縮小させることなく、大規模な経費節減を図る唯一の方法であった。国債を整理し、公債利子負担を圧縮することは、政府の焦眉の急であった。

他方、朝鮮問題を巡る清国との対立が先鋭となり、世界の建艦技術や海軍戦術の革新が進んでいた。清国に七四〇〇トン級の甲鉄戦艦二隻（鎮遠・定遠）が実戦配備されたので、これに対抗する海軍整備の必要性が強く認識されていた。海軍拡張が新たな財源の裏づけを要求していた。折しも紙幣整理事業の成功で、市場金利が急速に低下し、公債価格が額面以上に上昇し、低利公債の募集に最適な条件が整いつつあった。ここで政府が低利公債の募集に成功すれば、高利公債の低利公債への借換えに道が開かれることになる。

松方は、海軍拡張の財源を、公債発行によって調達する腹を固めた。明治一九年五月、額面一七〇〇万円、五分利付きで海軍公債が募集され、応募額は三倍を超える盛況を示した。政府が五％の低利公債の発行に成功したことは大きな意味をもっていた。それは、政府の信用が格段に強化されたことを実証していた。海軍公債は、政府高利国債の低利国債への借換えを実行するための、露払いの役割を果した。

一九年九月、松方は「整理公債条例制定の議」を閣議に提出した。整理公債は、明治一九年から六カ年で、五分利公債一億八二五〇万円（発行価格平均九六円と想定）を発行して、当時六分利以上の借換え可能な内国債一億七五二〇万円を借り替えるというものであった。この借換えが実行されれば、年間三百数十万円の利子負担が軽減される見込みであった。

高利公債の低利公債への借換えが実行されたことで、財政支出は大いに圧縮され、財政基盤は整備された。維新以来錯綜した巨額の高利国債の整理が一段落を告げ、健全財政の下で富国強兵政策を推進できる環境が整った。こうして政府は、一四年政変で約束された明治二三年の議会開設に、財政経済の基盤を整備して臨むことができるようになった。

第五章　初期議会から日清戦争へ

1　初期議会での活躍

憲法制定・国会開設への準備

明治一九年の銀本位制の成立によって、松方財政は一応所期の目的を達成した。松方は、金本位制度の実現を最終目的としていたが、金の蓄積に目途が立たなかったため、当面は銀本位で満足せざるを得なかった。松方財政の成功によって、松方の財政家としての名声は高まり、その政治的地位も重きを加えた。

政府の財政基盤が固まり、貨幣制度が整備されるのと並行して、政府機構も改革された。一八年一二月、近代的な内閣制度が創設され、太政大臣・左大臣・右大臣、参議などの職は廃止された。各省長官を国務大臣とし、内閣総理大臣がそれを統括する政治運営体制が整備された。旧来の公卿・大名出身者は政府要職を退き、薩長を中心とする藩閥政治家が名実ともに実力者として、政府中枢を占めることになった。初代総理大臣には伊藤博文が就任した。来るべき国会開設に向けて、政府の行政能力の合理化・効率化が図られた。

松方は、新生内閣の初代大蔵大臣に就任し、以後二一年四月成立の黒田内閣、二二年一一月の山県内閣、二四年五月第一次松方内閣まで、連続して大蔵大臣の職につき、さらに日清戦争後の二八年三月に第二次伊藤内閣の大蔵大臣、二九年九月第二次松方内閣の大蔵大臣兼任、三一年一一月第二次山縣内閣の大蔵大臣を務めた。松方は、明治一四年一〇月以降、明治三三年一〇月に山縣内閣の大蔵大臣を辞するまで、大蔵卿・大蔵大臣として一四年七カ月在任することになる。松方は、文字通り近代日本の財政金融制度を確立する役割を担った。内閣制度成立後の松方の仕事は、懸案の国債整理を断行して国家財政基盤を整備することと、憲法制定・国会開設に向けて会計制度と税法を整備することであった。

憲法制定作業は、伊藤を中心として、井上毅、伊東巳代治等によって進められた。ところが、欧州諸国とりわけドイツの政治家や学者は、維新以降の日本の政治改革は急激にすぎるとして、立憲制の採用に否定的意見を述べた。そして彼らは、やむを得ず議会を開設する場合にも、軍事権や財政権には議会の介入を許してはならないと主張した。また憲法起草に際して、ドイツ人顧問ロエスレルは、政府提出の予算案が議会で否決された場合でも、天皇の裁断で政府が予算を執行できるように憲法で規定して置くことを主張した。これに対して井上毅は、そのような立憲主義に反する条項を憲法に盛り込むことはできないと反対し、結局予算不成立の場合は前年度予算を執行するという規定となった。

その結果、議会の賛成がなければ、新規事業を行うことも、新税を設定したり増税を実行したりすることも困難になった。こうして政府の財政運営は、実質的に厳しい議会の制約の下に置かれることになった。伊藤等は、このような憲法を制定することが、政府の政策遂行の障害になり、結局「政党政治」への扉を開くことになることを、どこまで認識していたであろうか。金子堅太郎は、この憲法条項は政党政治への扉を開くことになると主張した。しかし伊藤は、政党政治への道につながることはないと断言して、金子の主張を退けた。伊藤は、この憲法の下で超然主義を貫く覚悟であり、また貫くことができると考えていた。その点では、伊藤の認識は、極めて甘かった。

しかし、このような規定を持つ憲法が制定され、公選の議会が制度として確立し、毎年定期的に開催されることになれば、議会の議決なしには、政府は新しい予算を施行したり、法律を制定・改廃したり、新税の設置や増税を実施することはできなくなる。それは、日本が実質的に近代国家としての機能を獲得する制度的環境を整備したことを意味していた。また議会政治・政党政治への実質的な第一歩を印すものであった。したがって、伊藤の認識不足こそ、後の政党政治への扉を開く源泉であったと評価しうるであろう。

もっとも明治憲法は、主権者たる天皇が定めて公布した欽定憲法であり、君主大権主義の理念を基本としたものであった。天皇は、神聖不可侵とされ、統治権を総攬し、軍の統帥・編成・常備兵額の決定、行政部の官制制定・官吏任免、法律の裁可・公布・施行、帝国議会の召集・衆議院の解散、宣戦布告・講和・条約締結などの権限を有し、議会閉会の場合には、法律に代わる緊急勅令を発布する権限を有していた。天皇は、これらの統治権を、憲法の条文に基づいて行使すると定められた。

その他、予算審議権についても、「憲法上の大権に基づく既定歳出」は、政府の同意なくしては削減できないとする条文があり、予算不成立の場合には、前年度予算を施行することができた。また、衆議院とほぼ同様の権限をもつ貴族院が設置された。

こうして完成した憲法草案は、明治二一年四月に新設された枢密院で審議され、多少の修正を経て、二二年二月一一日、大日本帝国憲法(明治憲法)として発布された。

憲法発布と国会開設に備えて、会計法も一大改革を必要とした。松方は、一九年末に、阪谷芳郎を中心として会計法取調委員会を設置し、

憲法発布式

従来の会計法を基礎とし、欧米各国の会計法規を参照して、新会計法草案を作成した。二一年五月、この草案を付して「会計法制定の議」を、時の山縣首相に提出した。草案は、内閣法制局の審議修正を経て、枢密院の議に付されて改正され、二二年二月会計法(全一一章三三カ条)が公布された。

この会計法は、日本の会計制度上に新紀元を画するものであった。それは憲法の条項と表裏一体をなす。国家財政の運営は、議会の監督の上で執行されるので、技術的に公正な会計処理が要求された。しかし同時に、財務行政の専門官僚組織を整備し効率化して、議会の財政審議に対抗し、議会の審議

を実質的に無力化することが目指された。

また国会開設後は、租税法律主義に基づいて、税法の制定、改廃は、すべて議会の承認を受けなければならなくなる。したがって政府の財政基盤を確実にするためには、できるだけ事前に税法を整備しておかなければならなかった。松方は、地租、煙草税、酒税、所得税などの改正・新設を広範に実施した。松方は、大蔵大臣として、政府の財政権を議会（民党）の攻撃から守る準備に忙殺された。

他方、貨幣信用制度の整備も急速に実行された。二一年七月、兌換銀行条例を改正し、一定の限度内で証券準備発行を許し（七〇〇〇万円）、市場の状況に応じて確実な証券を保証として制限外発行を認めるようにした。制限外発行については、年五分以上の発行税を徴収することにした。二三年四月には、金融逼迫を緩和するために、保証準備発行額を八五〇〇万円に拡張した。また五月「銀行条例制定の議」を閣議に提出し、金融事業の設立を厳しくし、半年ごとの営業報告書提出を義務付け、財産目録・貸借対照表公表の義務、銀行業務および財産状態の監査、貸付・割引に関する制限を設け、公衆の安全と健全な銀行の発達を期した。こうして日本銀行を基軸とする貨幣信用制度の整備もほぼ完成した。

大同団結と超然主義

帝国議会の開設は、民党にとって、待ちに待った政治的活躍の舞台を提供した。議会の開設が近づくと、明治一九年末ごろから、民権派は、後藤象二郎や星亨等が中心となって大同団結運動を進めた。在野の民権派を結集して、衆議院で過半数を占める政党を結成し、薩長藩閥政府と対抗するためであった。

その頃、政府は条約改正に努力を傾注していた。しかし井上外相の条約改正案は、外国人の内地雑居や外国人判事の任用など屈辱的な内容を含んでいた。そのため閣内から批判が噴出し、国権論者の谷農商務相が井上案に反対して辞職した。在野の民権派も、政府を烈しく攻撃した。そのため明治二〇年七月、井上は交渉を中断し、辞職した。

民間では、外交失政の挽回・地租軽減・言論集会の自由を掲げた三大事件建白運動が起こり、これが大同団結運動と複合して、反政府的機運が盛り上がった。これに驚いた伊藤内閣は、二〇年一二月保安条例を発布して運動を抑えようとした。一切の秘密結社・集会を禁止し、許可された屋外集会でも警官が禁止することができ、内乱を企て、または教唆し、または治安を妨害する恐れのある人物は、帝都外に追放(三年以内)できることになった。これによって星亨・中江兆民・尾崎行雄・片岡健吉など有力者が追放された。さらに二二年に後藤が政府に懐柔されて入閣したため、大同団結運動は混乱した。

政府は、憲法発布に際して、「超然政党の外に立つ」と超然主義を標榜した。伊藤の後を襲った黒田首相は、政党の意向に左右されることなく、不偏不党の立場から国家本位の政策を遂行すると宣言した。政府首脳は、伊藤をはじめほぼ全員が、超然主義で議会に臨もうとしていた。しかし憲法上、議会の同意なしには新規事業も増税も不可能であったから、実際には議会の多数党を無視した政策を実行することは不可能であった。

二三年七月、第一回衆議院議員総選挙が実施された。民党系は、総議席三〇〇の内、立憲自由党一三〇名、立憲改進党四一名の合計一七一名の当選を果たし、吏党（政府党）の大成会七九名、国民自由党五名、無所属四五名（大部分は政府党系）の合計一二九名を凌いで、過半数を制した。

第一議会は、二三年一一月二五日に開催された。山縣首相は、施政方針演説で、開国進取のもとに産業を振興し国防を充実するのは日本の国是であるとし、富国強兵政策は「諸君及び我々の共同事務の目的である」と力説した。

次いで、松方蔵相が政府の予算案を説明した。二四年度本予算は、経常部七二一七万円、臨時部八四七万円の合計八〇六四万円であり、二三年度予算に比して、経常部で一四六万円増加するが、臨時部では五七二万円の大幅減額が実行されていた。臨時部予算減額の中心は、内務省の府県費や横浜築港費など一七四万円と、陸海軍費三八九万円であった。本予算では、富国強兵政策に直結する歳出に大鉈が振るわれていた。山縣内閣の本予算は、富国強兵政策を看板に掲げていたが、その実態は財政緊縮を伴った控えめなものであった。そこには第一回議会を無事に乗り切りたいとする政府の姿勢があらわれていた。

山縣内閣の積極施策は、追加予算で示された。それは、軍艦製造（五カ年五二二万円）・鉄道建設（二カ年二五〇万円）・電信新設（一八万円）合計総額七八九万円を、五カ年計画で投入するという極めて抑制的なものであった。追加予算は、二一年度剰余金三六二万円、二二年度剰余金四二七万円の合計七八九万円を上限として設定されたものである。これら剰余金は、経済の動向によって生み出された自然増収であり、この枠内に新規計画が収まれば、国債募集や増税の必要はなく、国民の負担を増大させることもない。

これより前の二三年九月、海軍は「海軍事業計画」を閣議に提出して、七カ年継続七〇三二万円(うち軍艦製造費五八五五万円、七万トン整備)を要求した。しかし財源に余裕がないとする松方の財政方針に従って、五カ年五二一万円で二等巡洋艦一隻・三等巡洋艦一隻・一等水雷砲艦一隻合計六七五〇トン製造案へ縮減され、勢力減退を補充する計画に止められた。

政府の予算案は、非増税・非募債を貫き、歳計剰余金の範囲内にまで国防充実と産業育成の経費を圧縮するという、松方の健全財政路線によって編成されたものであった。議会との摩擦を極力避けたいとする配慮が前面に出ていた。

一方民党各派にとって議会開催は、藩閥政府打倒という宿願を果たす待望の檜舞台であった。しかし松方が編成した予算案は、民党の攻撃に対して周到に準備されていた。民党は、富国強兵政策には賛成していた。したがって非増税・非募債の枠組みで、「臨時的」歳入余剰を財源として富国強兵政策が遂行される限り、これに反対する論拠がない。民党が「政費節減・民力休養」のスローガンを実現するためには、「経常財源」が必要であった。経常歳出を削減し、それを「民力休養」(地租軽減)に充てる以外に方法はない。経常支出の削減は、藩閥政府の中枢を構成する官僚システムの大幅整理を要求する。しかし明治憲法では、憲法上の大権に基づく既定歳出や法律費・義務費は、政府の同意なしでは削減できない規定となっていた。民党は、臨時収入の範囲内で実行される富国強兵政策には正面から反対できず、経常経費の削減も政府の同意がなければ実行できないという困難な状況に置かれた。松方の編成した予算案は、この弱点を突いたものであった。

第一議会では、民党は、富国強兵政策には反対せず、他方で「政費節減・民力休養」（藩閥打倒）の表看板を押し立てて、政府と全面対決する道を選んだ。予算委員会は、経常部支出七二八万円、臨時部支出五九万円、合計七八八万円の削減と官制改革の必要を可決した。予算委員長大江卓は、一二月二七日、政府の事務執行を阻害しない限りで経常支出の削減を行い、富国強兵の事業費については政府の要求を概ね認めたと報告した。この査定案は、可決された。民党は「民力休養・政費節減」のスローガンを掲げて地租減税と行政整理を主張し、衆議院の予算審議権などを武器として、政府予算案を大幅に削減する挙に出た。

政府はこれに反対した。議会は、監督者の立場にたつべきであり、官制を変更するのは議会の職分ではなく、査定案は現行法律に違反する、したがって同意できない、と。そして、政府が議会解散も辞さないとしたため、両者は全面対決となった。

政府部内では、総辞職か議会解散かで両論が対立し、山縣も態度を決めかねた。閣外からは伊藤が干渉して、内閣に自重を求めた。そこで山縣内閣は、予算削減などで民党の要求を一部認め、六三〇万円の削減を認めることで妥協をはかった。後藤逓相・陸奥宗光農相が、立憲自由党の土佐派（竹内綱、林有造、植木枝盛など）と折衝し、その協力を得て何とかこの難局を乗り切った。

第一議会で、政府・民党の双方が妥協的態度を取ったのは、最初の議会で予算不成立に終わるようでは、欧米先進諸国が日本の立憲政治運営能力に疑問をもち、日本の信用が失墜する恐れがあるので、そのような事態を避けようとする自制心が働いた結果であった。

アジア地域では、一八七六年にトルコが立憲政治に踏み切った。しかし、一年足らずで憲法は停止され、議会が解散されて、アジア初の試みは失敗に帰していた。日本でも、政府と民党が正面から対立したが、日本では、両者とも、近代国家としての実を示そうとする国民的気概が勝った。

第一次松方内閣

第二議会では、第一議会の経常歳出削減で生み出された「経常財源」が存在していた。その意味で、議会を巡る状況は、一変していた。民党にとっては、宿願の「民力休養＝地租軽減」を実現できる財政環境が出現していた。ない袖は、振れない。しかし、余裕財源はあるのである。それは、経常財源の活用をめぐって、政府との全面対決を不可避とする。

民党は、衆議院の過半数を確保していた。経常財源も存在していた。民党が、それを地租軽減以外の用途に使用することを認めれば、自らの存在意義を否定することになる。民党は、非妥協的にならざるをえない。第二議会は、民党にとってまさに正念場であった。

一方、山縣は、第一議会をかろうじて乗り切ったが、前途の政治運営に全く自信が持てなかった。第一に予算削減・行政整理の公約実現が困難であったこと、第二に経費節減による財源で地租軽減を行うべきとする民党の要求への対処が困難であること、第三に伊藤がしきりに閣外から内閣へ干渉してくること、第四に内閣不統一などの問題が山積していることであった。

そこで山縣は、自らは辞職し、伊藤が後継内閣を組織するよう推薦した。伊藤は固辞した。その理由は、憲法が発布され国会が開催されたが、民度が低く憲法政治を行うことは容易ではない。この状況では、誰が首相となっても永続性はない。まして自分には反対が多い。暗殺されるか爆弾を投げられるかの危険がある。また内閣の一員になっても、閣内には多くの反対者があって不穏になる。伊藤は、このように上奏して、大命を拝辞した。

伊藤が首相を拝辞するにあたって挙げた上記の理由は、自らが起草した憲法とその趣旨によって開会された国会の意義を否定するものであった。そもそも、立憲政治の実を挙げるために、衆議院に予算審議権を付与したのは、憲法を起草した伊藤等であった。そして、民度が低く、誰が首相となってもうまくいかず、命の危険があり、閣内の統一も不可能であるとしたことは、紛れもなく天皇の官僚としての責任放棄であった。

伊藤は、後継に西郷従道と松方正義を推した。長州閥の内閣から薩摩閥の内閣へと転換することで、両藩閥の均衡を図る必要があると考えられたことも重要な要因となっていた。西郷は、自分の今日あるは、兄隆盛のおかげであるから首相を受けるわけにはいかないと固辞し、松方を推した。松方は、温厚であり反対もなかった。薩摩閥では、大久保亡き後、黒田清隆を除いて、首相級の適格者は、松方以外にいなかった。

松方は、固持した。自ら望んで首相になる意思はなかった。自らの目的としてきた財政基盤整備と貨幣信用制度確立という課題を基本的に達成しており、特に首相としてやり遂げたい宿願もなかった。松方に残された固有の課題は、金本位制を確立することであったが、金貨準備の目途が立たない状況にあり、緊急に取り組むべき課題であるとは考えていなかった。伊藤が「誰がやってもうまくいかず、長続きしない」として後継内閣組織を固辞したごとく、難問が山積みしており、議会の勢力状況から見て、政府が望むような条件で、予算問題を解決する目途は全く立たなかった。

松方が首相として初めて内閣を組織するには、最も状況が悪かった。政府の新規事業が認められる情勢にはなかった。特に、政府が望む軍備拡張と民党が主張する民力休養（地租軽減）とを調整できる目途は立たなかった。この点からいえば、松方に期待された役割は、内閣を組織し、「弾除け」になって、ただ民党の要求を拒否することだけであった。そのためには、解散に次ぐ解散を敢えて辞さず、政府の要求が通るか、民党が要求を引き下げるか、そのどちらかの状況を作り出すしかなかった。

貧乏くじを引いた松方にとって、より都合が悪かったのは、首相に就任して僅か六日目に、大津事件が起ったことである。たまたまロシア皇太子（ニコライ二世）が、シベリア鉄道の起工式に臨む途中、日本に立ち寄った。ところが、京都、大津の回遊途上、こともあろうに警護にあたっていた津田三蔵巡査が皇太子に傷を負わせるという事件が勃発した。日本は、ロシアの報復を恐れ、恐慌状態に陥った。天皇自ら、皇太子を見舞い、謝罪したため、国際問題に発展せずに解決した。しかし、松方に大きなショックを与えた。

松方内閣は、松方が蔵相を兼任し、陸相高島鞆之助、海相樺山資紀、外相榎本武揚、文相大木喬任、法相田中不二麿、逓相後藤象二郎、農相陸奥宗光という布陣であった。

伊藤の勧めにより、「内閣議定書」および「内閣規約」をつくり、国政の運用で内閣不統一が生じることを防ごうとした。それは、一種の連判状であり、憲政運営に未経験な松方内閣に、統一的な指針を与えるものであった。松方の政治能力は、低く見られていた。各大臣は、維新以来の功労者であり実力者であったから、各々独自に判断し行動するという風が強く、民党と対決するためには、閣僚間の意思統一が不可欠の条件であった。

第二議会は二四年一一月二一日に開催された。松方は、三〇日衆議院で基本政策を明らかにした。一国が繁栄し独立を保つには、貿易の伸張、運輸交通の発達、海陸軍備の整備が必須の条件である。今日の国力が許す限り、国防と国家経済とを目的として、最も優先度の高いものを選び、決行しなければならない。これらの諸事業のうち、軍備拡張、製鋼所設立、河川修築、北海道土地調査費等の臨時的性格をもつものは、二三年度・二四年度歳計剰余一一六四万円を財源として実施し、経常的性格を持つ監獄費国庫支弁等各種事業は、二五年度予算剰余六九〇万円を以て支弁する。政府は、努めて経費を節減し、必要な事業を実行するという方針をとっている。対外的には国際協調に努め国権を拡張し、対内的には国防充実と実業奨励に努め、常に財政の安全を維持する覚悟である、とその所信を締めくくった。

富国強兵は、政府・民党の共通の国是であるという前議会同様の認識に立って、国防充実・産業発達の臨時的経費は臨時的財源で賄い、経常的諸事業は経費節減で捻出された経常財源で充当し、財政負担を増さず健全財政を維持する方針を闡明した。

政府の方針は、これ以外になかった。民党とすれば、「国是」関連の事業については正面から反対する理由はなかった。しかし経常財源は、民力休養（地租軽減）に使用されるべきものであった。現実に地租軽減に使用しうる財源が存在しているにも拘らず、それを他の経常的事業に支出することを許せば、民党は存在意義を失う。この点からいえば、松方内閣の予算案は、民党の民力休養論と根本的に対立した。

第一議会では、自由党の土佐派が政府と妥協したため、民党連合は分断されてしまった。しかし今回は、政府が地租減税要求を受け入れない限り、妥協の余地はなかった。二四年一一月八日、自由党の板垣は大隈を訪れ、憲政進歩への協力を誓い、自由・改進両党の連合が成立する。民党は一致して、予算審議権を行使し、政府と全面対決した。

予算委員会は、経常部歳出において四二七万円、臨時部歳出において三六六万円、合計七九三万円を削減する強硬手段に出た。憲法上の大権に基づく経費を削減したことはもとより、「国是」関連経費にも大規模な削減を敢行した。軍備拡張を中心とする国是関連経費は、政治理念からいえば、民党といえども、正面から反対し得ないものであった。ただし憲法上は、新規事業を、議会が拒否することはできた。予算委員会は、軍艦製造費・製鋼所設立費を削減した。その理由として、陸海軍制の不統一と、海軍部内の情弊を挙げた。

政府は、民党の査定案に断固反対した。とくに樺山海相は、海軍内部に情弊はない、維新以来帝国が今日あるのは薩長政府の力であると演説した。この蛮勇演説に、議場は騒然となった。本会議は、大多数を以て軍艦製造費、製鋼所設立費を否決し、予算委員会の査定案を否決し、さらに岐阜・愛知の災害救助のための予算外支出の承認をも引き延ばした。

海軍拡張をはじめ政府の新規事業計画の多くが否決され、予算案が大削減されたことから、政府と民党は全面的に対立した。一方閣内に不統一はなかったので、松方は二四年一二月二四日、議会解散に踏み切った。日本憲政上、最初の衆議院解散であった。解散は、当初からの覚悟の上の処置であった。政府の方針は、解散に次ぐ解散を重ね、選挙で政府党が過半数を確保する状況を作り出すことであった。松方は、民党について、万世一系の天皇による統治という日本の国体の根本を忘れ、濫りに英国の代議制に心酔し模倣しようとするものであると考えていた。松方内閣にとって、民党はいわば「朝敵」であった。

総選挙は、二五年二月一五日に行われることになった。自由・改進両党は、結束して政府を弾劾し、世論を啓蒙し、民党の政治綱領を明示した。政府・民党の息詰まる選挙戦が全国で展開された。品川弥二郎内相は、激しい選挙干渉を行って、民党候補者の選挙活動を妨害した。各地で流血騒ぎが相次いだ。選挙の結果、野党は一六三名、与党は一三七名となり、政府党は大きく議席を伸ばした。民党系の自由・改進両党の議席は一七一名から一三二名へと大幅に議席を減らし、議会の過半数を割った。政府系は、過半数を制することはできなかったが、野党の中には独立倶楽部三一名が含まれており、政府がこれを取り込むことに成功すれば、議会で多数を占めることが可能となる状況が作り出された。松方内閣は、来る第三議会で、劣勢を挽回し一挙に「朝敵」を追い詰めることができる情勢となった。松方は、選挙の結果、明らかに優勢に立てる可能性を摑んだ。

選挙が終わると、民党側は、一斉に政府攻撃を始めた。政府攻撃が成功しなければ、民党はジリ貧状態に追い込まれる。品川内相の責任を激しく追及した。一方、品川問題を乗り切れば、政府は民党を押さえ込むチャンスが生じる。ところが、選挙干渉について、政府部内から強力な責任論が沸き起こった。閣内からは、民党に近い後藤逓相と陸奥農商相が責任追及の狼煙をあげ、さらに元老の枢密院議長伊藤が強硬な責任論を述べて内閣に干渉してきた。選挙干渉に関係した官僚全員を処分すべきであると主張した。

しかし、実は、後藤と陸奥は、選挙に先立ち逓信省監察官補の松本剛吉を招き、「全国で一番やかましい」熊本、福岡、佐賀の三県に出張を命じ、過去警部であった経験を生かして奔放に選挙干渉を行うことを命じ、郵便局長を用いて選挙干渉を行う秘策を授け、松本は命令された仕事にあたっていた(岡義武・林茂校訂『大正デモクラシー期の政治　松本剛吉政治日記』三〜四頁)。後藤と陸奥は、選挙干渉の立役者だったのである。

伊藤が、何ゆえ強硬に責任論を振りかざしたのか、必ずしも明白ではない。建前論としては、立憲政治の正常な運営を保証する当然の意見ということになろう。しかし、伊藤は、前年には幼稚な日本人には、憲政の運営は無理であり、首相は誰がやってもうまくいかず、自分が立てば生命の危険があるとして、首相就任を拒否していた。このような状況の中で、選挙干渉の結果とはいえ、選挙の結果を見れば、議会で政府党が多数派を形成できる可能性が生じていた。松方が、政権運営の可能性を見出しつつあった。このまま事態が進行すれば、松方は、「誰がやってもうまくいかない」難局を乗り切り、政治家として名を成すことになる。伊藤の心中は、穏やかではなかったはずである。

一方、品川の辞職には、黒田、山縣らが反対した。伊藤は、このことも十分わかっていた。伊藤の内閣への干渉は、松方内閣の閣内統一を根本から破壊した。松方は、品川、陸奥を更迭し、民党に近い副島種臣・河野敏鎌を内相と農商相に起用して、内閣の陣営を立て直した。しかし内閣は明らかに弱体化した。議会で民党と激突し解散した場合に、強力な選挙干渉は不可能となり、政府が多数を制することが極めて困難になるからである。

民党の政策論は、経費節減・地租減税に尽きており、その他の富国強兵政策では政府と大同小異であった。政策論では、民党ならではの独創的なアイディアはなかった。しかし、議会では、民党の予算への影響力は決定的に大きかった。

第三議会は明治二五年五月二日召集され、松方は、前議会と同様の施政方針演説を行った。議会は、選挙干渉問題で紛糾した。内閣弾劾議案は否決されたものの、追加予算案は原案の三分の一に削減され、軍艦製造費、製鋼所設立費は削除されてしまった。貴族院では、軍艦製造費と震災予防調査費が復活されたが、両院協議会の結果、軍艦製造費は削除された。松方内閣は敗退した。議会閉会後、松方は辞意を固め、伊藤が自ら組閣して難局にあたるべきであるとして、山県と協議した。伊藤は立憲政治を創始し、憲法制定にあたった当事者である。しかし、伊藤はこの新制度のもとで、一度も首相として実地に試みたことはない。国家のため、憲法のため、後任は伊藤に託すことが適当である、と。そこには、伊藤に対する激しい批判の意味合いが込められていたといえよう。伊藤は、これにたいして、元勲総出で支援が得られるなら組閣してもよいとしたが、議論はまとまらず、一旦は松方留任に収まった。松方は、天皇の意向に沿った内閣改造を実行しようと努力したが、果せず、二五年七月三〇日辞表を提出した（『明治天皇紀』第八、一〇五〜一一一頁）。

松方は、自ら望んで首相の印綬を帯びたわけではなかった。伊藤は、議会困難を思い、自らは命の危険があるとまでいって、責任を回避し、松方を後継に推薦した。民党との妥協は難しく、解散に次ぐ解散で、議会多数を獲得する以外に方法はないが、それは極めて困難であると考えられた。松方内閣は、空前の選挙干渉という手段を用いて民党を追い詰め、野党の独立倶楽部を抱き込めば、議会多数派を形成できるところまでやっと漕ぎ着けた。松方は、超然主義を標榜する天皇の直臣として、大きな成果を挙げた。松方は、選挙干渉問題を旨く乗り切れば、政治的に大きな成功を収める可能性を見出しつつあった。ところが、伊藤が内閣の選挙干渉の責任を追及し、内閣の不統一と弱体化をもたらした。伊藤の行為は、憲政運営の健全化を目指した行為としては、正当化されるものであった。しかし伊藤は、自らも超然主義を唱えていた。この点からすれば、閣外からことさら内閣に干渉し、松方の足を引っ張った行為の真の意図はどこにあったのか、疑問は残る。伊藤が「誰がやってもうまくいかない」と奏上した困難な議会運営を、「能力が劣る」と見下していた松方が成功させれば、伊藤の存在は輝きを失うことは間違いなかった。天皇の官僚として、松方は、その意向に最も忠実に行動していた。伊藤の干渉がなく、内閣が選挙干渉問題で分裂を回避し、政府が一丸となって、独立倶楽部の取り込みに全力を挙げていたなら、第三議会の様相はよほど異なったものになっていた可能性が高かったであろう。

これを機に、西南戦後から太いパイプでつながれてきた松方と伊藤との間に、大きな亀裂が生じた。

千本松農場への閑居

松方は、日本の産業発達、とりわけ農業の経営に強い関心を持っていた。大蔵大輔の時代に、兼任の勧農局長として、大久保利通内務卿が発案した安積疏水事業を完成に導くために力を尽くしていた。それは、廃藩置県で職を失った士族の授産を目的としたものであった。西南戦争後一時中止論が台頭したとき、フランスから帰国した松方は、伊藤内務卿と協力して起工に漕ぎ着け、一四年に工事がほぼ完成し、一五年に通水式が行われた。猪苗代湖の湖水が安積原野に灌漑され、諸県の士族が移住して開墾を進め、水田が開けて、郡山一帯は大きく発展した。士族授産を主要な目的とする事業であったが、松方の農業発展にかける並々ならぬ意欲が窺われる。

さらに、明治一三年、松方の訓諭によって西那須開墾社が設立された。同社は、政府に出願して那須西原の一部を借り受け、開墾事業に着手した。印南社長は、松方に経営者になるよう要請した。だが松方は大蔵大輔兼勧農局長であり、一三年二月には内務卿に就任したので、民間事業の経営に携わることを欲しなかった。ただし松方は、農業奨励の見地から、明治一七年那須野の中央を貫通する疏水工事の起工に尽力した。疏水の完成により開墾事業は進捗した。しかし疏水以南の地域の発展に比べ、疏水以北の「千本松地域」は水利の便が悪く、開墾事業は全く進まなかった。同社は、千本松の経営を三菱の岩崎彌之助に懇請し、松方も助言を行ったが、岩崎は応諾しなかった。千本松地域は、放置されたまま、月日は流れた。

明治二五年八月総理を辞任した松方は、三男幸次郎を伴い、実兄正之進（戊辰戦争で官軍に従軍し越後で戦死）の墓参に越後に行き、偶々その帰途西那須野を過ぎて開墾社を訪ねた。同社重役の矢板武は、松方に、岩崎が拒絶した千本松一帯の買収を懇請した。松方は、官職を去った今、自ら経営することに障害はないとして、実地を踏査し、経営方針を立てた。そして全社員が一致して買収を望むという条件が整えば、買収に応じると応えた。

総理大臣を辞職し、政府の官職から離れたことを機会に、自ら農業経営に従事して、年来の夢を実現しようとしたのが、西那須の千本松農場であったといえよう。松方が総理大臣を辞職したとき、天皇は松方を枢密院議長に起用しようとした。しかし松方は固辞し、大木喬任が議長に任じられた。そして、大木が二五年一一月に議長を辞めた時、天皇は重ねて松方を議長に起用しようとしたが、松方は再度固辞している。

松方の心中は、政府の人間として自分の為すべきことは成し遂げた、残された課題は後進に託すという気持ちであったろう。後進に託すべき課題として最大のものは、「興業銀行」の設立と「金本位制度」の確立であった。興業銀行は、松方が日本銀行設立と「対」にして設立しようと考えていたものであった。日本銀行は、商業手形割引を中心とする短期の商業銀行システムの中心として機能する。これに対して、不動産を抵当とする長期の産業金融システムの中心として興業銀行を設立し、両者相俟って、日本の近代的信用制度を確立するというのが松方の構想であった。また、松方が目指す貨幣制度の完成した姿は、金本位制に他ならなかった。しかし当時の日本の現状では、金貨準備が整わず、銀本位制に甘んじざるをえなかった。松方は、銀本位制度が確立した時、「白がねの世とはなれどもいつかまた黄金花さく春を見んとは」と、その感慨を漏らしていた。

すでにすべての官職から離れた松方は、これらの課題を後進に託する腹を固め、私人として農業経営に挑戦してみようと決意していた。「松方伯財政論策集」が明治二六年一月に完成したのは、そのことを象徴的に示していた。それは、「松方財政」の軌跡を集大成し、その功績を称える目的を持っていたからである。「松方伯論策集」の編纂に当った大蔵省の阪谷芳郎（後の大蔵次官・大蔵大臣）は、その序言で次のように述べている。

伯は二十五年の久しき在朝年間に於て其二十余年間は一身を挙げて財務に委ねたり、伯は井上大隈二伯の後を受け終に紙幣国債の処分を断行し財政整理の目的を達したり……（中略）…今日に於て興行銀行を設立し一方に於て商業銀行の困難を解除し一方に於て永年賦低利資本供給の道を開くは頗る急務とす、而して其功績は亦伯が継者に遺せし処なり……伯の如き数多の大計画の理財事業を実施せる人に於て……伯の如き大体に於て目的順序を誤らざりしものは蓋し古来稀なり独逸の史家が有名の『モルトケ』将軍を称して欧州に於て最初の学術的大将軍なりと云えり、余は伯を称して亜細亜に於て最初の学術的大蔵大臣なりと云はんとす、抑も伯は決して学術を研究せる理財家にはあらざるなり、然しながら伯は一事一業を計画する毎に必ず学理に照し其得失如何を調査し而して後実施に着手せり、伯の理財事業は実に学術実験上の好成績を世の学者に与えたり松方の財政事績を総括し、学術研究に材料に供するとしたことは、松方の心事を明確に示していた。松方は、日本の財政経済制度の基本骨格をすでに作り上げていた。松方は総理大臣を辞任した時を、念願の農業経営に専心する天機であると考え、周囲もまたそのように考えていたのである。

千本松農場は、一六五〇町歩の広大なものであった。そのうち畑は一三〇町歩、水田は二〇町歩であり、そのほかは大部分山林であった。この山林に八〇〇万本のクヌギを植林し、大農経営を試みた。山林経営で最も重要なことは防火対策である。松方は五里ごとに幅八間の防火線路を縦横に設け、監視人を配置した。また毒蛇を退治するために雉を繁殖させ、また害虫を駆除するために燕雀その他の鳥類の繁殖を講じ、自然淘汰の方法を導入した。そして、該当地域一帯を禁猟区に編入する措置をとった。植林事業は、好成績を収めた。

一方、田畑の開墾を積極的に進め、疎水より分水路を拓き、水車場を作り、精米その他の業務に活用すると同時に、水力を利用して発電所を自営し、域内の電灯は全て自給した。事務の処理、帳簿の整備によって、近代的計数管理を実行した。さらに、米作に対しては毎年品評会を開催し、成績優秀者を顕彰し、競争を促進して、品質の改良を促した。松方が抱懐していた農業のあり方を実践したものであり、その創意が随所に光っていた。

松方は、牧羊業も行って成功している。明治九年松方が大蔵大輔で勧業頭を兼務した時、政府は既に下総で牧羊を計画し、米国人を招聘してその事業に従事させていた。しかし、病死する羊が相次ぎ、その原因は不明であった。明治一一年、松方がフランスに渡った折、フランスの当事者に飼羊の良法を尋ねた。「特殊の方法はない、ただ過食を防止すること」がその答えであった。羊の死因は、概ね鼓腸病であるが、鼓腸病は過食が原因であり、それは過度の愛育によるものである。フランスでも初め政府が飼育したときに、日本と同じような結果を経験した、と。当時、日本の農学者は、日本は降雨量が多いので牧羊の適地ではないと主張し、政府もこの説を取って、牧羊事業を断念していた。松方は、農学者の「机上論」に不信感をもっていた。そこでこの際、日本が適地であるかどうか自ら実験し、「事実に徴して」確かめる決心をしたのである。千本松地域の一部を牧場に充て、一館を建てて松茂山荘と命名し、羊五〇頭を下総から購入した。当時、人は翌年の四五月の交には、羊は全て病死するだろうと予想した。松方は、放飼の時間に制限を設けて、過食を回避する方法を講じ、漸次制限時間を短縮して慣習を作り出し、鼓腸病の発生を防ぎ、順調な生育成績を残した。毎年多数の子羊を増殖し、北海道や鹿児島等へも移送し、大正時代にはその数が五〇〇頭に達した。こうして、松方は、農学者の議論を、事実によって打破し、日本の地は決して牧羊に不適ではないことを実証したのである。松方の「実際」から出発するアプローチを物語るエピソードであった。

山荘は一面の青草と幾多の松樹とに取り囲まれ、天然の牧場は、まるで整備の行き届いた庭園の如き観を呈した。後日、松茂山荘を訪問した岩崎彌之助は、その景観を見て称賛を惜しまなかった。これに対して、松方は、先年貴方が買収を拒絶した土地がこれであると応じ、岩崎は驚嘆して言葉を失った。

松方にとって、政治の世界から解放された千本松農場での生活は、快適なものであった。しかし、世界の経済情勢の変化と、朝鮮半島を巡る緊張の高まりは、松方の静かな生活にやがて終止符をもたらすことになる。

第二次伊藤内閣と自由党との接近

初期議会の経験から、政府が民党勢力を無視して超然主義を貫くことは困難であることが、次第に認識されるようになった。伊藤は、このような情勢を見て、自ら政党を組織しようと考えたが、政府首脳の反対で実現しなかった。

松方内閣総辞職の後を受けて、第二次伊藤内閣が成立する。伊藤は、天皇に対して、「聞くが如くんば、前内閣総理大臣は事毎に叡慮を俟して後、閣議に諮れりと、臣不肖と雖も、重任を拝するあらば、万事御委任あらせたし」と、自分が全責任をもって政治を取り仕切る覚悟を示し、前総理松方の政治運営を批判した。これに対して天皇は、「卿の言善し、朕敢へて何事も干渉するの意なし」と答えた。天皇は、「伊藤は事に倦みやすし、将来のことは保し難し」と観察していた（『明治天皇紀』第八、一一七、一二六〜一二七頁）。

松方内閣総辞職の後を受けて、第二次伊藤内閣が成立した。第四議会で、伊藤は、新たに甲鉄戦艦二隻（七カ年継続一六八〇万円）と巡洋艦一隻・報知艦一隻（二七五万円）を製造するとともに、他方で民党を融和するために、田畑地価修正により地租三七五万円を軽減し、治水事業費一〇〇万円を追加するという提案を併せ行い、これらの財源として新たに酒・煙草および所得税を増徴しようとした。

一方、衆議院の民党は、政府提案の重要法案をことごとく否決して、予算に大削減を加えようとしていた。政府と議会との正面衝突は避けがたい情勢となっていた。内閣は民党に譲歩するか、強行突破するかで二分されたが、内閣の方針は民党に譲歩しないと決定された。ところで、民党の予算要求は、地租軽減以外になく、軍備拡張には基本的に賛同していたので、地租以外の財源で富国強兵政策が遂行される場合には、それに反対する積極的な論拠はなかった。しかし、衆議院は、明治二六年度政府予算原案に一割一分に及ぶ大削減を加えた。経常部において官吏俸給・官庁経費を削減し、臨時部の軍艦製造費を全額削除した。行政の冗費を節減して財政を整理すべきであり、また海軍部内の積弊が除去されない現状では軍艦製造の大事を託すことができない、というのがその理由であった。天皇大権に属する経費を削減し、海軍拡張を否決したため、政府と全面対決となり、議会は停会された。

窮地に陥った伊藤は、天皇に対して、衆議院に勅諭を下し内閣と和協するように諭すか、衆議院を解散するかという二案を示して、裁断を求めた。伊藤は、松方の政治運営を批判し、万事自分に任せるよう大見得を切っていた。しかし、議会運営が窮地に陥ると天皇の権威で事態を解決しようと策したのであった。天皇は、向う六カ年にわたり皇室経費を毎年三〇万円、官吏俸給十分の一を削減して製艦費に充てるよう思召しを示し、政府と議会が和協するよう裁定した。こうして伊藤は、天皇の詔勅によって民党の口を封じ、議会を乗り切った。

このような政府と民党の妥協の背景では、伊藤や陸奥らが、民党と妥協し、手を結ぶことによって政治を運営していこうと考えるようになり、民党でも政府に反対するだけでは、民力休養を実現できないと考え、政府と協力して政治責任を分担していこうとする空気が生まれてきていた。そして、自由党は次第に伊藤に接近し、これに反対する改進党は自由党と対立し、政党相互の対立が見立つようになった。

他方、外交面でも、陸奥外相のもとで進展を見せ始めていた。イギリスは、シベリア鉄道の敷設を進めるロシアが東アジアに勢力を拡大することに脅威を感じていた。そして、ロシアの動きに対処するために、対日接近に関心を抱いていたからである。日本は、松方デフレ以後急速な経済発展を示しており、憲法と国会を備えた近代国家として台頭しつつあり、英国に最新の甲鉄戦艦二隻を発注するなど軍備の近代化に乗り出していた。イギリスは、日本の国際的地位を重視し、条約改正に応じることを認め、明治二七年七月、日英通商航海条約を締結した。領事裁判制度が撤廃され（治外法権の廃止）、最恵国条項の相互化が認められた。しかし、関税自主権の回復は、完全には実現しなかった。日清戦争直前からイギリスが見せた日本への好意的態度は、日清戦後経営での主力艦のイギリスへの大量発注と相俟って、日英同盟への大きな伏線となっていく。

松方の再登場を促した経済状況

明治二六年、インドが金本位制へと移行すると、銀貨の暴落が生じた。銀本位制を採用していた日本にとっては、輸出を増進するという利点が生じた。しかし同時に、軍艦・鉄道材料の大量輸入の必要は、銀貨流出を加速し、銀本位制度の根幹を揺るがしかねない問題と認識されるようになった。また、銀貨の暴落は、為替相場の変動を大きくし、投機的行動が助長されるようになった。

総額六〇〇〇万円の鉄道敷設法が議会を通過して鉄道の本格的建設が日程に上り、甲鉄戦艦二隻の海外発注を含む軍備拡張案が議会を通過して巨額の軍艦輸入が実行に移されることになった。このため大量の正貨流出は免れず、銀本位の安定を支える銀貨準備は、大きな影響をうけることになった。大蔵省は、鋭意正貨輸出入の調査を進めた。二六年四月、その調査結果が伊藤首相に報告された（伊藤博文編『秘書類纂・財政資料』下）。

既往一〇年の貿易出超実績を基に、二六年度以降将来一〇カ年の軍艦・鉄道材料輸入可能最高限度額を算出すると五二八八万円となる。そこから既定計画の輸入予定額を控除すれば、二六年度は僅か二三万円、二七～三二年度は六六万円の余裕しか残らない危機的な状況である。過去の好調な出超額を仮定し、既定輸入計画に限定して、このような状況である。しかし、このような外国貿易の状況は、将来保証されるとは限らない。民間工業の進歩と共に、鉄・機械類の輸入は年々増加しており、石油砂糖のような贅沢輸入品の消費高は急増している。「薄氷を踏む思いで鄭重に事業計画を立てなければ、輸入超過・正貨濫出の結果をきたし、国家百年の大計を誤るに至る」というのであった。

軍備拡張に伴う巨大な軍艦輸入正貨を賄い、鉄道建設や民間工業の発達に伴う機械・原料の大量輸入を可能にする正貨問題こそが主要な経済問題であるという認識が大蔵省で支配的になっていた。そして薄氷を踏む思いで計画された軍艦輸入は、折からの銀貨暴落で破綻に瀕した。英国発注の甲鉄戦艦（予算一五四三万円）の場合、製造着手時の交換レートは一ポンド・邦貨六円八九銭であったが、二七年一二月には一ポンド・一〇円の見積りとなり、建造予算は四二％・六四七万円の膨張を示した（『海軍軍備沿革』四二～四四頁）。銀貨暴落の影響は、政府の正貨政策に深刻な影響を与え、貨幣制度＝銀本位の再検討を提起したのである。

一方、松方は、インドが銀本位を放棄して金本位制へ移行し、銀貨が暴落し、銀本位制度の根幹を動揺させたという事態を、深刻に受け止めていた。松方は、いよいよ日本も金本位採用の決断をしなければならないと、渡辺大蔵大臣に勧告した。これを受けて、渡辺蔵相は、銀本位の得失を調査するために、貨幣制度調査会設置を九月の閣議に提案した。渡辺が、この時点で貨幣制度変更に積極的であったかどうかは不明であるが、松方の勧告は、一〇月に貨幣制度調査会の設置となって実を結んだ。

調査会の課題は、(1)金銀価格変動の原因およびその一般的結果、(2)金銀価格変動の日本に及ぼす影響、(3)日本の貨幣制度を変更する必要があるか、変更するとすれば新たな貨幣制度はどのようなものとすべきか、の三点であった。会長・谷干城、副会長・田尻稲次郎大蔵次官のもとに、官僚、銀行、民間、学界、貴衆両院からの委員二〇名で発足した。

同年一〇月に開催された第一回総会で、園田孝吉（横浜正金銀行）、阪谷芳郎（大蔵省）、添田寿一（大蔵省）、金井延（学界）、田口卯吉（議会）からなる特別委員会を設置し、園田を委員長として、(1)(2)の課題についての調査を委託した。委員会では、意見が分かれ、両論併記の形で、二八年三月二七日、報告書が提出された。銀本位制維持を前提とし、その輸出振興・輸入抑制効果を評価し、日本経済の成長に貢献する利点のほうが、物価上昇や国費の増加といったマイナスを上回るとする園田、金井、田口と、銀貨低落という要因は日本経済発展の一要因に過ぎず、長期的な観点から見て欧米列強と同一の安定的な貨幣制度を採用するメリットが大きいとして金本位制を志向する阪谷、添田が対立した。そして、園田らの意見が本文となり、阪谷らの意見は少数意見とされた。

同年三月三〇日に第二回総会が開かれ、新たに渡辺洪基（議会）、益田孝（民間）を加えた七名の特別委員会を設置し、(3)の課題について調査を委託した。報告は、五月一五日に提出されたが、意見の相違が大きく残されたままであった。園田は「現状維持」、金井・田口は「将来は複本位」、益田は「欧米各国の動向を見定めて決定」、添田・渡辺は「将来は金本位」、そして阪谷は「即時金本位移行」であった。

このように、調査委員会では、銀本位制の利益を強調し、目下貨幣制度を改正する必要はないという意見が大勢を占めた。調査会の報告は、銀本位制維持を基本としてまとまるはずであった。しかし、貨幣制度調査会は、二つの報告について議論を重ね、二八年六月一二日の採決を行う最後の段階で、現行貨幣制度を「将来改正の必要がある」という意見も改正必要論に含めるという投票ルールが決定され、結局八対七で「必要あり」という大逆転の結論が導かれた。そして七月三日に報告書を取りまとめ、時の大蔵大臣松方正義（二八年三月就任）に提出するという経過を辿った。

松方の勧告によって設置された調査会が、日清戦後経営構想策定の段階で、金本位採用の答申を、大蔵大臣に復帰した松方に提出した意味は小さくない。松方が蔵相に復帰した三月頃から特別委員会の議論が紛糾し始め、六月に至って結論が逆転したからである（中村隆英『明治大正期の経済』六五頁）。

このように、貨幣制度調査会の報告書が、一年六カ月の調査の末に、銀貨下落の日本経済に与える利益が大きいとする反面、現行貨幣制度の改正が必要であるという「矛盾した」結論に導かれた裏には、さまざまな階層利害が作用していたわけであるが、大蔵省の意向とりわけ松方の意向が強く反映されていたと考えてよいだろう。

世界の大勢が金本位へと向かい、銀貨下落が顕在化したという要因が、松方の再登場を促す大きな要因として作用していた。金本位の採用は、松方の宿志であった。

2 日清戦時財政

日清戦争の勃発

政府は、維新以来、朝鮮半島が列強の支配下に入れば、日本の国防は危殆に瀕すると考えてきた。朝鮮が開国し近代的国家として独立すれば、日本の国防は安定化する。征韓論や日朝修好条規の締結は、そのような文脈で発生していた。しかし、清国は、朝鮮を属国とみなし、宗主権を主張した。日清戦争は、このような朝鮮問題を巡る日本と清国との対立に端を発したものであった。

日清戦争は、他面から見ると、伝統的な中華秩序が存続できるか否かの命運をかけた分岐点となるものであった。中国が勝利すれば、中国の権威は高まり、中華秩序の再建への弾みとなり、日本の近代化は挫折する虞もあった。逆に日本が勝利すれば、中華秩序は決定的に崩壊し、清国の権威は失墜し、植民地化への道へと落ち込んでいくことになる。日本は、国際的に自立した近代国家としての実を示すことが出来る。まさに日本と清国の国家としての命運をかけた戦いになった。そして日清の対立は、朝鮮半島の命運も決定することになる。

朝鮮国内では、閔妃派の政府が、日本人軍事顧問を招聘し、国内改革を進めようとした。しかし保守的な大院君が、明治一五（一八八二）年にクーデターを起こす。日本公使館は焼き払われ、日本人軍事顧問が殺害された。この朝鮮事件（壬午事変）は、清国の出兵で鎮定された。日本は、朝鮮と済物浦条約を締結して、守備兵駐留を認めさせるのが精一杯であった。日本は、清国に軍事的に対抗できるだけの軍備を備えていなかった。事変以降、朝鮮での清国の勢力が強まり、閔妃派は急速に清国に接近した。これを契機に、日本は、海軍力を中心とする軍備拡張に着手した。

日本は、金玉均などの朝鮮国内の改革派が、自力で国内改革を実行することを期待した。金玉金等は、専制政治を打破し、内政近代化を図るため日本に接近した。たまたま明治一七（一八八五）年、清仏戦争が勃発し、清国の敗北が続いた。金玉均は好機が到来したと判断して、日本公使館の援助を得てクーデターを企てた。しかし、清国軍の出動によって企ては失敗に帰した。日本大使館は焼き払われ、金玉均は日本に亡命した。甲申事変である。

日本は、朝鮮と漢城条約を締結し、謝罪と賠償金支払いを約束させた。翌明治一八年、事変処理のための日清交渉が行われ、天津条約が締結される。そこで日清両国の朝鮮からの撤兵、軍事顧問の派遣禁止、今後の出兵については相互に事前通告するなどが取り決められた。

日本の国内世論（民権派）は、対朝鮮・清国強硬論を唱え、出兵を主張して、政府の軟弱外交を激しく批判した。福沢諭吉は、「時事新報社説」（明治一八年三月一六日付）で、次のような「脱亜論」を主張して、強硬論を唱えた。

我国は隣国の開明を待て、共に亜細亜を興すの猶予ある可らず、寧ろ其五を脱して西洋の文明国と進退を共にし、其支那朝鮮に接するの法も、隣国なるが故にとて特別の会釈に及ばず、正に西洋人が之に接するの風に従て処分す可きのみ。

天津条約によって、朝鮮問題を巡る日清間の紛争は、外交的には一段落ついた。在野の強硬な脱亜論にも拘らず、日本政府の朝鮮外交は慎重路線をとった。これ以降、朝鮮における清国の勢力は著しく伸張し、日本の影響力は大きく後退していった。

ところで、日本に亡命していた朝鮮改革党の首領金玉均は、二七年三月上海に渡ったが、そこで朝鮮の刺客によって殺害され、死体が朝鮮の首都漢城でさらしものにされた。この事件は、日本人をいたく憤激させた。さらに五月、東学党の乱が勃発する。日本排斥や減税を要求する大規模な農民の反抗であった。朝鮮政府は、反乱鎮圧のために清国に出兵を要請した。これに対して、日本も天津条約に基づいて出兵した。日本は、日清両国が共同して朝鮮の内政改革にあたることを提案したが、清国は朝鮮をその属領であると主張して拒否し、外交交渉は決裂した。

対応策を協議するため、六月二二日、御前会議が開かれた。伊藤首相以下閣僚と軍首脳の他に、特に松方が会議に出席した。松方は脱亜論者ではなかった。欧米とは国際信義を守って付き合い、近代化を進めつつ、中国と共同して東亜の自治を確保すべきであると考えていた。ただし日本の独立と国防を全うするためには、断固とした行動が必要であり、軍事的には時機を失することなく果断の処置をとるべきであるという考え方であった。

伊藤首相は、開戦を躊躇した。伊藤は、「平時」の政治では周到な思慮が働き、的確な判断と政治感覚で諸事を切り回す能力を示していた。しかし「有事」には、良くも悪くも優柔不断に陥り、判断力に精彩を欠き、決断力に欠けるという性癖をもっていた。しかし、松方らの積極行動論とイギリスの好意的態度（日英通商航海条約締結）が期待できる見通しが立ったので、開戦準備に入った。七月豊島沖海戦によって日清戦争の火蓋が切られ、八月一日、正式に宣戦が布告された。

議会で対立を続けてきた政府と民党は、一致団結して事に当たり、挙国一致の国内体制が整えられた。清国は、内政改革に立ち遅れ、専制政治のもとで政治対立が継続したので、国力を対日戦争に結集することができなかった。日本軍の圧倒的優勢の下で、戦争は推移した。海軍は黄海海戦で清国北洋艦隊を敗北させ、陸軍は清国軍を朝鮮半島から駆逐し、遼東半島、山東半島の一部を占領して、戦闘は日本軍勝利のうちに幕を閉じた。

戦時財政への関与

松方は、伊藤内閣の閣外協力者として活躍した。松方は、伊藤に、まず日本の名分を明らかにし海外に宣伝することが必要であるとして、外国新聞を活用するよう勧めた。松方の近代的な政治感覚が光っており、有事の果断な対応策と相俟って、有事に強い資質を見せた。伊藤が有事に優柔不断となり、決断が鈍るという性格を持っていたのと対照的である。松方は、情報戦の重要性を明確に認識していた。陸奥外相は、松方の助言を多とした。

他方、戦時の財政運営については、松方の独壇場であった。松方は、金融逼迫状況を見て、私設鉄道の建設期限を緩和することを薦めた。また開戦の決意が遅れた理由として、軍事要員を輸送する船腹が不足しているという問題があった。松方は、購入資金の不足には、日銀のロンドン積立金を利用することを勧めた。松方は、常に兌換制度の安定に心を遣い、金本位制への移行をも視野に入れていたので、正貨や外貨の準備状況についての知識は、衆を抜きん出ており、直ちに対応策を提示することができた。

さらに戦争の進展とともに戦費調達が大問題となった。財政剰余金はすぐに使い果たされ、新たな軍費調達の必要が生じた。伊藤は、富豪より献金を募り、後日これを国債に引きなおすという案を提案した。松方は、拙策の甚だしいものであると反対した。かりに議会が、献金は愛国心から出たものであり、国債に引きなおして補償する義務はないと拒否した場合、献金者を欺き政治不信の元になる。また愛国心があっても、喜んで私財を投げうつ者はおらず、財産を隠匿し献金を回避しようとするのは世の常である、と反対意見を述べた。伊藤の戦時財政計画は、二七年の軍資所要額を四〇〇〇万円と見積もり、財政剰余金二五〇〇万円の他に、一五〇〇万円程度の献金を募れば戦費需要に応じることができるという見通しに基づいていた。松方は、西南戦争ですら四〇〇〇万円の戦費を必要としている。国を挙げての戦争の戦費が遥かに巨額になることは、あらかじめ織り込んでおかねばならないと主張し、同席の山縣も松方の意見に賛成した。

松方は、有事には、予算によって軍事計画を考えるべきではない。まず計画をたて、後に予算をつくるべきである。そして資金調達は、内国債で行うべきである。国債は、人々の私財保全に対する不安を除き、財産秘匿の必要を除き、経済界の混乱を防ぎつつ、軍資の供給を可能にする、と主張した。伊藤は、財政に通じた井上馨と協議するよう要請した。井上は献金論を主張したが、結局松方の正論に屈した。こうして、井上も伊藤に説き、松方の内国債論が戦時財政政策に取り入れられることになった。

八月一五日軍事公債条例が発布され、六分利付き五〇〇〇万円の公債が募集されることになった。議会では、民党も協力し、軍事予算は満場一致で可決された。公債募集は、中込額が七六九四万円に達して大成功を収めた。戦火の拡大とともに、さらに国債募集が必要となり、一〇月の臨時議会で軍事費一億五〇〇〇万円の予算案が満場一致で可決された。円滑に巨額の軍費供給が実現し、松方の主張の正当性が立証された。一朝有事には、国論は統一され、国民は喜んで軍資調達に協力するという日本の国民性が発揮された。

このような中で実業界の一部から外債募集論が起こった。松方は外債募集に反対した。しかし英・独・仏の財団から日本政府の借款に応じるとの申し込みがあり、政府部内に再度外債論が起こった。伊藤は、松方の反対を考慮して、隠密裏に日銀総裁川田小一郎に扱いを依頼した。この動きを察知した松方は、川田に書簡を送って中止するように指示したので、伊藤の工作は不調に終わった。銀貨が暴落する趨勢の中で、銀貨国の日本が、金貨国で外債募集を行うことは非常な不利が伴う。外債募集には、それを可能にする条件を整える必要があるというのが、松方の考えであった。また巨額の外債募集は、外国の干渉の糸口になり、国家の独立を危うくする事態が起きうることを、松方は憂慮していた。

ところで、松方は、戦時財政の運営に関して、巨額の資金を一時に国庫に退蔵することは、利子負担を増し、金融を阻害するので好ましくないとして、短期借入金によって資金調達を行うよう提言した。この措置は、短期借入金によって戦費を市場に散布し、まず民間市場の金融を潤沢にした上で、国債を募集して民間資金を吸収し、日銀に返済して日銀券を還流させるという方式を提案したものであった。国内経済の拡大を保証しつつ、戦時物資の供給を潤滑にするという戦時財政運営方式は、この松方の建議によって具体的な形をとることになる。この方式は、後の日本の戦時財政方式の基本となった。

第六章　戦後経営構想と金本位制度への移行

1　戦後経営構想

松方の蔵相復帰と清国賠償金

日清戦争は、日本が圧倒的優位の下に進められた。海軍は、黄海海戦で清国北洋艦隊を撃破し、陸軍は清国軍を朝鮮から一掃し、さらに遼東半島、山東半島の一部を制圧した。こうして、約八カ月で戦争は日本の勝利のうちに終わった。

戦後の財政処理は、困難な課題であった。最初、伊藤は、公債募集に関して、渡辺蔵相を更迭して、松方を据えようと考えたが果たせなかった。明治二八年三月、松方は、天皇の命令によって、伊藤内閣の蔵相に就任し、戦後の財政計画を策定することになった。

清国は、四月下関講和条約によって、朝鮮の独立を承認し、台湾・澎湖諸島・遼東半島の割譲、賠償金二億テール（日本円三億一〇〇〇万円）の支払いなどを約束した。これに対して、南満州への南下の機会を窺っていたロシアは、日本の満州進出を警戒して、下関条約が結ばれるや否や、ドイツ・フランスと語らって、遼東半島の清国への還付を日本に勧告した。この三国干渉を、実力で排除する力を持たなかった日本は、やむなく屈した。政府は、清国から三〇〇〇万テール（約五〇〇〇万円）の賞金を追加獲得して、返還に応じた。

国民は、三国干渉に憤激し、臥薪嘗胆を合言葉として、復仇を誓った。伊藤内閣は、このような状況の中で、戦時財政を処理し、戦後経営計画を策定して、ロシアに対抗できる軍備整備と国力充実を図る必要に迫られた。

松方の蔵相起用は、このような困難な財政経済運営の基本計画を策定するためであった。松方以外に、それを為しうる人材はいないと考えられた。松方は、戦後経営計画の中心に、金本位制の実現を置いた。金本位を軸とする安定的な貨幣制度の下で財政経済基盤を確立することが、戦時財政処理と戦後経営計画の成否を決すると考えていた。松方が先ず取り組んだのが、清国賠償金の処理と、貨幣制度調査会答申の取りまとめ作業であった。

清国からの賠償金二億両と遼東半島還付金三〇〇〇万両を受領するにあたって、松方は、明治二八年五月「償金受領順序要領」を伊藤首相に提出し、銀貨にかえて金貨で受け取るべきであると主張した。清国が、欧州で公債を募集して、賠償資金を調達しようと計画していたからである。金本位制への移行を念頭においていた松方は、金準備を確保する千載一遇の好機が到来したと考えた。そこで償金を英貨ポンドで受領すべきであると、伊藤に献策した。伊藤は、この提案に同意し、陸奥外相に清国の意向を打診させた。清国の同意が得られたので、松方は「軍費賠償金授受順序案」を政府に提出した。こうして明治二八年一〇月六日、二億両を英貨三二九〇万ポンドでロンドンにおいて受領することに決定し、続いて遼東還付金三〇〇〇万両・英貨換算四九三万ポンド、威海衛守備消却金年額五〇万両・英貨換算八万ポンドを受領することとなった。

他方で松方は、貨幣制度調査委員会から金本位を採用すべきであるという答申を受け取った。調査会では、銀本位が輸出促進効果をもっているので日本経済にとって有利であるとする議論が支配的であったが、報告書提出の直前に金本位が望ましいという内容に急遽変更され、松方大蔵大臣に答申された。松方の意向が答申に強く反映された結果であった。

松方は、戦後経営計画を定めるという任務をもって、伊藤内閣に入閣した。計画の核となっていたのが、金本位制度の確立であった。松方にとって金本位は最大の課題であり、日本が健全な通貨制度、健全な財政基盤を確保する上で、なくてはならない土台であった。それによって初めて欧米諸国と共通の土俵の上で経済発展を遂げる環境が整い、日本の国家信用が確立する。是非とも自分の力で成し遂げたいと考え続けてきた宿願であった。

戦後経営計画と金本位制

伊藤内閣は、三国干渉による遼東半島還付と対韓政策の失敗によって、世論の攻撃の的となった。松方は、伊藤や陸奥の政策には批判的であったが、国力の弱さを等しく痛感していた。軍備拡張と国力充実は、焦眉の課題となった。この課題を実現するためには、どのような財政計画を策定しなければならないか、松方の経綸にかかった。

明治天皇は、松方に対して、財政を整理することが現下の最重要課題であり、陸海軍拡張や占領地支出で巨多の請求があっても、それを抑え、財政基盤を確立し、外債を募集せず、戦後経営の基礎を計画するように指示した。財政整理と外債非募債を貫き、軍部や各省の強硬論を抑えて、戦後財政の運営を行いうる者は、松方を措いて他にないとする、松方の財政手腕に対する天皇の強い信認が示された。こうして、松方の戦後経営構想は、軍備拡張をはじめとする新規諸事業を、財政基盤確立と外債非募集という枠組みの中で充足するという基本構造をもつことになった。

松方は、戦後経営の第一着手として、二八年五月、日本興行銀行（後の日本勧業銀行）の設立案を閣議に提出した。その目的は、全国の農工業の改良発達をはかり、地方公益に係る土木事業の進行を図ることにあった。不動産を抵当として農工業者に長期低利資金を供給し、農工業者の金利負担を軽減し、生産コストを低下させて輸出を振興し、あわせて担税力を増大させる。また地方公共団体に無担保で長期低利資金を供給して、土木事業を促進する。それは、農工業の発達に寄与し、担税力を一層強化し、政府の土木費国庫補助金の削減を可能にする。さらに、地方債の発行を不要にし、内国債の起債能力を強化する。

興業銀行の設立は、農工業・地方公共団体に長期低利資金を供給し、産業発達と輸出の振興を図ることを目的としたものであったが、同時に担税力の増大、土木費国庫補助の削減、国債起債能力の拡大などの財政基盤強化を図る強力な手段でもあった。松方が、戦後経営の第一着手として興業銀行の設立を強調した所以である。

興銀法案の閣議提出と併行して、戦後経営構想が大蔵省内部で阪谷芳郎を中心に練られ、清国賠償金の使用試案が五月に纏る。試案は、償金総額を二億八〇〇〇万円と控えめに見積もり、陸海軍拡張一〇カ年計画に一億九一九二万円、台湾関係費一九五〇万円、従軍者一時資金一四〇四万円、軍費不足補充五二八八万円（軍事公債発行を八〇〇〇万円に止める）等に使用するという内容であった。

松方は、この試案を基にして、八月一五日「財政前途の経画に付提議」を閣議に提出する。それは、財政の計画的運用を図り、新規事業経費の定度、財源と民力負担の関係、国費増加に応じる国力発達方法の三点を検討した、日清戦後経営のマスター・プランであった。そして、(1)軍備拡張の規模は海軍二〇万トン・陸軍常備兵力倍増が適当である、(2)国民は現在の一人当たり一円五九銭の負担から二円五〇銭程度への負担増には耐えられる、(3)運輸交通の便を開き資本融通を潤沢にする必要がある、として具体策を提示した。

経常費の増大は、初年度二五五三万円から、最高年三八〇〇万円になると見込まれた。それは、酒造税増徴、営業税新設、葉煙草専売収入、関税増収によって賄う。一方臨時大計画は、陸軍五〇〇〇万円、海軍一億三〇〇〇万円、製鋼所設立費五〇〇〇万円とし、鉄道および電話事業は年一〇〇〇万円が予定された。

清国賠償金は、総額三億円と見積もり、陸海軍拡張費合計一億八〇〇〇万円と製鋼所設立費五〇〇万円は、全額償金で賄う。その他、軍費償却に五五〇〇万円を充当し（当時日清戦争軍費支出は一億五九〇〇万円であり収入は一億四〇〇〇万円であった）、農業銀行資本補助に一〇〇〇万円を投じ（日本興業銀行設立による）、残額五〇〇〇万円を非常準備金として蓄積する。

清国賠償金は、遼東半島還付金を合わせて三億六〇〇〇万円であったから、この外に六〇〇〇万円分の予備財源が保留されていた。さらに償金利子見込み収入三〇〇〇万円も予備財源として温存されていた。つまり、償金及び償金利子のうち、九〇〇〇万円は金貨で留保するという計画であった。非常準備金を加えれば、一億四〇〇〇万円程度の金準備を予備財源として確保できる。松方が、戦後の事業拡張を図ると同時に、巨額の金準備を保蓄しようとしていたことがわかる。それは、紛れもなく金本位制度への移行を念頭に置いたものであった。ちなみに明治二八年末の日本銀行券流通高合計は、一億八〇三四万円であり、正貨準備が六〇三七万円であったから、別途に一億四〇〇〇万円の金準備が確保されていれば、金本位制度への移行には当面の不安はなかった。

松方が重視したことは、財政整理と民力培養を両立させることであった。戦費調達のために募集した公債は八〇〇〇万円であり、今後募集すべき分を二〇〇〇万円とすれば、合計一億円となる。軍事公債は、「不殖産的費用」に充用したもので後世の負担になり、速やかに消却する必要がある。毎年の一般会計歳計剰余を国債償還に充用し、買上消却を実施して一〇カ年で全額消却する。松方は、三国干渉の経緯から、将来の有事を想定した起債能力を確保しようと考えていた。償金の使途に、非常準備金五〇〇〇万円を逸早く設定したことと符節を合わせていた。一方、国力充実には、運輸交通機関の拡張、一般行政事業の拡張（治水築港、学校教育、航路拡張、電話事業等）、日本銀行・正金銀行の事業拡張、興業銀行・農業銀行の設立などの手段を講じる。

松方の民力育成論の特徴は、財政整理、興業銀行設立と一体化している点にあった。軍事公債を一〇カ年で全額償還し、軍費不足を償金で清算すれば、公債利子は年七〇〇万円程度低減される。つまり年七〇〇万円程度の経常財源が発生する。しかも買上消却法を採用すれば、公債価格は維持され、新規の事業公債募集環境を改善させる。松方は、鉄道・電話事業のために年一〇〇〇万円を限度とする公債募集計画を立てていた。年一〇〇〇万円程度の軍事公債を継続的に買上償還すれば、民間資金と競合することなく事業公債を募集することが可能となる。事業公債は、収益事業に投資されるので、元利の償還は事業収入で可能になる。それは、民間産業発達を促進し担税能力を高める。こうして財政基盤を強化する措置と民力育成事業は両立することになる。また財政基盤の確立は、企業家の信認を高める作用を及ぼす。

軍事公債全額償還・公債費削減政策と事業公債募集による民力育成・担税力増強は、松方の戦後経営政策の要の位置を占めるものであった。それが、興業銀行設立による産業振興と公共インフラ整備、国庫補助金削減と地方債発行抑制政策によって、補強されていた。

松方の戦後経営は、軍備拡張を進めながら、「財政基盤の確立」（軍事公債償還、財政負担削減）、「産業育成」（運輸交通・公共インフラ拡張、低利資金の供給）、「経済発展」（輸出拡大、担税力増大）の円滑な連鎖を確立しようとしたものであった。

一方、戦後経営の経常財源の増大にあたっては、地租、所得税の増税を避け、議会との対立を回避しようとした。また天皇の意向を反映して外債の募集も回避された。それは、外債募集の環境が整っていないこと、有事の起債能力を温存することを意味していた。

松方が、財政基盤の確立を最優先に据えた戦後経営計画を立案した背景には、多年の宿願を果たす時が来たという認識が横たわっていた。松方は、この戦後経営計画を大枠で保証し、経済財政の健全な基盤を保証する制度として、金本位制度の実現を位置づけていた。

清国賠償金は、金本位制実施のための絶好の条件を提供した。松方は、講和条約交渉では、政府の遼東半島割譲要求に反対した。遼東半島の割譲は、必ず列国の干渉を招くので好ましくない。その代わりに賞金一〇億テールを要求するべきである、と主張した。松方にとっては、潤沢な金準備を確保することが何より重要であった。また日本は、欧米との協調外交を維持しつつ、大陸への軍事的侵略行動を慎み、中国と協調してアジアの自治を確保する努力を行い、経済発展を目指すべきというのが松方の持論であった。そして松方は、三国干渉が起きると、それ見たことかと伊藤の政策を批判した。

松方は、戦後経営計画を実行するためには、臨時議会を開催して戦後経営計画の承認を得るべきであると主張した。しかし伊藤は、臨時議会での外交失政に対する伊藤批判を利用して、松方が政権を握ろうとしていると観測した。松方の意見は退けられた。

松方は、辞表を提出して伊藤内閣を去った。松方が、金本位制度と「対」になるべく計画した戦後財政計画は、実現されなかった。松方は、議会の協賛を得て、挙国一致で戦後経営計画を策定し、早期に金本位制度を採用することを望んでいた。松方にとって、戦後経営計画や金本位制度の採用は、決して政争の具ではなかった。財政計画策定や貨幣制度の確立は、日本が近代国家として、国際的な共通土俵の中で生き残っていくための、国運を賭けた政策であった。松方にとって、金本位制度の採用と、それに整合した戦後経営計画を策定し軌道に乗せることは、まさに最優先されるべき課題であった。

松方が、この時、伊藤から政権を奪い取ろうと画策したかどうかは明確ではない。しかし松方にとって、その抱懐する政策目的が実現されるならば、自らが首班となるかどうかには、あまり拘らなかったと考えられる。ただし、伊藤首相の下では、松方蔵相の構想がそのまま採用されたかどうかは、微妙であったと考えることもできよう。この辞任劇によって、松方と伊藤との関係に決定的な亀裂が入った。

伊藤内閣の戦後財政計画

松方にかわって、渡辺が大蔵大臣に返り咲いた。渡辺は、戦後経営計画を策定する上で、特に金本位との整合性をはかる必要性を意識しなかった。松方の戦後計画の外観的な基本骨格は、渡辺案でも踏襲された。しかし、戦後計画が、金本位制度の実現とは完全に分離されたため、計画の基本精神は大きく異なるものとなった。

渡辺案は、経常費の増額を、初年度二七六一万円から逓増し最高で年四二七三万円と見積もった。松方案との大きな相違は、軍事公債利払いが膨張し、加えて軍備経常維持費が顕著に膨張していることであった。財源では、関税収入が姿を消し、登録税が新たに増徴された。

また、臨時大計画としては、軍備拡張関連費において、陸軍拡張九〇〇〇万円、海軍拡張一億八七〇〇万円、製鋼所設立四〇〇〇万円、合計二億八一〇〇万円が計上され、その財源としては、償金二億四〇〇万円、償金利子三〇〇〇万円、関税収入四七〇〇万円が予定された。松方案では、軍備拡張は、当面一億八〇〇〇万円で、全額償金支弁とされていた。したがって、渡辺案では、軍拡費が一億円増大し、予備財源として温存されていた償金利子が軍拡財源に充当され、さらに関税が一般財源から分離されて軍拡財源として確保された。

償金使用計画は大きく変更された。軍備拡張費に償金が増額され、その分臨時軍事費充当額が減額された。償金利子も含めて、松方案と比較すれば、軍備拡張にたいする償金充当額は、五〇〇〇万円増額され、臨時軍事費補塡額は二〇〇〇万円削減されていた。

この点は、松方案と際立った相違を示すところであった。二八年一〇月現在、臨時軍事費支出額は、一億七九〇〇万円、収入額は一億四〇〇〇万円、将来支出見込み額は三〇〇〇万円であった。したがって、軍費不足額は一億五〇〇〇万円となる。これを、軍事公債七〇〇〇万円の追加発行と、償金三五〇〇〇万円で充当するというものであった。渡辺案は、戦争中に募集された八〇〇〇万円の軍事公債にほぼ匹敵する七〇〇〇万円の軍事公債を、戦後経営の金融繁忙期に再び募集しようとするものであり、困難は予め予想できるものであった。さらにこれに加えて、事業公債を募集して着手する運輸交通・電話事業の規模を、一挙に拡大しようとした。

松方案に比して、軍備拡張規模が巨大化し、経常支出規模が著しく拡大した。他方で、経常財源に予定されていた関税が拡張財源に充当されたため、経常収入基盤は劣化し、財政収支は悪化した。経常収支が悪化すれば、歳入余剰で急速に軍事公債を償還することは不可能になる。この様な中で、戦後追加的に巨額の軍事公債を発行すれば、軍事公債は累積し、公債利払いは膨張して、財政基盤は劣化せざるを得ない。さらに巨額の軍事公債を追加発行し、事業公債募集規模を一層拡大し、他方で軍事公債償還を停止するのであるから、民間資金との競合は深刻化せざるを得ない。

一一月、渡辺案が閣議に提出され、政府部内で検討が行われた結果、若干の技術的修正が施された。二八年度に領収される清国賠償金一億二〇〇〇万円は、軍備拡張に充当される予定であったが、実際の二九年度充用額は四〇〇〇万円に過ぎなかった。一方二八年度中には臨時軍事費特別会計を完結させねばならなかったが、軍費不足額は一億四〇〇〇万円に達していた。そこで、償金の未使用残額七八九六万円を軍費消却に充用し、残額二五〇〇万円の軍事公債を追加発行することによって、臨時軍事費特別会計を整理することになった。その結果、七〇〇〇万円の軍事公債追加発行額は二五〇〇万円に圧縮されたが、そのかわりに軍備拡張財源に充てる軍備公債七九〇〇万円が追加発行されることになった。つまり、軍事関係の戦後公債発行額は、七〇〇〇万円から一億四〇〇〇万円へと膨張した。したがって実質的には、軍費不足額一億四〇〇〇万円を、全額軍事公債発行で賄うのと同様な財政措置を行うことになった。

戦後に、巨額の軍事公債や事業公債を募集することは、困難であると予想されていた。公債募集が困難となれば、清国償金による繰替えが不可避となり、金本位採用のために温存していた予備の金貨準備は費消され、金本位への移行の基盤は掘り崩される。

渡辺案は、日本経済の実情を無視して、膨大な軍備拡張と積極的産業育成を同時に打ち出したものであった。財政基盤確立と民力育成の同時達成をはかるという松方構想は破壊された。軍部の要求が一挙に拡大し、財政経済の健全な発達基盤を確保することよりも、国防充実計画が戦後経営の中心に据えられたからであった。松方という天皇の意向を後ろ盾とする強力な「財政番」がいなくなった影響が、顕著に現れたといってよかろう。

伊藤内閣と自由党との提携

このように渡辺の戦後財政計画は、日本の実力から見て相当過大な国防計画を盛り込み、政府事業と民間部門との資金需要の整合性を欠いたものとなった。しかし一一月に伊藤内閣と自由党とが正式に提携したため、この財政計画は議会で成立し、実行に移された。

自由党の方針は、「立憲政体の完成」、「東洋平和の経綸策定」、「陸海軍の拡張」、「実業の奨励」、「財源確保」、「冗費節減」、「遼東還付の責任追及は行わない」、「朝鮮独立の確保」の八項目であった。三国干渉以来の政府の外交失政を追及せず、国防充実と国力増進を図り、朝鮮の独立のための善後策を講じるという姿勢は、全面的に伊藤内閣と同一政策をとると宣言したことを意味していた。その意味で、民党の政費節減・民力休養と政府の富国強兵政策の対立という図式は消滅した。両者の妥協は、戦後計画の財源から地租増徴が省かれていることによって成立していた。政策論で見る限り、自由党の独自な存在意義は薄れていた。そして翌二九年四月、板垣退助が内務大臣として第二次伊藤内閣に入閣したことによって、同内閣は事実上の自由党との連立内閣となった。こうして、日清戦後経営は、政府と政党との連立内閣によって、担われることになった。

しかし、戦後経営が実施されると、財政規模は一気に膨張し、企業熱が加熱して、輸入が激増した。金融は逼迫し、金利が高騰して、経済は著しい変調を来した。巨額の国債募集は不可能であった。国民は、財政経済の変調を救済することが必要だとし、政策の転換を求めた。その思いが、松方内閣待望論となっていった。

2 宿願の金本位制度

第二次松方内閣（松隈内閣）

松方は、伊藤内閣で大蔵大臣辞任に追い込まれたため、自己の宿願とした金本位制度の実現を図る千載一遇の機会を逸していた。金本位制度は、松方が、自己の財政経済政策の集大成として、実現を期したものであった。松方は、日本が国際経済社会に確固たる地位を占めるためには、「国際的貨幣本位」制度の仲間入りをしなければならないと考えていた。

松方が金本位を実現するためには、議会で多数派と提携する必要があった。当時の議会勢力分布は、自由党一一〇名、改進党五三名、革新党四〇名、国民協会三二名、大手倶楽部二二名、中国進歩党五名、財政革新社四名、無所属吏党二六名、無所属民党八名であった。この内、改進党以下六会派の所謂対外硬派は、遼東還付に憤激して伊藤内閣の責任を激しく追及していた。明治二九年三月には、対外硬派は進歩党を結成し、伊藤・自由党内閣に対抗した。進歩党は、(1)政弊を改革して責任内閣制の完成を期する(2)外交を刷新して国権の拡張を期する(3)財政を整理して民業の発達を期するという綱領を発表し、気勢を上げた。

一方、伊藤内閣では、陸奥が病気で外相を辞任し、渡辺蔵相が巨額の国債募集に目途が立たず深刻な財政難を憂慮して辞表を提出した。そこで井上馨は、政情不安を解消し、挙国一致して戦後経営に当たる必要があるとして、松方を蔵相に大隈を外相に入閣させる工作を行った。しかし、板垣内相が大隈の入閣に反対し、松方は大隈の入閣を条件に挙げたため、内閣改造計画は失敗に終わり、伊藤は二九年八月二八日辞表を提出した。

松方は、第一次内閣のとき選挙干渉問題で伊藤から干渉を受け無能扱いされ、また松方の戦後財政計画が拒否されたことから、伊藤に対して強い反感を抱いていた。犬養毅や大石正巳らは、松方と大隈の提携を構想し、松方の姻戚関係にある三菱の岩崎彌之助の仲介で、大隈との提携をまとめた。大隈は、松方に大命が降下すれば、協力すると約していた。

松方は、組閣に当たって、明治天皇に対して、自らの首を皇居西の丸に埋める覚悟で大任に当たると決意を披瀝したが、天皇は大隈に強い嫌悪を抱いており、大隈の入閣に反対した（五百旗頭薫『大隈重信の政党政治』二四二頁）。

松方は、金本位制度の実現を最大の課題としていた。伊藤や井上が主導する内閣では、蔵相に入閣しても困難な戦後財政整理を押し付けられるだけで、何のメリットもなかった。金本位の実現のためには、自らが財政経済問題で独占的なイニシアティブをとれる、松方内閣を組織する必要があった。伊藤内閣の尻拭いをさせられることは真っ平であったろう。

一方、大隈は、進歩党を率いて松方と連立を組めば、進歩党の政策を実行することが可能になると考えていた。党の幹部であった犬養毅は、大隈に書簡を送り、「松方を生捕り来らざれば、対議会策の上において頗る不便」であり、少し自重すれば「先方は瓦解」するであろうし、瓦解しないまでも松方一派を結集して一大党を結成することは容易である、自分の技量を頼んで単独に進退することは謹んでほしい、と釘をさした（「八月二六日付け大隈宛書簡」）。大隈は、松方の政策論の特徴や正直な性格を知り抜いていた。提携がなれば、松方を押さえて譲歩を引き出し、進歩党の政策実現に道筋がつけられるはずであった。

松方の組閣目的は、単純化すれば金本位制実現であったといってよい。その意味で、連立は両者の利害が一致していた。大隈は入閣に当たって、「大臣には国民の衆望がある者を任命する」、「言論・集会・出版の自由を認める」、「民間人を登用する」という三つの条件を付けた。松方は、大隈の条件を容れ、進歩党と提携し、宿願の金本位実現に乗り出した。

閣僚の顔ぶれは、首相兼蔵相に松方、内相樺山資紀、拓殖相兼陸相高島鞆之助、海相西郷従道（以上薩摩閥）、外相大隈重信（進歩党）、法相清浦奎吾、逓相野村靖（以上山縣系）、文相蜂須賀茂詔、農商務相榎本武揚であった。閣僚は、薩摩閥と山縣系官僚を中心として選考され、進歩党からは大隈一人の入閣となった。外交問題を大隈に委ねるほかは、財政経済問題は松方の独断で処断し、軍部の主張に配慮し、内政は保守的人物が配置された。

明治二九年一〇月に発表された松方内閣の新政綱は、⑴責任内閣制の実をあげる、⑵国家権利の伸長と貿易拡張、⑶国力に適応した軍備拡充、⑷教育および農工商業の発達、⑸言論・出版・集会などの自由の尊重と保証、⑹行政改革と官紀振粛、⑺財政整理と国際収支均衡などであった。進歩党の主張が反映された政綱であるが、どの項目も抽象的であり、具体的な政策目標が示されているとはいえなかった。一方、松方が最優先課題として成立を期した金本位制の実現は、政綱の項目には挙げられていなかった。松方は、金本位制の実現を政争の具にすべきではないと認識していたといえよう。

世論は、松方内閣に「財政整理」を期待した。松方の目から見れば、戦後経営を円滑に遂行するためには、財政整理を先行させ、民間経済の発展を保証する措置をとるべきであった。軍備拡張規模を適度に抑え、金本位制度への移行を優先すべきであった。

しかし、松方は、財政整理に取り組むことには積極的ではなかった。現行戦後財政計画は、政府と議会が正式に決定したものであり、一旦決定された国策は、軽々に変更されるべきものではない。また基本的な事業計画全体が承認されてしまうと、計画の部分的縮小を実行しても、経費節減効果は大きくない。議論の必要は戦後計画策定の前にあり、後にはないと考えていた。伊藤・自由党連立内閣の戦後財政計画の杜撰さは、批判されてしかるべきである。しかし、臥薪嘗胆を合言葉として、戦後計画を策定し、議会の協賛を得て実行に移してから、僅か一年で計画の抜本的変更を行えば、日本の国際社会における信用は、一挙に失われることは必至であった。

戦後財政計画は多年度に亘る継続事業が多く、直ちに規模を縮小することは困難である。だが戦後の経済状況の中で、巨額の資金需要を満たす公債募集は不可能であった。また財政整理は、議会が一致して財政基盤の強化が必要であるとの合意に達しない限り、容易に実現できるものではない。すでに、消費税、営業税、酒税、煙草専売で増税を実施しており、一層の財政基盤の強化のためには、地租増徴が不可避であった。地租増徴には、自由党、進歩党ともに、簡単に賛成できる状況にはなかった。それは民党独自の政策論の最後の支柱であったからである。財政整理問題は、正面から取り上げたとしても、当面実現の見込みは立たなかった。公債募集が不可能であり、再度の増税は議会の協賛が得られず、事業縮小も時期尚早であるとすれば、清国償金に手を付け、一時繰替えで当面を凌ぐほかない。しかし、それは金貨準備を急速に枯渇させる。

松方にとっての緊急課題は、金本位制であった。金本位への移行は、金貨準備に決定的に依存する。清国賠償金を金貨で保有している今を措いては、チャンスは二度とない。しかも、過大な戦後経営計画の結果、賠償金の使途はほぼ決定され、それは数年うちには費消されてしまう情勢であった。松方にとって、金本位への移行問題は、焦眉の急であった。

決定されたばかりの戦後経営計画を大幅に変更することは、政治的に不可能であった。財政整理は増税と同義になる。財政整理に本格的に取組む条件は、整っていなかった。松方は、戦後財政計画は当面手をつけず、まず差し迫った課題である金本位を実現しようと考えた。それは、極めて現実的な判断であったといえよう。松方内閣にとって、金本位実現が第一優先順位の政策であり、財政整理はつぎに目指すべき課題であった。

松方に秘書官として仕えた深井英五（後の日銀総裁）は、「公は重要事件に逢着する毎に、学生が教科書を学ぶやうな態度を以て根本の理義を検討し、平凡と見ゆる大綱を把握して方針を決定したやうである。又一時に諸方面に着手せずして、一方面の目鼻の付いた後に他の方面に移るというのが公の流儀であったらしい。……殊に所命の遂行を専一とすべき場合と、自己の所見を以て貢献すべき場合とを克く心得なければならぬと云ふのが、公の訓言の一であった」（『回顧七〇年』五七頁）と述べている。

金本位制実現を果たすためには、進歩党との提携が必要であった。提携が成立すれば、三〇年度予算案は、第一〇議会でスムーズに成立するであろう。三〇年度予算案は、基本的には伊藤内閣と自由党の協力で作成されたものであるから、進歩党の賛成を得て提出すれば、自由党に反対する理由はない。予算案の通過には、支障は予想されなかった。松方は、宿願の金本位制実現に注力できる。

戦後財政計画の大幅な修正は困難であった。そして政綱に掲げられた、国力に応じた軍備拡充や、産業発達、行財政整理などの諸項目は、具体的措置が規定されたものではなかった。また責任内閣制の実現や、言論・出版・集会の自由などの諸項目は、進歩党の協力を得るための配慮から掲げられたものであった。松方や閣内の薩摩閥は、内心では政党を信用しておらず、政綱の実現には積極的でなかった。松方は、金本位制度が議会で成立するまでは譲歩は厭わなかったが、政綱実現には本来意欲が薄かったということができよう。極論すれば、この内閣では、金本位が実現しさえすればよかった。

そもそも、松方は大隈とそりが合わなかった。大隈は、松方を格下と見ており、組みし易しと考えていた。そして大隈は、環境に順応して二流の地位に留まることができる性格ではなかった。また閣内には、樺山・高島の薩摩閥の武断派と、議論の多い進歩党との確執が潜在していた。したがって松隈内閣がうまくいくはずはなかった。

松方は、政党との公約違反を公然と犯すことは控えた。また藩閥閣僚の主張を頭から否定することもしなかった。しかし政党との折り合いをつけて、政局を巧みにこなす政治家たろうともしなかった。松方にとって、政治とは、天皇中心の国家体制を安定させ、国家の信用を確立することであった。松方の頭にあったことは、まず金本位制度を確立した上で、国防を充実し経済を発展させ、自主独立の国家として、国際的な富強を達成することであった。それが、日本全体を豊かにし、国民の幸せを増大させる道であると信じていた。

政党は、私利私欲を貪り、政府高官の地位を欲しがる政治集団であり、そのような腐敗した政党が政権を掌握することは、富国強兵の実を挙げることを阻害し、国民の幸福を損ね、また万世一系の天皇を中心とする日本の国体にも反すると考えていた。事実、この時期の政党は、政府が掲げる政策に代替できる有力な国策を提示できるだけの力量には欠けていたといえよう。

第一〇議会と金本位制度の実現

明治二九年一二月二二日、第一〇議会が召集された。三〇年度予算は、歳入二億三九〇〇万円、歳出二億三九六七万円であり、二九年度予算に比して歳入で四九二八万円、歳出で五六八七万円の増加を示していた。軍事費を中心として膨張する国家予算は、民力休養を叫んだ民党各派にとっては、本来承認しがたい予算であったはずである。しかし、予算案は伊藤・自由党連立内閣が編成したものであり、進歩党は松方内閣の与党であったから、簡単に議会を通過した。

これより先、内閣を組織することが決定すると、松方は直ちに清国償金回収の方針を改定し、金塊購入に着手した。二九年九月二九日、為替取組および金銀塊購収の方針を定め、日本銀行総裁川田小一郎に改正通知を行うよう指示した。松方は、組閣後、迅速に宿願の金本位制度実現に邁進した。「為替取組にあたって、機械綿花等の生産を助けるものに為替を取り組み、奢侈品のごとき不生産品に対してはなるべく取り組まないようにすること」、「日本に回収する正貨は、専ら金塊、金貨、英貨を以て輸入すること」を指示した（『公爵松方正義伝』坤巻、六七六〜六七七頁）。戦後経営によって貿易が大幅な赤字に転落したが、消費財の輸入拡大がその大きな原因となっていた。金本位を採用するに当たって、最大の懸念は、十分な金準備を維持できるかどうかにあった。大幅な貿易赤字が継続すれば、正貨が流出して金本位の基礎は崩壊してしまうからであった。

他方、松方は、金本位実施方法に関する調査委員会を組織し、大蔵次官田尻稲次郎、主計局長松尾臣善、主計官阪谷芳郎、書記官添田寿一を調査委員に任じた。田尻、阪谷、添田は、二六年に設置された貨幣制度調査委員会の委員を務め、調査会の結論を金本制度採用へ誘導した人物である。その意味で、松方の意向を強く代弁する人選であった。明治三〇年一月二九日、調査会は、添田の起草した復命書「金本位制施行方法」を提出した。

現在、銀本制度下で、物価が高騰し、貿易は大幅な赤字を記録している。日清戦争以前には、貿易は大幅な黒字を記録し、銀本位の輸出促進機能は、有効に発揮されていた。しかし戦後は、そのメリットは消滅している。二七年から二九年を見ると、金貨相場は安定しており、将来変動があるとしても、「今日は殆ど下落の絶頂に達したものと認められる」。銀本位制の利益は消滅し、それを維持する理由はない。欧米諸国をはじめ、多くの国々が採用している金本位制を施行し、「自然的最良貨制」を採用すべきである。

金準備の点においても問題は解決している。日本銀行の二九年一〇月末兌換銀行券発行高は一億七九二六万円であり、正貨準備は銀貨・銀地金三〇八七万円、金地金八一九三万円であるが、金地金を新金貨に鋳造すれば八九四八万円となり、兌換銀行券発行高に比して四八・二％にあたる。したがって現在の準備のみでも兌換開始に困難はない。また国内流通金貨八五九万円を新金貨に改鋳すれば、一六三二万円となる。清国賠償金は二九年一二月一一日調べで三億四三一九万円であるが、使途が決定している二億九〇二六万円を差し引き、五二九四万円の残額がある。償金利子三二〇八万円を加えると八五〇一万円の使用未定額が存在する。これを利用して政府が日銀より借り入れている紙幣消却金二二〇〇万円を金で返済して金準備を充足する。それでも不足する場合は、軍事資金として積み立てる非常準備金を一時準備の用に供することもできる。したがって、今後数年は、金準備の欠乏を憂慮する必要はない。

貿易赤字が継続すれば金本位の基盤が揺らぐ。輸出振興等の金貨吸収策を講じる必要がある。金本位を実行すれば、為替相場下落による輸出促進作用は失われる。しかし為替相場が安定すれば、外国貿易が投機的性格やリスクから免れ、自然の発展経路に乗り、内地商工業も投機的企業の勃興が抑制され、初めて「真正の発達」を期することができる。金本位採用により世界経済に加入することになるが、「世界共通の経済程度に達するときは将来における財政及び金融上の利益は頗る大」である。しかも元来金一銀一六の割合であった金銀比価が、現在は金一銀三二倍へと丁度二分の一に低落し安定している。旧金貨の半分で新金貨を鋳造すれば、丁度現在の銀相場で貨幣を造ることになるので、取引関係を混乱させることはない。日本が金本位に移行するのに、まさに天佑とも言うべき好機が訪れている（「貨幣法制定及実施報告」『日本金融史資料明治大正編』第一七巻、二二六～三二一頁）と。

松方をはじめ大蔵省の事務当局者は、銀貨低落の趨勢がほぼ極点に達し、銀貨低落の輸出促進効果が将来持続する可能性は少ないと見ていた。したがって銀本位制を維持する積極的メリットはない。銀本位の下で輸出は停滞し、輸入が急膨張して、巨大な貿易赤字が発生していた。しかも銀価格の動揺が激しいため投機行動が著しくなり、正業が疎かになるという弊害が顕在化していた。人々が正業に励み、国内産業が「真正の発達」を遂げることなしには、日本の将来はない。日本が将来世界市場で健全な発達を遂げるためには、世界と共通の経済土俵に立たねばならない。ぜひとも金本位へ移行することが必要である。

大蔵省内では、銀貨通用を認めるか否かで議論があったが、結局銀貨通用を停止することで決着を見た（山本有造『両から円へ』一三八～一四四頁）。二月二五日、松方は「貨幣法及び其の他付属法案」を閣議に提出した。閣議はこれを了承し、三月一日法案は衆議院に提出された。松方は、貨幣法案提出の理由を演説した。

貨幣制度調査会は、金本位制を採用すべきであるとの結論を出したが、金準備の見込みが立たなかった。また当時は輸出が順調であった。ところが二九年には五三〇〇万円もの巨額の貿易赤字が発生して、銀本位の利益は消失した。清国賠償金で金準備の条件は整っている。日本銀行の金保有現在額は三六七〇万円であり、預け合いによって政府が日銀より借入ている七二六〇万円を金で返済すれば、遠からず日銀の金準備は一億九〇〇〇万円に達する見込みである。現在は、金本位採用の絶好の時期である。貨幣法改正の要点は、二つある。第一は、新金貨は現行金貨の半量（純金二分）に設定するということである。第二は、一円銀貨の始末である。本年まで輸出した銀貨の総額は一億一二〇〇万円であるが、その殆どが輸入国で地金として取り扱われるので、日本に還流して金流出につながると予想される額は余り多くない。当面の金準備は十分である。将来にわたって準備が維持できるかどうかは、日本の生産力・輸出力の増進にかかっている。従来、銀貨下落が輸出を多少増進したかもしれないが、それは一時的のことであり、銀の下落の程度まで物価賃金が上昇すれば、その作用は消滅する。貿易の発展は、銀貨下落だけによって生じたものではなく、運輸交通や教育の進歩等によって生じたものでもある。銀本位による利益がもはや消滅したので、金本位に移行する時が来た。金本位の利益は、(1)物価変動の回避(2)輸出の増進(3)為替変動の安定化(4)金融拡張の便(5)財政上の顕著な便益にある。「金本位実施のことは我邦慶長以来の歴史に徴し広く内外の大勢に鑑み遠く将来を慮りたるものにして我邦貨幣の基礎を強固ならしめ経済上健全なる発達を望むためである。」

（同、四二一～五〇頁）

松方が、金本位制採用の利益としてあげた物価変動や為替変動を避ける効果については、常識的にわかりやすい。また金融拡張の便とは、国際金融市場との疎通を意味している。財政上の便益とは、巨額の軍艦兵器・鉄道材料の輸入や外債募集の便益をさしていることは明らかである。ただ輸出の増進はわかりにくい。短期的には為替切下げ効果が失われ、輸出促進効果が失われるからである。松方は、「制度を一にする海外諸国との貿易取引が便利になり、物価の変動を避け、為に生産の発達を来たし、随って輸出貿易を増進するに至る」と説明している。

松方は、銀貨の激しい変動が貿易を一種の投機事業にし、それが健全な生産と貿易拡大を阻害する効果を重要視していた。また輸出増進は、為替低下による影響もあるが、運輸交通の発達や教育にも依存していると考えていた。したがって、国内産業発展や輸出振興を長期的視野から増進するには、経済を健全な発展軌道に乗せなければならず、そのためには金本位を採用することが望ましいと考えていた。

そして、松方の頭を支配していた短期的利益は、財政上の利益であったに違いない。戦後経営に必要な軍艦輸入兵器輸入外貨の確保、あるいは有事の外債起債能力の確保は、緊急の課題であると認識されていた。有限な賠償金の使途の中で、当初から非常準備金五〇〇〇万円を金貨で確保していたことからも、このことは裏付けられる。

松方の政策遺伝子

すでに見たごとく、松方は、金本位実施について、(A)「我邦慶長以来の歴史に徴し」て、(B)「広く内外の大勢に鑑み」、(C)「遠く将来を慮り」、(D)「貨幣の基礎を強固にし、経済上健全な発達を望むため」であると力説している。

(A)は、松方の幣制改革論の基礎に、欧米のモデルとは別に、旧幕時代から日本が採用してきた貨幣制度の歴史的遺伝子があったことを明確に物語っている。松方と交流が深く、また『公爵松方正義伝』の著者でもある徳富蘇峰は、松方の政策思想の根源について、「財政論に於ては新井白石に私淑し、歴史に於ては頼山陽を喜ぶ」と明言している。松方自身も、金本位実施二〇周年記念会の講演で、金本位実施を決心した理由を、次のように述べている（「金貨本位実施満二〇年紀念会記事」『日本金融史資料明治大正編』第一七巻、六八五頁）。

日本では旧幕府時代から金を主とした貨幣制度が行われている。慶長六年に慶長小判ができ、金銀比価は1：12であった。その後貨幣改鋳が行われて、享保時代の前には、銀の世界となり、非常に物価が高騰した。そこで新井白石が慶長小判と同品質の小判を鋳造するための貨幣改正を建議し、それが実行され享保の小判ができた。そのため物価（米の相場）が非常に下落した。新井白石は余程の英断を以て仕事をしたが、随分事業遂行には艱難を来たした。しかし、再び貨幣が悪くなり、明治維新を迎えることになった。

松方の幣制改革論の基礎には、新井白石の「正徳の治」があった。貨幣の紊乱は経済財政危機の元凶となる。それを糾すには、日本の事跡に照らして金本位制でなければならないとの結論が導かれていた。紙幣整理を断行し、銀本位制度を確立した松方は、世界的な金本位制への移行の趨勢や銀貨急落の趨勢に直面する前から、日本の幣制は金本位制でなければならないと考えていた。松方の心事の基礎には、単純な西洋知識や西洋モデルではなく、日本の歴史に根ざした知見が横たわっていたことは注目すべき点であろう。

(B)(C)では、金本位制の採用は、理論的な問題ではなく、歴史的な現実であり、国際的に支配的な制度に自国の制度を統一することは、長期的観点から見て重要である。その中で自国の経済を発展させる工夫が必要である、とする松方の認識が示されている。松方は、長期的視点から金本位採用の政策的健全性を信じていたが、「実際」に照らして金本位採用の利点を確信していた。阪谷芳郎は、次のように述べている。

私が金本位の採用を主張致しましたのは、世界が金であるから松方老公にお話を致しました。松方老侯も亦、そうだよ、学者が何と云っても世界の英吉利なり亜米利加なり、算盤に明るい連中が金を採用して居るのだから、学者が何といっても此方が得に違いない。損なら、あの算盤高い英吉利人なり亜米利加人が採用する気遣いはない。老侯は学説にも富んで居られますが、老侯の判断を一番強く促したのは此実際問題であります。

(「金貨本位実施満二〇年紀念会記事」『日本金融史資料明治大正編』第一七巻、六八〇～六八一頁)

(D)は、経済的行為で「正直」であることが最も重要な要素であるとする松方の経済感覚を示していた。紙幣整理に当たっても「正直」な政策を追求し、また「投機」を極端に嫌い、健全な発達こそ重

され、世間に衝撃を与えた。土方は、天皇に進退伺いを提出すると同時に、松方首相、樺山内相、清浦司法相に、厳重な処分を要求した。当該雑誌・新聞に対して発行禁止・停止の行政処分を行い、さらに皇室を冒瀆する不敬罪及び官吏侮辱罪で司法処分すべきであると主張した。

松方は、一三日、『二十六世紀』と『日本』の発行禁止・停止の行政処分について閣議にはかった。行政処分を主張する清浦・蜂須賀・榎本と、処分の必要なしとする大隈および樺山とに割れた。松方は、政綱に基づき言論の自由を尊重すべきであるとする大隈等の主張を可とする決定を行った。一方、司法処分については、清浦もこれを不可とした。司法省は、この件は不敬罪にあたらず、また官吏侮辱罪で法廷闘争をすれば類が皇室に及ぶ恐れがあるという見解であり、閣議もこれを可とした。こうして、松方は、土方に、行政・司法処分を行わないと伝えた。

これに激怒した土方は、宮中を巻き込み保守派官僚を結集して巻き返しに転じた。侍従長・内大臣徳大寺実則および枢密院議長黒田清隆は、松方に行政処分はやむをえないとする宮中の意向を伝え、西郷・樺山にも同様の意向が伝えられた。

松方は、閣議決定を撤回し、行政処分を行うことにした。松方の苦渋の決定は、天皇の意向を配慮した結果であった。松方は、天皇の意向を戴して、発行停止の行政処分を行うが、進歩党の言論自由の要求にできるだけ配慮し、司法処分は行わないという決定は曲げなかった。政綱を遵守するという信義と、天皇の意向に沿うという松方にとっての至上命令との接点を求めた苦渋の決断であった（『明治天皇紀』第九、一五一～一五三頁）。

このような決断は、松方の輿望を大きく傷つける。土方等は、当然松方の処置を喜ばない。進歩党も政綱に違反すると批判することは目に見えていた。しかし、天皇の直臣として、連立内閣の首班として、自らの面目を犠牲にした、ぎりぎりの決断であった。

松方は、政綱を遵守し、進歩党の要求を満たすべく、二十六世紀事件では司法処分を避け、行政処分をも回避しようと懸命の努力を行なった。その姿勢は、第一〇議会での、新聞紙条例の緩和に向けた尽力でも一貫していた。松方は、行政権による新聞紙の禁止・停止処分廃止を提案し、議会の修正を入れて、言論の自由を守るという政綱の実現に最大限の努力を傾けた。二十六世紀事件に明らかなように、言論の自由に対する宮中や山縣系官僚の強硬な姿勢から見て、松方内閣が提出した新聞紙条例改正案が不十分であるという観点からのみ評価するのは的外れであろう。松方が、このような内閣内で妥協が成立するぎりぎりの形で改正案をまとめ、議会に提出したからこそ、言論の自由の保障が大きく前進したと言っても過言ではない。しかし、進歩党は、言論の自由の保障への松方の努力を正当に評価せず、松方批判を強めていった。

一旦公に約束したことは、個人的に不本意であっても、できうる限り守り抜くというのが松方の真骨頂であった。松方が政敵のいない珍しい政治家であったという秘密はここにあった。松方は、本来、政党嫌いであり、言論の自由に関しても保守的であった。松方にとっては、言論・出版・集会の自由は、日本の国体に反しない限りで許されるべきものであり、当然然るべき制限が設けられるべきものであった。しかし松方は政綱を遵守する姿勢を変えなかった。金本位制度が議会を通過するまでは、進歩党との友好関係を維持しなければならなかった。伊藤ら元老が金本位制に反対し、財界でも反対論が有力であったため、金本位実現のためには、大隈と進歩党の支持が不可欠だったからである。

しかし、明治三〇年三月二三日、幣制改革法案が議会を通過し、二六日貨幣法が成立すると、松方には、進歩党と協調しなければならない積極的な理由が薄れる。

第二次内閣における松方の行動は、主義主張に一貫性がない「後入斎」との烙印をおされ、松方の政治的無能を象徴するものと評価されている。しかし、松方の行動には一貫性があった。松方にとっては、政党は協力して政策を実行するパートナーではなく、松方が国家にとってどうしても必要であると判断した政策を、実現する手段にすぎなかった。政党や政党政治は、松方にとっては、天皇を中心とする国体に反するものであった。しかし、松方が是非とも必要と考える金本位制度の採用を実行できる人材は、政府にも政党にもいなかった。松方が、自ら事にあたるほかはなかった。

従来の経緯から明らかな如く、松方にとっては、自己が信じる財政政策や貨幣政策を実行する上で、政府首脳や政党の存在は、阻害要因にすぎなかった。西南戦後の「紙幣整理・銀本位制の確立」、「財政制度の確立」、「日清戦時・戦後財政」そして今回の「金本位制確立」と、日本の発展にとって不可欠と考える大政策を実行する上で、松方は常に政府部内で殆ど「一人で」あるべき政策を主張し、具体策を提出してきた。その際、政府部内の有力者や民党各派は、松方の主張する政策を阻害するように動いた。

ただ、明治天皇のみは、常に松方の財政政策・貨幣制度論を支持し、それが松方の断固たる政策遂行の支えとなってきた。したがって、松方の中では、自己の政策に対する揺るぎない自信と、天皇に対する忠誠が、行動の基本的指針となっていた。政治家としての名声を獲得することや、自ら党派を作って権力の座に着くこうとする発想は弱かった。

国家のために必要であると確信する政策は、断固として実現する。そのためには政府部内でも妥協するし、政党とも妥協する。妥協は、松方の本意ではないが、一旦約束した以上は、できるだけ誠実に履行する。だが天皇の意向には忠実でなければならない。松方の行動様式が、不退転の政策行動と、時としてそれと対照的な「後入斎」的行動を示すのは、そのためであった。この二面性を内面で統一して、一つの人格の中に並存させたのは、天皇の直臣としての「忠誠」と、自らの政策構想についての揺るぎない自信、国策遂行についての「不退転の姿勢」と、「正直」こそ最善の政策という信念であった。しかし、それは政権運営の上では弱点ともなった。

松方の辞職

進歩党は、明治三〇年一〇月二二日、「閣員中の異分子を斥け、純然たる同志に代えること」、「予算再調査を行い、経費節減をはかること」、「台湾統治方針を変更し、政幣を除くこと」、「憲政の運用を完全にすること」の四カ条を決議し、松方に迫った。この内容については、秘密を守るという約束であったが、進歩党の機関紙に洩らされた。松方は、その不徳義を責め、閣員の進退、行政の処分についての口出しは許さないとの覚書を突きつけた。進歩党は、これに対して、三一日、現内閣はその宣言を実行するの誠意なしとして、内閣との提携を絶つに至った。

進歩党が要求した四カ条は、松方にとっては、容認しがたいものであった。しかし、進歩党が、機関紙に洩らすという「不徳義」な行為をおこなったことは、松方にとっては、内心有難かったに違いない。松方は、「正直」に対応するという自らの心事に反することなく、要求を拒絶する理由ができたからであった。松方は、三一日黒田に書簡を送り、「このたびの進歩党の行動は、断然政府と手を切ろうとする手段であって、これこそ誠に幸いとも申すべきである、これまで勝手気ままに振舞うことが少なくなかったので、かれらと絶縁する好機である」と、進歩党の浅慮を冷評した（『大隈重信関係文書』第六、二一九頁）。

進歩党との提携が解消された以上、議会での予算案の通過は困難になる。松方は、財政整理を掲げていたが、歳出の大幅削減は望みえず、税収の増加で対応せざるを得なかった。税収の増加では、地租増徴を回避できない。大隈は、三一年度予算編成にあたっては、地租増徴に賛成していたが、進歩党からの突き上げによって反対に回り、一一月六日、辞職した。

こうして事実上、松方内閣の命脈は尽きたが、松方等の薩摩閥は、内閣改造を試みて、山縣系官僚を抜擢して内閣の統一を図り、自由党との提携を模索した。しかし、自由党の過大な要求の前に、交渉は不調に終わった。一応の手立てを尽くした松方は、超然主義をとって議会に臨み、解散を辞せず前進するという決意を固めた。しかし、超然主義では、議会の協賛が得られないことは、熟知していた。松方が、第一一議会で予算を成立させようと、無理を承知で最後まで努力したのは、政党に大きく妥協することは望ましくないという天皇の強い意向を戴していたからである。

他方で国際面では、列強の中国分割への動きが活発化し、特にロシアの満州から遼東半島（旅順・

大連）への南下動向が憂慮される事態が生じていた。戦後経営を軌道にのせ、軍備拡張を完成し、財政経済基盤を確立させることが緊急課題となっていた。地租増徴は避けて通ることはできない課題となった。

また議会で、地租増徴問題が決着すれば、対外的に日本の挙国一致体制がアピールでき、日本の国際的信用は高まる。対外危機が高まる中で、その外交上に果す役割は、極めて大きかった。いずれにせよ、早晩地租増徴問題に決着を付けねばならないことは明らかであった。

松方は、財政基盤確立の緊急性と処方箋を明確にするための捨石になる覚悟であった。松方は参内して、天皇にその決意を奏上した。松方内閣は、進歩党との提携によって政権を運用してきたものであり、自由党の過大な要求を容れて提携するのは、首尾一貫性を欠き国民の信認は得られないと。天皇は、松方に対して、「政党的内閣たらんとするよりは、寧ろ独力敢行して所謂松方流を発揮せよ、議会の解散はやむを得ない、曖昧に一時を糊塗するのは朕の執らざるところであり、松方は主義を持し、一貫して進むべし」と告げ、松方の腹は決まった（『明治天皇紀』第九、三四二頁）。

これに対して、自由・国民協会・進歩の三党は各々党大会で松方内閣を信認せずと決議し、第一一議会が開かれるや一致して内閣不信任決議案を提出した。松方は即刻議会を解散し、辞表を提出した。

3　戦後経営の再編

第三次伊藤内閣の挫折

松方退陣の後を受けた伊藤博文は、進歩党との提携交渉に失敗し、また自由党との提携もならず、進退に窮した。伊藤は、天皇に事態を奏上して、速やかに元勲を招集するよう依頼した。明治三一年一月一〇日、御前会議が開催され、伊藤は、軍備計画は完成せず、財政基盤が整備されていない現状を説明した。その結果、伊藤首相を中心として、海軍大臣西郷従道・外務大臣西徳次郎を留任せしめ、大蔵大臣に井上馨を起用し、陸軍大臣に桂太郎を任命し、西園寺公望を文部大臣に、芳川顕正を内務大臣据えて体制を整えた。

第二次松方内閣は、三一年度予算を編成するにあたって、歳出不足を賄うために地租および酒税の増徴を計画したが、議会解散のため実現しなかった。第三次伊藤内閣も、松方内閣の増税案を踏襲し、所得税増徴計画を追加して、議会に提出したが、衆議院はこれを否決した。現行地租は加重であり、地価も不公平である、主義において地租増徴には反対である、というのがその理由であった。伊藤は、何らなすところ無く議会を解散した。

伊藤は、自ら政党を組織することを計画して、閣議に諮った。閣議では、政党を組織することに決した。しかし山縣が反対し、松方や黒田も反対したため、この計画は挫折した。天皇は、伊藤が自由党と提携して議会を乗り切ることを希望したが、それは不可能な情勢となった。伊藤は辞職を決意した。六月二五日後継首班について御前会議が開かれた。元老の内、伊藤の後をうけて首相として立つ者は誰もいなかった。そこで伊藤は大隈・板垣を推薦した。山縣・黒田等元老は、止むを得ないと了承した。この時、松方は兵庫県御影に在った。天皇は、後継首班について松方に諮ろうとして、重ねて松方の参内を求めた。しかし、阪神地方は洪水で鉄道が不通となり、迂回路を経て時間を要している間に、伊藤の再三の奏請により、松方に諮らず、大隈等に組閣を命じるという事態となった。

天皇は、後継首班任命問題で、松方が憤慨しているのではないかと心配し、この間の事情を西郷・徳大寺両名を差遣して説明させた。この日参内した松方に対して、天皇は事情を説明した。初め山縣を後継に指名したが、山縣が松方不在を理由として辞退した。他方で、伊藤が再三奏請するので、ついに大隈・板垣に内閣組閣を命じた。「元老も此に至りて思いの外無力なり」(『侯爵松方正義卿実記』)と。この時、山縣の辞退の理由は、松方以外に大蔵卿の職務は務まらないので、松方の協力なしでは組閣はできないということであった。

隈板内閣の成立と崩壊

明治三一年六月、自由党と進歩党は合同して、憲政党を結成し、来るべき議会で絶対多数を制する形勢となった。桂陸相は、戦後経営は急務であり、元老総出で万難を排して政局を運営しなければならない、議会の反対を受ければ解散を重ね、あるいは憲法を停止することもあえて辞すべきではない、との強硬論を唱えた。しかし、その議は行われなかった。政局収拾のために御前会議が開かれたが、結局大隈重信・板垣退助が組閣を命じられた。

日本で最初の政党内閣が、大隈を首相とし、憲政党を与党として成立した。陸海軍大臣以外はすべて憲政党員からなる内閣であった。しかし、旧自由党系と進歩党系とが対立し、憲政党は分裂して、内閣は四カ月の短命に終わった。はじめ板垣が辞任し、内閣が崩壊に瀕しても、大隈首相には辞職の意思はなかった。議会で多数を制しており、伊藤が必ず大隈を支持すると確信していたからである。この時清国にあった伊藤に、電報で帰国を促した。天皇も伊藤に諮詢して事を決しようとし、電報で帰国を命じた。

しかし山県・黒田等は、大隈に信を置かなかった。天皇の諮詢を受けるや、帝国議会の開会が迫っており、一日も早く大隈を罷免し、後任を定める必要があると奏上して、大隈・伊藤の機先を制した。桂陸相は、伊藤が帰国すれば大隈内閣継続を主張することは必然であり、元老は二つに割れ、収拾困難になる。伊藤の帰国前に組閣を完了することが、国家のためであり、伊藤のためでもある、と奏上した。桂の意中の人は、山県有朋であった。桂は、山県に、政党内閣崩壊の真相と、超然内閣が必ずしも不利とはならない理由を説明し、憲政党内の自由派と提携して政権を担当することを献策した。政党に対して非常に強硬な態度で臨み、反抗すれば解散に次ぐ解散で臨み、憲法を中止しても、従来のごとき政党の跋扈を許さないことが肝要である。政党内閣が崩壊し、二派に分かれて以前より激しく相対立している。二派の中間を貫いて進退すれば、どちらかは付随してくる。「中央突破の策」あるのみである。したがって、純朴かつ淡白な自由党派と提携して、これを「将来の利器」となすべきである（『明治天皇紀』第九、五三九～五四〇頁）とした。

第二次山縣内閣と蔵相就任

山縣は決意を固めた。天皇は、遂に伊藤の帰国を待つことなく、一一月五日山縣に組閣を命じた。八日第二次山縣内閣が誕生すると、従来の行掛りもあって、松方は大蔵大臣に就任して山縣を助けることになった。山縣内閣の使命は、戦後経営を軌道に乗せ、財政基盤を安定させることにあった。松方にとっても、財政基盤を確立し、金本位制の基礎を固めることは喫緊の課題であった。自らの政策の総仕上げとして、期するところがあった。

山縣は超然内閣を標榜したが、政党との提携なしには憲政の運用が困難であることを認識していた。桂の周旋で、大阪の藤田伝三郎邸で憲政党の板垣・星・片岡と会合し、政策上の一致をみて、殆ど提携が成立するところまで漕ぎ着けた。しかし、憲政党が党員の入閣を提携の条件とし、山縣がこれを拒否したことから、憲政党は態度を硬化させ、二四日代議士会を開催して、一旦は政府反対を決議して山縣に通告した。しかし、結局二九日、山縣内閣が憲政党とその志を同じくすることを条件として、提携が成立した。

一二月八日、山縣は衆議院において施政方針演説を行った。現内閣は、第九議会で策定された戦後経営計画に準拠して国政の運営に当たる方針であると言明し、東洋の現勢からその早期完成が必要であると主張した。

この基本方針により、自由党派と進歩党派は、財政支出計画に正面から反対する論理を失った。戦後財政計画は、第九議会で伊藤・自由党連立内閣で承認され、第一〇議会で再び松方・進歩党連立内閣で承認されていたからである。戦後経営問題は、その財源不足をいかにして解決するかに焦点が絞られてくる。増税は避けられない問題となった。とりわけ戦後経営計画で回避され、タブーとされてきた地租増徴問題に決着をつけなければならない。

憲政党は、軍備拡張を中心とする戦後経営計画をほぼ全面的に支持し、運輸交通・電信電話事業の早期完成を積極的に要求し、金融逼迫のため公債償還に賛成し、また財政基盤の確立は急務であり増税も当然であるとしていた。ただ、地租増徴だけには反対していた。

三二年度予算では、三七六〇万円の歳入欠陥が生じる。隈板内閣では、これを酒税増徴、煙草専売率引上げ、砂糖税新設、登録税法及び所得税法改正によって補塡するという計画を立て、地租増徴は回避されていた。

地租増徴を巡る攻防

松方は、地租増徴を組み込んだ財政計画を説明した。松方が地租増徴を取り上げたのは、安定した確実な財源であること、土地の売買価格が土地台帳価格に比して著しく騰貴しており、土地収益が顕著に増加していること、したがって現行税率二・五％を四％に増加しても、土地所有者の負担増加とはならないからであった。

議会は、地租増徴問題に集中した。地租増徴問題が決着すれば、国策レベルの政策論では、富国強兵で挙国一致体制が整う。地租増徴やむなしという見方は、民党内部にも広がりつつあった。しかし民力休養論との折り合いをいかに付けるかが問題となる。民党にとって、名分の立たない決着（地租増徴への賛成）は、自己の存在意義を否定することになる。政府の増税案は、民党の名分を立てた地租増徴案でなければならなかった。

まず民党が初期議会以来要求してきた地価修正によって負担を軽減し、民力休養要求を実現させる。その上で地租税率を増加して、地租増徴を提案する。さらに議会で民党の顔を立てて、幾分の税率軽減の戦果を与える。ほぼこのようなシナリオが想定されよう。

松方は、民力休養を実現し、地域的負担不均衡を是正するための、特別地価修正案を提出した。地租改正当時の査定地価は一五億三九二万円、地租は四五一二万円であったが、明治一〇年の地租軽減(税率三%から二・五%へ)と、二二年の地価修正(二億九四七五万円)によって一二〇〇万円弱の負担軽減が実施されていた。しかし、地域ごとの地租負担率には大きな較差が残っていた。今回政府は、二一年以降一〇年間の平均米価を算出し、その米価の六割四分五厘を石代とし、従来六分前後で区々であった利率を六分に統一し、地価を算出した。その結果、地価総計で一億四八五七万円の減少となり、負担は全国的にほぼ均一となり、地租負担は三七一万円削減される。その上で地租率を四%に増加し、一七六四万円の増収を図るというのが、政府原案の骨子である。地租改正以来の地租減税総額が一五五七万円であったから、絶対額で改正時の負担水準を求めたものであった。地租改正以来、農業所得は顕著に増大しているので、地租負担が過重になることはないという判断であった。

それは、戦後経営の負担を実業家のみが負い農民が負担を免れているのは不公平であるとする、実業家層の強い要求を反映したものであった。三一年一二月一〇日全国商業会議所は、貴衆両院議長に対して、政府の地租増徴案は過少に失する、この際大いに増徴して歳入を確実にすることを望むと誓願した。戦後経営は、地租の増徴を避ける一方、営業税の新設を実行していたからである。商業会議所は、地租増徴によって、営業税軽減を実現したいと考えていた。このような要求が公然と主張される背景には、地租の実質的な負担軽減が相当進んでいるという状況が存在していた。

戦後経営の基礎を確立するためには、地租増徴が不可避であることは認めざるを得なかった。しかし政党が地租増徴に賛成することには、相当な困難を伴った。衆議院は、政府の地租一律一・五％引き上げ案に対して、田畑を〇・八％へ軽減し、市街地地価を二・五％に修正し、増税額を八四八万円に切り下げ、増租期間を五年（三六年迄）に限定するよう主張した。

民力休養＝地租軽減は、政党の存在意義を示すものであった。地価修正で減税を実現し、政府の増税案の規模を半減させ、課税期限を五年に限定することに成功したことは、地租増税不可避の状況の中では、最大の戦果を挙げたものであった。五年後には地価修正分の減税が実現する。一時の増税は、五年後の減税実現を達成したことを意味していた。

政府の地租増税構想は、大幅に修正された。増税規模は半減され、葉煙草専売収入の増加などで補塡することで、地租増税案は成立した。しかし、松方が地租増税に成功したことは、政治的には画期的なことであった。これを以て政党側の民力休養論は、基本的な名分を失ったからである。政党は、戦後経営に全面的に賛成しており、政府との間の実質的争点は失われた。富国強兵事業を挙国一致して行うという体制がほぼ整うことになる。

増税案の議会通過

地租増徴と同時に所得税の増税も実施された。その要点は、法人所得税を導入したこと、公社債利子の源泉分離課税が採用されたこと、個人所得税率が引き上げられたことであった。公社債利子の税率が低く抑えられたのは、公債消化を促進するためであった。増税案で最大の比重を占めたのは酒税二二五六万円であり、増税額四二〇二万円の五四%を占めていた。

戦後経営における二次の増税総額は七三九二万円である。直接税においては、地租八四八万円、所得税一四九万円、営業税七五五万円、間接税においては、酒税三一八四万円、煙草専売収入一二四二万円、登録税八二七万円、醤油造石税一六〇万円、兌換銀行券発行税一一六万円等であった。この結果、営業税を納める者も、地租・所得税納税者と並んで、選挙権を行使できることになり、商工業者の政治的進出が進み、政治影響力が強まった。また、租税総額に占める地租の比重は急速に低下し、酒・煙草など消費税に依存する構造へと移行した。

しかし日清戦後経営期の増税が、国民負担を急速に増大させたかといえば、そうではなかった。国民所得に対する租税負担率は、明治一九年の八%（直接税五・四%、間接税二・六%）から、日清戦争直前の二六年五・八%（直接税三・三%、間接税二・五%）へ、さらには数次増税後の日露戦争直前の三六年には五・四%（直接税二・四%、間接税三・〇%）へと低下しているからである。日本の国力は、巨大な日清戦後事業を支えながらも担税力を増大させ、更なる増税にも耐えうる経済力を備えるに至っていた。

ただしそれは、清国から獲得した巨大な賠償金によって、初めて可能になっていたことを忘れるべきではない。償金を使い果たした後には、正貨不足が深刻化せざるをえなかった。また新たな事業拡張は、国民負担に直接跳ね返ってくる。日本の財政運営は、順風満帆とは行かない。実際に、戦後経営は、国際収支の巨大な赤字と、強度の国債募集難から、円滑な進行が妨げられた。

外債募集

第一三議会は、公債政策が転換される画期となった。戦後経営の公債計画は、国内市場の消化能力を殆ど無視したものであった。当初、松方が戦後財政計画で構想した、軍事公債一億円の急速償還案が、伊藤内閣の戦後計画から脱落し、逆に軍備増強規模も政府事業規模も大いに膨張した。他方、戦後の急激な企業勃興と貿易の大逆調が生じたため、民間金融市場は極度に逼迫した。巨額の公債を消化することは不可能であった。

明治二六〜三〇年の鉄道・事業・北海道鉄道三公債の募集総額は五六八〇万円であったが、公募は二六年の鉄道公債二〇〇〇万円のみであり、残額五四八〇万円は総て大蔵省預金部と清国賠償金による引き受け（特別発行）に依存しなければならなかった。そして、三一年度の公債募集予定額は、実に七九二九万円に達していた。国内消化の見込みは全く立たなかった。

国内金融市場の状況からすれば、事業規模を縮小し、公債募集を繰延べるか停止するという思い切った政策を打ち出す必要があった。戦後経営は、外債に依存しないという方針が大前提だったからである。しかし三国干渉で世論が沸騰し「臥薪嘗胆」の合言葉の下で実行に移された戦後経営は、ようやく緒についたばかりであった。ここで戦後経営を中止することは、政治的にも、国際的な影響からも、不可能であった。

国内的条件からすれば過大な戦後経営事業を、既定方針通りに実行するには、外債（外資）に依存するほかない。第三次伊藤内閣の蔵相井上馨は、募債予定額の内八六三万円を翌年度以降に繰り延べ、七〇六五万円を償金で一時繰替え支弁し、他日外債を募集して償金へ償還するという方策を議会に提出した。しかし、衆議院解散のために実行されなかった。

後を引き継いだ松方蔵相は、とりあえず償金の繰替えによる一時支弁を実行してその場を乗り切った。こうして第一三議会に臨んだ松方は、外債募集案を提出した。三二年度においては、前年度繰延分と償金一時繰替額七九二九万円と、新規必要額二〇九六万円の合計一億二六万円の財源補塡が必要であった。国内市場で調達することは不可能なので、外債一〇〇〇万ポンド（邦貨換算九七六三万円、実収八三九七万円）を募集し、これに充当するという計画であった。外債は、極めて不利な条件での募集とならざるを得なかった。

この外債募集は、実は、軍備拡張計画と金本位制維持の成否を左右するものでもあった。戦後の国債募集計画は、国内金融市場の逼迫から頓挫した。そこで償金の一時運用によって、三〇年度には一四六七万円の公債を引き受け、三一年度には民間金融市場の救済のため三六九九万円の公債を買上げ、さらに勧業債券三七四万円の買い入れを行って急場を凌いだ。しかし三二年度には、償金の繰り替え余力もなくなっていた。そこで注目されたのがロンドンにプールされていた海軍軍艦兵器支払代金であった。この資金を国内に回送し、公債募集の繰替えを実行すれば、国内金融市場の逼迫を緩和し、連年の貿易赤字＝正貨流出による金本位基盤の脆弱化を補強することができる。

松方にとって、金本位制度と財政計画を確固とした基礎の上に立て直すことは、最優先されるべき課題であった。金本位制度が崩壊し、財政が破綻すれば、日本の国際信用が失墜することは目に見えていた。しかも、このままでは海軍拡張が不可能になる。海軍拡張が画餅に帰すれば、戦後経営それ自体が無意味となりかねない。三国干渉に奮起し「臥薪嘗胆」の合言葉のもとに開始された戦後経営の目的は、一〇年を期してロシアに対抗できる軍備を完成させることであった。そこで、外債一〇〇〇万ポンドで得た英貨は、すべて軍艦兵器輸入代金の基金に繰り入れることになった。

戦後経営計画を政府と議会が決定し、国際的にも周知の事業となったからには、事業の完成如何は国家の信用問題に関わる。戦後経営が数年で挫折すれば、日本の国家信用は地に落ち、外交的にも影響力は大きい。戦後経営は何としてもやり遂げる必要があった。戦後経営は、外債募集を不可欠とする新たな段階へと進んでいた。戦後経営の基本的柱であった外債非募債という方針は崩れた。先の地租非増徴方針の崩壊と並んで、戦後経営は、外債と地租増徴を組み込んだ財政計画へと再編された。

戦後計画が一段落ついたことを機に、松方は、これ以上国内で公債を募集することは困難であり、経済社会の余裕を見るまでは公債募集による新規事業は一切中止し、今後外債に依存することは慎むべきである、と力説した。外債は、元利償還の確実な生産事業に用いてこそ意味があるのであり、非常の場合を除いて、国家の不生産的事業にそれを用いるべきではないと考えていたからである。

山縣内閣の退陣と松方の辞職

明治三三年度予算は、各省の一般経費の非常節約を実施し、増税計画は行わず、新たに国債を増加する計画は一切行わない、という方針で編成された。松方は、第一四議会で財政計画を説明し、戦後経営が三二年度の再編を経て、順調な軌道に乗ったことを表明した。経常歳入により経常歳出を賄い、その残額を以て臨時費の支弁を行うことが可能になり、財政基盤が強固になった。また経済も順調に回復し、外国貿易も一月から一〇月までの統計によれば若干の出超になる。要するに、財政・経済二つながらに順境に向かい、戦後経営も一段落を告げたのである。

予算案は、ほぼ原案通り議会を通過した。議会が終わると、山県は勇退の意を決したが、たまたま北進事変が発生したため、留任することになった。戦後経営が順調に進行するかに見えた矢先のことであった。財政は重大な影響を蒙った。政府は、事変経費を支弁するために、軍艦水雷艇補充基金から二〇〇〇万円を一般会計へ一時繰替え使用し、これに一般財源を加えた合計二八六五万円の支出勅裁を得て、当面の財政処置を終えた。

山県は、第一三議会が終わると、文官任用令を改正して、政党員が官吏になる道を抑え、政党の力を抑える処置をとった。また軍部大臣現役武官制を確立し、軍部大臣の資格を現役大将・中将に限定した。他方で、懸案となっていた衆議院議員選挙法を改正し、政党の要求を一部入れて、バランスをとった。三三年改正で、選挙権を直接国税一〇円以上の納入者に与えるよう制限額を引き下げ、有権者の数を倍増させ、被選挙権も納税額による制限が撤廃された。投票も無記名秘密投票制が採用された。

憲政党は、文官任用令改正問題で山県と対立した。政権分与で山県内閣と対立し拒絶された憲政党は、山県との提携断絶を宣言する。憲政党は、伊藤博文に接近し、伊藤の政党結成の動きに合流した。

こうして、三三年九月、憲政党は解党し、伊藤を総裁とする立憲政友会が創設された。山縣内閣は総辞職し、松方も辞職した。

第四次伊藤内閣

明治三三年一〇月、第四次伊藤内閣が成立し、松方に代わって渡辺国武が大蔵大臣に就任した。懸案の北清事変は短期間で終結したが、引き続き警備の必要が生じたため、三四年度予算に清国第二予備金二三五〇万円が計上された。かくて、政府は、その後始末をつける必要が生じ、増税案を第一五議会に提出した。煙草・酒・石油輸入税の増徴、麦酒・砂糖消費税の新設によって、一八二〇万円の財源を確保し、事変に流用していた軍艦水雷低補充基金等の資金を補塡しようとしたものであった。翌年三月に至ってようやく可決された。

臨時的な事件費に充当する財源としては、公債が通例である。しかし、それを増税で賄ったことは、この時点で公債募集の目途がまったく立たなかったことを意味している。国内金融市場は、極度に逼迫していた。

伊藤内閣は、議会を乗り切って一息つく間もなく、新たな難問に直面した。渡辺蔵相が、三四年四月五日、三四年度の公債支弁事業の中止を閣議に提出したからである。政友会出身大臣はこれに反対し、閣議は二つに割れた。伊藤の裁断で、三四年度公債事業三〇〇〇万円の約三分の一を中止・繰延べすると決定され、その場は政友会側の主張が通った。しかし渡辺は、一五日の閣議において、三五年度は一切の新規事業・公債募集を停止し、既定事業も三七年度まで中止することを主張した。この大緊縮案に政友会は反対し、閣内不統一に陥り、伊藤内閣は成立後僅か半年で崩壊した。

渡辺は、かつては積極財政を唱え、膨大な戦後財政計画の策定に主要な役割を果たした。その渡辺が、一切の公債募集を打ち切り、財政緊縮を唱えるに至ったことは、戦後経営政策が行き詰ったことを象徴する事件であった。

4 桂少壮内閣の誕生と日英同盟

桂内閣の出現と財政困難

伊藤内閣の後継について元老の間で協議され、一旦井上馨に大命が降下したが、閣員の選任に失敗して断念した。元老会議は、桂太郎を推薦した。桂は五五歳であり、従来の元勲を首相とする慣例は破られた。三四年六月二〇日、桂内閣が成立し、閣僚には新進気鋭の少壮官僚が名を連ねた。桂は、(1)財政の基礎を強固にして商工業の発達をはかる(2)海軍を八万トン拡張する(3)極東の大局に鑑み欧州の一国と協約を締結する(4)韓国を日本の保護国とする四大政綱を掲げた。財政基盤を確立して経済を振興し、英国と同盟し海軍を拡張してロシアに対抗し、韓国を保護下において日本の国防を全うすることが目標とされた。

第一六議会で、桂が直面した最大の困難は、前内閣崩壊の原因となった財政問題であった。三五年度予算編成で、公債事業経費の不足は七〇〇〇万円に達していた。政府は、九〇〇〇万円の事業繰延べを実施し、六〇〇〇万円の台湾銀行借入返済を見合わせ、五六〇〇万円を外債に依存するという計画を立案した。しかし一一月にアメリカでの外債募集が失敗すると、政府は窮地に陥った。政府は、財政整理を実行し、事業繰延べを実施する以外に方法はなくなった。政府事業を積極化して、商工業の振興を図るという方針は、大きな障害に直面した。

たまたま北清事変賠償金五〇〇〇万円を清国から受け取る条約が成立した。そこで償金債券を大蔵省預金部に売却して三八〇〇万円の資金を確保し、事変費に流用した軍艦水雷艇補充基金を補塡し、国債を臨時償還するという方策が立案された。こうすれば北清事変費支弁のために実施された平年度二〇〇〇万円の増税による経常財源がそっくり浮くことになる。

その結果、三五年度予算は、事業繰延べを実行し、公債支弁事業を普通財源に振替える方針で立案された。経常的な八五〇〇万円の公債抽籤償還が実施され、三五年度の一七〇〇万円の予定公債募集が不要となり、北清事変臨時国債一二〇〇万円の買上償還が行われて、民間金融市場は大いに緩和される。財政と民間経済を、同時に健全な基盤に据えることができる。衆議院で、政友会から反対意見が出たが、行財政整理を実行して、その成果を次年度予算で示すと表明することで妥協が成立し、三五年度予算は無事通過した。

他方、桂内閣は、三五年一月日英同盟条約を締結した。それは伊藤や井上が推進していた日露協商路線を否定し、日英同盟を梃子としてロシアの満州からの撤兵を促すというロシア対決路線を明確にしたものであった。そのため、再び大規模な海軍拡張が要請された。海軍は、一一カ年継続・八万トン・一億円の第三期海軍拡張計画を提出した。

桂内閣は、公約の行財政整理を実行し、経費節減・事業繰延べで一〇〇〇万円の財源を捻出して鉄道改良・河川改修・電話拡張・産業奨励・教育振興などの当面の緊急事業に充当する一方、三六年度までの地租増徴期限を三七年度以降継続し、それを財源として第三期海軍拡張を実行するという財政計画を立案した。

これに対して政党側は、地租増徴継続に反対し、行財政整理によって海軍拡張財源を捻出することを主張した。井上馨も、地租継続は民力の負担に耐えるところではなく、政府事業を繰延べし、行財政整理を実行して、海軍拡張に充てるべきであると主張した。政友会は、積極政策に多くを期待できない状況では、行財政整理を実行して海軍拡張を実現し、地租減租を実現して民力休養の実を示すことが、唯一のとるべき道であった。憲政本党も政友会の主張に同調した。議会は、政府と政党との全面対立の内に即日解散された。

政府は、地租増徴継続案は議会を通過しないと認識した。しかし、政党側は海軍拡張には反対せず、その最大の要求は行財政整理であるから、行財政整理を実行するという条件を満たせば、海軍拡張案が通過することは明らかであった。桂は、政友会と妥協を図った。地租継続を撤回し、行財政整理一〇〇〇万円と政府事業繰延べ五〇〇〇万円と公債増募五五〇〇万円（鉄道・事業公債枠の拡張）によって、海軍拡張費一億一五〇〇万円を捻出し、一層の行財政整理を約束することで、海軍拡張案は第一八議会を通過した。

増税と外資導入によって再編された戦後経営は、貿易収支悪化とこれに連動した国内金融の逼迫から行き詰まり、北清事変が勃発したことが加わって、財政経済危機が深刻化した。政府は、行財政整理と公債事業の繰延べに追い込まれた。こういう状況の中で新たな海軍拡張の必要が生じ、一層強力な行財政整理と事業繰延べが必要となった。政府は、民間経済を救済し、財政再建を図らなければならなかった。しかし、地租増徴は不可能であり、海軍拡張は実行しなければならないので、徹底した行財政整理と大規模な政府事業繰延べが不可避となる。政府は、極めて深刻な財政状況に追いこまれた。他方、政党側も、海軍拡張に賛成し、他方で民力休養と民間金融市場の逼迫を緩和しようとすれば、ますます積極政策の放棄を余儀なくされるというジレンマに陥っていた。

このジレンマは、明治三五年九月、ロンドンで興業銀行を経由して大蔵省預金部保有の公債五〇〇〇万円が裏書して売り出され、三六年二月までに四八〇〇万円の資金を受け入れたことによって、かろうじて小康を得た。日英同盟の結果、海外での日本の信用が高まり、既発外債価格が回復したからである。資金的な余裕を得た預金部の引受けによる、公債の特別発行が可能となった。また三四年以降、急速に輸出が増大して貿易収支が大幅に改善し、三三年に六七三五万円にまで落ち込んだ日銀の正貨保有高も一億一六九六万円へと回復し、準備率は五〇％を超えて金本位制度の基盤が強化された。

日露間の風雲が急を告げる中で、日本の財政基盤は改善された。そして総需要が停滞する中で、貿易収支が改善し、正貨が流入して金本位制度の基盤も強化された。戦後経営の行き詰まりが、政府と議会の対立を激化させ、行財政整理と政府事業繰延べを引き起こした。そしてそれが財政収支・貿易収支・正貨準備の改善をもたらし、部分的な外資導入と相俟って、日本の財政・経済両面に小康状態をもたらした。この小康状態は、金本位制採用と日英同盟締結（対外信用の上昇と英国政府の協力）がもたらした経済効果であったといえよう。

対露強硬路線と日英同盟

中国山東省で、義和団を中心とする排外運動が発生した。清国政府がこれを煽ったので、運動は華北一帯に広がり、各地でキリスト教会が襲われ、宣教師が殺害され、鉄道が破壊された。明治三三（一九〇〇）年には、北京でドイツ公使・日本公使館書記が殺害され、列国公使館が清国兵や民衆に包囲された。これに対して、日本は、米・英・露・仏などとともに軍隊を派遣し、義和団の乱を鎮圧し、外交官や居留民を救出した。北清事変である。

翌年、清国は列国に莫大な賠償金を支払い、列国に北京などへの駐兵を認めた。しかし、ロシアは、事変が終息したのちも十数万の大軍を満州に駐留させ、事実上満州はロシアの軍事占領状態に置かれた。さらに清国と「露清密約」を結んで、南下する気配を示した。

日本にとって、ロシアの行動は、韓国の独立を危険にさらす国防上の重大問題であった。ロシアの脅威に対抗する方策として、伊藤や井上は日露協商路線を追求していた。だが桂首相や小村寿太郎外相・山本権兵衛海相は、日英同盟を締結してロシアに対抗すべきであると主張して、両者は対立した。そして山縣や松方は、日英同盟論を支持した。

伊藤は、⑴日本の韓国での商業上・政治上の優越権を認めさせる代わりに、日本は騒乱を鎮定する以外の目的で韓国を軍事的に利用しないことを約束し、⑵満州についてはロシアが現実に支配している権益と、鉄道保護のための駐兵に止め、ロシアの満州権益と軍事行動に一定の枠をはめることを骨子とした、日露協商を締結することで対処しようとした。

伊藤は、三四年一二月、ロシアのラムスドルフ外相から、ウイッテ蔵相の意向を踏まえた日露協商の土台案を受け取った。韓国の独立と日本の韓国における政治上・経済上の自由行動は認めるが、韓国を軍略上の目的に使用せず、内乱等を鎮圧する場合の軍事行動もロシアとの事前協議を前提とすること、韓国とロシアの国境地帯に中立地帯を設けること、ロシアと中国の国境を接する部分（満州を含む漠然とした地域）でのロシアの権益を承認し、一切の行動の自由を認めること等を骨子としたものであった。

それは満州におけるロシアの自由行動を認め、韓国における日本の軍事行動は基本的に認めないというロシア側の一方的な提案であった。しかし伊藤は、交渉によって自らが抱懐する協商構想の線にまでロシアの譲歩を引き出すことができると考え、一二月一七日、その旨を桂首相に打電した。しかしラムスドルフ外相が提示した土台案は、皇帝ニコライ二世が関与しておらず、また伊藤が抱懐する日露協商案との隔たりは大きかった。交渉で桂内閣や山縣・松方等を満足させる妥協案が成立するかどうかには疑問があり、日本が掲げる「清国領土の保全と機会均等」の原則にも明らかに抵触していた。

伊藤案では、元老・政府部内での合意は不可能であった。桂は、伊藤の提案を拒否する。桂と小村は、日英同盟締結への具体的交渉を推進した。英国は、従来勢力均衡の立場から、一貫して非同盟の立場を守ってきた。しかしロシアのインドや中国などへの南下政策への警戒が高まり、英国の権益を擁護するためには、日英同盟締結を有利とする条件が生じていた。他方、日本にとっては、先進超大国イギリスと対等な条約を結ぶことは、先進列強への仲間入りをすることを意味し、国際的な地位を著しく向上させることになる。

日英同盟は、ロシアの満州閉鎖占領に対抗して、ロシアに満州の「門戸開放」を要求し、満州からロシアの軍事力を駆逐し、清国の領土保全と経済的機会均等を達成し、韓国を日本の勢力下に完全に掌握して、日本の国防目的を達成しようとするものであった。桂内閣の日英同盟案に、松方、山縣、西郷の三元老は賛成したが、井上は賛否を明確にしなかった。一二月七日、葉山の桂の別邸で元老会議が開催された。欧州滞在中の伊藤を除き、松方、山縣、西郷、伊藤の四元老と、桂首相、小村外相が出席し、井上も最終的には日英同盟に賛成した。天皇は、元老会議の結果を承認した。しかし、一二月八日伊藤がベルリンから打電した電報が到着する。日本が韓国を軍略上の目的に使用しないという条件とロシアの満州における一定の自由行動を認めるという条件で日露が妥協できる可能性があり、日英同盟の締結を延期することが得策である旨の電報であった。一〇日、伊藤の電報について、松方邸で、元老会議が開かれた。山縣・西郷は欠席し、松方・井上・桂・小村が協議したが、先の元老会議と同様の結論となった。日英同盟締結について、天皇の裁可が下った。

日英同盟は、桂の主導で、伊藤・井上の反対論を退けて締結された。この間明治天皇は、一貫して日英同盟支持の姿勢を貫き、松方もまた同盟支持の姿勢を堅持した。金本位制度の維持を宿願としている松方にとって、日英同盟は願ってもないことであった。国際金融の中心と政治的にも直結することは、金本制度の安定性を強化することに資するからである。政治的な安定性が増せば、松方が目指す健全な経済発展が軌道に乗ることになる。

こうして三五年一月日英同盟条約は締結された。条約の内容は、(1)清国と韓国の独立と領土保全を維持すること、ならびに日本の清・韓両国およびイギリスの清国における政治的・経済的特殊利益を互いに擁護し、(2)もし日英いずれかが第三国と交戦したときには、他方は厳正中立を守り、(3)さらに二国以上と交戦したときには援助を与え、共同して戦闘にあたるというものであった。

条約上の義務は、日本に大きな負担を強いるものであった。イギリスは、差し迫ったロシアの満州・朝鮮の軍事占領を阻止し、領土保全と機会均等を日本の軍事的抑止力で確保しようとしていたからである。日本はロシアとの対決路線を鮮明にし、また英国はロシアとの軍事対決を回避することを目的としていたため、日本は独力でロシアと対抗せざるをえず、強力な陸海軍の建設が焦眉の急となった。条約上の付属文書で、東洋地域における日英海軍が、露仏海軍より優勢な海軍を維持することが課題となった。日本が独力でロシアと対抗しようとすれば、海軍の大拡張が必要となり、日本海軍が優勢になれば、イギリスは、極東艦隊を欧州海域に転用することが可能になる。イギリスは、日英同盟によって、欧州における海軍バランスを、極東バランスを損なうことなく、強化できる。またイギリスには、日本海軍の追加的艦艇建造を受注できるという利益も存在していた。日本も軍事技術上の利益や、国際金融上の利益、外債・外資導入上の利益があり、国際信用が増し、国際的発言権も増す。そしてロシアに対する抑止力が増大すると考えられた。

松方の外遊

日英同盟が締結され、東アジアの国際政局は小康を得た。松方は、この機会を捉えて、欧米の回遊に出発した。日本の金本位制実施に関して欧米各国の見方を観察し、欧米各国の政治家・名士の財政経済政策についての抱負を質して意見交換し、欧米各国の銀行・商工業の実況を視察して日本経済の将来に役立てる、という三つの目的があった。松方の最大の関心は、日本に金本位制を導入したことを、欧米諸国の当局者や学者はどのように評価しているか、欧米諸国はどのような財政経済政策を採ろうとしているのか、金本位制下で欧米経済はどのような発展を示しつつあるかを直接確かめることであった。

松方が、兌換制度を確立し中央銀行を設立して経済発展の基礎を築く構想を固めたのは、明治一一年パリ万国博覧会副総裁としてフランスに渡り、欧州諸国の政治家・学者と意見交換し、欧州諸国の銀行・産業の実況を視察した時であった。四半世紀の時の流れは、金本位制下の欧州諸国の経済をどのように変化させたか。それを自らの目で実見することは、物事を「実際」から発想する松方にとって、是非とも必要なことであった。

日本は、金本位制実施後に経済困難に直面していた。しかし松方は、短期的な経済利益で金本位制度の良否を判断すべきではないとの信念をもっていた。長期的な経済発展を遂げるためには、世界の経済発展の動向を決定する欧米諸国と共通の土俵に乗り、健全な経済発展を着実に進めることが不可欠であると考えていた。松方にとって、金本位採用の経済効用は、欧米諸国の発展の実際に照らして評価されるべきものであった。そして、欧米廻覧の旅は、金本位採用の正しさを確認させ、確信させる旅であった。

他方松方は、日英同盟を積極的に支持した。ロシアとの有事に備えることは、日本財政に課せられた宿命であった。松方が日清戦後経営計画を策定するにあたって、清国賠償金を活用して金本位を実現し、非常準備金を設定し、さらに軍事公債全額償還（有事の起債能力確保）を重視したのは、戦時の財政非常事態に備えるためでもあった。英国を訪問して日英同盟の緊密さを増し、ロシアの軍事外交の意図を確認し、全通したシベリア鉄道で旅順までの行程を辿り、満州・遼東の軍事的実情を視察することがその目的となっていた。

旅程は、三月一一日に横浜を出発し、アメリカ経由でイギリスに渡り、欧州諸国を歴訪してロシアに至り、シベリア鉄道で旅順まで陸路を辿り、八月末に日本に帰着するというものであった。

最初に訪問したアメリカで、金本位は大いに賞賛され、四月二八日にイギリスのプリマスに到着した。日英同盟締結直後のイギリスは、松方を最大級の賓客として迎えた。ロンドン・タイムズは、松方伯は伊藤侯に次ぐ大政治家であり、日本が政治・経済で列国と肩を並べるまでになったのは松方の力によるところが大きいと評価した。

伯の経歴は、唯々連綿たる艱難の歴史であり、堅忍不抜の精神を以て、終始一貫、その職務を遂行してきたものであり、主として内政の範囲にとどまっており、伊藤侯のような赫々たる光栄には与っていない。しかし、日本が財政、商工、その他百般、実質的進歩において、ことごとく今日ある

ガウン着用（英国ジョージ勲章佩用）の松方（明治35年ロンドン）

のは、実に伯の財政的天才により、先見ある計画を立て、屡々俗輩の迫害に会うも、断固その実行に努めたる効による。……松方伯の歓迎を伊藤侯に対する歓迎と毫も劣ること無からしめて、吾人の尊重すべき同盟国たる日本の史上に偉績を留め、日本が今日の繁栄と実力とを収めるのに最も力あった当代絶群の名家に対し、吾人の敬意を証するに遺憾なからしめん

（『松方正義関係文書』第一一巻、四五九〜四六三頁）

松方は、堅忍不抜の精神で近代日本の経済発展を実現させた財政上の天才であり、俗輩の迫害にも拘らず、先見的な政策を断行して、今日の大を成した人物であると紹介されている。松方が日本の発展に果たした重要な役割に惜しみない賞賛を送ったことはもとより、日英同盟の締結に尽力した松方に対する英国の高い評価が率直に示されているといえよう。

さらに松方は、英国滞在中、オックスフォード大学より、「長年財政の局にあたり、不換紙幣を整理し、金貨本位制を定め、国家の福祉を増進した」として法学博士の学位が送られた。大学の使者が松方を訪れ学位授与の趣旨を伝えた時、松方は、自分は横文字も読めず学問もしたこともない、人違いではないかと断った。大学は、学問は事業をする道を学ぶので、大事業を成し遂げた人に贈るのであると趣旨を伝えた。松方は、日本が金貨本位制を採用したことが、イギリスの学会でも高く評価されていることを確認した。

五月二四日ロンドンを後にし、ベルギーを経由してフランスに入り、旧知のボリューと旧交を温め、日本の金貨本位制実施のことを話し、賞賛された。その後ドイツに渡り、クルップ工場を視察し、明治一一年に視察した時と比較して、その規模の広大さに驚き、製鉄業と機械工業の進歩を実見して、日本の製鉄業の弱小さを実感した。ドイツでも学者は、金貨本位の実施を賞賛した。松方は、一旦ロンドンに帰り、学位授与式に出席したあと、六月二九日、イタリア・オーストリアに向かい、その途上西郷従道逝去の報に接した。七月二五日ロシアに到着してラムスドルフ外相と会談し、三〇日ニコライ二世に謁見した。

三一日、ウイッテ蔵相と極東問題について五時間にわたる意見交換を行った。すでにシベリア鉄道は旅順まで全通し、ロシアの極東経営は着々と進行していた。ウイッテは、中国に対して日露共同して圧力をかける必要があるとした。松方は、日本はロシアとの親交を増進すること以外の野心はないと牽制した。松方は、日露両国とも産業の発達、国富の増強を図り、武力に訴える行動をとるべきではないとして、ウイッテに来日を勧めた。ウイッテは同意し、訪日を約したが、結局訪日は中止となった。松方は、ウイッテとの会談で、ロシアでは金本位制はうまくいっていないことを知った。

帰国後、欧米視察の感想を求められた松方は、次のような興味ある事柄を語っている。

日本人には一つの大欠点がある。……日本人は、封建の時代から、武士は貯金など潔しとせず、町人は宵越しの金は持たないという習慣があるため、殆ど貯蓄という観念がない。政府は貯蓄を誘導し、民間はそれを心がけねばならない。国民一人一〇円の貯蓄を行えば、四億円の大金ができるので、無理な外資導入を回避できる。先年ドイツがフランスから巨額の賠償金を獲得した結果、奢侈が甚だしくなり、正貨が流出して、経済困難に陥った。学者に諮問したところ、貯金を奨励する以外にないとの事で、ドイツでは大いに貯蓄を奨励する政策が行われている。またイギリスの貯蓄は著しく多い。日本でも貯蓄を奨励することが重要である。国富の基礎はそこから起こる。中以上の者が勉強して、商業なり、工業なりを運んでも、中以下の人が浪費するのでは、国富の増進は不可能である。

（『公爵松方正義伝』坤巻、八六五～八六七頁）

日本人は、西欧人と比べると、貯蓄の習慣がないという欠点を持っている。貯蓄は、経済発展の動力となるものである。国民が貯蓄に励めば、外資導入に依存する必要もなくなる。政府は貯蓄を奨励し、国民は浪費を慎まねばならない、というのである。

貯蓄が国富の基礎であり、日本経済を投資が牽引する健全な成長軌道に乗せることが、金本位制のもとでの経済運営の基本であるという認識を示したものであった。消費過多が貿易赤字・正貨流出の一大原因となり、民間金融市場を逼迫していた。

貯蓄増大は、投資を支え、金本位制を強化し、外資に依存しない経済成長の源泉となる。国内貯蓄を活用した経済発展が基本的国策でなければならない、とする松方の信念がそこに脈打っていた。

第七章　元老として国家に尽くす

1　日露戦争と松方

対露方針立案と松方の強硬論

日本が日英同盟を締結し、外交上の圧力を強めたため、ロシアは、明治三五（一九〇二）年四月清国と満州還付協定を結んで、撤兵を約束した。しかし撤兵の約束は守られなかった。一〇月の第一期撤兵では、遼西の撤兵を実施したが、実際には遼東に移動させただけであった。三六年四月の第二期撤兵は実行されなかった。そして韓国国境地帯へ軍隊を再配置し、さらに鴨緑江を越えて韓国領土内に軍事基地の建設を始めた。このため日本の態度は硬化した。日清戦後の三国干渉以来、国民の間にはロシアに対する反感が強かったが、ロシアの満州居座りと朝鮮半島への南下の気配は、国民の神経を逆撫でした。

政府は、緊急に具体的対策に着手せざるを得なかった。三六年四月一一日、伊藤は、松方と財政問

元老時代の松方（明治40年）

題について協議し、万一の場合は外債を募るという計画を定めた。続いて二一日、京都無隣庵で、内閣の桂首相・小村外相・山本海相・寺内陸相と元老の松方・伊藤・山県・大山・井上が会談し、対露方針が策定された。(1)ロシアが満州還付条約を履行せず満州より撤兵しない時はロシアに抗議する(2)満州問題を機としてロシアとの交渉を開始し朝鮮問題を解決する(3)朝鮮問題については我が優越権を認めさせ一歩もロシアに譲歩しない(4)満州問題に対してはロシアの優越権を認めこれを機に朝鮮問題を根本的に解決する。

ロシアの条約違反に抗議し、交渉を開始して、「韓国における日本の優越権」と「満州におけるロシアの優越権」を日露相互が認め合う、という精神が骨子となっていた。それは、桂等の強硬論と伊藤らの妥協論を折衷した、「満韓交換」論であった。

六月二三日御前会議が開催され、松方は、伊藤・山県・大山・井上の諸元老とともに出席した。政府側からは、桂・小村・山本・寺内の各大臣が出席した。会議には、無隣庵で決定した方針に基づいて、小村が起草した大綱が提出された。(1)ロシアが撤兵条約に違反したこの機会を捉えて朝鮮問題を解決する(2)朝鮮はその一部たりともいかなる事情があってもロシアに譲歩しない(3)ロシアは満州において既に優越権の位置を占めているので多少の譲歩はやむをえない。

小村の起草した大綱は、無隣庵の方針を基礎としたものであったから、誰も反対しなかった。しかし大綱は、ロシアの満州支配を認めるという「交換」論的な色彩はなくなり、日本の要求が認められれば「多少の譲歩」を行うという強硬なものであった。伊藤や井上の妥協的な姿勢の余地を残す文言はすべて削除されていた。韓国における日本の独占的優越権を完全に確保することを前提とし、ロシアの満州既得権に多少の譲歩を行うとする対露交渉スタンスを明確にしたものである。ロシアがかつて伊藤に示した強硬な交渉条件を、丁度裏返しにしたものであった。このような強硬路線が、御前会議で決定されたということは、対露戦争を辞さないという姿勢が政府部内で支配的になったことを意味していた。

松方は、対露強硬路線の主唱者であり、桂・小村の対外政策を強力に支持していた。松方は、ロシアで穏健派のウイッテ蔵相と会談し、日露の軍事的対立を避け、産業発達を促進すべきであるという点で意見の一致を見ていた。松方は、日本とほぼ同時に採用された金本位制がロシアではうまくいっていないこと、ロシアの産業基盤が脆弱であることを実際に肌で感じ、他方で旅順まで全通したシベリア鉄道で満州を縦断して、ロシアの極東経営の意図と実態をその目で確かめていた。経済産業基盤が弱いにもかかわらず、いや弱いがゆえに軍事的膨張にかけるロシアの体質を深く洞察していた。日露親善のために来日することを松方と約束したウイッテは、後日露都を発してウラジオストックまで来たが、皇帝から帰還するよう命令された。松方が露都にあったとき、皇帝周辺の大官は、日本を弱小国と軽侮し、その言動は殺気立っていた。露都の形勢は頗る不穏であった。松方は、来日中止を知らせるウイッテの手紙をみて、ロシア政府首脳の多くは平和論者ではなく、ウイッテの行動に疑心を抱き危惧を持った結果であると確信した。ウイッテが皇帝の信認を失ったことは、ロシア宮廷が対日強硬論で固まりつつあることを示唆していた。

このような文脈の中で、ロシアは満州からの撤兵を拒否し、韓国への南下の姿勢を見せた。松方は交渉による妥結は困難であると考えた。ロシアの国力で突出しているのは、軍事力のみであった。したがってロシアの行動を最終的に決定するのは、軍事的勝利・優勢の確信である。とすればロシアの行動を変えさせるには、軍事的侵略が不可能であることを証明するしかない。軍事的勝利を確保する鍵は、戦力と戦時の軍費供給である。陸海の戦力整備は着々と進んでいた。そして金本位制実施と日英同盟の締結は、外債募集の環境条件を整えた。有事の軍費の供給についても、ある程度の目途を与えつつあった。

対露政策を決定する元老会議において、松方は主導的な役割を果たした。桂・小村を中心とする内閣は、対露強硬論でほぼ統一されていた。松方・伊藤・山縣・井上・大山の五元老の内、伊藤と井上は対露融和路線であり、山縣・大山は主として軍事的な知見を基礎として対露方針を判断していた。軍事的見地から見れば、ロシアと戦争して、勝てると考えた者はいなかった。したがって対露戦争が不可避であると考えたとしても、山縣・大山の言動は慎重にならざるを得ない。このような雰囲気の中で、元老会議では、松方の所説が「常に必ず一頭地を抜きて之が議決の骨子を成した」(『侯爵松方正義卿実記』第五巻、九七頁)というのも頷けるところであろう。松方は、平時には健全・慎重を以てことに処するが、有事や非常時においては積極・果断の処置で臨むという性向を持っていたからである。

対露方針が裁可されると、桂は、伊藤が政友会総裁であることは不都合であるとして、伊藤を枢密院議長に祀り上げ、山縣と松方も枢密顧問官に就任して、桂体制を確固とした基盤に置いた。伊藤の政府部内における発言権は低下し、政友会に対する影響力も薄れていった。元老の中では、松方や山縣・大山の発言権が強化されていった。

日露交渉の開始

小村外相は、七月二八日駐露公使栗野慎一郎に対して、日露両国の利益が接触する満韓地域において、両国の特殊利益の範囲を協定するための交渉を開始するよう訓令した。日本側の交渉に臨む基礎協約案は次の通りであった。(1)清韓両国の独立と領土保全、並びに当該両国における各国の商工業上の機会均等主義を保持する。(2)露国は韓国における日本の優越なる利益を承認し、日本は満州における鉄道経営に関し露国の特殊利益を承認し、併せて各自その利益を保護するために必要なる措置をとる権利を承認する。(3)日本は韓国において、露国は満州において、各自の商工業活動に対して阻害しない、露国は日本が韓国鉄道を満州に延長して東清鉄道および山海関牛荘線に接続することを阻害しない。(4)第二項の利益保護のため、両国は出兵する権利を持つが、兵員は必要限度に限り、任務終了後は直ちに召還する。(5)韓国における改革、助言および必要な軍事上の援助は、日本の専権に属す。(6)この協約は、従前韓国に関して日露両国間に結ばれた一切の協定に替わる。

日本案は、満州における領土保全・機会均等を求め、ロシアの特殊権益を鉄道権益に限定し、他方で日本の韓国における独占的権利を主張したものであった。日本が、長期的に韓国を保護下に置き、国防上の脅威を除去するためには、満州からのロシアの撤兵が必要であると考えられていた。日本側の自然な感情から言えば、ロシアが満州還付条約を締結し撤兵を約束している以上、北清事変以前の状態にまで復旧するのは当然であり、できれば三国干渉以前の状態にまで押し戻すことが望ましかった。そもそも戦後経営では、三国干渉を理不尽とし、臥薪嘗胆の合言葉とともに、軍備拡張を進めてきていたからである。

ロシアが日清戦争後にとってきた行動様式は、三国干渉以来、満州地域の軍事占領に至るまで、膨張主義以外の何物でもなかった。ニコライ二世は、気まぐれであり、お気に入りの廷臣が入れ替わるごとに方針が揺れ動くという、独裁制特有の傾向が顕著であった。ロシアは、一貫した方針で外交・軍事政策が実行されるという政策環境にはなかった。しかしジグザグの行動をとりながらも、シベリア鉄道を旅順まで全通させ、満州経営を前進させ、陸海軍事プレゼンスを増大させたことは、動かしがたい事実であった。時間が経過すれば満州のロシア領土化は既成事実化し、経済プレゼンスは次第に増大し、なにより軍事プレゼンスは強大になるだろう。時間の経過とともに、ロシアの立場は強化される。

ロシアには、日露交渉を急ぐ理由も、急いで外交交渉で決着させねばならない懸案もなかった。新興の弱小国日本が、ロシアに軍事的に挑戦してくるとは考えていなかった。ロシアは、日本の要求を抑え込める優勢な軍事環境が整うまで、交渉を引き延ばせばよかった。日本が軍事的挑戦を断念する程度にまでロシアの極東戦力が充実してから、日本にロシアの最終要求を突きつければそれで済んだ。また外交交渉によって協約が成立しても、その内容がロシアに不利であれば、守る必要もなく、また守られるはずもなかった。

ロシアが、満州を軍事占領したという立場をとり、ロシアの専権下にあると考えるのは当然であった。ロシアは、ゆっくりと時間をかけて、韓国問題を日本と「協議」すればよかった。ロシアが、日本側の協約案を歯牙にもかけなかったことは、当然であった。

ロシアの反応と交渉の経過

日本の協約案は、八月一二日ロシア外相に手交された。日ロ交渉は、東京において小村外相とローゼン全権との間で開始された。一〇月三日、ローゼンは、全八カ条のロシアの対案を提出した。(1)韓帝国の独立ならびに領土保全を尊重することを相互に約す。(2)露国は韓国における日本の優越なる利益を承認し、第一条には背反することなくして、韓国の民生を改良するための助言・援助は、日本の権利であることを承認する。(3)韓国における日本の商業的および工業的企業を阻害しない、また第一条に背反しない範囲で、当該企業を保護するすべての措置にロシアは反対しない。(4)前条の目的で日本が韓国に軍隊を送る権利を、ロシアと事前協議の上で、認める。兵員は必要限度を超えず、任務終了後には直ちに召還する。(5)韓国領土の一部たりとも軍略上の目的に使用せず、朝鮮海峡の自由航行を迫害し得るような軍事工事を韓国沿岸に設けない。(6)韓国の北緯三九度以北は中立地帯とする。(7)満州及び其の沿岸は全く日本の利益範囲外であることを日本が承認する。(8)この協約は従前韓国に関して日露両国間に結ばれた総ての協定に替わる。

ロシアの対案は、満州問題を協定の範囲外とし、韓国における日本の利益と利益保護の手段を制限し、韓国全土を軍略上の目的に使用せず、韓国北方の三分の一を中立地帯にするという、厳しい内容であった。三国干渉以来のロシアの行動とその結果として生じた既成事実を当然の権利とする一方、日本の韓国における国防に関する軍事行動を禁止するという内容であった。日本にとっては、満州問題を協定の範囲外とするロシアの対案は、ロシアとの交渉自体を無意味にする回答であった。

第一回目協約案の交換は、双方が交渉のたたき台を出し合うという性格をもっているため、双方の主張が食い違うことは当然であるが、このように日露双方の主張が「逆対称で」となれば、交渉妥結の見通しは暗いといわざるをえない。双方の基本主張を満たす妥協の方法がないからであった。第三者的に事態を観察すれば、戦争にいたる儀式を踏んでいるとしか見えない交渉であった。しかし外交交渉は、双方が或いは一方が交渉を断念するまでは、妥協の可能性を追求することになる。相手側が断念する可能性を常に考慮に入れながら、相互に自らの妥協条件を提示していくことになる。

この場合、日本側は、交渉妥結までに時間的余裕がなく、ロシア側は時間的な制約がなかった。日本は、軍事戦力バランス上の将来予測から、時間の経過とともに対露バランスは悪化していくため、外交交渉で事態を決着させるためには、できるだけ早期に交渉を進展させる必要があった。早期決着を望む日本は、より大きな妥協を覚悟し、そして交渉停止を決断するタイムリミットも早くなる。交渉が長引けば、軍事的なオプションも失われてしまうからである。逆に早期決着の必要がないロシアは、妥協的な態度をとる必要性は薄く、日本側を交渉断念（軍事力行使）に追い込まないように注意しながら、適当と判断する時期に幾ばくかの妥協を行って、交渉を継続させることが有利であり、極東軍事バランスがロシアの絶対的優位に転換すれば、最終的には交渉が決裂することも差し支えなかった。ロシアには、事実上タイムリミットは存在しなかった。ロシアは、弱小国日本が戦争に訴えて問題の解決を図るという選択肢を採用するとは、考えていなかった。時間が経過すれば、日本は、結局ロシアの主張する線まで譲歩せざるを得ないであろう。

日本側は、修正案を作成し、一〇月三〇日、ロシア側に提出した。(1)清韓両帝国の独立及び領土保全を尊重すること。(2)露国は韓国における日本の優越な利益を承認し、並びに韓帝国の行政改良についての助言援助（軍事上の援助を含む）は日本の権利であることを露国は承認すること。(3)韓国における日本の商業的・工業的活動の発達を阻害しないこと、ならびにこれらの権利を保護するためにとる総ての措置に、露国は反対しないこと。(4)前条の目的や反乱騒擾を鎮定するための日本の軍隊派兵権を、露国は承認すること。(5)朝鮮海峡の自由航行を迫害するような軍事工事を韓国沿岸に設けないことを日本は約束すること。(6)韓国と満州の境界の両側に、各五〇キロメートルの中立地帯を設定すること。(7)満州は日本の特殊権益の範囲外に在ることを日本が承認し、韓国は露国の特殊利益の範囲外にあることを露国は承認すること。(8)日本は満州における露国の特殊利益を承認し、これらの利益を保護するための露国の措置をその権利として承認する。(9)韓国との条約により露国に属する商業上・居住上の権利及び免除を日本は保障し、同時に清国との条約により日本に属する商業上・居住上の権利及び免除を露国は保証すること。⑽今後韓国鉄道及び東清鉄道が鴨緑江まで延長された場合、両鉄道の連結を阻害しないこと。⑾本協定は従前韓国に関して締結された日露両国の総ての協定に替わるものであること。

この修正案は、逆対称的な日露両国の原案を双方の基本的主張が盛り込まれる形で折衷したものであった。清国の主権と領土保全という日本側の協定交渉の基本線を維持しつつ、満州におけるロシアの特殊権益と自由行動を日本が承認し、その代わり韓国における日本の特殊利益と自由行動を露国が承認するという、所謂「満韓交換論」を提案したものであった。その上で、北韓の中立地帯設定案に対して、満韓境界の両側に中立地帯を設定するという対案を提示し、見返りに朝鮮海峡の自由航行に関する露国の主張を容認した。

「満韓交換論」を日本側から提案したことは、日本の従来の交渉スタンスを大幅に変更するものであり、早期決着を図りたいとする日本側の意図と希望を率直に示したものであった。満州の特殊権益と自由行動を殆ど無条件で認めたこの提案は、ロシアにとって飲めない提案ではなかった。修正案の基本線は、日本の譲歩できる最終の線であった。

日本は、清国の主権と領土保全を掲げ日英同盟の基本精神を第一条に掲げていた。しかし、それに反する満州におけるロシアの特殊権益と自由行動の権利を承認した妥協案を提示していた。日本の「あせり」は、修正案に滲み出ていた。しかし日本側があせればあせるほど、ロシア側は交渉に時間をかけ、協約を一層有利なものにしようとする誘因が強くなる。ロシアは、あるいは極東総督の意見を聞くための行政上の手続きや、皇后の健康問題など種々の事情から回答を遷延させ、他方で満州や韓国で軍備を増強させていった。極東総督アレクセイェフは、ニコライ二世に「日本は兵少なく財政に乏しい。日本が虚勢を張っているのは英米が扇動しているからであるが、英国は有事には日本を助ける決心なく、またその力もない。日本それを知っているので、戦争に訴えることはない。ロシアが強硬な態度をとれば、日本はロシアの主張に屈服することは間違いない」と電報で上奏した。

ロシアが日英同盟を無力化するには、日露の交渉条件から満州問題を除外すればよい。満州を交渉対象から外せば、現状を何ら変更しないので、英国の現行条約上の権益は阻害されない。英国は権益が阻害されなければ、何ら不満はない。現にロシアは満州を軍事的に占領しているからである。そして日本が、ロシアの満州における特殊権益と自由行動を認める協約を締結することは、英国にとって好ましくなかった。

ロシアの回答は遷延を重ね、ようやく一二月一一日に、修正案を提出してきた。⑴韓帝国の独立並びに領土保全を尊重する。⑵露国は韓国における日本の優越なる利益を承認し、民生を改良するための助言を与えることは日本の権利として認める。⑶韓国における日本の工業的・商業的活動の発達に反対せず、これらの利益を保護するための措置を執ることに露国は反対しない。⑷前条の目的および反乱騒擾を鎮定する目的で、日本が韓国に軍隊を派遣する権利を承認する。⑸韓国領土の一部たりとも、軍略上の目的に使用せず、朝鮮海峡の自由航行を迫害するような軍事工事を韓国沿岸に設けない。⑹韓国の北緯三九度以北の部分は中立地帯とする。⑺韓国鉄道および東清鉄道が鴨緑江まで延長された場合、両鉄道の連結を阻害しない。(8)韓国と日露両国との間に従来締結された協定は廃止する。
ロシア修正案は、満州に関する条項を削除し、満州におけるロシアの自由行動を既定のものとし、協定の範囲を韓国に限定しようとしたものであった。それは、韓国における日本の優越なる権利を承認するとしていたが、それは民生への助言および商工業活動利益に限られ、韓国領土の一部なりとも軍略上の目的に使用しないように要求してきたものであり、日本にとってロシアとの外交交渉を完全に無意味とさせるものであった。

ロシアの回答が一カ月以上遷延している間に、対露同志会などがロシアの横暴を憤慨して主戦論を唱え、日本国内の対露強硬論は沸騰し、頂点に達しようとしていた。また、衆議院は、開院式の劈頭に内閣を弾劾する内容を含む上奏を行ったので、衆議院は解散された。それは政府がロシアの横暴に弱腰に対応していると見た国民感情の発露でもあった。

桂首相は、一二月一六日、元老会議で対露交渉の経過を説明した。「満韓交換」が、日本にとってのギリギリの条件であった。松方は、「ロシアの態度がこのようなもであれば到底戦争を避けることはできない、今はロシアの海軍の準備が整っていないので勝算は我にあるが、戦わずして目的を達するほうが賢明なので、日本の最後の決意を示すために、再度修正案を提出すべきである」と主張した(『侯爵松方正義卿実記』第五巻、一〇二頁)。元老会議は、「満州問題は外交交渉で解決を目指すが、韓国問題については戦争に訴えてでも譲歩しない」という方針を決定した。この決定は桂首相から天皇に上奏され、裁可を受けた。その席で、桂は、「異日恐らくは国家非常の難局に立たん、陛下予めその決心を賜へ」と、天皇に開戦の覚悟を固めるよう求めた。

外交交渉による解決はまずありえないと考えられたが、再度ロシアの反省を促すために修正案を議定し、二一日ロシアに提出した。ロシアは、明治三七年一月六日、対案を提出してきた。その要点は、次の通りであった。(1)ロシアは、日本の韓国に対する軍事上の援助を承認する、(2)日本が韓国領土を軍事的に使用することは承認しない、(3)北緯三九度以北の韓国領土を中立地帯とする、(4)日本が前記二項を承認すれば、満州を協約の範囲に入れることを承認するが、清国の主権および領土保全を協約中に挿入することは承認しない、(5)日本は満州を日本の利益線の範囲外であることを承認する、(6)日本および列国が清国との間で獲得した条約上の権利・特権は認めるが、そこから居留地の設定は除外される。

ロシアからの回答は、ほとんど「ゼロ回答」であった。もはや交渉妥結の余地はないと判断せざるを得なかった。一一日元老会議が開かれ、一二日御前会議を開き、万難を排して日本の要求を貫徹すると決定し、一三日修正案をロシアに提出した。日本の最終提案であった。

松方、伊藤、山縣、井上、桂、小村が出席した元老会議の席上、松方は、「事ここに至っては妥協の道はない。同一事を反復して時日を遷延することは徒にロシアの軍備を充実させるに過ぎない。最後の決断をすべきである」と主戦論を主張した。これに対して小村外相は、松方の主張に賛成したが、軍隊輸送船の準備は今月末までかかるので、開戦遷延の方策として、さらに一回の最後交渉を試みたいと提議し、松方を始め元老の同意を得た。

翌一三日、小村は、ローゼン公使に対して、協約中に満州の領土保全を尊重する条項を挿入すべきこと、中立地帯は廃止すること、韓国においては譲歩の余地がないことを述べ、ロシアの再考を促した。

ロシアからの回答が遷延する中で、一月三〇日、首相官邸で元老会議が開かれた。席上、対露宥和路線を主張していた伊藤も、世論の批判が高まる中、強硬論に転換した。伊藤は、次のような対露意見書を提出した。

ロシアの南進の意図は明白であり、満州問題は解決の端緒を見つつあるが、朝鮮問題はそうではない。「仮に露の我に譲歩する所、中立地帯設定を我に譲り、朝鮮の邦土を軍略的使用するを得せしむるも、是れ露の政略全体より観察すれば、日本に執りては数年の小康たるものと見るの外なし。然れば到底露と干戈相視るは、早晩免るべからざるものたるは火を見るが如し」(『伊藤博文伝』下巻、六二六頁)。

ロシアが、日本の要求に沿って韓国問題で中立地帯設定を取り下げ、日本が韓国を軍略的に使用することを認めたとしても、一時の小康をもたらすに過ぎず、いずれは戦争に訴えざるを得ないという認識は、すでに日本政府全体のものとなっていた。

実際、ロシアからの回答は遅れた。ロシアは、一月二八日の会議で、中立地帯の設定を削除した回答案を決定し、二月二日に皇帝の承認を得たが、それが駐日ローゼン公使の下に届いたのは、日露開戦後の二月七日のことであった(伊藤之雄『立憲国家と日露戦争』二二四〜二二五頁)。ロシア側は交渉継続の意思を持っていた。しかし最終段階においても、ロシアの回答が、この程度のものであったことは、ロシア側の対日認識が極めて甘く、日本を交渉相手として一人前の国家として認めていなかったことを示していた。日露戦争へと歯車は大きく回転することになった。

開戦決定の御前会議

松方は、国家の興廃存亡の時に当たって、日本が開戦を決意するに至った経緯と理由を明確にし、その決定に参画した元老・閣員全員の署名連印を行い、後日の責任を明らかにすることが必要であると桂首相に説き、その記述を桂に託した。

明治三七年二月三日、元老会議が開催された。桂は、松方が依嘱した政府の決意と事由を記述した文書を携えて会議に臨んだ。松方は、これに各自の連印を求め、山縣、井上を始め相次いで署名捺印したが、伊藤一人のみはこれを拒絶した。その理由を問われて、伊藤は、「陛下の大命に依るに非ざれば連署することはできない」と応えた。松方は、伊藤の時局に対する見解を重ねて質した。「開戦か屈辱か」、今は最後の決断をしなければならない。しかし、伊藤は、これに明答することができなかった。松方は、伊藤のこの態度をみて、日清戦争や北清事変のことを思い出していた。「伊藤は平時の智慮あるに似ず、戦端を開かんとするに當りては、常に必ず狐疑百端に出で、一断果決の勇なきは既に日清戦争及び北清事変に徴して明なり」（『侯爵松方正義卿実記』第五巻、一〇五頁）。しかし、もはや伊藤一人を追及する必要はなかった。その他の列席者は最後の決意に賛同していたからである。

翌二月四日、日露の和戦を決する御前会議が開催された。列席者は、松方をはじめ、伊藤、山縣、井上、大山の五元老と、桂首相、山本海相、小村外相、寺内陸相、そして曾禰蔵相であった。席上、伊藤は、まず陸海両相に準備状況を質し、ついで蔵相に財政経済上の用意について詳細に質問した。蔵相は、答弁に窮した。会議は、開戦は止むを得ないと決したが、財政が非常な困難に遭遇することは明確であった。伊藤は、蔵相を追及した。「いやしくも開戦にあたって財政の困難目前にあり、大蔵大臣の用意果たして如何」。蔵相黙して答えず。伊藤、「財政の基礎定まらず軍費給せずんば、何を以て戦うことを得んや」。蔵相黙然として答えず。伊藤の執拗な追及に対して、蔵相は遂に一言も発しなかった。

松方は、この伊藤の態度は、前日署名捺印を拒み、本日は蔵相を追及して「財政困難に藉口して開戦を延期するの魂胆なるべし」とみた。松方は、蔵相に助け舟をだした。「財政の難易を論じるのは平時のみの事である。いまやロシアと開戦するに当たり国家の興亡がかかっている。この非常時に臨み、国家の興廃と財政の難易との軽重何れにありや。非常の時に際しては非常の決心で臨まねばならない。大蔵大臣は非常の覚悟をもって財政運営に当たらなければならない」と。伊藤は、これに対して「日清戦争に比べて財政の困難は計り知れないほど大きいが、財政困難に対処できる人物はいない。日清戦争の際には日銀総裁の川田小一郎のような人物がいて戦時財政を運用したが今は故人となっている」と嘆じた。松方は、「足下何為れぞ之言を為すや」と応じた。日清戦争のとき、財政の当局者ではなかったが、自分が補佐して戦時財政の任に当たった。川田が戦費調達に関して計画したところは、自分の指示によるものである。日清戦時財政運営では、伊藤は献金で戦費調達を企画したが、自分が内国債募集の議を立てて、軍費の調達を可能にしたことを覚えているはずである。松方は、自分が蔵相を補佐するので戦時財政の運用は心配ないと断言し、天皇の決断を促した（『侯爵松方正義卿実記』第五巻、一〇五〜一〇六頁）。

こうして遂に日露国交断絶が決定され、五日ロシアに通告された。非常時には、果断に対応するという、松方の真骨頂が示されたときであった。日露開戦は、松方の「財政保証」の一言で決定されたといっても過言ではない。

松方がどのような根拠で戦費供給に支障は無いと断言したのか、それを示した資料はない。当時の経済力を測る指標として速報性のある資料は、例えば輸出額である。輸出額は、日清戦争時の明治二七年には一億一三二五万円であり、日露開戦前年の三六年には二億八九五〇万円であり、二・六倍に増加している。輸出の国民経済に占める割合は変動するが、国民生産の伸張度を大まかに反映すると考えることができる。この指標によれば、日本の経済力はこの間に二・五倍前後に増大していると推測することが可能であろう。したがって、国民の負担能力は、少なくとも倍増していると考えることができたはずである。三六年の租税収入は一億四六一六万円であるから、非常収税を実施すれば年一億円を超える増税も可能であると考えて不思議はなかろう。一方、国債の消化能力を示す指標として銀行預金をとれば、二七年には一億三八八六万円であったが三六年には七億七七九七万円へと五・六倍の増大を示している。したがって、日清戦時の募集額一億一六八〇万円と比較すれば、六億円程度の国債消化能力があるとの推定が可能となる。松方が、日露戦争の戦費を、どの程度と見積もっていたのかは明確ではない。『高橋是清自伝』によれば、当初の軍費見積額は四億五〇〇〇万円、対外支払いは日清戦争の例からその三分の一の一億五〇〇〇万円と予想されていた。日清戦争の二倍強を目安としていたことになる。この見積もりによれば、増税と内国債で三億円を調達し、外債で一億五〇〇〇万円調達すれば、軍費の供給は可能となり、戦時財政には不安はなかったであろう。そして、松方の慎重な性格からして、戦費が当初見積もりの倍、つまり日清戦争の五倍、一〇億円程度に増大するような事態がありうることも、想定していたに違いない。開戦当初大蔵当局が提出した第一回予算三億円に対して、松方はこのような予算は「殆ど児戯の類」であると一蹴し、「須らく其着眼を大所に置き遠く察し深く慮らすんはあるへからす、抑も露国は世界の大国なり……一朝夕の間に勝敗を決するを得さるは明なり」として予算案を大蔵省に返付しているからである（『侯爵松方正義卿実記』第五巻、一〇九頁）。そして戦費が一〇億円に上れば、非常な困難に遭遇し、わけても三億円以上の大規模な外債募集が戦費供給の成否を左右することになろう。日本国内では、増税と内国債で七億円程度を捻出することが精一杯であったからである。したがって、松方は、外債募集の困難は予想されるが、欧米巡遊の感触から何とか対応できるとする目算が立っていたと見てよいだろう。しかし、実際の戦費は、臨時軍事費・臨時事件費を合わせれば総額二〇億円にも上った。それは、松方や政府当局者の予想をはるかに上回る戦費であったと考えられる。この会議の時点で、かりに二〇億円の戦費が必要だとわかっていれば、開戦の決定がこのような経過を辿ったかどうかは、微妙であったろう。

御前会議終了後、曾禰蔵相は辞表を提出した。桂は、これを伊藤に相談したところ、伊藤は曾禰辞職に異議なしと答えた。しかし、松方は、今の曾禰は決して一個の曾禰ではない。開戦に当たって大蔵大臣が辞職すれば、日本の財政に対する不信を生じさせ、日本の国際威信を失墜させる。決して蔵相の辞職を許してはならない、と反対した。その結果、蔵相辞任は認められなかった。松方は、日本の財政の信用、日本の威信の保持が、戦時財政運用の最重要事であることを熟知していた。日本の財政状況から、戦費調達は外債に依存せざるをえない。外債募集の成否は、日本の対外的な信用にかかっていたからである。

日露戦争と戦時財政

日露戦争は、日清戦争と比べて、その規模が比較にならないほど大きく、軍費も巨額にのぼることが予想された。当時の日本財政の状況からすれば、予想される巨額の軍資の大部分を、内外債に求める以外になかった。戦時財政の要務は、松方と井上の両元老が見ることになった。外債の募集は、国際金融の中心地がロンドンであったこと、日英同盟を結んでいたことから、イギリスを中心に行われることになったのは、当然であった。松方は、日銀副総裁高橋是清を外債募集の責任者に推した。

高橋は、はじめにアメリカに立ち寄り、外債募集が困難であることを確かめると、イギリスに渡った。ロンドンで、三七年五月、関税収入担保の第一回六分利付き公債九七六二万円（実収八六八三万円）を売り出したが、日本が鴨緑江の戦闘で勝利を収めると、日本公債の人気は急上層した。戦時の外債募集では、戦闘の帰趨如何がその応募数と条件を左右する。その後第二回六分利付き外債一億一七一六万円（同一億四六万円）が募集されて成功した。しかし戦局の拡大とともに軍費は不足を告げ、再度高橋が派遣されて、三八年三月および八月に各々四・五分利付き二億九二八九万円（同二億五一一五万円）の外債調達に成功した。合計八億円（実収六・九億円）の外債調達は、日露戦争を勝利に導く決定的な要因として作用した。松方が成立に尽力した金本位制と日英同盟こそが、イギリスにおける巨額な外資募集を可能にした条件であった。この面で、松方の果たした役割は極めて大きかったということができる。

他方、内国債の募集も極めて順調であった。松方は三菱財閥に、井上は三井財閥に、それぞれ強い影響力を持っていたので、開戦に先立つ三七年一月二九日、両元老は財界人を三井集会所に招集して、銀行・保険会社を中心とする国債引受組織を作り上げた。三七年三月から五回にわたり、四億七三〇〇万円（実収四億三四八九万円）が発行された。

内外債による一二億円を超える戦費調達が、日露戦争の勝利の財政的基盤を作り出した。日露戦争戦費は、臨時軍事費一七億四六四二万円、各省臨時事件費二億三九七一万円の合計一九億八六一三万円に及んだ。三七年度の一般会計予算が二億五千万円であったから、ほぼ八年分に相当する巨額なものであった。そして、官民の挙国一致の血の滲むような努力の結果として、このような巨大な戦費供給に成功した。

講和へ

三八年一月一日旅順要塞陥落、三月一〇日の奉天大会戦での勝利、五月二八日日本海海戦でのロシアバルチック艦隊壊滅によって、日本の勝利が明確となった。明治天皇は、松方を参内させ、「開戦当初の会議における卿の一言は実に今日あるを致せり」との優詔を伝えた。御前会議における松方の財政補佐の言上に対して、天皇は、「卿の一言がなかったならば、議は容易に決しなかった。あの一言は実によかった」と賞賛した（『侯爵松方正義卿実記』第五巻、一〇八頁）。松方の果断の主張に、幸運の女神が微笑んだ。松方の栄誉と感激は頂点に達した。

桂首相は、この機会を捉えて講和へと動いた。元老の同意を得て講和条件を確定し、アメリカ大統領ルーズベルトの勧告を容れて、三八年八月一〇日、講和会議がアメリカのポーツマスで開催された。日本は、軍事賠償金や領土を獲得することはできなかったが、軍事的、経済的、国際的な大局的見地から講和に踏み切り、講和条約は一〇月に批准された。

松方は、財政的見地から戦争継続は不利であると判断し、講和は止むを得ないと主張した。戦後の財政運営を考えれば、軍事賠償金が取れないことは、非常な打撃であった。内外債が累積し、非常特別税が徴収されていたからである。戦後に臨時軍事費特別会計を終結させ、軍事公債を償還し、減税を実施し、財政を整理するためには、賠償金の存在は大きかった。しかし戦争を継続し最後の勝利を収めるための財政力と軍事力（とくに陸上兵力）は枯渇していた。無賠償の講和は、止むを得ない決断であり、賢明な決断であった。

しかし、戦勝に沸き、日本の財政力・軍事力の枯渇状況を知らない国民は、無賠償の講和条件に不満を募らせ、日比谷焼討事件を引き起こした。臥薪嘗胆を合言葉に増税に耐え、多くの国民の血を流して、やっと摑んだ勝利であった。国民感情としては、「得るものの何もない」講和に不満を爆発させるのも無理はなかった。

日本は、満州・朝鮮半島からロシアを駆逐し、国防を全うすることができたので、戦争目的は完全に達成することができた。戦争は、国民に巨大な戦費負担と人命の損失を強いたが、日本の独立と国際的威信を確立し、列強の一員として発展する機会を提供した。

そして、戦後時間の経過とともに、莫大な戦費と人命を犠牲にした日本が、その犠牲の対価を満州で得ることは、当然の権利であるとする考え方が台頭してくる。日本は、その財と血でもってロシアを満州から駆逐した。清国にはそれを独力で実行する力はなかった。清国は日本に感謝し、特別の便益を与えるのは当然である、と。こうして満州の特殊権益論が強まっていくことになる。それは、「無賠償」講和がもたらした後遺症であった。

天皇の松方の功績に対する評価と信認は、戦後の論功行賞のときに示された。桂首相が戦勝の論功行賞について奏上するに先立って、天皇は「松方は大勲位なるぞ」とその意思を伝えた。松方に対する論功行賞は、天皇自らの直命による異例のものであった。この前代未聞の大命に基づく論功に接して、天皇の直臣として、松方の栄誉は極まった。三九年四月、松方は、大勲位菊花大綬章を授けられ、四〇年九月侯爵へと上った。

開戦当初の松方の果断の処置と、戦時財政の指導補佐は、日露戦争の勝利に直接貢献し、日本の未曾有の国難に対処する役割において、まさに中心的役割を果たした。松方が財政の天才として、日本の近代史上に、最後の光芒を輝かせた瞬間であった。

2　日露戦後経営と大正政変

日露戦争が終結すると、財政整理と戦後経営が重要課題となった。松方は、財政の第一線からは引退したが、元老として、財政経済問題や外交問題について助力を惜しまなかった。既に七〇歳を超える高齢となっていた。

日露戦後経営

明治三九年一月、桂内閣が辞職し、第一次西園寺内閣が誕生した。これ以後、藩閥官僚と陸軍をバックとした桂と、衆議院第一党の立憲政友会総裁西園寺公望とが、「情意投合」して、相互に内閣を組織する「桂園時代」がはじまる。

戦後経営の課題は、財政の基礎を固め、国防を充実し、経済を発展させ、満州経営を軌道に乗せ、韓国の保護国化を全うすることであった。そのための主要施策は、軍備を拡張し、鉄道国有化と南満州鉄道会社の設立を進め、あわせて累積した巨額の軍事公債を処理することであった。

西園寺内閣は、鉄道国有化を実行し、満鉄を設立した。また外債が成立したことで、巨額の外資が流入した。こうして企業勃興の機運が盛り上がった。しかし戦後好況は長続きせず、明治四〇年、日本経済は世界的恐慌と連動して不況に転落した。西園寺の積極政策は、短期間で終わりを告げた。西園寺内閣は、四一年度予算を編成するに当たって、一億五〇〇〇万円におよぶ歳入不足に直面した。政府は、借入金・国庫剰余金等で歳入不足を支え、不足分を兌換銀行券増発で埋めて財政収支の均衡を図る、という方針を閣議決定した。

これに対して、松方と井上は、共同して政府に対する財政勧告を行った。政府の計画は、四一年度予算の編成を目指すだけのものであり、翌年度以降は毎年歳入欠陥が持続する。政府は、本格的な財政整理を断行すべきである。経費節減、新規事業中止、既定継続事業の繰延べを実行し、必要なら増税で財源を補足し、財政基盤そのものの健全化をはかるべきであるというものであった。西園寺は、閣議決定済みの予算計画を変更することに難色を示したが、結局政府は、この勧告を容れ、四一年度予算を再編成し、第二四議会を通過した。

しかし、経済不況の中で、貿易収支は悪化し、財政整理は予期の如く進行しなかった。井上と松方は、西園寺以下閣僚を集めて、政府の財政政策の拙策を詰問した。西園寺は、以前に阪谷蔵相と山縣逓信相とが衝突して辞職するという閣内不統一があり、また今回の政策実行不能の責任もあるとして、総選挙が終了するのを待って、辞表を提出した。

四一年七月、第二次桂内閣が成立する。桂は、蔵相を兼任して、政友会との「情意投合」を背景として、懸案の財政整理に着手した。松方・井上が示した財政整理方針の勧告が、財政計画の基本的性格を形成した。内閣成立当初、井上は病気悪化で自宅に引きこもっていたため、松方が桂内閣の財政政策を援助し監督する任にあたった。桂は、八月財政整理方針を決定した。(1)事業予算の継続費を繰延べ、年割を改定する。(2)公債発行を停止し、公債事業を普通財源に切り替える。(3)自然増収は財政計画に含めない。(4)毎年の公債償還額を五〇〇〇万円以上に増額する。(5)鉄道経営の独立を図るため特別会計を設置する。

徹底した公債非募債主義を採用して、財政規模の膨張を抑制し、公債償還を進める方針を明確にした。戦時の高利公債の借換えを進め、利子負担を軽減することが最大の課題であった。桂は、予算編成の概要や閣議決定の状況などを、松方に逐一報告した。これに対して松方は、「拙老の考えには、先々今般之行懸には、充分の御結果」と満足し、桂内閣の財政計画が着々と実行されることを期待する、と賛意を表した（「桂首相宛松方書簡」明治四一年一〇月三日）。財政整理を中心据えた戦後経営を進めるためには、松方・井上両元老の助力が不可欠であった。陸軍出身の桂は、財政問題について素人であり、財政整理に関して豊富な経験をもっていた松方の助言は、特に重みをもっていた。

この桂の財政整理路線は、四四年八月以降の第二次西園寺内閣が踏襲し、第三次桂内閣を経て、大正二年二月の山本内閣の行財政整理政策に受け継がれ、紆余曲折を経ながらも第一次世界大戦が勃発するまで堅持されることになる。

政府は、明治三九年に、国債整理基金を設立した。同年度の国債費は一億五一一八万円であったが、二二億円の国債残高に対する利払いが大部分（約一億三千万円）を占め、元金償還は僅かな額に留まっていた。同年度の歳出総額は四億六四二八万円であるから、国債費の比率は三二・七％に達していた。ちなみに同年度軍事費は、一億二九七五万円、二七・九％であった。高利の国債を、低利の国債に借換え、利払いを低減することが緊急の課題となっていた。

軍事公債のうち最も不利なものは、第四回、第五回国庫債券と第一回、第二回六分利付き英貨公債であった。政府は、まず明治三八年、戦勝の余韻の中で二五〇〇万ポンドの四分利付き英貨公債を募集し、六分利付きの第四、五回国庫債券を償還した。このため、二億円の外貨が日本経済に追加されることになった。また同年七月、八月には、東京市、横浜市の外債が成立し、一八〇〇万円の外資が流入した。このように一時に巨額の外資が注入されたことが、日露戦後の企業勃興に大きな刺激を与えた。次いで明治四〇年英・仏で二三〇〇万ポンドの五分利付き英貨公債が募集され、戦時中の六分利付き英貨公債が借換えられた。四一年、第一回国庫債券が、借換・割引・抽選によって償還された。さらに政府は、鉄道国有で継承した旧鉄道会社債務の大部分を、旧鉄道会社債務整理公債を発行して償還した。

四〇年恐慌による経済不況と大規模な外資導入、桂内閣の財政緊縮・国債償還政策によって、民間金融市場は緩和され、金利は大幅に低下した。国債価格は上昇し、五分利付き国債の価格は、四二年の八二・四八円から四三年には額面を超えた。松方は、国債借換えの時期が到来したとして、整理公債の発行を、桂首相に勧めた。明治四三年一月三一日、桂首相に「今日は能き時期到来……断然御発行の御手順に相運候様、窃に希望仕候」と書簡を送り、さらに二月七日、募集間際に、預金部利子を引き下げて、借換えの環境条件を整備すべきであると進言した（「桂宛て松方書簡」明治四三年二月二日）。

四三年初頭の国債発行残高は二五億八五〇〇万円であり、利払い費は一億二二〇〇万円を超えていた。政府は、五分利国債を四分利国債へと借換えることに着手し、三井・三菱・安田など一六行による公債引受シンジケートに二億円を引受けさせた。また内国債一億六〇〇〇万円を外国に売り出した。

さらに四分利付仏貨公債四億五〇〇〇万フラン、四分利付英貨公債一一〇〇万ポンド、邦貨換算二億八一五四万円を募集した。これによって償還期限の切迫した五億二〇〇〇万円の五分利付国債の償還が完了し、年三六五万円の利子負担が軽減された。

また戦時に増徴された非常特別税の整理も実行され、負担の軽減が図られた。こうして、戦後の財政整理は、一段落を告げた。

戦後の大陸政策と国際関係

対外的には、日露戦争以降、日本は、朝鮮半島・大陸への進出を進めていった。戦時中の明治三七年八月、第一次日韓協約を結んで、韓国の財政・外交に日本人顧問を送り、翌三八年には、アメリカとの間に桂―タフト協定を結んで、日本の韓国に対する指導権とアメリカのフィリピンに対する指導権を、相互に確認した。ついで三八年一一月には、第二次日韓協約を結んで、漢城（後、京城と改称・現在のソウル）に韓国統監府を置き、伊藤を初代統監として韓国を保護国とした。韓国は、四〇年六月ハーグで開催された平和会議に皇帝の密使を派遣して抗議した。しかし、韓国の抗議は容れられなかった。これに対して日本は、韓国皇帝を退位させ、第三次日韓協約を結んで、韓国軍隊を解散させた。伊藤が、四二年一〇月、韓国人にハルピンで暗殺されると、日本政府は、韓国併合に踏み切り、京城に朝鮮総督府を置いて直轄統治を行った。他方、経済面では、すでに三八年釜山―京城間の鉄道が完成し、軍事輸送と産業の動脈として重要な役割を果していた。四一年には、国策会社の東洋拓殖会社が設立され、韓国の産業振興事業が推進された。

また、日本は、ロシアの諸権益を引き継ぎ、南満州に勢力を扶植していった。三九年、関東都督府を置いて遼東半島租借地（関東州）の行政を執り仕切るとともに、半官半民の南満州鉄道株式会社（満鉄）を設立して、旅順―長春間の鉄道・支線や、鉄道沿線の鉱山などの経営にあたった。日本は、この時点で、単にロシアの旧権益をそのまま継承するという措置をとった。韓国を確保し、ロシアを満州から駆逐して、日本の国防を全うするということが、日本の日露戦争における戦争目的であった。満州権益の取得は、日本の戦争目的ではなかった。したがって、日本の満州権益に関して新たな日清協定を締結してその内容を明確にするという発想は弱かった。しかし、時間が経つにつれ、日本の意識の中では満洲の特殊権益が既定化し、満州で費やされた巨大な戦費と人命のコスト意識が強まり、さらにロシアから継承した鉄道経営期限や遼東租借期限の残存期間が迫るにつれ、日清間での紛議と対立生み出すもととなっていった。

他方、三八年には日英同盟が改定された。同盟適用範囲がインドにまで拡大された。イギリスは日本の韓国指導権を確認し、期間を一〇年に延長したうえで、攻守同盟に改定された。しかし四四年には、日米関係が悪化したことを背景として、アメリカを同盟対象から除外する規定が取り入れられ、日英協調関係は次第に冷却する方向に向かった。

これに対してロシアとの関係は修復され、明治四〇、四三、四五、大正五年と四次にわたる日露協商協約が締結され、満州における権益の線引きと、内蒙古における勢力範囲が協定された。ロシアが、日本の軍事的実力を認識し、東アジアからバルカン・中東方面への南下へと関心を転換したことが、日露協調を生み出す動力となっていた。

日本の韓国支配は、欧米諸国の国際的承認を得て確立した。しかし日本がロシアと協定して大陸への進出を強めたことは、中国・満州での「門戸開放・機会均等」を求めるアメリカとの摩擦や対立を次第に強めていった。アメリカが日露戦争で日本に好意的に行動したのは、ロシアが満州を独占的に支配することを警戒したためであった。戦後、日本の満州進出が始まると、満州の鉄道に関心を持つアメリカの鉄道王ハリマンは、旅順―長春間の鉄道を日米共同経営にすることを提案したが、日本政府はこれを拒否した。その後もアメリカは満州の門戸開放を求め、四二年国務長官ノックスが、満州における列強の鉄道権益を清国に返還し、それを列国の共同管理下に置くことを提案した。この満州鉄道中立化案は、日本とロシアの反対で、実現しなかった。日露協調が進むと、アメリカは、四三年、五〇〇〇万ドルの借款を清国に与え、イギリス・ドイツ・フランスと共に四カ国借款団を組織し、潤沢なドルを活用するドル外交を展開して、日本に対抗した。

日本の大陸政策は、欧米の警戒心を強めさせ、次第に欧米の黄禍論の矛先が日本に向けられるようになった。日本は、従来、外交政策を実行するにあたって、国際法を誠実に遵守し、戦地における軍事行動でも、模範的な行動を示してきた。黄色人種の日本が、欧米列強に認知されるためには、不可欠な条件であると認識されていた。しかし日露戦勝後の日本の行動は、東アジアにおける圧倒的な軍事力を背景として、従来と異なる「勢力圏」形成の色彩を増していった。欧米列強が普通に行っている行動を日本が実行すれば、欧米の反感を買うという時代であった。その根底には、明確な人種差別思想が横たわっていた。

日本の行動は、米国における日本人移民排斥運動を強める効果をもった。明治三九（一九〇六）年には、サンフランシスコで日本人学童の公立学校への通学が禁止される事態が発生した。日本は、明治四〇年に日米紳士協定を結び、アメリカへの移民を自主規制した。しかし、排日気運はおさまらず、大正二（一九一三）年には、カリフォルニアで、日本人の土地所有を禁止する法律が制定され、日本移民に対する圧力も強まった。そして、結局、大正一三（一九二四）年、新移民法が成立し、日本人のアメリカ移民は、事実上全面的に禁止されるにいたる。

松方は深くこのことを危惧し、日本の侵略的な大陸進出は、日本の破滅の道であると、再三にわたり警告した。欧米諸国とは信義を基礎にした外交を貫かなければならない。そして中国の領土保全・機会均等を守り、中国の発展を支援して、日中提携して「東亜の自治」を確立することこそが、日本の発展を長期にわたって保証すると考えていた。松方にとって、日本の日露戦後の大陸政策は、重大な危惧を抱かせるものであった。

国防方針と軍備拡張問題

日露開戦時の日本陸軍の兵力は、近衛師団を含めて一三個師団であった。戦時の兵力不足を補うため、後備部隊が動員され、臨時に第一三〜一六の四個師団が新設された。戦後、陸軍は、明治三九年度予算で、この臨時四個師団を常設師団へと転換し、さらに四〇年度予算で、さらに二個師団の増設を実現した。戦後僅か二年で、六個師団の増設に成功し、常設一九個師団（平時二五万人、戦時二〇〇万人）の大陸軍へと変貌した。その結果、四〇年度以降、陸軍経費は爆発的な増加を見ることになった。

これに対して、海軍拡張は順調には進まなかった。海軍は、既定計画の継続とロシアから接収した戦利艦の修理で満足しなければならなかった。既定計画は、戦前の三六年から開始された第三期海軍拡張計画、三七年旅順港外で喪失した初瀬・八島の両戦艦の緊急補充のために設定された艦艇補足費、軍艦の自然減耗を補充するために軍艦水雷艇補充基金により代艦建造を行う補充艦艇費の三款であり、これにより当面艦齢八年未満の「戦艦六隻・装甲巡洋艦八隻」を基幹とする艦隊を整備するという計画であった。この三款合計は二億五一五八万円であり、明治四〇年度以降七カ年継続費として支出されることになった。海軍が、戦利艦の整備に固執し、新規の海軍拡張経費の要求を見送った背景には、ロシア海軍が壊滅し日英同盟が改定された結果、当面東アジアで日本を脅威できる国が消滅していたことと、日露戦争の戦訓がもたらす急激な技術革新の軍事的意義を明確に把握していなかったという事情があった。海軍の新たな拡張への意欲は、比較的微弱であった。

このような状況の中で、明治四〇（一九〇七）年、帝国国防方針が制定された。日露戦争の結果、日本は韓国を保護下におき、遼東・満州でロシアが保有していた権益を獲得した。また日英同盟が攻守同盟に改定された結果、日本は有事に満州で対露攻勢作戦を担当する責務を負うことになった。このような国防環境の変化に対応して、開国進取の国是を大陸国家的発展に結び付け、陸海両軍の統一的軍事戦略を樹立し、政略と戦略を調整しようという意図から、国防方針が制定された。国防方針は、一国の安全保障の要であり、軍事・外交はもとより広く財政経済要素も包含した、一国の最高意思を規定するものであった。

陸軍が大陸で軍事作戦を実行しようとすれば、制海権の確保が絶対的な条件となることは、日露戦争の経験で自明となっていた。戦時にロシアに対して攻勢を取りうる大規模な常備陸軍と、強力な海軍が必要になる。陸軍はロシアを、海軍はアメリカを想定敵国として、所要軍備が、陸軍常備二五個師団（戦時五〇個師団）、海軍「八・八」艦隊と決定された。当時、アメリカは、中国の門戸開放を強く主張し、またカルフォルニアで日本人移民排斥運動が発生していたこともあり、想定敵国として一定の現実味をもっていた。陸軍が本格的大陸進出を実行すれば、米国との対立が表面化し、大海軍の整備を不可避とするという意味で、陸海軍備は機能的な補完関係にあり、国防方針としての統一性を維持することが可能となった。こうして、「国防に要する帝国軍の兵備の標準は、用兵上最重要視すべき露米の兵力に対し、東亜に於て攻勢を取り得るを度とする」と決定された。

他方、政戦両略の統一を図るために、西園寺首相を国防方針の審議に参加させた結果、所要兵力の整備に財政枠が課されることになった。陸軍は、二五個師団の内、当面一九個師団を整備目標とし、「残余六個師団の常設は、他日財政緩和するの時を待ち整備に着手」することが明記された。海軍については、「本案は列国海軍情勢の変遷に応じ改定を要すことあるべし」とし、特に財政事情による制約条件はつけられなかった。

西園寺や軍首脳は、「八・八」艦隊整備に要する財政負担について、極めて甘い認識しかもっていなかった。「八・八」艦隊とは、艦齢八年未満の最新式の戦艦八隻・装甲巡洋艦（巡洋戦艦）八隻を基幹とする艦隊を整備するというものである。基幹艦隊を艦齢八年未満の艦艇で編成するということは、退役艦齢を二五年とすれば、都合四八隻の主力艦を常時保有するという構想に他ならず、定常状態で毎年二隻ずつ継続的に戦艦・巡洋戦艦を建造し続けなければならない。主力艦の建造期間を平均四年とすれば、常に八隻の戦艦・巡洋戦艦が造船所で建造されているという計算になる。もちろん、主力艦に付随する巡洋艦・駆逐艦などの多数の補助艦の建造も継続しなければならない。しかも、技術革新が急激に進んでおり、大型化・重装備化が不断に進行し、大規模な兵器弾薬・維持運用費、兵員費の増加や、造船・造兵施設の拡充、実験開発費用の膨張などを考慮に入れれば、「八・八」艦隊の建設・維持には天文学的な予算を必要とした。したがって、陸海軍の国防所要兵力の整備を両立させることは、財政上極めて困難な課題であった。ましてや、日本は、ロシアから戦争賠償金を獲得していなかった。日清戦後経営とは、決定的に異なる財政環境にあった。軍備拡張は、国民負担と直結していた。そして、財政上の制約が厳しい場合には、陸海両軍は優先順位を巡って競合し、対立を深めることになる。

実際、国防所要兵力の整備は、順調には進まなかった。西園寺内閣は、四〇年経済恐慌を契機として、軍艦製造費予算の繰り延べを行った。また、明治四一年七月に成立した第二次桂内閣も、財政緊縮を断行し、一層大規模な軍艦製造費予算の繰り延べを実行した。その結果、海軍は「五・五」艦隊建設案にまで、後退を余儀なくされた。

この間に、日露戦争を戦訓として、世界の海軍技術革新は飛躍していった。イギリスは、ドレッドノート級戦艦（弩級艦）とインヴィンシブル級巡洋戦艦を建造し、従来の戦艦・巡洋戦艦を一挙に無

日米主力艦の建造動向（1905～15年起工）

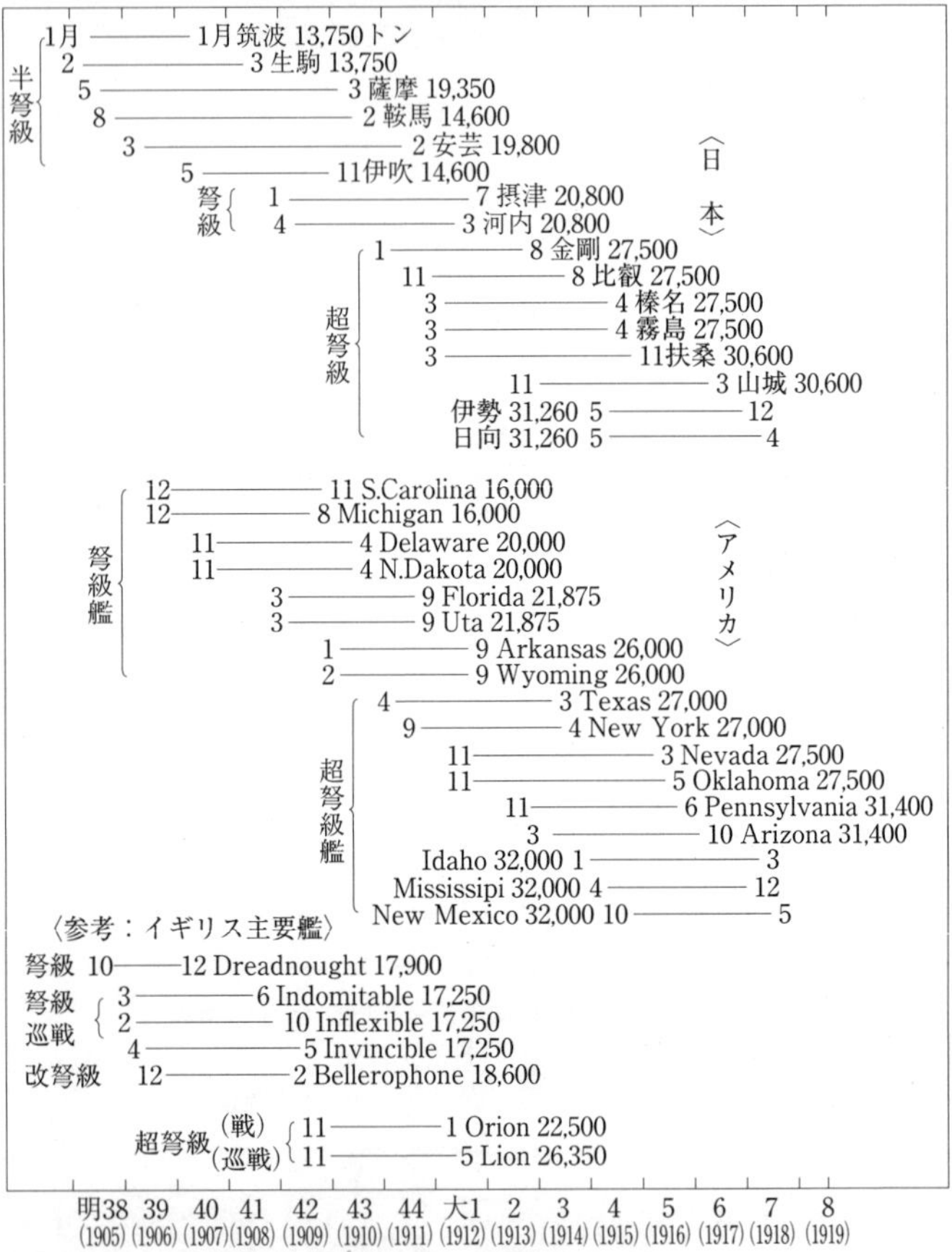
半弩級
1月 1月筑波 13,750トン
2 3 生駒 13,750
5 3 薩摩 19,350
8 2 鞍馬 14,600
3 2 安芸 19,800
5 11伊吹 14,600
弩級
1 7 摂津 20,800
4 3 河内 20,800
〈日本〉
超弩級
1 8 金剛 27,500
11 8 比叡 27,500
3 4 榛名 27,500
3 4 霧島 27,500
3 11扶桑 30,600
11 3 山城 30,600
伊勢 31,260 5 12
日向 31,260 5 4
弩級艦
12 11 S.Carolina 16,000
12 8 Michigan 16,000
11 4 Delaware 20,000
11 4 N.Dakota 20,000
3 9 Florida 21,875
3 9 Uta 21,875
1 9 Arkansas 26,000
2 9 Wyoming 26,000
〈アメリカ〉
超弩級艦
4 3 Texas 27,000
9 4 New York 27,000
11 3 Nevada 27,500
11 5 Oklahoma 27,500
11 6 Pennsylvania 31,400
3 10 Arizona 31,400
Idaho 32,000 1 3
Mississipi 32,000 4 12
New Mexico 32,000 10 5
〈参考：イギリス主要艦〉
弩級 10 12 Dreadnought 17,900
弩級巡戦
3 6 Indomitable 17,250
2 10 Inflexible 17,250
4 5 Invincible 17,250
改弩級 12 2 Bellerophone 18,600
超弩級（戦） 11 1 Orion 22,500
超弩級（巡戦） 11 5 Lion 26,350
明38 39 40 41 42 43 44 大1 2 3 4 5 6 7 8
(1905) (1906) (1907) (1908) (1909) (1910) (1911) (1912) (1913) (1914) (1915) (1916) (1917) (1918) (1919)

（出典）『海軍省年報』，The Naval Annual 各年度版。

力化させた。さらに四二年一一月には、弩級をはるかに上回る超弩級戦艦オライオン、超弩級巡洋戦艦ライオンが起工され、従来の建艦思想を一変させる急激な革新が進行していった。日本は、このような技術革新の意味を認識しえず、従来の延長線上の建艦計画を進行させ、また戦利艦へ執着したため、総トン数は増大するものの、日本の実質的な海軍戦力は急速に陳腐化していった。

桂内閣の軍事予算繰延べを中心とする財政緊縮計画は、一応の成果をあげていた。しかし、四三年に懸案の官吏増棒・地租軽減・韓国併合などの諸政策を実行に移したため、財政収支は再び悪化する様相を呈し始めた。このような中で海軍拡張問題が緊急課題として提起された。時代は、超弩級艦時代に突入していた。日本には、弩級艦に分類される主力艦は、建造中の摂津と河内のみとなり、超弩級艦の保有予定は全くなかった。こうして四三年には、海軍部内で超弩級艦建造論が渦巻き、内部で調整された結果、超弩級「八・七」艦隊整備案が、五月二四日、閣議に提出された。その内容は、既定計画の弩級「一・二」を超弩級へと艦型改良し、新規に超弩級「七・三」を建造するというものであった。

桂内閣は、新規建造計画を凍結して四六年度以降の実施に延期し、その代わり世界的な技術革新に対応するために、既存計画を全て超弩級仕様に変更する艦型改良費（八二二二万円）を投入するという決定を行った。この決定により、海軍の「八・八」艦隊構想は、完全に崩壊した。海軍は、当面、超弩級「一・四」艦隊整備予算が認められるに留まった。

一方、海軍拡張案と対抗的に提出された陸軍の二個師団増設案は拒否された。陸軍は、すでに戦後一九個師団体制を実現し、しかもロシアとの間で日露協商が締結され満州権益について協定され、大幅にロシア脅威は低減されていたからである。

財政逼迫が続く中、四四年八月、第二次西園寺内閣が成立した。西園寺内閣の課題は、財政整理を断行して財源を生み出し、国民負担を軽減し生産事業を振興して対外収支均衡を回復すると同時に、国防充実問題を解決する事であった。国防問題では、陸軍増師の必要は薄れていたが、対米関係の悪化と相俟って海軍充実の必要性が強く認識されていた。

海軍は、早期に「八・六」艦隊を実現するために、「七・二」整備案を閣議に提出した。しかし閣議は、これを当面「三・〇」にまで切り下げ、主要部分は四九年度以降に着手するという決定を行った。海軍の艦隊整備計画は、この結果「四・四」艦隊整備に押さえ込まれた。四九年以降は、海軍の既定計画がほぼ完成し、年五〇〇〇万円程度の軍艦製造費枠が空くことになるので、この決定は、財政上は何らのリスクのない計画であった。

海軍の軍艦製造予算が一部認められると、陸軍も二個師団増設案を強硬に主張した。これに対して西園寺は、帝国国防方針を盾にとって拒否した。西園寺は国防方針の制定に関与しており、陸軍の師団増設は、「財政緩和」の時期を待って実行すると規定していた。

増師要求が阻止された陸軍は、一九一二年、陸相上原が辞任して、内閣を倒壊させた。この行動は、陸軍に対する批判を高めた。海軍拡張も、山本内閣が一九一三年のシーメンス事件で倒壊し、頓挫する。このように厳しい財政制約の中で、陸海両軍が兵力整備の優先順位を巡って競合し対立した結果、軍備拡張は実行を阻まれた。結果として、日露戦後の国家財政は、緊縮基調を辿ることになり、財政状況の改善に貢献した。

松方は、外交的には、日本の中国大陸への膨張政策を、「倭寇」的な信義に欠ける行為であると見ていた。もっとも松方は、外交問題や大陸問題での公然たる発言は控え、財政経済問題のみの発言に留めていた。明治四三年四月二七日、豊橋実業談話会で、「実業は富国強兵の本源にして、守信は又実業興隆の基礎を為す」と演説した（『侯爵松方正義卿実記』第五巻、一九七頁）。「信義」を守ることこそ、富国強兵の基礎であるという考え方は、松方の確固たる信念となっていた。信義を守り、「実業」を興隆させるためには、財政緊縮をすすめ、軍備拡張規模を必要最小限に圧縮し、対外摩擦を避けることが必要であった。

日露戦争終結後の東アジアでは、客観的に見て、日本に軍事的に挑戦できる国家は存在しなかった。ロシアの復讐戦の可能性は、単なる可能性に留まっていた。対米戦争は、ありえなかった。見通しうる将来にわたって、軍備拡大を緊急に必要とする事態は生じていなかった。必要なことは、世界的な軍事技術革新に注意し、装備の質的近代化に注力することのみであった。軍備規模を拡張する必要はなかったといってよい。

大正政変と松方

明治天皇が崩御し、大正時代が始まると、政界は激動時代に突入する。第二次西園寺内閣が、行政整理に着手し、大正二年予算を編成するに際して、上原勇作陸相は懸案となっていた二個師団増設問題を提出した。しかし、西園寺は、増師要求を拒否した。上原は、これを不満として天皇に単独上奏して、辞表を提出した。大正元年一二月、西園寺も辞表を提出する。山縣・大山等の元老は、留任するようにと要請したが、西園寺は固辞した。

このため松方が後継首相に推薦された。松方は一旦起つと決意したが、三日後に辞退した。松方は山縣との関係もよく、政友会や国民党とも敵対的な関係になく、財政整理が大きな使命であったから、適任であると考えられた。しかし、松方は老齢であり健康も優れず、憲政擁護運動が激しさを増している中で政権を担当することは、すこぶる困難であることも事実であった。財政整理も、陸軍二個師団増設という厄介な問題を抱えていた。行財政整理で調達した僅かな財源をめぐって陸海軍が優先順位を争って対立するという状況は、簡単に調整がつく問題ではなかった。また財政以外の問題で、松方が藩閥攻撃の目標となる可能性が高かった。

そして、海軍の大御所で薩摩閥の実力者山本権兵衛が松方の組閣に反対したことが、松方の組閣断念の決定的要因となった。山本は、元老政治に反対し、桂・西園寺・山本ら実力者への世代交代を実現しようとしていた。松方は、組閣の大命を拝辞し、平田東助を推薦した。しかし平田が固辞したため、松方は、元老会議に山本権兵衛を推薦する。しかし、山本も固辞したため、結局内大臣であった桂太郎が、三度起って内閣を組織することになった。桂もまた元老政治からの脱却を目指そうとしていた。桂は、軍・官・民を縦断する新しい政党を結成して、元老に代わって国民が「挙国一致」して天皇を補佐するシステムを作りあげようと考えていたのである（季武嘉也『大正期の政治構造』九二〜一一四頁）。

桂は、組閣に当たって、天皇の詔勅を出して反対派を抑えようとした。しかし、明治天皇が崩御し、大正天皇が即位して、新しい政治に対する期待が高まっていた。桂の行動は厳しい批判に晒され、陸軍や藩閥に対する非難の声となって噴出した。政友会の尾崎行雄や国民党の犬養毅は、「閥族打倒・憲政擁護」をスローガンとして、桂内閣打倒の狼煙を上げ、いわゆる第一次護憲運動を展開した。桂は、自ら立憲同士会を結成して、国民党の一部や後藤新平・加藤高明・若槻礼次郎など高級官僚を糾合したが、衆議院の多数を制するに至らず、政友会・国民党の激しい攻撃にさらされた。そして組閣以来僅か二カ月で、桂内閣は崩壊した。大正政変である。

桂内閣の後を受けて、山本権兵衛が内閣を組織した。山本は、薩摩閥を背景とし、政友会を与党として組閣し、第二次西園寺内閣の政策を実行することを約した。行財政整理を断行し、陸海軍大臣現役武官制を廃止し、文官任用令を改正して、政党員が高級官僚になる道を開き、軍備拡張を抑制する方針を採った。

日露戦後経営は、外債による外資の流入を背景として遂行されてきた。外債による国債借換えによって、市中金利が低下し、民間投資を刺激し、景気が回復していった。財政整理・経費節減や、景気回復による税収増大によって、財政状況は徐々に好転していった。貿易収支は、連年大規模な赤字を計上していたが、赤字は外資の導入によって決済されていた。しかし、外債残高は一挙に膨張し、外債利子負担が増大していった。外国への利払いだけで一億円にも上ることになった。その結果、巨大な正貨流出が継続し、金本位制の基盤が崩壊しかねないという懸念が広がっていった。

松方は、大正二年一二月、山本首相に「財政意見」を提出して、特に政府の熟慮を求めた。行政整理は一段落を告げたが、外債が累積し貿易赤字が巨大化している現在、急務中の急務は、外債増加を防ぎ、対外決済の方法を確立して、金本位制の維持を確実にすることである。(1)外債に依存して一時を凌ぐ方法は、輸入超過を招き、財政の基礎を弱め、日本の対外信用を失墜させる。外債を起こさず、減債に勤め、行財政整理を断行して、国民の負担を軽減すべきである。(2)対外決済上の正貨を調達するため、外国品の使用を国産品で代替する応急措置を執りながら、物産の輸出を増進する根本的施策を実行すべきである。輸出金融を促進し、重要輸出品の検査を厳格にして品質の向上を図り、鉄道・海運の運賃コストを引き下げる補助措置を執り、生産事業の発展を主眼とすべきである。(3)正貨準備の維持に努め、金融機関の活動を促進し、低利資金の供給を潤沢にすること。(4)経費を節減し財政均衡を図り、有事の際の財政経済力を涵養すること。(5)地方財政の緊縮に努めること。無謀放漫な積極政策は国を危うくする、一時の緊縮は止むをえない、と。

しかし、シーメンス事件が起こって、山本内閣は激しい世論の非難を浴びた。海軍の高官が、ドイツのシーメンス社・イギリスのヴィッカース社などに軍艦・兵器を発注した際に、多額のリベートを受け取ったという汚職事件であった。山本は、海軍の大御所とも言える存在であった。立憲同志会の島田三郎らが山本内閣の責任を激しく追及して、憤慨した民衆が国会を包囲するという騒ぎに発展した。

大正三年三月二二日、山本は、辞表を提出した。松方の財政意見は、実行されることなく終わった。

貿易収支の赤字は巨大化し、正貨流出が拡大した。日本の金本位制度の基盤は崩壊の淵に立たされた。
しかし、第一次世界大戦の勃発は、このような状況を一変させることになる。それは、日本の財政・経済・貿易に巨大な恩恵をもたらし、松方の懸念は、結果的に杞憂に終わった。日本経済は、大戦需要に沸き、輸出が激増し、税収が急増したからである。

3　第一次世界大戦と内大臣就任

井上の構想

山本が辞表を提出すると、元老会議は、後継に貴族院議長徳川家達を推薦した。徳川が熟考の上で辞退すると、ついで清浦圭吾を推薦した。清浦は、一旦組閣を決意したが、海軍大臣に人を得られず、大命を拝辞した。桂は既に病死し、西園寺は政争を避けて京都に隠遁し、井上馨は病で興津にあり、枢密院議長の山県は出ず、大山は内大臣として宮廷に出仕し、老齢の松方も動かなかった。元老が誰一人として起たない以上、藩閥以外の人物を推薦する以外にはない。井上の意見により、元老は大隈重信を推薦することになった。

井上は、大隈を起用して政友会に大打撃を与えようとしていた。政友会は多数を恃んで横暴に振舞い、憲政擁護・閥族打倒を叫んで桂内閣を打倒し、俄に薩摩閥と結託して山本内閣を組織するという変節ぶりを敢えて行った。政権に付着して自党の利益のみを考え、国益を省みず、その弊害は地方行政にまで浸潤している、政党の弊害はここに極まった、というのが井上の心境であった。「第二の明治維新」断行を期していた。

また井上は、中国の漢冶萍の利権を独占して日本の製鉄材料の供給源とし、八幡製鉄所と結合した一大製鉄系統を樹立しなければならないと考えていた。当時、日本からの借款は四五〇〇万円に達していた。しかし中国の利権回収熱は盛んになり、袁世凱がこれに乗じて反対運動を試みた。その結果、漢冶萍日中合弁策は成功しなかった。大正三年に入ると、袁世凱の勢力はいよいよ強大となり、列強の中国における利権争奪戦も熾烈となり、漢冶萍にも及ぶ勢いとなってきた。井上は、大隈に中国情勢を説き、外交と経済との連携を図らなければ、折角大冶に扶植した利権も英国に奪取されると力説した。大隈内閣に、中国利権の確保に尽力するよう期待した。井上は、フランス資本を導入して、日中合弁事業を実現する構想をもっていた（『世外井上侯伝』第五巻、二九六〜三一五頁）。井上は、日英同盟にのみ依存することは得策ではないとして、仏資本を導入し、日露同盟を締結し、日・英・露・仏四国協同体制を作り上げることによって、中国における日本の利権を確立することを目指していた。元老の主導権を回復し、元老主導で国家政策の基本を定め、その方針に基づいて国政を運営する体制を再生しようとしていた。

日本の参戦

一九一四年六月、ボスニアのサラエボでセルビア青年によってオーストリア皇太子が暗殺される事件が発生した。このサラエボ事件は、全欧州を一瞬の間に戦争の海へと押し流していった。七月、オーストリアがセルビアに宣戦布告し、八月にはドイツがオーストリア側に立って参戦し、逆にロシア・イギリス・フランスがセルビア側に味方して参戦し、第一次世界大戦へと発展した。

一九世紀末以来、ドイツが急速に興隆し、イギリスに対抗して中近東への進出を図り、海軍大拡張を進めていった。ドイツは、一八八二年に締結したイタリア＝オーストリア＝ハンガリーとの三国同盟を強化し、軍事的協力関係を強めていった。これに対して、イギリスは日英同盟を結んで「光栄ある孤立」を放棄し、一九〇四年にはフランスと英仏協商を結び、さらには一九〇七年にロシアと英露協商を結んだ。こうして、一八八一年に締結された露仏同盟とあわせて、英・露・仏の三国協商が成立し、ドイツ包囲網が形成された。バルカンを巡る三国同盟側と三国協商側の紛争の帰結が、世界大戦となったのである。

日本は、日英同盟によって、三国協商側に立って参戦することに決定し、八月対独宣戦を布告した。イギリスは、東シナ海におけるドイツの仮装巡洋艦を撃破するために、日本の参戦を求めていた。加藤高明外相は、八月七日の閣議で、「現在は、日英同盟条約の義務により日本が参戦しなければならないような事態ではない。ただ英国との情宜に応えることと、この機会にドイツの東洋根拠地を一掃して、日本の国際地位を高めるため、参戦するのが良策である。しかし、参戦せず、好意の中立を守って、国力の充実を図るのも一策である」と発言した。閣議は、結局、同盟義務であると同時に、三国干渉による遼東還付に対する復讐戦であるとして参戦を決定した。

八月九日、日本の決定は、加藤外相から英国大使に伝えられた。「一旦交戦国となった以上は、日本の行動は単に敵国仮装巡洋艦の撃破のみに局限することはできない……東亜に於ける日本及び英国の利益に損害を被らしむべき独逸国の勢力を破滅するため成し得べき一切の手段方法を執ることが必要となる。日本は、参戦の根拠を日英同盟に置き、開戦の宣言中に、独逸国の侵略行動の結果として東亜の平和が侵害され、その特殊権益が奇胎に瀕したので、英国の援助の請求に応じて参戦したと声明して、開戦の根拠と理由を明らかにする」(『日本外交年表並主要文書』上、三七九〜三八〇頁)。

八月一五日、御前会議が開催された。松方は、山縣、大山とともに元老代表として出席した。会議で、参戦が決定され、同日対独最後通牒を発し、二三日ドイツに宣戦を布告した。加藤は、従来の慣例となっていた外交文書の元老回覧を中止し、対独参戦も元老の同意なしに決定し、元老に事後承認を求めた。このため元老と加藤外相の対立は決定的となった。

日本陸軍はドイツ勢力下にあった中国山東省の青島を攻略し、海軍はドイツ領のマーシャル諸島・マリアナ群島・カロリン群島などの南洋諸島を占領し、わずか三カ月でドイツ勢力を東アジアから一掃した。この結果、日本は、東アジアに圧倒的な勢力と影響力を確保することになった。さらに大正六年には、連合国の要請で、日本艦隊を地中海に派遣し、警戒任務にあたった。

政友会との衝突

大正三(一九一四)年四月に成立した大隈内閣では、同志会より加藤高明外相、若槻禮次郎蔵相、大浦兼武農相、武富時敏逓信相の四名、中正会より尾崎行雄法相、山縣系より岡市之助陸相、一木喜徳郎文相が入閣したが、薩摩閥からは誰も入閣しなかった。海相には八代六郎が就任した。同志会・山縣系を中心とする新世代の官僚出身者を中核としたメンバーであった。大隈は、(1)外交の刷新(2)弊政の刷新(3)官紀の振粛(4)官制の改革(5)国防の施設(6)言論の自由

⑺産業の奨励⑻選挙法の改正⑼教育の改善⑽財政と税制整理の一〇項目の政綱を掲げた。

また大隈内閣は、大正三年五月、山本権兵衛海軍大将・斎藤実海軍大将を予備役に編入して海軍を粛清し、防務会議を新設して国防計画の統一を策し、七月臨時議会を開いて懸案の海軍補充費問題を解決した。さらに再度臨時議会を開いて、対独臨時軍事費予算の協賛を得た。しかし一二月、第三五議会が開催されると、政友会は、予算総会において、二個師団増設費や軍艦製造費などの国防問題と財政など重要施策を全て否決した。本会議において、多数を以て増師案は否決された。衆議院は、即日解散された。

四年三月の総選挙で、与党が大勝利を収めた。与党同志会は九五名から一五〇名へ躍進し、これに中正会三五名と大隈伯後援会を加えて二〇六名の絶対多数を獲得し、政友会は一八五名から一〇四名へとほとんど半減する大敗北を喫した。大隈の個人的人気に加え、大浦内相が大規模な選挙干渉を行ったためであった。政友会に打撃を与えるという目的は達成された。また第三六議会で、多年の懸案であった二個師団増師と軍艦製造費増額が実現された。

しかし、大浦内相の選挙干渉が発覚して、憲政擁護という国民の期待は大きく裏切られた。大隈の声望は、地に落ちた。

大陸政策と戦時外交問題

日本が日露戦争でロシアから獲得した旅順・大連の租借権や南満州鉄道権益は、一九二〇〜三〇年代には順次期限が切れることになっていた。そこで、世界中の目が欧州地域に注がれている間に、日本の中国における権益の期限を延長し、確固たる基盤の上に置くことが模索された。その急先鋒が、加藤高明外相であった。

加藤は、元老の「助言や忠告」を、内閣への干渉であるとして排除しようとした。加藤は、大隈との黙約のもとに、参戦以来の重要な外交交渉文書や外交交渉の内容を秘匿し、事前に元老に図ることもしなかった。加藤に対する批判が高まり、元老の間では、これを放置することはできないとする空気が強まっていった。

松方は、加藤の外交に不安を覚え、「加藤がその態度を改めない限り、大隈内閣と絶縁する他ない」として、山縣、大山、井上と意見を交換した。その結果、大正三年九月二四日井上邸で、大隈と元老との会談が持たれた。松方ら元老と大隈は、外交・内政に関する重要問題について、終日意見交換した。大隈は、元老側の意見に賛成し、従来のすべての外交交渉文書は訳文を付して元老に示し、将来の外交重要問題に関しては事前に元老と協議して挙国一致をはかること、加藤の純官僚的対応により元老との意思疎通を欠いたのは大隈の不注意なること、過去の行掛りを一掃し意思疎通を継続すること等を約した。

元老は、大隈首相に合意された覚書を示し、その同意を得た。要点は、⑴袁世凱をはじめとする要人の対日不信感を一掃し、日本の信頼を回復することを根本目的とすること、⑵特殊の問題に対し、袁世凱が信頼する人物を特使として派遣すること、⑶膠州湾の返還条件ならびに交換すべき利権の調査等を協議すること、⑷鉄道・鉱山その他機会均等主義に反しない政治上、経済上の問題に関し袁世凱に契約させること、⑸英国のみに専頼せず日露同盟を結び、将来の日英露仏四カ国同盟の基礎を作ること、(6)日仏銀行により中国に放資すること、(7)中国を米国に依存させないようにし、他方で日米間の親善を図ること、(8)有力なる外交官を欧米に派遣し、時局に対する最善の方策を講じること、であった（『世外井上侯伝』第五巻、三八七〜三九二頁）。

中国における利権確保を目指す井上の意見と、中国との信義に基づく交際を最も重視する松方の意見とは、必ずしも一致していたわけではない。また山縣は、欧米の中国進出に対して、日本が強大な軍事力を整備し、日本のみならず中国全土の防衛を確保し、日本の防衛力の傘の下で、中国を指導して日中提携を実現し、日本の大陸権益を確保することを目指していた（「国防方針改定意見書」『山県有朋意見書』三七四〜三七五頁）。したがって、日中提携論を構想する点では軌を一にしていたが、松方と山縣の意見には、根本的な違いがあった。松方は、日本が軍事力のみで「一等国」の仲間入りを果したことに、大きな脆弱感を持っていた。松方は、大陸政策では門戸開放の原則の下で、欧米諸国と対等に競争できる経済力を建設すること、欧米諸国とは国際信義に基づいた誠実な外交を行うことを何よりも重視し、その原則の上で中国との信頼関係を築き、日中提携して中国の経済発展と独立を達成することが重要であると考えていた。大戦で欧州諸国が手一杯になり中国のことを考慮する余裕がなく、中国も欧州と結んで日本を翻弄する手段が封じられているので、日中間の信頼関係を修復するチャンスが訪れていた。松方は、世界大戦を機として従来の対中国政策を一新し、中国を支援し日中提携の実を上げて信頼関係を築き、欧米との協調関係を強化して、大戦終結後の「機会均等」主義の下での国際経済競争の大勢に応じるべきであると考えていた。

大正四年二月、山縣・大山・井上・松方は、連署して大隈首相宛に意見書を提出し、平和回復後は、欧米列強の中国を巡る経済競争が熾烈になるだろうが、支那の領土を保全し、中国の日本に対する信頼を獲得することが重要である。日本は、独力で中国を保全する力はなく、黄人に対する白人連合の気勢（黄禍論）を未然に予防するために、日英同盟の他に、日露同盟を締結することを考慮すべきである（『松方正義関係文書』第一一巻、二二一～二二五頁）、と勧告した。

しかし加藤は、元老が示した根本方針を無視した。加藤は、日英同盟がある以上は、日露同盟を重ねることは得策ではないと考えていた。加藤は、日本が中国と交渉を開始した場合には日本を支持するよう英国に依頼し、グレイ外相から租借期限延長についての了解を得ていた（臼井勝美『日本と中国』、六七～六八頁）。加藤は、日英同盟を梃子にして、中国での権益の維持・拡大を狙っていたのである。加藤は、既に四年一月「二一カ条の要求」を袁世凱政府に突きつけていた。その主要内容は、(1)山東省内の旧ドイツ権益の継承、(2)日本の南満州および東部内蒙古の優越な地位の承認、旅順・大連の租借期限および南満州の鉄道権益期限九九年延長、(3)南満州や東部内蒙古の鉱山権益、(4)漢冶萍公司の日中合弁、(5)中国政府の政治・財政・軍事顧問として日本人の採用（第五号）であった。

中国は、日本の要求を拒否し、内外に日本の要求を暴露して抵抗した。大隈は、五月三日臨時閣議を開き、四日首相官邸で元老会議が開かれた。松方、山縣、大山と大隈、加藤が出席した。元老側は、日中提携の実をあげることが重要であると強調して、加藤と意見が衝突し、一致が得られず、物別れに終わった。

大浦農相が双方の間を周旋するため奔走した。大浦は、大隈と熟議を遂げた。その結果、加藤の二十一カ条の要求は、「第五号」を除いて、同盟国に内示しその同意を得たものであるが、「第五号」要求は同盟国に内示していないものである。したがって、「第五号」案を撤回して、元老の同意を求め、中国に最後通牒を与えることで事態を収拾するしかない、と意見が一致した。六日、元老会議、御前会議が開催され、最後通牒は、第五号案を全面的に撤回した条件で行うことが決定された。七日、最後通牒が発せられ、八日中国政府はこれを承認すると回答した。

しかし、日本の二十一カ条要求問題は、中国の激しい反日運動の起爆剤となった。また同盟国イギリスに「第五号案」を秘匿して要求案を内示し、後日第五号案の存在をイギリスが知るところとなったため、イギリス世論は日本に批判的となった。加藤外相の行動は、結果的に日英同盟の信頼性を大きく損なった。欧米列強は、これを機会に、日本の中国進出に警戒感を強めた。

井上が大隈内閣に期待した政友会打倒や中国における鉄資源確保政策の一端は、確かに実現された。しかし、大隈内閣の外交政策は拙劣であった。加藤の官僚的で狭量な性格が禍の元であった。第五号のごとき秘密条項を突きつけ、また中国駐屯兵の交代と称して軍隊を増強し威嚇した行為などは、取り返しのつかない対日不信感を植え付けるものであった。中国人の不信と疑惑を一掃し、日本に対する信頼を獲得することが、長期的な日本の発展と安全とを保障する根本条件であることを忘れた外交であった。松方の目から見ると、加藤の行為は、日本の運命を完全に狂わせるものであった。排日の風潮を強化し、日中親善の上に永久の禍根を遺したことは、償いのつかない行為であった。二十一カ条要求は、排日の根源を成したものであり、「わが百年の大計を誤る」ものであった。

加藤は、元老の反感を買ったことを遺憾として、松方を訪問し、その諒解を求めようとした。松方は、加藤に対して厳然として、次のように言い放った。

「外交政策は、いずれの国でも国益を主とすることはいうまでもないが、その要諦は天地の公道に基づき、国際的信義を全うすることにある。中国政策が一時の権益確保を主とし、日本の信頼を失わせることは禍根を一〇〇年に残すものである。日中親善は東アジアの平和を維持する基礎であり、日本の自衛の道である。中国を恫喝して、日本に敵対させるとは何事か。信義を世界に失えば、いかなる奇策ありといえども成功はありえない。国際道は、信義を基調として、相互の利益を均霑せしめるところにある。われ一人利して、彼一人損することは、彼の堪えざるところである。彼を誘い善導することこそ、日本の位置を永遠に強固にする道である。日本の対中国政策は、中国一国に対するのみにあらず、実に世界に対するものである。貴殿の外交は、国際信義を軽視し、中国政策では第五号を隠蔽して同盟国に指摘され面目を失わせている」(『侯爵松方正義卿実記』第五巻、一二三六〜一二三七頁)。

加藤は、遂に一言も答えることができず、退散した。松方の国際感覚が、帝国主義的風潮がまかり通る第一次世界大戦の真っ只中にあっても、戦後の世界を見通したバランス感覚に優れたものであったことが、窺われる。松方は、常に、日本が軍事的力量によって列強の一員になったことに、拭えぬ脆弱性を感じていた。金本位制を導入した時も、軍事のほかに、経済面、文化面でも世界の一流国にならなければならないと考えていた。そして、信義を守ることが、物事の根本にあるとする考えは、松方の思想を縦断する心棒であった。日本の大陸政策や外交政策一般に対する松方の考え方を見ると、財政経済感覚のみに優れていたのではなく、国際感覚においても大局を把握する力量は極めて優れており、ことに有事における判断力の的確さは年老いても衰えを見せていなかった。

大隈は、大浦内相の議員買収に関する疑獄事件で、四年七月辞表を提出したが、山縣が戦争中の内閣更迭は避けるべきであるとしたため、内閣改造を行って三七議会を乗り切った。加藤、若槻、八代が辞職し、石井菊次郎が外相に、武富が蔵相に、加藤友三郎が海相に就任した。しかし大隈は、大正五年一〇月、病気を以て辞職し、寺内内閣に後を譲った。

大隈は、天皇に対して加藤高明を後継首相に指名し、同志会を与党とする政党内閣の樹立を策したが、山縣ら元老によってその試みは阻止され、寺内内閣が誕生したのである（渡辺幾治郎『大隈重信』二八四〜二八五頁）。これに対して、大隈内閣の与党は合同して憲政会を結成し、加藤が総裁に就任した。こうして、政友会と憲政党を軸とする二大政党制への大きな一歩が踏み出された。しかしその後、加藤高明は、松方ら元老に長く首相への道を閉ざされることになる。その最大の理由は、「二十一カ条要求」に見られる加藤の中国政策への懸念であった。

松方は、寺内内閣の成立を、中国政策の方針を一変するチャンスであると見て、外交の根本方針に関する長文の「対支政策意見」（大正五年一〇月）を起草し、山縣の同意を経て、寺内首相に提出した。その要旨は次のようなものであった。

日本の中国政策の失態は目に余る。日本外交の根本的大主義は、天地の公道に基づき、国家的信義を重んじる点にある。このことが、人種・宗教・風俗・慣習・思想・生活が別系統であるにも拘らず、列強と協和し、国際政局に「清白健全なる位置」を占めえた理由である。勢力なき信義は空言であるが、信義なき勢力は禍根のもとである。信義の実行力として初めて有効である。しかるに、近年の中国政策は、日本の根本的大主義を放擲し、中国を敵に回し、日本の信用を失墜させた。また第五号隠蔽では同盟国の信頼を失わせた。

中国問題では、世界列強で協定された「領土保全、機会均等」の原則がある。この原則に準拠して、中国政策は、日本対中国の小局面で定めず、極東における日本対列強の勢力関係、より大きくは日本対世界政策の大局面より定めねばならない。近年の中国政策は「絶対的過謬」である。いまや欧米諸国の黄禍論は、「経世的実際問題」となっている。黄色人種の先導者たる日本が、その自衛と天職を全うするには、中国を支援して富源を開発し、日中親善をはかり、日中提携して「東亜の自治」を確立することに帰着する。

日本の中国政策の無主義・無方針は、「左手に建設したものは、右手に之を破壊し、前に擁護したるものは、後に之を排斥す」る有様である。中国の最近の騒乱・事件の多くは、日本人の書いた筋書きによって生じている。そして日本人相互間においても統一した方針がない。官民の間に対立あり、政府各省も互いに対立し、別途の対中国政策を採っている。

日本の政策は、あるときは中国を衰退させ併呑するような政策をとり、あるときは中国を支援し東洋自治の一要素とする政策をとって一定せず、唯中国を日本に敵対させ、世界の猜疑を掻き立てるだけの結果となっている。日本の威信は失墜し、世界における日本の位置を危殆に陥れている。中国人は、忘恩国民であり、誠意がないという者もあるが、国際関係は利害を一つにすることによって、緊密になる。日本が一方的に利益を得る行き方は、通用しない。利害の紐帯を以て結束する方法を探究することが急務である。この紐帯を握れば、結束は強固となる。

中国の誠意の有無を詮議するより、日本の誠意如何を吟味することが必要である。日本の中国に対するは世界に対することであると、認識しなければならない。日本の根本的対外政策の大主義をもって国力を発揮し、世界における不敗の地位を占めることこそ日本の自衛の道である。中国が遠交近攻策をとり、米国や独逸と握手して日本を疎外するという行動をとらせたのは日本外交の恥辱であり、これを止めさせるには、「信義一貫、恩威併行、寛猛兼済の政策」を実行しなければならない。

南北朝から足利の乱世に日本の倭寇が中国沿岸を略奪した歴史がある。大正の時代に、満蒙や南清に「所謂偽装的倭寇」とも称すべき行為を行っているのは、日本の面目を著しく毀損し、世界の孤立国たらしむる行為である。その背後には、日本当局者の画策や援護もしくは容認する姿がある。速やかに偽装的倭寇を撲滅し、外交を根本的に改善しなければ、日本の将来は実に危険なものになる。

（『公爵松方正義伝』坤巻、九二三〜九三〇頁）

松方は、中国政策の根本的転換を政府当局者に勧告した。そこには、欧米列強の圧力の中で、明治維新の硝煙の中から、日本を近代国家として築き上げてきた明治の時代精神が脈打っていた。松方は、単純な「脱亜入欧」論者ではなかった。

松方は、日清戦争講和のときも、遼東半島割譲に反対していた。中国の領土保全を図り、その政治的統一と経済発展を支援し、中国と協力して「東亜の自治」を確立するという方針は、日本がとるべき長期的な外交方針として、有力な選択肢であった。このような中国政策を進めながら、欧米列強と忠実に国際信義を守り、敵対的関係に入ることを避け、機会均等主義の下で、欧米と共通の土俵で競争して経済発展を図り、欧米の猜疑心を解きながら「東亜の自治」の基盤を確立する。そして、このような根本的大方針を挙国一致で推進することを勧告した。松方の構想は、所謂「小日本主義」に親和的なものであったといえよう。

松方の「信義」を基礎とする対中国政策の勧告は、実現されることはなかった。寺内首相は、勝田主計蔵相と朝鮮銀行嘱託西原亀三と図って、中国の信頼を回復し、日中の親善を目的として、円借款による貨幣統一や製鉄所借款を実施し、日中の経済的提携による自給経済圏を目指すことになる。しかし、その実態は、袁世凱の後継者として政権を掌握した段祺瑞政権（北方政権）に巨額の借款を与えて、財政赤字や軍事費などへの流用を認め、その見返りに日本の中国権益を擁護し、拡大しようと図ったものであった。中国での特殊権益につながる政治借款を段政権に与えたことは、内外で大きな政治問題を引き起こし内政干渉として非難された。この所謂「西原借款」は、一億四五〇〇万円にも上った（鈴木武雄監修『西原借款資料研究』）。

また、寺内内閣は、軍事面でも、松方の説く「信義」に基づく日中の提携の方向とは、相当異なる座標軸を示していた。大正六年には、日中軍事同盟が構想されたが、その目的は次のようなものであった。

「軍事的には、協同作戦の理由により、支那領土内必要なる方面に自由に帝国軍を出動させ得る利があり、かつ軍事共助の名において、支那軍隊の編成訓練は、重要なる軍器製造原料を確実に掌中に収めることができる。そして、積極的に内政に関与して、日本の政治的勢力を各方面に扶植し、富源開発や市場開拓を進めて、日本の経済発展を容易ならしめる。英仏はドイツに対抗するこの日中同盟を歓迎し、米国は支那保全を名目とするこの同盟には異議を挟むことはない。日本がこの同盟を活用して公然と支那の統一改善に関与し、経済開発を遂行して勢力を扶植しても、世界大戦に忙殺されている列強はこれを防止するために日本に対抗する余力はない」（「日支同盟締結の議」『寺内正毅文書』）。

日中軍事同盟構想は、大正七（一九一八）年五月に日華陸軍共同防敵軍事協定となって実現する。松方の「信義」をもとにした「欧米外交」と「東亜の自治」実現の構想は、結果的に破壊された。しかし、寺内のこのような行動は、世界大戦終了後に維持できるはずはなかった。

一方、寺内内閣は、大正六年に、中国におけるアメリカとの利害関係を調節するために、石井・ランシング協定を結んで、⑴日本の中国における特殊権益、⑵中国領土の保全、⑶中国の置ける商業上の門戸開放・機会均等を取り決めた。日本政府は、これによってアメリカが「二十一カ条」要求を承認したものと解釈した。しかしアメリカ政府は、経済的特権のみを認めたもので政治的特権は認めていないと理解し、後にこの協定の解釈をめぐって対立する。アメリカにとっては、欧州大戦で中国への影響力が後退するという状況の中で、対独戦争を有利に進めるために、連合国の日本をなだめる一時的方便に過ぎなかった。

また、大正六（一九一七）年にはロシア革命がおこり、社会主義の影響が広がることを恐れた連合国は、シベリアに軍隊を派遣して革命に干渉した。寺内内閣も、アメリカからの共同出兵の提議を受けて、八月シベリア出兵を宣言し、シベリアや北満州・沿海州に軍隊を派兵した。陸軍は、単独出兵して東部シベリアを日本の勢力範囲にしようと考えていた。その後列強は、一九二〇年には撤兵したが、日本はそのまま駐留を続け、国内的・国際的な非難が高まる中で、大正一一（一九二二）年に撤兵した。約一〇億円の経費と三〇〇〇人以上の犠牲を払い、何ら得るところがない出兵であった。

大戦景気

日本は、大正初期には、慢性的な貿易赤字と巨額の正貨流出および財政逼迫に悩んでいた。しかし第一次世界大戦が勃発して、空前の大戦景気を迎えた。日本も参戦したが、戦争による被害はほとんどなく、軍事費の負担も大きくなかった。列強諸国が欧州の戦争に忙殺されている隙に、日本は中国市場に進出してほぼこれを独占し、加えて全世界に日本商品が進出することになる。世界大戦による軍需品の需要が急増したからであった。

貿易額は、飛躍した。大戦前年の一九一三年の外国貿易は、九六九七万円の赤字を計上していた。大戦が勃発した一九一四年には、赤字は四六四万円に縮小し、一九一五年には一億七五八六万円、一九一七年には五億六七二〇万円の黒字を記録し、大戦中は大幅な輸出超過を継続した。その結果、国際収支は一挙に好転した。一九一四年末に一一億円の対外債務に悩んだ日本は、一九二〇年には二七億円の対外債権国へと転換した。また海外投資も活性化し、一九二〇年末には投資残高は三〇億円に達したと推定されている。

国家財政も膨張した。一般会計歳出は、一九一四年の六億四八四二万円から一九二〇年には一三億五九九八万円へと倍増した。インフレによる全般的支出膨張が進行したが、とりわけ軍事費の膨張が著しかった。軍事費は、同期間に一億七〇九六万円から六億四九七六万円へと膨張をとげ、この間の歳出膨張総額に占める割合は、実に六七・三％に達した。歳出の急膨張を可能にしたのは、租税収入であった。同期間に租税収入は四億二七〇七万円から九億三八〇六万円へと顕著に増大した。直接税をはじめ、酒・砂糖・織物などの消費税や専売益金及び関税収入が増大した。とりわけ、所得税・法人税（戦時利得税含む）は、五〇三八万円から三億五二五八万円へと増大し、税収増の約五九・一％を占めていた。

大戦景気が急激な所得増大をもたらし、税収が急増したため、政府は、積極財政方針をとり、軍備拡張をはじめ、製鉄所の拡張、鉄道の建設改良、電話事業、高等学校増設、義務教育振興（市町村義務教育費国庫負担法）を実行した。殊に軍備拡張では、寺内内閣で、世界大戦の兵器進歩を考慮して特科隊の編成と軍備改良が実施され、海軍でも一九一七年「八・四」艦隊、翌年には「八・六」艦隊整備が認めらた。軍事技術の高度化に対応して各種の研究調査費や航空隊が設置された。そして原内閣では、ついに懸案の「八・八」艦隊案も議会を通過した。

大戦期には、租税収入が爆発的に増大したため、本来ならば積極的に公債を発行して財源を調達する必要はなかった。しかし、輸出が激増して巨額の正貨が流入したことで国内金融が著しく緩和され、インフレを促進する恐れが生じた。また正貨のかなりの部分が戦争で日本に回送できず、輸出金融が阻害されるという事態が憂慮された。そこで政府は、公債を発行して内地資金を吸収し、一方で外債の償還を実施し、他方で在外正貨を買い入れて輸出為替資金の疎通をはかるという政策を実施した。また従来一般財源で実施されてきた鉄道・電信電話・朝鮮の各事業も、適当と認められたものは公債支弁に移された。このため大戦期に公債発行が継続された。これらの公債の内、寺内内閣が一九一七年以降に発行した臨時国庫債券は、輸出為替の疎通と連合国への軍需品輸出代金の決済を援助することが目的であるとしていた。しかし実際には、調達資金の主要な部分が、帝政ロシアと中国軍閥へ貸し付けられ、後に回収不能に陥った。結局、戦後、一般の国債に借り替えられ、国民の負担となった。

一方、大戦で民間の船舶が軍用に徴発されたため、世界的な船腹不足が発生し、海運業や造船業が空前のブームに沸いた。日本の造船業は著しく発達し、日本は世界有数の海運国へと躍進した。日本の代表的な海運会社であった日本郵船の一九一三年における利益は三四〇三万円、配当率は一〇%であった。それが、一九一六年には六八一九万円、二四%となり、一九一八年には二億二二九一万円、五五%という空前のものとなった。日本の保有汽船総トン数は、一九一三年の一五三万トンから、一九二〇年の三〇五万トンへと倍増した。また船の建造価格は、戦前一トン当たり五〇円程度であったが、大戦中には一時一〇〇〇円にも達した。国内汽船建造トン数は、一九一三年の五万一五二五トンから一九一六年に一四万四〇二四トン、一九一八年五四万五三一一トン、一九一九年六三万四二二〇トンへと空前の増大を示した。こうして、多くの船成金が生まれた。

鉄鋼業も躍進し、八幡製鉄の拡張に加え民間製鉄会社も設立された。またドイツからの輸入が途絶えたことにより、薬品・染料・肥料などの化学工業が勃興した。大戦は日本の重化学工業を一気に発展させる契機となった。また水力発電の発達も目覚しく、都市で電灯が普及し、工業動力の電化も進んだ。紡績業・織物業も急成長した。綿糸・綿布の中国・アジア市場への輸出が急拡大し、生糸もアメリカ市場の活況で輸出を大きく伸ばした。

このような工業部門の急拡大によって、日本の工業生産額は農業生産額を凌駕するようになり、商業サービス業も躍進し、労働者数が倍増し、都市への人口集中が進んだ。

大戦景気は、日本経済を潤し、工業化を進展させ、貿易赤字と正貨欠乏問題を解消し、財政逼迫を解消した。しかし、戦争バブルの中で肥大化した日本企業の体質は極めて脆弱であった。賃金所得増大を背景とした国民の過大消費の惰性と、脆弱な企業体質は、戦後不況と国際競争が激化する中で、日本経済の不振と巨大な貿易赤字を生み出していく原動力となった。

内大臣就任

松方は、国際的信義を遵守し、欧米諸国との協調路線をとりながら、中国の独立と経済発展を支援し、ともに「東洋の自治」を確立する道を進むべきことを力説した。しかし、政府は、中国政策の根本方針を転換することはなかった。元老の政治的影響力は、決定的に後退していた。一方、大戦の好景気で経済は急成長し、税収が著増し財政危機は解消され、巨額な対外貿易黒字が生じて正貨危機も解消された。大正初年に危惧されていた財政経済破綻への懸念は、ひとまず払拭されつつあった。

内大臣時代の松方
（大正６年）

大正六年五月、松方は内大臣に任じられた。八三歳の高齢であった。大山巌内大臣が五年一二月に死去した後を受けたものであった。松方は、高齢に加えて病気による体力低下から、九年六月に辞表を提出したが、聞き入れられず、留任することになった。このような中で、九年九月一三日、松方夫人が、脳溢血により七六歳で逝去した。

しかし、松方には、悲しみに浸っている暇はなかった。内大臣としての松方に、大きな危惧を抱かせる問題が生じていたからである。日本の国家の中心に位置する大正天皇の「脳力衰退」問題がそれであった。大正八年一一月兵庫県で行われた陸軍特別大演習を最後に、大正天皇は公式行事に携わることができない状態に陥った。

一日も早く、東宮（皇太子）が摂政に就任して、天皇に代わって大政を総攬することが必要であるとの認識が、元老を中心として強まっていた。松方をはじめ、山縣、西園寺も同じ意見であった。そのためには、東宮が世界大戦後の変動する世界の大勢を認識し、欧州各国元首と交わって交流を深め、帝王学を修めなければならないと考えられた。戦後の世界秩序がまさに出来つつあるこの時こそ、またとない外遊の機会であった。

東宮の欧州遊学と摂政就任問題は、松方の天皇の直臣としての、まさに最後の大仕事であった。松方は、日本が西欧諸国と信義をもって外交し、中国政策を正常な軌道に乗せることが、日本の緊急課題であると考えていた。したがって、西欧諸国の実情や考え方を、皇太子自らの目で確かめることが、是非とも必要であると考えていた。

松方は、皇后に東宮外遊の止むを得ない事情を再三奏上した。だが、皇后は東宮の外遊を懸念することが強く、その允許を得ることはできなかった。こうして大正一〇年を迎えることになった。一月一六日、松方は葉山御用邸で皇后に拝謁し、「東宮の外遊は、今日を以て絶好の時期である。今日皇太子殿下が世界各国の形勢を視察することは、殿下のため、皇国のため、極めて緊要である。可愛い子には旅をさせよの譬えもある。他日殿下が天皇として大政を総攬するとき、この外遊がどれだけ役に立つか多言を要しない」と奏上して、ついにその承認を得た。

二月二一日、松方は高輪御所で東宮に拝謁し、外遊の盛挙を祝した上で、「殿下は他日天皇たるべき身であるから、外遊中に各国元首と会見する折に、自ら卑下することなく、儀容堂々として、厳然たる態度を持すべきである。殿下の一挙一動は、日本の国威に関するからである」と進言した。東宮は、一言「諾」と応えた（『公爵松方正義伝』坤巻、九五五～九六一頁）。

松方の対外観が明白に現れた言葉であった。東宮の外遊に対しては、国民の間から時期尚早という意見や、不逞朝鮮人が欧州で東宮に危害を加える恐れがあるなどの反対が沸き起こった。松方は、世界の大勢と東宮外遊の必要性および今日こそその時機であると説いて、それを退けた。一方で、松方の東宮安否に対する焦慮は少なくなかった。しかし、他日摂政に就任する皇太子が、欧州の大勢に通じることは、どうしても必要なことであった。

かくして、三月三日皇太子は外遊の途に就いた。まず英国を訪問し、ついで欧州諸国を巡遊し、各国元首と交流し、日本との協調関係を深め、世界大戦の戦跡を訪ね、欧州の制度・文物・軍備・産業・学術・宗教・教育・美術・風俗に至るまで詳細に視察し、見聞をひろめて半年後の九月三日帰国した。東宮の外遊は、この後摂政としてさらに昭和天皇として、日本の進路についての判断を下すに際して、大きな影響を与えたことは疑いない。

こうして、大正一〇年一一月二五日、皇族会議並びに枢密院会議の諮詢を経て、東宮は摂政に就任した。東宮の摂政就任によって、不安定であった民心も落ち着きを取り戻した。松方は、最後の大仕事を終えた思いであったろう。

寺内内閣更迭と原敬政党内閣の出現

この間、寺内内閣は、大正七（一九一八）年九月、「米騒動」によって崩壊した。大戦下の米価高騰で困窮した民衆が、自然発生的に各地で米の安売りを求めて騒動を起こした。寺内内閣は、外米の輸入や米の安売りをおこなうと同時に、軍隊による鎮圧を行った。そのため、騒動は短期間のうちに収束したが、世論は沸騰し、社会に大きな衝撃が走った。

山縣ら元老は、世論を収攬するためには、衆議院の第一党である政友会総裁の原敬を首相に推薦する以外にないとして、同年九月原内閣が誕生した。原内閣は、陸相・海相・外相を除くすべての閣員が政友会会員からなる、日本で始めての本格的な政党内閣であった。内閣は、国民の支持を背景として、軍備拡張・交通機関整備・産業振興・教育の拡充などの積極政策を推進した。また選挙資格を直接税納税額一〇円以上から三円以上に拡充し、大選挙区制を小選挙区制に改める改革をおこなった。そして翌年の総選挙で大勝し、その政治基盤を強めた。ただし普通選挙の実施には、時期尚早であるとして反対した。

しかし、大正九（一九二〇）年の戦後恐慌によって、原内閣の積極政策は行き詰まりを見せる。翌一〇年一一月、政友会の横暴に憤慨した青年によって、原首相は暗殺された。高橋是清蔵相が組閣したが、内閣不統一で倒れ、その後は再び加藤友三郎内閣、第二次山本権兵衛内閣と非政党内閣が続いた。この間、後継内閣首班の推薦をめぐって松方は、西園寺とともに、最後の元老として中心的な役割を果たした。

加藤高明の挫折

ことに高橋後継首班選定で、松方は真骨頂を発揮する。西園寺は、病の床に伏していた。元老山縣は、すでに死去していた。そして今回の首相選定作業は、東宮が摂政に就任してからはじめての首相選定であった。松方の双肩には、天皇の直臣として、若い摂政のために新しい補佐機関を作り出すという使命も圧し掛かっていた。松方は、すでに八八歳を数えていた。元老集団が天皇を補佐するというシステムは、元老の相次ぐ死によってまさに終焉を迎えつつあった。元老に代わる天皇補佐システムを創出しなければならなかった。松方は、枢密院議長と首相経験者を有資格者として、首相選定作業に加える新方式を導入する。この方式によれば、選定の有資格者は、清浦奎吾と山本権兵衛ということになる。一方、西園寺は、松方に選定を一任するとしながら、自分に代わって山縣閥の平田東助を選定に加えるよう求めた。西園寺は、加藤高明の二一カ条要求に見られる外交姿勢と憲政党内の統制が不十分であることを深く懸念しており、後継首班が憲政会総裁の加藤になることを拒否しようとしていた（『原敬日記』第五巻、二五五頁）。しかし松方は、平田が選定の有資格者ではないとして、平田を選定作業から排除した。こうして、松方の主導権が確立される。松方にとって、自己の信念を貫く最後の機会となった。国際協調主義を貫き、政党の跋扈を許さない、天皇（摂政）を中心とする安定した政治を実現することが目指された。実際の選定作業には、山本は加わらなかった。選定作業は、松方と清浦の間で行われ、その後西園寺と山本の承認をえるという形で進行していった。

政友会の高橋内閣が総辞職すると、憲政会では、総裁加藤高明の政権担当への期待が高まった。憲政会は松方に意見書を送り、「憲政の常道」に従い憲政会の加藤高明が指名されるべきであると主張した（『松方正義関係文書』第一七巻、三四〇〜三四一頁）。

日本は、ワシントン条約の批准と軍縮の実行という課題を遂行しなければならなかった。首班選定の中心となった松方は、ワシントン会議の全権を務めた加藤友三郎海相を首相候補にあげた。一方、清浦は、憲政の常道により、憲政会の加藤高明が最も適当であると主張した。これに対して松方は、「それは余程困難」である、加藤海相が最も適当であると主張したので、清浦もそれに同意した。問題は、加藤海相が政治上の参謀もなく、政治上の協力者がいなかったことであった（『松本政治日誌』一八五〜一八六頁）。憲政会内閣を断固阻止するためには、政友会の協力を取り付けねばならない。しかし、政友会に協力を求めれば、政友会の勢力が増大し、政党の跋扈を避けることはできない。憲政会を排除し、政友会の跋扈を封殺しながら、加藤友三郎内閣を成立させ、国際協調と国内政治安定を図ることが、松方の課題であり、松方にとっての最善シナリオであった。

松方は、加藤海相が辞退した場合に備えるという名目で、加藤高明と会見した。加藤高明は、松方との会談で後継首班への強い意欲を示した。第二次大隈内閣の後継首相として内閣を組織することが阻止されて以来、待ちに待った機会であった。しかし、松方にとって加藤高明は、万一の場合の保険という意味であり、本来はなんとしても避けたい選択肢であった。そして、松方と憲政会総裁加藤との会談は、政友会に対する強力な威嚇機能をもっていた。松方が加藤高明を後継首班に推すという憶測は、政友会を狼狽させた。政友会は、加藤海相と折衝し、党員は一名の入閣も要求せず、「無条件にて加藤内閣を援助することを誓」った。加藤海相は、この条件を政友会の横田千之助から聞き、貴族院を中心とする組閣を決意し、松方を訪問して決心を告げた。こうして、政友会の支援を受けた加藤友三郎に後継首班の大命が降下された（『松本政治日誌』一八六〜一八七頁）。

松方が中心となって行われた後継首相選定は、どこまでが松方の描いたシナリオであり、どこまでが偶然の結果であったのか、断定はできない。しかし、結果として、松方が描いた最善のシナリオが実現したといってよいだろう。松方には、運がついていた。そして加藤友三郎内閣の市来乙彦蔵相は、軍事費を削減し、行財政整理を実行し、寺内内閣下で実施された金輸出禁止（大正六年月九月大蔵省令第九八号）を解き、金本位制への復帰を断行しようと決心していた。大正一二（一九二三）年初頭以来、貿易は順境を示し、対米為替相場は四九ドル台に回復し、金解禁の環境は整いつつあった。市来は、下半期に金解禁を断行するつもりであった。市来の経済政策にも、松方は満足であったに違いない。もっとも金解禁は、八月の加藤首相の急死と、九月に発生した関東大震災によって、結局実行の機会を失ってしまう。

加藤高明は、ワシントン体制に批判的であった。しかし加藤高明の対外政策論は、時代の趨勢に似あわなかった。しかも、松方は、「二十一カ条要求」に見られる加藤の中国外交姿勢は日本の国家百年の計を誤るものである、とする厳しい見方を持っていた。結局、松方によって、加藤の首相就任は阻止された。それは、加藤高明が内閣を組織するためには、外交政策の根本的転換を実行しなければならないことを示していた。こうして加藤は、ワシントン会議批判をトーンダウンさせ、軍縮、緊縮財政、減税、社会政策重視などへの政策転換を促されることになる。加藤高明は、首相になるために、自らの主張を変えることを余儀なくされた。そこには、抱懐する政策を実現するために政権を獲得するという政党政治の本筋とは、全く異なる政治力学が強力に作用していた。憲政会は、これ以降、徐々に協調外交、軍縮、緊縮財政を柱とする政策スタンスへの道を歩き始める。したがって、松方の政府政策に対する直接的影響力は低下していたが、元老としての首相指名機能は、大戦後の日本の政治的方向を決定する上で大きな役割を果していたということができよう。ただし、このような政治力学による政策転換は、加藤高明個人の大陸政策の信念を変えてしまうものではなかった。

大正一二年八月の加藤首相急死を受けて、憲政会は、再度加藤高明内閣を実現すべく運動した。しかし、元老西園寺公望は、今度は山本権兵衛を後継首班に指名した。近く実施される総選挙を公平に行うために、政党以外の選挙管理内閣が望ましいというのが表向きの理由であったが、実際には西園寺は加藤の外交政策を深く憂慮していた。松方も西園寺も、加藤の外交姿勢が根本的に改まらない限り、首相に推薦することはできないと考えていた。

しかし、山本内閣が虎の門事件で総辞職し、またまた非政党系の清浦圭吾内閣が成立すると、加藤高明らは憲政の常道に反するとして第二次護憲運動を起こし、政権奪取を図った。そして、ついに一九二四年に、護憲三派内閣の首相の座に着く。加藤は、対外政策構想を大転換し、幣原喜重郎を外相に据え、ワシントン体制を体現した幣原外交を推進することになる。

4　ワシントン体制と関東大震災

ワシントン体制と海軍軍縮

大正八（一九一九）年一月、パリで講和会議が開催され、六月にベルサイユ条約が締結された。日本は、山東半島の領土権を中国に返還したが、旧ドイツ権益は引き継いだ。また赤道以北の旧ドイツ領の南洋諸島を国際連盟から委任統治することになった。しかし、人種差別禁止を国際連盟規約に盛り込むべきとの日本の提案は、アメリカ・イギリスなどの反対で実現されなかった。

日本が山東省の旧ドイツ権益を継承したことに対して、中国では激しい反対運動が起こった。大正八年五月四日、北京で大規模なデモが起こり、ベルサイユ条約調印反対、打倒日本帝国主義、日貨排斥運動が、全国的に広がった。いわゆる「五・四運動」である。中国代表は、ベルサイユ条約に調印しなかった。

また、朝鮮においても、同年三月一日、ソウルにおいて独立万歳を叫ぶ集会が行われ、独立運動は各地に広まっていった。いわゆる「三・一独立運動」である。日本は、軍隊・警察を出動させてこれを鎮圧するとともに、朝鮮総督の任用資格を現役軍人から文官にまで拡大し、憲兵警察を廃止して、運動の沈静化を図った。

大正九（一九二〇）年国際連盟が創設され、日本は、イギリス・フランス・イタリアと並んで常任理事国となり、国際的地位を高めた。アメリカは、上院の反対で連盟に参加しなかった。

日本は、国際連盟では常任理事国入りを果たしたが、同盟国イギリスの反対で、人種差別撤廃要求が不採択となった。また中国では反日・排日本商品の広がりを生み出し、韓国の政情不安を生み出すなど、日本外交は、大きな困難に遭遇していた。しかも、日本の強大化と中国への進出・勢力拡大は、欧米列強の日本警戒心を強めた。また中国は、明確に日本を民族運動の標的として意識するようになっていった。

アメリカは、中国に対する「門戸開放・機会均等」政策を進めるため、東アジアにおける日本の膨ていた。

張を抑える必要に迫られていた。また東アジアに米国主導の新秩序を樹立するためには、海軍の建艦競争を停止し、安定的な軍事バランスを作り出すことが必要であった。そして、日本の膨張政策を担保する機能を果たしているのは日英同盟であるとして、これを廃棄させることが必要であると判断していた。

アメリカは、大戦終結後、急速に孤立主義へと回帰していった。上院がベルサイユ条約の批准を拒否したのに続いて、ウイルソンが民主党の大統領候補への指名を受けられず、さらには一九二〇年一一月の大統領選挙では、連盟を否定する共和党のハーディングが圧勝した。しかし、アメリカが国際連盟に背を向け、アジアで中国市場への進出を推進すれば、国際的孤立は免れなかった。アメリカが、国際的孤立を避けつつ、中国進出を実行するためには、国際連盟の外側で、米国の価値観と齟齬しない米国主導の世界秩序を創出することが必要であった。大戦後の世界秩序は、戦勝国の三大国である日本・英国・米国の力関係をどのような枠組みで規制するかにかかっていた。英国との対等の国際地位を確保し、日本を抑え、中国問題で主導権を確立することが、米国の当面の目標となるのは自然だった。したがって、日英同盟を解消させることが中心的課題にならざるを得なかった。

一九二一年、アメリカ大統領ハーディングは、日本やイギリスに呼びかけ、ワシントンで軍縮会議を開いた。日本は、大戦後の経済困難や財政負担を考えると建艦競争は不可能であると考え、これを機会にアメリカとの協調関係を確立して国際的な孤立を避けようと判断した。しかし、客観的に見ると、国際的に平和を希求する世論は強力であり、海軍力整備では日本が国際協定なしに自粛することが可能であったし、また日本は国際連盟の常任理事国となっており、戦勝三大国のうちの英国と日英同盟を結んでおり、当時の状況の中で国際的に孤立していたわけではなかった。国際的に問題となったのは、日本の中国大陸政策であった。

会議は、同年一一月から翌一九二二年二月まで続けられた。その結果、一九二一年一二月、アメリカ・イギリス・フランス・日本の四カ国間で、太平洋の島々の領土保全と安全保障を約する「四カ国条約」が締結され、まず日英同盟が破棄された。一九二二年二月、この四カ国に、イタリア・ベルギー・オランダ・ポルトガル・中国を加えて、「九カ国条約」が結ばれ、「中国の主権独立・領土保全」と「中国に対する商工業上の機会均等・門戸開放」が定められた。こうして日米間で締結された「石井・ランシング協定」が破棄された。最後に、一九二二年二月、アメリカ・イギリス・日本・フランス・イタリア五カ国の間で、(1)主力艦の保有比率を5：5：3：1・67：1・67とする、(2)今後一〇年間主力艦を建造しない、(3)太平洋の島々の軍事施設を現状維持とすることが取り決められ、海軍バランスが凍結された。

このほか会議において、日本はシベリア撤兵を宣言し、中国代表との個別協議で「山東懸案解決条約」を結び、二一カ条要求の一部撤回と山東権益の中国への返還を約束した。こうして、一応米英日の協調関係を基軸とする国際秩序（ワシントン体制）が構築された。

ワシントン体制は、大隈内閣・寺内内閣の対中国大陸政策が破綻したことを意味していた。そして、大戦後の日本の置かれた国際的立場から言えば、ある意味では止むを得ないものであった。しかし、松方の目から見れば、実に情けない結果であったといえよう。松方が唱えた日本外交の根本的大主義を無視し、世界大戦の間に中国大陸への「倭寇」的な膨張をはかった挙句が、日本外交の基軸とも言うべき日英同盟を失い、せっかく確保したと思った特殊権益の承認も「石井・ランシング協定」の破棄で泡と消え、山東権益も失い、軍備整備の自由度も奪われた。日本の「倭寇的」行動の帰結は、明確であった。

確保したと考えていた中国大陸の特殊権益は薄弱となり、欧米の警戒心を強めさせ、中国に強固な反日感情を植え付け、結果としてワシントン体制＝国際協調という名の下で「行動を制約され孤立した」日本の姿がそこにあった。結果として、アジア地域における「米英」と「日本」との対立という基本図式を作りだしてしまった。

松方が主張したごとく、日本が中国の領土保全と独立に尽力し、国際信義を遵守する姿勢を貫いていたならば、列国の日本への猜疑や中国の反日的態度は生じず、国際的に孤立する事態は避けられたはずであった。この場合大戦後の国際平和に期待をかける世界的風潮を背景とした国際協調体制と軍縮政策への日本の参加は、日本の国際的信認を高め、「東洋の自治」へ向けての積極外交を可能にしたであろう。中国の近代国家としての統一は簡単には実現しなかったであろうが、中国の反日的行動がなければ、日本はよほど違った進路を辿っていただろう。

関東大震災と山本内閣への助言

大正一二年八月、海軍軍縮を主導してきた海軍出身の加藤友三郎首相が死去した。松方と西園寺は、後継首相として山本権兵衛を推薦した。松方は、「現今外交の不振、内治の萎靡甚だ憂うべきものあり」とし、また人心・思想の頽廃を深く危惧していた。党派的な利害を超えて挙国一致の内閣を組織し、事態を打開する必要があると考えたからであった。

しかし山本が組閣に着手するや、九月一日関東大震災が起った。翌二日に組閣を完了した山本内閣は、関東大震災の善後策に関して応急措置をとり、一二月一〇日臨時議会を召集して、帝都復興予算および法律案を提出して、その協賛を得た。

松方は、一二月下旬、第四八議会の開かれる前に、「時局の匡救、国力の充実を論ず」という所見を山本首相に送った。しかし議会開院式の当日一二月二七日、摂政宮が開院式出席のため、自動車で赤坂離宮を出て虎ノ門外を通過したとき、自動車に向かって長州人難波大介が仕込み銃を発射するという事件が起きた。この責任をとって山本内閣は総辞職した。このため、松方の意見書は、政策に反映されることなく終わったが、最晩年の松方の日本経済に対する見方をよくあらわしている。その大意は、次のようなものであった。

最近国民の元気が萎縮して振るわず、奢侈放縦に流れていることが、百弊のもとである。関東大震災が生じても、国民は惰眠を貪り、発奮することなく、政府も経綸の大策を誤っている。現在の急務は、この時弊を匡救し、国力を充実して、富強の実を上げ、世界における日本の地位を向上させ、国民の福利を永遠に増進することである。時弊を匡救するには、国民の自覚を促し、元気を挽回し、勤倹を励行し、信義を重んじ、質実剛健勇往邁進しなければならない。また国力を充実するためには、産業を発達させ、財力を豊富にする事が必要であり、そのためには大いに輸出を増加し輸入を減少せしめる必要がある。輸入を減少するには、一に国民の奢侈を戒め、浪費を省き、日常の品は内国産に切り替え、輸出を増進するには、廉価で優良な生産品を多量に生産して、世界市場での声価を博する必要がある。そのためには、要するに金利を低下させることである。金利が低下すれば、生産費が軽減され、物価は低下するので、輸出は増大し、国富は増進される。さらに投機的売買を厳禁し、中間的暴利者の台頭を防ぎ、精巧な機械と学術を応用して大いに生産能率を向上し、陸海連絡運輸の便を図ることも、輸出増加の良策である。殊に海外貿易で最も重んじることは信用であり、商品の粗悪、契約不履行は信用を失墜させる。

国富の増進策は、このように種々あるが、現在焦眉の急は、金利を低下させることである。日本財界の現状は、金利甚だしく高騰し、労銀も暴騰し、物価は世界の最高位にあり、ために輸出が減少し、輸入が益々増加し、金貨が海外に流出し、財力の消耗、民力の萎縮、産業の不振が生じている。

しかし、政府は、このような政策を講じてこなかった。そしてこれに加えて、震災後は物資の応急策として関税を撤廃したことは、却って産業の発達を妨げ、輸入を増加し、金貨流出を促進させた。その劣策は言語に絶する。震災における物資の供給は、海外に仰がず、内国品で対応すべきである。速やかに関税を復旧して、保護政策の運用よろしきを得る必要がある。金貨の流出、金利の高騰、物価の騰貴は経済自然の現象であるという論者もいるが、それは誤りであり、内国における一時の変態に過ぎない。それは決して世界の大勢に順応したものではない。これを放置せず、金利の低下を断行する必要がある。

第一次世界大戦のバブル景気で肥大した日本経済は、戦後の不況過程でも十分に整理されなかった。戦後賃金水準が高位に安定し、個人消費が高水準を維持し、政府の積極財政が実行され、これに関東大震災の復興需要が加わったため、貿易赤字が巨大化して、正貨準備は急速に減少していた。日本経済を、戦後の国際経済環境に適合させるべく、構造改革する必要が生じていた。

松方は、国民の「やる気」を振興し、国民貯蓄を増強して消費・輸入を圧縮し、関税政策を活用して輸入を圧縮し国産品の使用を奨励し、他方で新技術を導入して生産効率を高め、廉価で高品質の生産品を生産し、国際市場で声価を獲得し、輸出を増進し、正貨流出を抑止することが根本対策であるとした。そのためには、金融を疎通し、金利を低下させ、資金コストを下げる必要がある。それは、いかにも松方らしい政策論であった。

たとえば、緊急に保護関税で輸入を削減することは、理論的には、国民の経済的厚生を低下させるだけであると評価されることになろう。しかし、「実際」から発想して、輸入を急速に削減し正貨流出を止めることが最優先されるべき課題であれば、保護関税措置は有効である。政策目的が達成されれば、徐々に関税を撤廃すればよい。関税措置の撤廃は、震災需要に対応するために政府が取った緊急輸入促進策であった。緊急輸入が必要であると政府が考えていたとき、丁度逆に、その措置は、輸入を増大させ、正貨流出を拡大し、結局日本経済に収縮圧力をかける拙劣極まる政策であると批判しているのである。緊急輸入に代えて、極力国産品の使用を奨励することに努めるべきであるというのは、松方の直感に基づく実践的な政策提言であった。また、金利を低下させ資本コストを低下させることが処方箋として有効であるとしたところは、松方の政策センスの鋭さを示していた。当時賃金は高水準で安定していた。賃金が硬直的な経済では、雇用を確保し、生産を拡大する上で、金利引き下げによる投資刺激策は、それなりに合理的な景気浮揚策となりうるからであった。

松方の逝去

松方は、大正一三（一九二四）年七月二日、眠るがごとくその九〇年の生涯を閉じた。一二日、国葬に付された。国葬にしては、質素なものであり、健全財政と質実剛健を旨とした松方に相応しいものであった。その前月の六月九日、清浦内閣の後を受けて、ついに加藤高明に組閣の大命が降下していた。松方は、ちょうど加藤が内閣を組織するのと入れ替わりに、鬼籍に入った。それは、まさに一つの時代が終わったことを象徴していた。これ以後、二大政党が交互に政権を担当する政党政治の時代が訪れ、国際協調を掲げた幣原外交が展開されることになる。時代は、国際金本位制度への復帰が日程にのぼり、厳しい財政緊縮と軍事費削減が実施される「井上デフレ」が登場する前夜のことであった。

その後実行に移された「井上デフレ」と金解禁政策は、惨憺たる失敗に終わり、その責任者たる浜口首相と井上蔵相は共にテロに倒れた。近代日本の扉を開き成功裏に終息した「松方デフレ」とは、対照的な結果に終わる。松方は、日本の金本位制度導入に心血を傾けた。金本位制度は、日本が欧米諸国と同じ土俵で経済発展を図るための条件を整備するものであった。日本が安定的に発展し存立していくためには、欧米諸国と同じ国際的条件の下で国際競争に勝ち残る努力を傾ける以外にはなかった。しかし、世界大戦後の日本経済は、すでに旧平価で金本位に復帰できる条件を失っていた。その意味で、金本位制度の導入とその挫折の歴史は、そのまま近代日本の興隆と挫折を映し出す鏡であったということができよう。

松方は、元老として息絶える最後の瞬間まで、日本の国際信義に基づく行動と、財政経済の安定的な運用と、実業の健全な発展に心を砕いていた。元老としての松方の志は、必ずしも歴代政府によって実現されたとはいえなかった。しかし、「最後の元老」として、死力を振り絞って日本の将来を考え、天皇の直臣として忠誠を尽そうとした姿勢は、近代日本を建設してきた明治日本人の時代精神とプライドを示すものであった。

終章　松方の人物と生涯

1　松方の信条と思想の系譜

天性の経済感覚

政策行動は、実践的なものである。経済状況が急激に変化し、社会的な混乱が大きくなった場合、政府はこれを放置しておくことは出来ない。出来るだけ速やかに、政策行動をとることが要求される。具体的政策は、実践的に有効と判断される手段を採用する以外にはない。理論的な形式的整合性だけを問題にしても始まらない。経済の各構成部分のパフォーマンスに対する仮定の置き方次第で、どのような政策論も、形式的整合性を備えた政策に組み上げることが可能だからである。また仮に全く同じ内容の政策であっても、それを実行する政策責任者に対する国民の信頼の強弱によって、政策効果は異なる。「正しい政策」というものを、理論的に一義的に特定することは出来ない。どのような人物が、どのような政策論を提案し、実行するかによって、政策効果が左右されるからである。極端な場合には、「全く同じ内容の政策」が提案され実行されたとしても、逆の効果が現れるということすらありえる。政策は、人々がどのように反応し、どのような経済行動をとるのか、やってみなければわからない、という側面を持つからである。

「松方財政」と「大隈財政」の明暗は、政策に対する人々の信認の度合いと反応の違いが政策の有効性を左右することを、雄弁に物語った。松方は、「実際」から発想し、自己の信念に基づいて、「実際に適合する」と判断した理論的要素を取捨選択し、実践的政策を立案し、それを不退転の決意で実行した。日本の近代化にとって、「松方財政」は極めて重要な要素である。それらの事業は、日本が近代国家として発展する上で、不可欠の環境条件を整備した。松方のような人物を、維新政府がその内部に抱え、その腕を存分に振るわせたことは、結果的に日本にとって大きな幸運をもたらした。松方が立案し実行に移した紙幣整理から金本位制採用に至る政策には、当時の政治家・実業家・マスコミ及び学者の大部分が反対していた。しかし松方は万難を排して実行した。明治という疾風怒濤の時代が、松方という人物を得たことは、まさに歴史の配剤であるとしか言いようがない。

明治日本は、西郷隆盛、山縣有朋、大山巌など軍事に優れた天才的人物を多く輩出した。また内政・外交では、大久保利通あり、岩倉具視あり、伊藤博文あり、大隈重信があって、大いに腕を振るった。そして財政金融分野には、松方正義があった。財政分野では、大隈や井上馨も活躍したが、ほぼ松方正義の独壇場であったと言ってよい。

明治維新に至るまで、松方は、財政経済問題とはほとんど縁のない人生を送ってきた。松方は、三四歳の時、薩摩藩士として長崎で明治維新を迎えた。生まれて以来三四年間、弓道・剣道・馬術の奥義を極めて達人の域に達し、軽輩から立身して藩の重職を務め、海軍建設を目指して長崎の幕府海軍練習所で研鑽したという武人型の経歴の持主であった。その間一度も、海外渡航の経験はなかった。維新後、日田県知事として活躍し、明治四年になって大蔵省に入省する。松方が財政の仕事に携わるようになったのは、三七歳の中年になってからである。松方は、近代的財政学や経済学に接したこともなく、財政専門官僚としての経験もなく、留学して欧米の文物に触れた経験もなかった。

このような経歴に照らして、松方がその後成し遂げた財政経済分野での顕著な業績を見ると、率直に驚きを禁じ得ない。松方には、天性の財政感覚、経済感覚が備わっていたというしかない。その後は一貫して大蔵省で実務畑を歩いた。地租改正、秩禄処分、西南戦争と、平・戦両時の財政経験を積み、経済財政の実状を把握し、実務的に日本の財政金融制度の長所・短所と財政の実態に通暁していった。

松方がはじめて海外に出たのは、明治一一年、パリ万国博覧会副総裁として欧州に渡ったときであった。松方は大蔵大輔（次官）であり、すでに四四歳になっていた。

松方財政思想の源泉

松方は、日本の歴史的な事例を研究し、日本人の行動習慣や経済感覚や倫理観を基礎にした国産の理論と実践を基礎として、維新後の「実際」に適応する政策構想を成熟させていった。松方にとって、幕藩時代の財政・貨幣問題は、過ぎし遠い時代の出来事ではなかった。松方が最も重視した「実際」から発想する思考方法の、生きた教材であった。

松方は、日本の歴史を紐解き、慶長時代に金の小判が鋳造され流通することで日本の幣制が金を本位貨幣として確立したと捉えていた。その後幕府は、財政危機を救済するために、貨幣の悪鋳を行った。松方は、それが物価を高騰させ、投機をあおり奢侈の風潮を蔓延させて、人心を荒廃させ、輸入を増大させて大量の正貨流出を招き、幕府の信用を低下させ、財政危機をもたらした事実を重く見ていた。松方の財政論で顕著な特徴は、幣制の紊乱が財政経済紊乱の根本にあるという考え方である。つまり、理財の根本は、貨幣制度の安定にあるという認識であった。松方の政策論には、国産の「政策遺伝子」が生かされていた。松方は、当時の主流であった欧米から輸入した知識と理論で、日本の現実を裁断するという態度を取らなかった。

松方のいわば国産ベースの政策構想は、明治八～九年頃にはほぼ体系的な形を取る。日本の先例に対する研究と大蔵省における実務経験から着想し、日本の財政・幣制のあるべき姿について、大まかな骨格を完成させていた。松方構想は、地租を中心とする租税制度を整備し、同時に正貨を蓄積し兌換制度を確立して貨幣価値の安定をはかるという構想として、ほぼ完成した形を取るに至っていた。

松方は、外国の実際を見聞し外国の先進理論に触れて、自らの構想の妥当性を検証する機会がほしかった。しかし、地租改正事業が完成するまでは、その機会は与えられなかった。外遊の機会が与えられたのは、西南戦争終結後の明治一一（一八七八）年のことであった。

松方は、フランスをはじめ欧州各国の財政経済の実際を、自らの目で視察し、フランス大蔵大臣レオン・セイや経済学者と交流する中で、自らの構想の正しさを確信し、中央銀行を設立して貨幣信用制度の基軸とすることや、鉄道を中心とする運輸交通網の整備の必要性、外資依存の危険性などを確認した。欧州での経験と新知識を加えて財政・金融制度についての基本構想は固まり、松方は大いに自信を深めて帰国した。そして、松方は、その後も欧米の最新の財政経済理論や経済状況を、常に把握するように努めた。

松方の財政経済についての見識は、当時の政府の首脳としては、群を抜いていた。彼の経歴に照らして見るとき、それはほとんど奇跡とも言うべきレベルにあったと言っても過言ではない。そして、帰国した松方の眼前に現れていたインフレ・貿易赤字・正貨流出・財政逼迫という経済現実は、松方の台頭を促した。

松方は、幼い頃の体験もあって、「信義」を重んじる姿勢が強かった。「正直」を政策哲学の中心に据え、「実業」の発達を目指した。投機的な経済行動には、嫌悪感を持っていた。それは、賭事や勝負事を極端に嫌うという性格に現れていた。成瀬正恭は、「資性謹厳親切で勝負事や賭事は蛇蝎の如く嫌忌せられ彼の割増金付債券の如きも多額の割増付には非常に反対であった」と振り返っている（『松方正義関係文書』第一五巻、三六四〜三六五頁）。

松方は、特に読書好きというほどでもなかったが、愛読書としては、中国の『管子』と、新井白石、頼山陽を好んだ。また、欧米の参考とすべき財政経済書は、部下に翻訳させ、最新の議論にまで通じていた。

松方は、『管子』を特に好んだという。中国の春秋時代、斉の桓公に仕え、富国強兵策を立て、桓公を天下の覇者にしたのが管仲であり、法家として有名だが、彼が著したとされているのが『管子』である。松方は、君臣の交わりにおいて、管仲の生き方や思想に感ずるところが多く、明治天皇と自分との交わりを、重ねあわせていたのではないか。また長崎時代には、当時の志士達と同様に、頼山陽の『日本外史』を耽読した。

しかし、松方の財政政策思想に決定的な影響を与えたのは、儒学者の新井白石であった。儒教の政治思想は、宗教的権威と武力を治世者が兼ね備えなければ、社会秩序は乱れるという考え方を基礎としている。権力一元論の思想は、武力と宗教的権威を兼ね備えた「天皇制」という考え方として、松方の内面に定着していたと考えられよう。白石は、六代将軍徳川家宣の寄合（補佐役）に登用され、「一体分身」といわれるほどの家宣の厚い信頼のもとに、「正徳の治」と呼ばれる幕政を展開した。白石は、「生類憐みの令」を廃止し、新たな「武家諸法度」では、人倫を正し、「士民の怨苦を致すべからざる事」などを規定した。

松方が白石から最も影響を受けたのは、その財政論であった。白石は、当時の社会不安の経済的原因を、「幣制の乱れ」に見出していた。貨幣改鋳は、金銀比価の変更と相俟って、インフレを進行させ民間の商取引を混乱に陥れていた。それによる都市住民の生活難は、国の乱れと社会不安の元になっていた。

元禄八（一六九五）年に始まる金銀貨改鋳は、幕府に莫大な利益をもたらし、白石によればその利益は年間五八〇万両にも及んだ。また従来の金一両、銀五〇匁の比価は、銀六〇匁へと二〇％引き下げられた。当時銀貨圏であった関西経済は混乱した。一方、幕府はこれにより一時財政逼迫を脱した。悪貨政策の立役者であった勘定奉行・荻原重秀は、元禄の幕府財政危機を救った人物として重きを成していた。しかし、将軍綱吉の建寺その他の浪費や天災による凶作で幕府財政は窮迫し、インフレで庶民の生活は窮迫した。白石は、浪人生活が長く、庶民生活の実情に触れることが深く、インフレが一般武士や町人の生活を破壊しつつある実情を熟知しており、それを黙視することには耐えられなかった。

白石は、インフレを解消し、民衆の急迫を救済するために、貨幣制度の改革と幕府財政建て直しに敢然として挑む決意を固めた。そのためには、不退転の決意と努力が必要とされた。幕府財政を立て直すため、人事を刷新し、荻原重秀を解任し、勘定吟味役を復活して綱紀粛正を図らねばならなかった。白石は、荻原弾劾を三度にわたって実行し、三度目の弾劾書草案では「共に天を戴かざる仇敵」と極言し、「人ひとりばかりさし殺しすて候はん事、さのみ力に及ぶまじき事」と決死の覚悟で将軍に罷免の決断を迫った。こうして、ついに荻原は罷免され、白石は『改貨議』を上程し、金銀改鋳事業が開始されることになる。正徳三（一七一三）年のことであった。

改貨の理念は、家康の「祖法」すなわち慶長の幣制に復帰することであった。金銀は「天地の骨」であり、みだりに混ぜ物をしてはならない。「金銀は万国通用の宝貨」であった。また改貨実施にあたって、白石は、「誠信を失ってはならぬ」という点を特に強調した。天下の人民が、お上に信服すること、天地神明のごとくでなければ、改貨の事業は実行できないからであった。

貨幣改鋳によって貨幣価値を落としたことが、物価を上昇させ、社会不安を煽ったとして、正徳四（一七一四）年に悪質の宝永通宝の使用を停止し、慶長金銀と同品位・量目の正徳金銀を鋳造して、流通させた。白石は、良質の貨幣を鋳造・流通させることによって、「幕府に対する信頼」を高め、物価上昇を防ぎ、貨幣供給量を調節することで経済の安定を図ろうとした。改鋳の最大の目的は、人々の幕府に対する信頼を回復することであった。そして、政治責任を明確にして、政策転換を実行した。白石は、人情の機微に通じていた。庶民の心情に即した政策を構想し、清廉な政策立案を行った。

しかし、当時、金銀産出量が減少し、金銀の海外流出が大きかったので、十分な貨幣供給を図ることができなかった。白石は、長崎貿易によって、金銀が大量に海外へ流出していることを重く見て、正徳五年に『海舶互市新例』（長崎新令）を発布し、中国・オランダとの貿易額を制限し、一部の支払いを銅で行い、入港船舶数に枠を嵌め、密貿易を厳しく取り締まった。金銀流出防止と貿易の均衡を図ることを目的とし、主として輸入制限を行うことを目指した。他方で、国内産業の振興にも意を用いた。白石の時代には、輸出振興は大きな成果を挙げなかったが、後の田沼時代には成果を顕し、金銀の流入が実現することになる。

また、新将軍が即位するごとに、朝鮮から祝賀に派遣される使節に対する礼遇を簡略化し、大幅な経費削減を実行した。応接費用は、従来の一〇〇万両から六〇万両に削減された。

このように、白石は、国家の信用を回復し、社会不安の沈静化を図るために、確固たる幣制の確立（小判の改鋳）と金銀流出の停止（輸入の削減）、消費過剰の是正（節倹の奨励）と財政支出の削減（朝鮮通信使接待費用の削減）を断行した。つまり、幣制を改革して通貨価値の回復を図ることを根本施策とし、そのために貿易収支の均衡を図り、財政支出を抑制し、投機の風を是正して、経済を正業に基づく自然の発達経路に据えようとした。そしてなによりも、政策における「誠信」の役割を重視し、国家信用を確立することが財政経済の根本課題であると認識していた。

白石の「正徳の治」は、松方に大きな影響を与えた。松方が、西南戦争後に発生したインフレと財政危機に対処する方策を考え、また金本位制度への移行を決断する上で、この白石の事例は、生きた先例として、松方の政策構想のモデルとなったものであったといえよう。松方は、白石の財政・貨幣改革に深い感銘を覚え、それを時代の要請に応えるモデルへと鍛えなおした。松方財政の原型はここにあったといってよいだろう。

松方の中では、日本の経済政策の実践例が大きな比重を占めていた。松方が、日本の幣制改革・金本位制採用論を述べるときは、「慶長金銀」から話を始め、その紊乱と改革の動きを経て幕末の混乱に説き及び、紙幣整理、金本位採用へと話を進めており、確固たる安定的な「幣制」（金本位制）が必要であるという信念の淵源は、ここにあるといってよいだろう。幣制確立のために、安易に外資を導入するという考え方は、松方にはなかった。まず国内の乱れを正すことが先決である。その思いは、幕末の「尊皇攘夷論」から受けた深い影響によって、松方の心の中で増幅されていたといえよう。外国の文物は、日本の伝統的なシステムで足らざる部分を補完するものに限って導入すべきであるとした。日本の「国産」を重視する伝統的な保守主義を基本とした考え方であった。

外国の例や制度を直接模倣せず、日本の過去の歴史や倫理観から政策モデルを構成したことは、松方財政の特徴であった。そして足らざるところは、レオン・セイ等の西欧の知識・経験や制度の実際を参考として補充した。

松方は、常に日本経済の「実際」から発想した。欧米の経済理論や事例も、実際に適合しなければ価値はないとして、無批判的に依存することを戒め、日本経済の実際に常に軸足を置いた財政経済運営を心がけた。松方は、真に日本に適合した近代的なシステムを、日本の実際に照らして適切と考えられる方法で、実践的な政策構想を探究した。それが、紙幣整理と中央銀行設立を核とする兌換制度の確立を目指す「松方財政」に結実した。当初は、日本経済の実情から銀本制度が選択されたが、旧幕時代より日本の幣制は金本位制であり、金本位をもって幣制を確立するということは、松方の中では自明のことであった。ただ、実際には、金の準備がなかった。

松方の「金本位制度」志向は、欧米と経済的に同じ土俵に乗り、安定的な経済発展を目指し、西欧と肩を並べることを目指したものであった。しかし、決して「脱亜入欧」論であったわけではない。日本が近代国家として富強の実をあげ、長期的に安定した国家として生存するためには、長期的に安定的な財政と経済の健全な発展が必要である。松方にとって、そのような財政経済環境を形成する上での不可欠の条件が、歴史的にも実際面でも金本位制であった。

松方の考え方はシンプルであった。天皇制国家が、国際社会の中で独立国家として列強に伍していくためには、確固たる安定的な幣制（金本位）のもとで、健全な財政基盤を持っていなければならない。しかし、有事にはためらうことなく国家としての独立と名誉を保つように断固として行動すべきであり、そのためにこそ平時は「安全第一」の政策で財政基盤を確立することが必要であるという点にあった。有事への備えと断固たる行動を支える基盤として、平時の「健全財政・健全通貨」主義に基づく「富国強兵」政策が必要であった。

日本が列強に伍して発展していけるかどうかは、天皇制国家が安定するかどうかにかかっているという信念を持っていた。「天皇が根本」にあった。天皇制国家に最も適合した政策を体現しようとしていた。明治天皇とその直臣（天皇制官僚）としての松方とは、非常に相性がよかった。松方には、殆ど政治的野心がなく、天皇に忠節を尽くす人物であったからである。そこから窺える松方の思想は、天皇中心の近代国家を確立し、天皇の忠臣として、富国強兵のための財政施策を立案し、実行して、世界に伍していけるような強国に育て上げるということであった。

松方の信念

紙幣整理を実行するについて、松方の断固たる実行への確信を支えたのは、日本の経験から導き出された「国産」の知見と、日本の財政・金融制度の実際に関する深い洞察であった。ことに「定額」地租に依存する日本の租税制度は、安定的な貨幣制度の下にあってこそ、財政基盤を安定させる機能を果し、インフレ政策とは馴染まないことを松方は肌で理解していた。松方は、地租改正や秩禄処分の提唱者であり、その実務を担当し、米価騰落の影響の「実際」を肌で知っていた。そこが机上論で現実を裁断しがちな大隈との最大の違いであったといえるだろう。

また米国をはじめとする欧米諸国で行われたデフレ政策の実例と貨幣制度・金本位制度採用の経済

効果についての深い観察によって、その確信は補完されていた。
松方の財政・貨幣制度論は、単なる欧米諸国から輸入品ではなかった。日本の歴史的経験と日本経済の「実際」から発想し、それに欧米の実例から得た知見を加味して補強し、最後に経済理論のうち実際に適合すると考えられる部分を活用して、自らの財政政策・貨幣金融政策を立案し、不退転の決意で実行していった。

いかに学問の精緻なるも、論理の高尚なるも、実際に適応せざれば、国家に何らの効益なし。

そこには、松方の不動の信念が脈打っていた。松方は、自らが確信した財政経済政策については、絶対に揺らがなかった。松方の政策は、実際を深く洞察し、実際から発想し、実際に適合する実践的な政策論であったからである。抽象的な経済論で現実を裁断し、あるいは直面する現実から遊離した机上論で政策論を論じるという姿勢を、徹底的に排除していた。松方が主導する政策が、人々の信認を獲得し得た大きな理由がここにあった。
「一〇〇%」正しい政策は、ありえない。しかし、国家が重大な岐路に差し掛かったときには、迅速に、何らかの政策を立案し、実行に移さなければならない。政策が必要になるのは、放置して問題が解決しそうにないときである。そのとき、何よりも大切な要素となるのは、政策の意図を明確にし、「正直」に実行することである。

我に奇策あるに非ず、……唯正直あるのみ、正直に之を行へは人民必ず之を信せん。

松方にとって、「正直」や「信義」は、最も重要な価値基準であり、いわば松方の政策思想の源泉ともいうべき信念となっていた。

それは、対外政策についても同様であった。「国際道は信義を基調として、相互の利益を均霑しむるにある、信義を世界に失えば、如何なる奇策ありといえども、その成功を期することは出来ない、信義なき勢力は禍媒なり」と繰り返し主張していた。

松方は、「脱亜入欧」論者ではなかった。松方は、欧米列強と同じような「帝国主義」を目指してもいなかった。日本の大陸への軍事的進出や領土的膨張には反対し、中国の領土保全・機会均等を誠実に実行すべきであると考えていた。そして、中国の発展を支援し、ともに「東亜の自治」を確保するために尽力する必要を説いていた。欧米諸国との外交政策でも、天下公道に基づき、信義を重んじることが重要であるという信念を堅持していた。欧米と協調関係を維持しつつ、中国と協力して「東亜の自治」を確立するという生き方が、日本が国際社会でとるべき唯一の道であり、確実な自衛の道であるという確たる大局観を持っていた。

松方は、国内政策でも対外政策でも、天下公道に基づき「信義」を重んじ、公明正大を旨として「奇策」に頼らず、「正直」に行動することが、結局長期的に見て、日本の発展と自衛を保証し、国際的に信頼され、日本の富強を達成する道であると固く信じていたのである。

2　松方家の人々

松方夫人の本名は政子であったが、後に満佐子を以て通称とするようになった。夫人の父川上左太夫は、はじめ物奉行を勤め、後には船奉行となった薩摩藩の名門である。

満佐子夫人

その人と為りは、忠実清廉で、薩摩古武士の典型であった。

夫人は、弘化二（一八四七）年三月に鹿児島荒田町に生まれ、蔓延元（一八六〇）年一二月、一六歳のとき松方正義に嫁した。正義二六歳のときであった。薩摩では、結婚するにあたって、家格にうるさかった。松方家の家格は低かった。しかし、夫人の父左太夫は、松方の将来を嘱望して、門地家格の差に拘泥せず、「我が娘の嫁ぎ先は松方以外にはない」として動かなかった。

当時、松方は、未だ一家を成すに至らず、貧乏であった。しかし、子供が相次いで生まれたので、夫人は自ら糸を紡いで木綿を織り、松方および子供の衣類に充てた。日田県知事時代、松方が孤児の養育に手腕を発揮することができたのは、夫人の経験と尽力によるところが大きかったということができよう。

また明治一〇年西南戦争の時、松方は大蔵大輔として多忙を極めていた。夫人は鹿児島の私邸に留まっていた。官軍が鹿児島に入った時、松方家は兵火につつまれた。夫人は、猛火の中、家財には目をくれず、とっさに松方が慶応元年一二月に至るまでの重要事項を記した『要用記』一冊のみを携えて、難を逃れた。夫人の平常における素養・沈着さを示した出来事であった。

この年六月、夫人は東京三田の松方邸に移った。その後松方は、内務卿、大蔵卿、大蔵大臣として国家財政の整備に粉骨した。夫人は、多数の子供を育てながら、「自助共済主義」を実行し、対外的には「信義の標的」となって、一家を切り盛りした。内助の功は、極めて大きかった。

また明治二〇年、日本赤十字社特志看護婦人会の創設にあたっては、その発起人となり、設立後は幹事として活躍した。明治二四年赤十字病院貧困患者の救助費を募集し、その収入金を赤十字社病院に寄贈した。二五年には、皇后の御沙汰によって、明治二六年度東京慈恵医院幹事に任じられた。二七年には、博愛共済の本旨に則り、赤十字社に貢献した功をもって、その特別社員に推薦された。明治三六年一月に、松方が日本赤十字社社長に就任し、続いて日露戦争が勃発すると、夫人は、特別社員として、特志看護婦人会幹事として、戦病死傷者の救護活動に従事した。その功績に対して、戦後勲四等寶冠章を授けられ、四〇年一月日本赤十字社特志看護婦人会副会長となった。

夫人は、仁慈共済事業に尽力したが、個人的にも貧困救済を心がけた。明治の初年、松方が日田県知事として赴任するや、夫人は松方に協力して、日田地方における堕胎の悪風を矯正することに努めた。それは、日本における社会事業の嚆矢というに相応しい画期的な事業であった。夫人は、その精神を公的な場でも実践し、私的な場でも松方家の子弟の教育方針として、「自助」と並んで「共済」の実行を掲げ、実践した。夫人は、大正九年、七五歳でこの世を去った。徳富蘇峰は、夫人について、次のように述べている。

松方はすべての点で福徳を授かった一生であったが、その第一は賢夫人を得たことである。夫人は、松方家にとって、まさに「福の神」であった。夫人は、今や姿を消しつつある「前世紀の日本婦人の典型」であり、薩摩武士家庭の夫人として、「殆どその善所、美所、長所を具備」した人であった。夫人は、質素倹約を旨とし、自助共済の実行を以て子弟を教育し、松方家の属する総ての人々に対して「恩あり、情けあり、威あり、義あり」、総ての人々を悦服し、各々をしてその力を発揮させた。夫人は、松方家を模範的家族たらしめた、と。

夫人は、政治的夫人として立ち回ることがなかった。率直で親切であり、人々を引付けてやまなかった。夫人の素養と人徳とがしからしめたものであろうが、他面では松方が幼少の頃に父と母をなくし、夫人が嫁いだときすでに仕えるべき舅・姑がいなかったことが、夫人の力を子弟の教育に集中させ、家庭の経営に存分の力を振るうことを可能にしたのではなかろうか。松方は、幼少の頃に両親をなくして貧困と苦労にあえいだことと引き換えに、巨大な福を得たといっても間違いではなかろう。

松方家の子息達

松方は、財政経済面で大きな業績を残し、経済界に大きな発言力と影響力を持っていたが、直接財界と結合することはほとんどなかった。しかし、松方の子息の多くは、民間企業に進出していった。

松方は、子息に恵まれていた。あるとき、明治天皇から子供は何人いるのかと尋ねられ、「いずれ取り調べてお答えいたします」と答えたという。一三男六女の計一九人の子沢山であった。満佐子は、八男三女、一一人を産んでいた。彼女は、実の子と同様に分け隔てない愛情で妾腹の子を扱い、家の雰囲気は和やかで明るく、子供たちは何の差別感も感じることなく育った（ハル・松方・ライシャワー『絹と武士』）。所謂名門貴族の子息には、不肖の子が多かったが、松方家の子息たちは違っていた。記録によれば、長男・巌は第十五銀行頭取、次男・正作は外務省を経て猪苗代水力電気取締役、三男・幸次郎は川崎造船所社長、四男・正雄は浪速銀行頭取・阪神電鉄社長、五男・五郎は東京瓦斯工業等七社の取締役、六男・虎雄は陸軍砲兵見習士官在職中病死し、七男金熊は早世、八男・乙彦は日本石油取締役、九男・正熊は帝国製糖取締役、十男・義輔は日本銀行取締役、十一男・金次郎は米国ポーツマス海軍兵学校在学中病死、そして末子の十三男・三郎は共同通信社を育て登山家としても活躍した（三郎は、後に幸次郎の養子となり、松方家第三代の家長となる）。圧倒的多数は民間事業に進出していたことがわかる。

そして奇しくも、軍人を志した虎雄と金次郎の両人は、病死している。正義も、薩摩藩時代には、武道を極め海軍を志したが、後に文官に転じ、財政家として大成したことと、不思議に符節があっている。松方家は、軍人に縁が薄く、経済界に縁が濃い家系なのかもしれない。正義の父も、大島貿易で財を成した人物であったからである。

長男巌が誕生したのが文久二年であり、十一男金次郎が生まれたのは明治一九年の時であるから、松方が幕末から大蔵大臣として紙幣整理を完成し、銀本制度を確立した時期にあたっている。松方が寝食を忘れて、文字通り命がけで日本の財政金融制度の基礎を作り上げた時期であった。

松方家の教育は、政子夫人の手によって、「自助共済主義」と「信義」をモットーとして行われた。

松方が公務に専念できたのも、婦人の献身の賜物であった。松方の「信義」と「正直」をモットーとする生き方は、夫人の薫陶によって子息たちに注入された。

第一次大戦の好景気で日本の経済界は未曾有の活況を示した。そしてそれは、松方一族に莫大な利益をもたらした。経済の順境は、経済界に活動の主要舞台を置く松方一族を、順風満帆の進路においた。

長男巌が頭取を務める第十五銀行は、大戦ブームの中、積極的な融資を実行し、業績を大いに伸ばして行った。第十五銀行は民間銀行であったが、華族銀行として皇室財産や華族の財産を管理運用する特別な銀行であり、西南戦争の最中に父正義の尽力に依って設立された日本を代表する銀行の一つであった。

また幸次郎の川崎造船は、空前の海運・造船ブームの中で、巨万の富を得た。幸次郎は、明治二九(一八九六)年一〇月、川崎造船所の社長に就任し、民間船舶の建造を進めると同時に、海軍の主力艦建造にも進出した。幸次郎は、川崎造船所を、軍需・民需の双方で、三菱造船所と並ぶ日本を代表する重工業へと成長させた。また幸次郎は、大正五年から一二年にかけて、私財を投じて欧州各地で数千点におよぶ西洋の絵画、彫刻、工芸品を収集し、合わせて当時海外に散逸した数千点の日本の浮世絵を収集した。幸次郎は、この膨大な「松方コレクション」をもとに東京に美術館を設立しようとしていた。大戦がもたらした巨万の富を傾注して、文化的遺産を収集し、日本の文化的発展に貢献しようと尽力していた。

帝国製糖社長を務めていた正熊は、甜菜糖業の企業化を模索していた。甜菜糖業の本格的な日本への導入を試みたのは、父正義であった。明治一一年のパリ万国博覧会で渡欧した際、正義は西欧甜菜糖業の隆盛を目撃し、その導入を決意した。北海道紋別に官営工場が建設され、一四年一月に操業を開始した。その後、民営化されたが、技術的な未熟さもあり、二九年には事業は解散された。また北海道庁の援助で二一年に開業した製糖工場も事業不振に陥り、三四年には閉鎖していた。ところが、第一次世界大戦で世界的な砂糖不足が発生し、価格が急騰した。正熊は、この機を捉えて北海道に、大正八年と九年に、甜菜製糖会社を二社設立する。この二社が、現在の日本甜菜製糖株式会社の前身となった。正義の夢は、正熊の手で実現された。ところで、正熊の娘ハルは、東京アメリカンスクールを出たあとアメリカに留学し、イリノイのプリンシピア大学を卒業し、一九三七年、日米間の相互理解の架け橋たろうと帰国したが、日米戦争が勃発して果せなかった。戦後、ハルは、アメリカ人ライシャワー（後駐日米国大使）と結婚することになる。

第一次世界大戦が終わり、戦後の反動不況の時代になると、一転して、松方一族は、苦境に立った。正熊が創設した製糖会社は、創立時期が丁度戦後恐慌から経済不況の時期に重なり、創業直後から、経営困難に見舞われた。

幸次郎の川崎造船所は、大戦中の巨大な船腹需要によって、受注量が激増し、業績は急上昇した。さらに戦後、大正一〇年七月に海軍の「八・八艦隊」案が裁可されたため、これに対応する設備充実・拡張のために同年九月資本金を九〇〇〇万円に増額し、岐阜県各務原に飛行場建設のための土地六万坪を購入した。しかし、同年一〇月、「突然」海軍軍縮条約が締結され、海軍需要は激減した。戦後の船腹過剰による造船不況と、海軍軍縮による軍艦受注の激減の中で、過剰設備は遊休し、急転直下、川崎造船を経営不振に陥らせていった。それは、一企業の問題ではなく、日本造船界全体がおかれた構造不況であった。

川崎造船所は、打開策として兵庫工場を増強して鉄道車両部門を強化し、葺合工場の製鉄部門を拡張し、飛行機製作を開始して、造船関係の過剰人員を吸収する方法で、人員整理問題の解決を図った。さらに、一二年三月には大連ドック・付属工場の借用権を満州船渠株式会社に譲渡して、合理化を推進した。しかし、海運・造船界の不況は改善せず、わずかに海軍の補助艦艇を製造することによって、経営を保つという危機的事態に陥った。

政府は国防上の観点から放置できないとして、昭和元(一九二六)年に、川崎造船所、三菱造船所などの造船会社に、海軍軍備保証公債二〇〇〇万円を交付した。しかし、昭和二年三月には、金融恐慌によって主要取引銀行の第十五銀行が休業に追い込まれたため、深刻な経営危機に陥った。海軍は、もはや「国防上、看過しえない重大問題である」として、会社の救援に乗り出し、同年七月「海軍艦政本部臨時艦船建造部」を設置した。川崎本社工員九四〇〇人のうち、五八六六人を在籍のまま海軍要員として川崎造船所内で臨時艦船建造部に引き継ぐという異例の措置を発動した。このように政府による救済が実行されたが、経営は苦難の道を歩むことを余儀なくされた。ついに昭和二年八月、大口債権者会議が開かれ、整理案がまとめられた。兵庫工場は川崎車両株式会社として分離され、昭和三年五月、松方幸次郎は、引責辞任した。川崎造船所の経営悪化は、必ずしも幸次郎個人の責任とばかりはいえなかった。しかし、債権整理策がまとまったところで、経営者としての責任を明確にしたことは、造船所が再起を図る上で不可欠のことであり、潔い身の処し方であった。

また幸次郎は、大戦中の莫大な利益をもとに海外の有名美術品を収集し、所謂「松方コレクション」を作り上げていたが、川崎造船が経済苦境に立つ中で、折角のコレクションの多くは散逸してしまった。しかし第二次世界大戦でフランスに差押さえられていた松方コレクションの一部は、戦後返還され、上野の国立西洋美術館に収められている。

そして誰よりも大きな苦難に遭遇したのが、巌であった。第十五銀行が、昭和二年の金融恐慌で、休業に追い込まれたからである。松方一族に対する、打撃は極めて大きかった。大正四年に頭取に就任した巌は、大戦景気に沸きかえる中で、積極的な銀行経営で業績を伸ばしていった。その融資先には、三男幸次郎の川崎造船を筆頭として、一門の東京瓦斯・帝国製糖などが名前を連ねていた。昭和二年三月、議会における震災手形損失補償公債法案及び震災手形善後処理法案の審議に端を発した金融恐慌は、全国的な取付け騒ぎを引き起こし、その影響で第十五銀行も営業停止のやむなきに至った。不良債権額は、一億三九〇〇万円に及んだ。そして、その大きな部分が松方一門の関連企業に対するものであった。

巌は、すでに頭取の職を譲っていた。しかし、巌は、昭和二年一二月、決然として「破綻」の経営責任を取った。「図らずも十五銀行の破綻を生し上は、帝室に対し奉り下は一般株主債権者等に対し意外の損害及したる次第遺憾の至りに堪へず、多年同行の要路に立ちたる身に於て深く責任の重きを感じ痛心措く能はず、私有財産の全部を提供して損害補償の一端に充つるの決意に有之候」(『松方正義関係文書』第一〇巻、四五〇頁)と。

巌は、公爵の爵位を返上し、また書画骨董や不動産を含めて全財産を整理して、皇室をはじめ一般株主への損害補償の一部に充てた。その額は、四九〇万円にのぼった。これによって、正義が残した松方家の財産のほぼ全てが失われたといってよいだろう。

巌は、私財をなげうち、爵位を返上して、自ら責任を取った。それは、当時の国民感情からすれば、当然の処置であるともいえなくはない。しかし、その潔い責任の取り方は、松方正義の子息だけのことはあった。不幸な形ではあったが、松方の「果断」・「正直」という遺伝子は、松方巌に、そして幸次郎にしっかりと受け継がれていた。

第十五銀行は、西南戦争の時、松方正義が尽力して創業した華族銀行であった。長男巌が破産の責任を負うことになるとは、歴史の因縁を思わざるをえない。十五銀行の破産は、華族に甚大な打撃を与えた。後に松方正義の恩顧を受けた人物を中心として、巌の復爵運動が行われたが、ついに認められることはなかった。

日本経済の順調な発展や軍需景気によって繁栄してきた松方一族は、大戦後の経済不況と金融恐慌の中で、大きな苦難に陥った。日本経済の興隆とともに「立身」した正義の「好運」と、経済困難の中で苦境に落ちいた一族の「不運」とを重ね合わせて見ると、歴史の配剤には感慨に堪えないものがある。

3　松方の人物と生涯——その評価

松方の財政的な業績については、評価されることが多い。しかし、政治家としての松方の評価は、一般にすこぶる低い。代表的な評価は、次のごときものである。

松方の一般的評価

維新の功臣と言っても、公（松方）は決して元勲に数らる程の人では無い。西郷、木戸、大久保等よりは遥かに後輩であり、伊藤、山縣等に比してもまた、遜色がある。大政奉還当時、彼は九州の一隅に学生的生活を送った位で、其の後九州の治平に関与し、地方官として努力したけれども、其の事業は大局に関係する程度のものではなかった。自ら軍馬の間に往来し若くは時の政治を左右した面々に対しては、大分距離があったといわねばならぬ。まもなく同郷の先輩大久保甲東に用いられて、中央政治機関に入ったけれども、質実穏健の良吏として重んぜらるる丈で、政治家としての手腕に於ては、到底儕《さい》輩を擢んづ可くも無かった。否、其の政治家としての缺陥は明治二十四年に成った松方内閣、明治二十九年に成った松隈内閣に於て最も明かに暴露したでは無い乎。即ち明治二十五年二月の総選挙に在りて、内相品川彌二郎、同次官白根専一に壓迫せられて、未曾有の選挙干渉を許し、枢密院議長伊藤博文をして反対するに至らしめ一度辞表を提出するに至り、内閣自身も七月遂に没落に陥ったが如き、又明治二十九年松隈内閣成立後、公は薩派と進歩党の軋轢に際し、自ら薩派を制御するの力無く、又進歩党を容るるを得ず、左りとて政権を抛棄するにも躊躇し、三十年遂に見苦しい最後を見たる如き、如何なる彼の味方も弁護に苦しまねばならぬ所である。

（「東京朝日新聞」『松方正義関係文書』第一五巻、三九三～三九四頁）

財政家として偉勲赫々他の追随を許さなかった松方も、政治家としては一個平凡な政治家であった。厳格に評価せば寧ろ庸劣なる政治家とも云える。彼は其の出身が明治政治史上の有力党派たる薩閥に属したると、四囲の状勢に駆られ誤って二回首相の印綬を帯びたが一国の宰相としての松方は二回とも成績甚だ芳しいものではなかった。後入斎の名は松方の政治的無定見無能を代表した語として弘く天下に行われ、大隈が彼を評して『松方も薩摩にうまれなかったならば、セイゼイ知事位だ』と云うた如きは、政治家としての松方の手腕力量を略語るものであった。

（西野喜与作『歴代蔵相伝』四二二頁）

松方を政治的に無能とする評価は、第一次松方内閣の「選挙干渉」問題や第二次内閣で「進歩党の意見を尊重せず」意見を変えたことが、その主要な根拠となっている。評価の低さの原因は、松方が政党政治の重要性や意義をあまり評価しなかったこと、また政党政治発展への貢献が少なく、あるいは冷淡であったことから来ているといえよう。また、松方が、長く大久保の「番頭」の役割を引き受けていたことが、他の維新の元勲と比較して、松方を一段下の人間とみなすイメージを作り上げていた。その結果、政治的に無能であるにも拘らす、薩摩閥に所属していたが故に、藩閥政府で重きを成したというイメージが定着していったと考えられる。このようなイメージは、政党関係者やジャーナリズムの評価を代表する意見となり、学界における松方評価にも、大きな影響を与えているといえよう。

松方の人物像

これに対して、松方をよく知る人の評価は、相当異なっている。例えば益田孝は、次のように述べている。

公（松方）は平素温厚にして決して人と争はず、よく馬鹿になっていることの出来る人であった、この点が公の偉大なる所以であって、事に当っていういう迫らず、その所信を遂行するには強大なる忍耐力を以てし、よく愚を装ひつつ毫も他と抗争せず、婉曲に目的を達するを常とした、英雄豪傑の輩出した明治維新後において公は自ら英雄豪傑を以て處らず、懇ろに人言を聴き能くこれを容れて、常に大局を察し要点を捉えて、一たび是と信ずれば決して迷う所なく、強壮なる身体と絶倫なる精力とをもって如何なる苦労をも耐え忍びつつ徐々に所期の目的を貫徹し偉大なる貢献を国家になしたのである、公が他の多くの明治の功臣の如き豪傑振りを現はさずして静に事に處した為めその偉勲は目立たぬ邊に多い……公は自らその功に誇らず、それらの事を自ら語らなかったから自然に人に忘れられているというような憾みさえある。

（『松方正義関係文書』第一五巻、四七一～四七二頁）

また徳富蘇峰は、次のように述べている。

人或は公（松方）を以て、一個の好々爺と做す。然も公や常識に富み、亦能く人の情偽を察す。其の欺る如きが如くして、容易に欺れず、其の冒さる可きが如くして、容易に冒されざる、惟ふに中に一種の明智存する者あるが為ならむ。公は善人である。然も決して単一の善人でない、政治家としての善人である。公は実に見掛け以上の聡明の人であった。此れは親しく公を知る者でなければ、知る能はぬ。而して公が自然に思慮に富み、其の公私の措置、概ね宜しきを得たる、古人の所謂る有れども虚しきが如きもの、公に於いて之を見る。公は幼にして自ら刻苦す、其の自制に於て、第二の天性となった。……公天資和易、其の財政論に於ては、新井白石に私淑し、歴史に於ては、頼山陽を喜ぶ。

（同、第一五巻、三五八頁）

松方は、恬淡として事に処し、自ら機会をつくって功名を上げるという風はなく、薩摩人の特色たる茫洋性を多分に持っていた。青年期に文字通り武道の奥儀を極め、精神鍛錬を積み、其の後も絶えず自制に努めたことで、松方の心境は、達人のごとく老成していった。静に行動し、功を誇らず、しかし不退転の決意で、終局の「勝ち」を収める。「有れども虚しきが如き」境地から、薩摩出身の西郷や大山などのような茫洋性と度量の広さを備えていた。肉を切らせて骨を切るような松方の政治手法は、政策目的達成の上での彼の行動に現れているといえよう。

松方の行動力

松方の活動領域は、経済財政分野に集中していた。廃藩置県の断行を主張し、地租改正に奔走し、秩禄処分を実行して、政府財政基盤の確立に努力した。また、紙幣整理・幣制改革を断行して日本銀行を中心とする貨幣信用制度を整備し、ついで金本位制度を確立した。他方、西南戦争・日清・日露の戦時財政において、戦費調達に主要な役割を果たしていた。松方は、軍事的な「有事」においても、財政経済面での「有事」においても、有時には常に断固たる対応を主張し、例外なく果断の措置を主張している。松方は、決して優柔不断な、安全第一の人物ではなかった。平時の「安全第一主義」と、有事や非常時の「積極果断」という二面は、松方の人物を遺憾なく示している。

松方が手がけた事業の内、紙幣整理・幣制改革は、松方の不朽の業績となったものである。松方は、紙幣整理に当たっては、不換紙幣がインフレ・経済困難の原因であり、紙幣を整理し兌換制度を確立することこそが、財政経済安定と国家信用確立のための根本対策であるとした。

しかし西南戦争後のインフレの責任の一端は、大蔵次官としての松方にもあった。松方は、幸運なことに、西南戦争直後のインフレが顕在化する前に万国博覧会副総裁として渡仏し、インフレが高進した後に帰国した。したがって、インフレの惹起の責任を周囲から追及されることなく、逆にインフレの害毒を一掃する紙幣整理の立役者として登場することが可能になった。このことが、松方を財政経済政策の功労者としての地位に立たせ、明治政府の重鎮としての地位を確固としたものにする土台となった。その意味で、松方は「運」に恵まれた。そして松方の出世にとって事実上最大の「妨げ」となっていた大久保利通が、外遊中に凶刃に倒れた。それは松方の立身に決定的な作用を果たした。

松方は、フランスから帰国すると、内務省勧農局長（大蔵大輔と兼任）として、まず農業・軽工業の奨励から行動を開始し、「勧農要旨」を起草して、大胆な政策転換を首唱した。市場経済重視の経済観に立つ政策構想を提示して、自己の政策主張に強固な正統性を埋め込み、経済財政危機の克服に向けて、確固たる基盤を獲得した。このときの内務卿が伊藤博文であり、松方と伊藤との緊密な政治的関係がこの時始まった。次いで松方は内務卿に就任し、松方の新政策は内務省の政策となった。松方は、新政策を掲げ、大久保以来の「積極政策」を異なる文脈に置き換え、大久保の衣鉢を継ぐ立場に立った。松方は、大久保の「番頭」的存在から、一個の独立した政策的存在へと踏み出した。松方は、大久保以来の積極政策に正面から反対せず、自己の立場を「自由主義的」政策論と健全財政主義に据え、政府の保護干渉主義の排除を主張した。

大隈が主導する政府の経済政策は、インフレの高進で、破綻しつつあった。何らかの新政策の提示か、政策転換は、避けられない状況に至っていた。しかし政府部内では積極派が多数を占めており、政策転換への政治的な動力は微弱でしかなかった。

そこに、政策転換を促進する第一の事件が起こった。それは大隈が、外資導入に活路を求め、外債論を主張したからであった。積極政策の行き詰まりを打開するには、外資導入以外になかった。しかし巨額の外債には亡国を招くとの反対意見が根強く、ことに天皇は強硬な外債反対論者であった。明治天皇は、一二年の米国のグラント大統領との会見で、外債は植民地化の危険を孕むものであると入説され、外債反対論に凝固まっていた。松方も、安易な外債導入の危険性を危惧しており、フランスでもそれを確認していた。

松方は、政策転換の確かな契機を見出した。外債反対論を梃子として、政策転換を成し遂げるチャンスと見て行動を開始した。幕末以来、松方の中で脈打っていた「尊王攘夷」の血が騒いだといってよいだろう。松方にとって、天皇の直臣として、天皇の信認と支持とを得るチャンスであった。松方らの公然たる反対論の前に、大隈の外債論は、一旦は棚上げされた。松方の財政経済政策での発言権と影響力は強化された。

自らの存立基盤を確保するためには、自己の職分である財政経済分野で主導権を確立しなければならない。すでに先進国フランスで近代的経済財政論に接していた松方は、従来の自己の伝統的な財政経済政策の主張と、大久保以来の殖産興業政策の流れを、近代理論を援用して、首尾一貫した整合的な政策論に鍛え上げていた。

大隈は、巻き返しを図り、積極的財政経済政策の切り札として、再度「内外債論」を提起した。そして他方で伊藤博文等を出し抜いて急進的な国会開設論を密奏した。外債反対論は、天皇の絶対的支持を得られるという点で政治的リスクが少なく、大隈を攻撃するには格好の材料であった。松方は、財政の表舞台に昇るための具体的手掛りを見出した。松方が大隈路線を否定し自己の政策論を政府に採用させるためには、「外債否定論」は戦略的な意義を持っていた。また松方が自己の政策論を実現する上で、天皇の絶対的信認を得ることが、是非とも必要だった。松方は、そこに賭けたといってよかろう。松方は、起死回生の財政議を建議するという行動に出た。

そこに偶々第二の事件が起こった。開拓使払下げ問題であった。伊藤らと大隈とは、外資導入を前提とした積極政策の推進では一致していたが、国会論・憲法論では鋭く対立した。一四年政変の結果、大隈一派は失脚し、開拓使払下げが中止されて黒田も事実上失脚した。また政変後に大蔵卿就任が予定されていた伊藤は参事院議長へと転出した。こうして政変で、薩長藩閥勢力が政権の主導権を握ったが、積極政策の政治的推進力は一挙に減殺された。

時代は財政経済政策と国会論を基軸として動く時代となった。憲法・国会論では、伊藤・井上・山縣等の長州閥が主導権をとり、政府をリードした。薩摩閥の中で重きをなしたのは、黒田、大山、西郷と松方であったが、黒田は払下げ問題で傷つき、大山と西郷は政治的な野心を持たず、主として軍人官僚として振舞った。薩長藩閥の中で、財政経済のエキスパートとみなされていたのは、井上と松方だけであった。殊に大蔵省に在職期間が長く実務知識も豊富であった松方は、経済財政問題のエキスパートと認められていた。こうして、政変後の人事異動の結果、松方が参議兼大蔵卿に就任し、財政経済政策全般の最高責任者となり、自らの政策論を実行できる地位を得る。

松方は、大蔵卿に就任するや、機敏に行動して、外資導入反対論を唱えて天皇の支持を取り付け、自助努力による「安全第一」の財政政策を提示して天皇の裁断を仰ぎ、大隈・伊藤のイニシアティブで進められてきた内外債論を葬った。経済政策を転換してインフレを収束させ、兌換制度を整備し近代的通貨信用システムを整備し、紙幣整理を不退転の決意で実行に移した。松方は、この間非常に強かに振る舞い、しかも政府部内で政敵を作らない柔軟な財政政策スタンスを活用して、その政治的地位を高めていった。

松方の政治能力

松方は、大久保の股肱といわれたが、大久保の友人として特に優遇されていたわけではなかった。松方は、よく働き、正直であったので、重宝がられ、長く縁の下の仕事（財政資金調達）を担当した。大久保に昇進を抑えられ、使い捨ての駒のような「番頭」的立場に終始していた。明治元年の日田県知事から、明治八年一一月に大蔵大輔に昇進するのに、実に八年の年月を要していた。そして、その後明治一一年五月大久保が暗殺されるまで、存命中は昇進しなかった。

松方が急速に昇進を重ねるのは、大久保の死後のことである。フランスから帰ってまもなく、一三年二月に内務卿に就任してからは急速に頭角を現し、一四年一〇月には参議兼大蔵卿へと瞬く間に昇進した。松方が、大久保死後、極めて賢明にかつ巧妙に振舞ったことが証明されている。そして一九年には紙幣整理を完遂して兌換制度を整備し、大蔵大臣として不朽の名声を獲得する。松方は、決して大久保の力で政治的成功を勝ち得たのではなかった。また松方の政策路線は、薩摩閥の共通政策であった積極路線を否定するものであった。薩摩閥からの支持が、松方の政策路線を後押ししたわけでもなかった。松方は、ほとんど独力で、政策構想を練り上げ、政策転換を成し遂げていったといっても過言ではない。

大久保死後の政治的激動期に、極めて短期間で、これだけ鮮やかに転身し、政敵を作らず、財政経済上の偉業を成し遂げたことは、松方が卓越した政治感覚と政治的力量を備えていたことを示している。そして何よりも「幸運」をいつも摑み取っていた。

しかし松方の政治的能力は、政治的取引や政治的離合集散によって多数派を形成したり、政治的立場や考え方の異なる人物を妥協させて物事を成就させたりする、調整型のものではない。あくまでも政策論の筋と実務的能力によって重要課題を処理し完成させる、実績主義を旨とする政治家であったといえよう。政策課題を実現することによって、政治的名声を獲得し、その名声が財政政策論での指導力を強化するという「能力主義」タイプの政治家であった。もっとも実務に堪能であるがために、かえって「小才」との烙印をおされ、評価されることにもつながった。

松方は、実務能力だけに注目され、その奥にある重要な才能を認められることはまれであった。「後入斎」「愚直」と評価された松方は、日本の近代的財政制度を整備し、中央銀行を中心とする近代的通貨金融制度を確立し、金（銀）本位制度を確立して、日本経済を国際開放体制の中に位置づけた。これだけの事業を「政治的」に成し遂げた松方が、政治的に「無能」であったとする評価は、酷に過ぎよう。

偉大な政治家とは、確固たる政策目標を掲げ、目先の利害にとらわれず、実務を確実にこなし、やがて壮大な大目的を達成する人物のことである。そのためには、確固たる信念に基づいた、断固たる決意と実行力が必要になる。そのような尺度で見れば、松方正義はまさに偉大な政治家であった、と評価すべきであろう。

内政面で、政治的利害調整能力に長けていることを基準として、有能無能を評価する見方は一方的である。政党と巧妙に妥協し、閣員相互の意見を調整して、政権を維持しても、なんら建設的な政策を実行できない内閣や政治家は、必ずしもすぐれた政治家とはいえない。無論この両面を兼ね備える政治家が、優れた政治家であることは言うまでもない。しかし、そのような政治家を求めることは難しい。そして松方は、明らかに、後者の資質に欠けるところがあった。

松方は、政党や政党政治の積極的意義を、あまり評価していなかった。また、自己が重要と判断した以外の課題のために、政治的活動を行うことには、あまり熱意を持たなかった。その点が、近代的な政治家の資質として大きく欠けるところがあったと評価される所以であろう。

しかし、自分が国家の発展のために重要であると判断した課題を実現するためには、政党との妥協も辞さなかったし、基礎的土台作りを綿密に周到に準備した。自己の信念に基づき大局的な方針を立て、それを着実に、万難を排して実現した松方は、やはり第一級の政治家であると評価すべきであろう。

松方財政の時代は、一面から言えば、「政策の統合」の過程であった。この時期には、政治の近代化と軍事の近代化が同時に進行させねばならなかった。両者は、「統帥権の独立」の下で、独立した組織として確立していくが、両者は分裂し対立するのではなく、統合を保ちつつ近代化を遂げていった。権力配分・資源配分をめぐって対立はあったが、「富国強兵」政策としてまとまりある政策体系としてバランスが保たれた理由は、国際経済システム（国際金本位制・銀本位制）との整合性を重視した松方型の財政運営方針が、国家政策全体の大枠を規制する作用を果たしたからである。

日本は、日清戦争後、イギリスの中国利権の維持行動や、ロシア南下政策への対処行動と連動し、日英同盟を結んでパックスブリタニカの一翼にコミットすることになった。それは、金本位制の採用と国際金融の中心地ロンドンとの結びつきを強化し、ロシアに対抗する財政金融基盤を提供し、急速な近代的軍備の整備を可能にした。

奇策を排し正直に徹すべし

しかし、このような枠組みは、第一次大戦で崩壊する。対華二十一カ条要求を契機として、中国大陸における日本の行動は、警戒の目で見られるようになる。松方は、このような日本の行動には断固として反対した。欧米との交際では、国際正義に基づき公明正大に行動すべきであり、また中国に対しては、独立と領土保全、機会均等を守り、中国の植民地化を目指すような「倭寇的」行動は即時停止することを求めた。日本は、欧米諸国とは国際正義に基づき公明正大に交際し、他方では中国の独立・経済発展を支援し、日中共同して「東洋の自治」を確立することに尽力することが、日本の長期的発展の道であると主張した。日本の中国侵略行為は、中国を日本排斥行動に駆り立て、欧米の猜疑心を増幅し、必ず日本の破滅を導くとした。

松方は、「正直」と「信義」を守ることを重視し、長期的に国家の富強を確保することを最優先した。平時には健全な財政経済政策を実行し、実業を振興して、日本を着実な経済発展の軌道にのせることを目指し、有事には断固たる処置を取って日本の国防を全うしなければならない。しかし、国際的には、国際正義に基づいて「侵さず、侵されず」の独立自主の外交スタンスで欧米諸国と交わり、他方で中国を支援して「東洋の自治」を確立することを主張した。松方の心事を理解することができよう。松方の外交政策に関する勧告は、元老としてなされたものであり、また山縣の支持も得ていたが、大隈内閣や寺内内閣の容れるところとならず、日本の「倭寇的」侵略行動は、継続された。元老の力は凋落した。

やがて第一次世界大戦が終結し、アメリカ主導のワシントン体制が確立する。日本は、中国における特殊権益を否認され（石井・ランシング協定破棄）、山東の旧ドイツ権益を返還した。また日英同盟破棄に追い込まれ、軍備の自由選択権も放棄せざるをえなくなった。松方の危惧は、現実のものとなった。松方は、対華二一カ条要求を突きつけた加藤高明の外交行動を遺憾とし、加藤の憲政会内閣を阻止しようと、元老として最後の努力を傾けた。日本は、軍縮を実行し、ワシントン体制の中に適応しようと努力したが、日本に対する欧米の警戒感は払拭されず、中国の反日感情は根強く残った。大戦中に行った「倭寇的」行為のコストは、極めて大きかった。また米国との中国市場をめぐる角逐構造は、依然として残った。米国対日本という対立図式は、益々明瞭になった。

日本国内では「政党政治」の時代が到来し、同時に経済不況の中で財政危機が進行し、軍縮圧力が加わって、「軍」は受難の時代を迎える。田中内閣の下で、軍は、大震災後の厳しい国内経済状況に適合すべく、自らのイニシアティブで軍の合理化を実現し、所要軍備の在り方を模索するが、実現されなかった。幣原の対米協調（従属）外交の中で、政党政治が定着するにつれ、「軍」への財政統制が強化され、それが軍の反発を呼び起こし、次第に政・軍対立の芽を育んでいった。そして、「井上財政」が開始されると、財政は、政・軍の「統合」機能を失い、政党による軍部の抑制の手段として使用され、国民経済を不況の底に沈めていくことになる。

松方は、このような時代のうねりが高まりつつある中で、一九二四年、九〇歳の生涯を閉じた。明治天皇制国家は、松方の死によって、「最後の元老」を失った。政党の力が強まり、天皇は「機関説」化する動きを見せた。金本位制復帰への道は険しくなり、財政経済の変調が増幅される中で、松方は静かにこの世に別れを告げた。

松方は、日本の進むべき道を、「正直」「信義」という座標軸を中心に考えていた。国内的には、「実業」を中心とする長期的・安定的な経済発展を重視し、短期的な利益や投機に流れる風潮を嫌っていた。対外的には、国際信義に基づく公明正大な対外政策をとり、決して「奇策」を弄してはならないというのが、松方の一貫した政治的信念であった。

天皇の直臣として

松方は、天皇の直臣として自らの役割や進むべき道はどうあるべきかを、大きな座標軸の一つとして人生を歩んでいった。そして松方が不退転の決意で実行していった財政経済政策には、殆ど例外なく天皇の強い支持が与えられていた。大久保の財政経済部門の「番頭」から、天皇の財政経済部門の「番頭」へと自らの立場を再定義していた。

したがって松方は、本質的に政党政治には違和感をもっていた。一君万民の天皇中心体制を確固とした基盤に置くことが、松方の主要関心事であり続けた。晩年、内大臣として、東宮（後の昭和天皇）の欧州回遊と摂政就任に心血を注いだのは、松方の最後の御奉公であった。

大隈の機会主義的な政治信念や行動は、松方とは相容れなかった。特に、民主主義的（急進的）な国会論・憲法論や、外債論と結合された積極政策の組み合わせ、さらには中国大陸への倭寇的進出は、松方にとって絶対に排撃すべき対象であった。松方が、「政策論」で、大隈批判に動いたのは、殆ど必然のことであった。

御下賜の椅子に座る松方

しかし逆に、相容れない大隈と組んで日清戦争後に第二次松方内閣を組織したのは、「金本位制実施」という宿願を達成するためであった。金本位制実現のためなら、その他のあらゆる政治コストをも甘受した。極論すれば、金本位制さえ実現できればそれでよかった。金貨準備の観点から、即時実施が必要であり、遅滞すれば実現のチャンスが失われると考えていた。したがって松方は、「進歩的」政綱の実現については、苦慮せざるをえなかったであろう。やれる範囲では、ぎりぎりやる。しかし、積極的にやるとも、止めるともいえない。松方が「正直」に行動すれば、優柔不断に陥り、進退窮まる以外にはない。

松方は、権謀術数を駆使して政治家としての名声を得ようという気持ちはなかった。天皇制国家が安定するために必要不可欠である、と自らが信じたことを実行すればよかった。

松方は、自らが必要であると信じたことについては、いかなる反対があろうと粘り強く説得し、周到な準備を行って必ずその目的を実現させている。天皇の直臣として、自らがなすべきこと、自分でなければなしえないと信じたことを、断固として実行した。それを自らの使命とした。松方は、天皇に忠実な官僚であろうとし、そのように行動した。

実際から発想する

松方は、物事を「理論」から発想せず、「実際」から出発して、「実際」に即して検討し、しかる後に理論的な吟味を加えるという姿勢を貫いた。そのため、地に着いた「実際」に適合した実務的政策スタンスを維持し続けることができた。属僚の意見をよく取り入れ、大方針を決定した後の細かい詰めは属僚に任すという、最高の上司であり続けた。松方の政策は、日本の財政経済の実際から抽出された知恵と、実務的基盤を背景にしたものであり、それだけに実践的な有効性を持ち、一貫性を保つことができたということができよう。抽象的な観念論や机上論に陥ることはなかった。

明治以来、日本の国際的地位は、軍事力によって達成されたものであった。総合的国力は、欧米諸国とは大きく懸隔し、経済基盤は薄弱であった。松方は、このギャップを何とかして埋めようとした。国力の基盤を固めるためには、幣制を確立し、財政基盤を整備し、それを基礎として有効な政策を実施し、実業を発達させる以外にない。

そのためには、政府部門・民間部門に、優れた指導者が存在しなければならない。ことに政府の財政経済政策の巧拙は、国家の命運を左右する。維新以降、有為の人材の多くは軍事、政治部面に集まり、財政・経済部門には、人材は集まらなかった。その中で、財政の天才とも言うべき松方が明治政府の中枢に存在したことは、明治政府にとって幸運であった。そして、松方が政治的野心を持たず、天皇の直臣として、一貫して財政経済問題に取り組んだことは、松方の政策感覚を研ぎ澄まし、政府の財政運営に大きな方向性を与え、国家財政の破綻を回避させた。財政困難のたびに、松方は表舞台に登場し、財政基盤の安定化のために尽力し、その目的を達成している。

明治政府が、軍事の天才や、政治の天才と並んで、財政の天才を持ったことが、日本の近代化を成功に導く上で大きな力となったことは疑いなかろう。松方は、最後まで生き続けた元老であった。松方は、正直と信義に貫かれた健全な経済活動と政治の実現を目指して奮闘した。公人として清廉に生きようと努力した九〇年であった。

松方をおくる国葬は、蟬時雨の中、三田の本邸斎場で質素に行われた。その日の東京は、三一・九度と例年にない暑さを記録し、空はすっきりと晴れわたった。松方の人生そのもののような青空だった。

主要参考文献（主要資料・単行本のみ）

史料・統計

『松方家文書』大蔵省文庫所蔵。

『松方正義関係文書』全一八巻、大東文化大学東洋研究所、一九七九〜一九九六年。

『侯爵松方正義卿実記』（『松方正義関係文書』第一〜五巻所収）。

『海東伝記資料　談話筆記』『松方正義聞書ノート』（『松方正義関係文書』第一〇巻所収）。

大蔵省編纂『明治前期財政経済史料集成』改造社、一九三一年（『史料集成』と略称）。

明治財政史編纂会編『明治財政史』全一五巻、吉川弘文館、一九七一〜一九七二年。

大蔵省編『明治大正財政史』第一巻、財政経済学会、一九三七年。

大蔵省『大蔵卿年報書』各年度版。

大蔵省百年史編集室編『大蔵省百年史』一九六九年。

日本銀行調査局編『日本金融史資料　明治大正編』大蔵省印刷局、一九五七年（『金融史資料』と略称）。

日本銀行百年史編纂委員会編『日本銀行百年史』日本銀行、一九七二年。

伊藤博文関係文書研究会編『伊藤博文関係文書』塙書房、一九七九年。

平塚篤校訂・伊藤博文編『秘書類纂』全二四巻、原書房（復刻）、一九七〇年。

井上毅伝記編纂委員会編『井上毅伝史料編』全六巻、東京大学出版会、一九七八年。

日本史籍協会編『大久保利通関係文書』東京大学出版会、一九六八年。

『大隈重信関係文書』侯爵大隈家蔵版、一九三四年。
山本四郎編『第二次大隈内閣関係資料』京都女子大学、一九七九年。
『寺内正毅文書』国立国会図書館憲政資料室所蔵。
大山梓編『山県有朋意見書』原書房、一九六六年。
『明治初年地租改正基礎資料』有斐閣、一九五三年。
『地租改正報告書』(『史料集成』所収)。
『紙幣整理始末』、『紙幣整理』、『紙幣整理概要』(『金融史資料』第一六巻所収)。
『松方伯財政経済論策集』(『史料集成』第一巻所収)。
『明治三十年幣制改革始末概要』(『史料集成』第一一巻所収)。
外務省編『日本外交年表並主要文書』原書房、一九六五～一九六六年。
海軍大臣官房編『海軍軍備沿革』巌南堂書店復刻、一九七〇年。
渋沢青淵記念財団竜門社編纂『渋沢栄一伝記資料』渋沢栄一伝記資料刊行会、一九五五～一九七一年。
鈴木武雄監修『西原借款資料研究』東京大学出版会、一九七二年。
『明治大正国勢総覧』東洋経済新報社、一九二七年。
『日本貿易精覧』東洋経済新報社、一九三五年。
『明治大正財政精覧』東洋経済新報社、一九二五年。
『日本経済統計総観』朝日新聞社、一九三〇年。
『明治以降本邦主要経済統計』日本銀行統計局、一九六六年。
『長期経済統計』全一五巻、東洋経済。

伝記・日記

春畝公追頌会編『伊藤博文伝』上・中・下巻、春畝公追頌会、一九三九年。

井上馨侯伝記編纂会編『世外井上侯伝』全五巻、内外書籍株式会社、一九三四年。

岩倉公旧蹟保存会編『岩倉公実記』全三巻、一九〇六年。

徳富蘇峰編述『公爵山県有朋伝』全三巻、原書房復刻、一九六九年。

大隈侯八十五年史編纂会編『大隈侯八十五年史』全三巻、原書房（復刻）、一九七〇年。

渡辺幾治郎『大隈重信』大隈重信刊行会、一九五二年。

中村尚美『大隈重信』吉川弘文館、一九六一年。

徳富蘇峰編著『公爵桂太郎伝』乾・坤巻、原書房（復刻）、一九六七年。

神田乃武編『神田孝平略伝』一九一〇年。

高橋是清『高橋是清自伝』上・下、中公文庫、一九七六年。

伊藤正則著『加藤高明』上・下、加藤伯伝記編纂委員会、一九二九年。

原圭一郎編『原敬日記』全五巻、福村出版（復刻）、一九八一年。

岡義武・林茂校訂『大正デモクラシー期の政治：松本剛吉政治日誌』岩波書店、一九五九年。

徳富猪一郎編述『公爵松方正義伝』乾・坤巻、公爵松方正義伝記発行所、一九三五年。

藤村通『松方正義』日本経済新聞社、一九六六年。

宮内庁編『明治天皇紀』吉川弘文館、一九六八〜一九七七年。

故伯爵山本海軍大将伝記編纂会編『伯爵山本権兵衛伝』原書房、一九六八年。

単行本

板垣退助監修『自由党史』上、岩波書店、一九五七年。
五百旗頭薫『大隈重信と政党政治』東京大学出版会、二〇〇三年。
伊藤之雄『立憲国家の成立と伊藤博文』吉川弘文館、一九九九年。
同　『立憲国家と日露戦争』木鐸社、二〇〇〇年。
伊藤隆編『大正初期山県有朋談話筆記　政変思出草』山川出版社、一九八一年。
稲田正次『明治憲法成立史』上・下、有斐閣、一九六〇～一九六二年。
今泉定介編輯・校訂『新井白石全集』国書刊行会、一九〇五～一九〇七年。
臼井勝美『日本と中国』原書房、一九七二年。
梅村又司他編集『日本経済史』全八巻、岩波書店、一九八八～一九九〇年。
大内力他著『人物・日本資本主義』東京大学出版会、一九七二年。
大久保利謙他編『日本歴史体系四　近代』山川出版社、一九八七年。
大久保利謙『岩倉使節の研究』宗高書房、一九七六年。
外務省編『小村外交史』原書房、一九六六年。
鼎軒田口卯吉全集刊行会編輯『鼎軒田口卯吉全集』大島秀雄、一九二七～一九二九年。
北岡伸一『日本陸軍と大陸政策』東京大学出版会、一九七八年。
慶應義塾編『福澤諭吉全集』岩波書店、一九五八～一九七一年。
小林道彦『日本の大陸政策』南窓社、一九九六年。
小林正彬『日本の工業化と官業払下げ』東洋経済新報社、一九七七年。
季武嘉也『大正期の政治構造』吉川弘文館、一九九八年。

鈴木武雄『財政史』東洋経済新報社、一九六二年。

高橋秀直『日清戦争への道』東京創元社、一九九五年。

高橋誠他著『日本の大蔵大臣』日本評論社、一九六四年。

高橋誠『明治財政史研究』青木書店、一九六四年。

角田順『満州問題と国防方針』原書房、一九六七年。

寺西重郎『日本の経済発展と金融』岩波書店、一九八二年。

中村隆英『明治大正期の経済』東京大学出版会、一九八五年。

中村尚美『大隈財政の研究』校倉書房、一九六八年。

同　『大隈重信』吉川弘文館、一九七一年。

中村隆英・梅村又次編『松方財政と殖産興業政策』東京大学出版会、一九八三年。

西野喜与作『歴代蔵相伝』東洋経済新報社、一九三〇年。

日本勧業銀行調査部編『日本勧業銀行史：特殊銀行時代』日本勧業銀行調査部、一九五三年。

日本甜菜製糖社史編集委員会編『日本甜菜製糖四十年史』日本甜菜製糖、一九六一年。

林健久『日本における租税国家の成立』東京大学出版会、一九六五年。

ハル・松方・ライシャワー『絹と武士』文藝春秋社、一九八七年。

坂野潤治『明治憲法体制の確立』東京大学出版会、一九七一年。

深井英五『回顧七十年』岩波書店、一九三一年。

『福沢諭吉全集』岩波書店、一九五九年。

福島正夫『地租改正の研究』有斐閣、一九六二年。

ベ・ア・ロマーノフ『満州に於ける露国の利権外交史』（復刻）原書房、一九七三年。

松方三郎『松方正義の生涯』海東会（松方峰雄編集）、一九八九年。
御厨貴『明治国家形成と地方経営』東京大学出版会、一九八〇年。
三谷太一郎『増補　日本政党政治の形成』東京大学出版会、一九九五年。
三井銀行史編纂委員会編『三井銀行八〇年史』三井銀行、一九五七年。
宮崎道生『定本折たく柴の記釈義』至文堂、一九六四年。
同　『新井白石』吉川弘文館、一九八九年。
明治史料研究連絡会編『明治政権の確立過程』御茶ノ水書房、一九五四年。
室山義正『近代日本の軍事と財政』東京大学出版会、一九八四年。
同　『松方財政研究』ミネルヴァ書房、二〇〇四年。
山本有造『両から円へ』ミネルヴァ書房、一九九四年。
吉野作蔵編『明治文化全集』第二二巻、一九二九年。

おわりに

早春の一日、松方家当主・松方峰雄氏をお訪ねし、身近な一族から見た松方正義像についてお話を伺う機会を得たことがあった。その折、峰雄氏は、私の名刺にある「義正」という名前を見ながら、私が松方「正義」の評伝を書くことに、なんともいえない因縁めいたものを感じるという感想を漏らされた。その言葉は、妙に印象に残った。私が松方財政を研究対象としてから、すでに四半世紀になる。その間、私は、一度も「正義」と「義正」との間に因縁めいた特別な関連を意識するということはなかった。しかし今では、松方正義の評伝を書くのは、自然の成り行きであったように思えている。

松方正義の誕生から死の床に至るまでの歴史を、松方とともに歩いてみて、はじめて松方正義という人物の素顔に接することができた思いがしている。これまで私にとっての松方は、学術的な財政政策研究の対象であった。もちろん分析作業を進める中で、松方の強力な政策信念のオーラを感じたことが、一再ならずあった。しかし、それが一体どこから発生しているのか、深く突き詰めることなしに、松方財政を分析し、論じてきていた。松方の政策行動に流れる信念の源泉を、意識的に吟味することはなかった。

しかし、「評伝」を書くという機会が与えられたのを機に、松方の政策論を貫いている信念の源泉に迫ってみたいという思いは強くなった。松方の人物像を立体的に描くという作業は容易ではない。評伝という性格上、現存する史実を出来るだけ忠実にたどり、松方の行動の意味合いを探るという作業を行いながら、松方像を再現する必要がある。松方の視線で時代を共に歩き、その歩いている姿を観察するという作業が必要になる。

松方正義に関連する資料は、圧倒的に財政・金融制度を中心とした経済分野の専門的な建議や財政関連の資料や諸制度が確立する経緯の説明で占められている。史実に依拠して松方を描けば、専門領域の事績に傾斜した松方像になることは止むを得ない成り行きとなる。財政官僚としての生活が、松方の生涯の主要な部分を占めているからに他ならない。松方の生涯は、華やかなところが少なく、財政面での圧倒的な存在感の割には、ドラマチックな波瀾がなかったといってよい。したがって、松方像を探究するにあたっては、松方が提示した政策論を手掛かりとして、松方の政策信念を抽出し、それを貫く思想や行動様式の源泉を辿るという方法を採用してみることにした。この松方評伝が、松方の「公的生き方」に焦点を合わせる、やや硬めの叙述にならざるを得なかった所以である。

徳富蘇峰は、松方を「政治家としての善人」であると評している。まことに正鵠を得た観察であると思う。松方は、「公人として清廉であろう」と努めていた。公私の別は厳格であり、政治的野心からは遠かった。松方は、長期にわたって財政の大御所として政財界に君臨したが、金銭に纏わる疑獄事件を起こすこともなく、政治的にも天皇の直臣としてシンプルな生き方を通したことが、そのことを証明している。

松方が二四、五の時、経済学者安田鉄蔵が、江戸から財政顧問として薩摩に招かれた。安田は、松方の人物に接し、「財政家は、金銭に目の暮れるような人物では宜しからず、金銭に淡白で正しき人が適当である」として、再三にわたり松方に財政家になるように勧めた。これに対して、松方は、「凡そ財政家は嫌疑を受けることが多く、金に汚れて終わりを全うした人物は少ない」として、これを拒絶している。

松方は、幼少の折の金銭にまつわる一家の悲運を、身に沁みて体験していたので、金銭に淡白に生きよう、信義を守って正直に生きようと努力し、武道の修練を通じて自己陶冶に勉め、それが松方の習い性となっていった。松方の生い立ちそのものが、清廉で信義を重んじる財政家としての資質を開花させ、大成させていく種子となっていたのである。

一方、松方は九〇歳という非常に長い天寿を全うした。そのため、約一世紀にわたる近代日本の歴史を、松方という個性を通して追体験するという作業を行うことになった。

松方は、藩閥政府の中心を歩き、元老として天皇補佐の任務にあたった。つねに権力者として地位にあった松方の目線から歴史を見たとき、国民の目線から見た歴史イメージの重要な要素が脱落するという歪みは否めない。しかし、重要な歴史的瞬間で、天皇の直臣として、松方が主張しあるいは実行に移した事績を見ると、歴史を動かす力として、政治家個人の信念や力量がいかに大きな役割を果たしうるのか、あらためて認識することができた。

松方の政策行動は、天皇官僚としての制約を強く受けていることは否定しがたい。しかし、松方が提唱した政策そのものは狭い官僚意識や藩閥利害の枠にとらわれない深い見識と洞察から導かれたものであり、今日的視点から見ても、なお学ぶところの多い政策行動であるといえよう。また、西欧の文物や先進的な財政経済理論を直輸入して、日本の現実を裁断しようとしたものでもなかった。松方の政策イニシアティブは、日本固有の歴史的遺伝子を受け継ぎ、日本の現実を踏まえて、実際に適合する政策論として構想されたものであった。

松方は、時代の趨勢を肌で実感し、日本の進むべき進路を実際から発想し、実際に適合する具合的な政策を探究し提示して、自らの信念に基づいて行動した。このような松方の生き方は、「実際適応」の重要性をあますことなく伝えている。松方は、いかに学術が精緻であり論理が高尚であっても、実際に適応しないものは何の効益もない、と喝破した。

いかなる政策行動が、現実の政策として有効性を持ちうるのか。現代を生きるわれわれが、常に問い続けなければならない難問である。重大な歴史分岐点に遭遇して、松方が考え行動した軌跡を、松方の個性を通して追体験する効用の一つは、この点にかかわっているともいえよう。

最後に、親族ならではの貴重なお話や、日田県知事辞令・元老時代の松方宛山縣書簡などの貴重な資料を拝見する機会を与えて下さった松方峰雄氏に厚くお礼申し上げたい。また、ミネルヴァ書房編集部堀川健太郎氏の体当たりの編集行動は、本書完成への大きなエネルギー源であった。細かい編集作業を精力的にこなし、執筆上の負担を大きく軽減して下さった堀川氏に心から感謝の意を表したい。

二〇〇五年三月

室山義正

松方正義略年譜

西暦	和暦	年齢	主要年譜	一般事項
一八三五	天保 六	一	鹿児島城下下荒田に生まれる。幼名金次郎。	
一八四三	一四	九	痘瘡を病む。回復後無病壮健の体質に変る。	阿部正弘老中となる。英国船琉球来航、八重山に上陸し海岸を測量する。
一八四四	弘化 元	一〇	一家破産。巨額の債務を負い、父母は惨憺たる憂苦に会う。	
一八五〇	嘉永 三	一六	御勘定所出物問合方勤務。	
一八五二	五	一八	大番頭座書役。弓道免許皆伝受ける。	英国船琉球来航。徳川斉昭、地球儀を朝廷に献上。明治天皇誕生。
一八五三	六	一九	近思録を会読する。	ペリー来航。徳川家定将軍に就任。島津斉彬、米国通商許請の不可を幕府に建言する。
一八五四	安政 元	二〇		日米修好条約、日英修好条約、

一八五八		五	二四		日露修好条約締結。井伊直弼大老となる。日米通商仮条約。島津斉彬薨去。安政の大獄。徳川家茂将軍就任。
一八五九		六	二五	大番頭座書役勤務七年の苦労銀として藩主忠義より一三〇両を拝領。開封せずに旧債務返済に充てる。	長崎、神奈川、函館三港を開く。
一八六〇	万延	元	二六	藩主の江戸出府により東上を命じられるが、桜田門外の変で中止。川上左太夫長女満佐子と結婚。	咸臨丸米国派遣。
一八六一	文久	元	二七	御家老座御帳掛書役助。正作と改名。	露艦対馬を占拠。水戸藩士英国公使を襲撃。
一八六二		二	二八	御近習番。三之丞ついで助左衛門と改名。国父久光の従い東上。長男巌生まれる。	寺田屋事件。生麦事件。
一八六三		三	二九	御小納戸役、一代新番馬廻格。別に家をたて、別家第一代となる。次男正作生まれる。	薩英戦争。
一八六四	元治	元	三〇	議政所掛。	禁門の変。四カ国連合艦隊の馬関砲撃。
一八六六	慶応	二	三二	郡奉行、御船奉行添役、軍艦掛。海軍練習のため長崎出張。	薩長盟約。幕長戦争。一橋慶喜将軍就任。孝明天皇崩御。
一八六七		三	三三	軍賦役兼務。春日丸を独断で購入。	明治天皇皇位継承。大政奉還。

一八六八	明治 元	三四	九州鎮撫使参謀、長崎裁判所参謀、徴士内国事務局権判事を経て、日田県知事に就任。	王政復古。鳥羽伏見の戦い。
一八七〇	三	三六	民部大丞へ転任。	民部・大蔵省の分離。工部省設置。
一八七一	四	三七	大蔵権大丞へ降格、大蔵小丞となり、次いで租税権頭となる。	廃藩置県。司法省、文部省設置、民部省廃止。新紙幣発行。
一八七四	七	四〇	租税頭。大蔵省三等出仕兼補。三度海関税回復の建議を行う。	板垣等の民選議院開設建白書。佐賀の乱。台湾征討。
一八七五	八	四一	地租改正局三等出仕に兼補され、地租改正事務局の事務一切を担当。通貨流出防止に関する建議。11月、大蔵大輔に昇進。	立憲政体の詔。樺太・千島交換条約。朝鮮江華湾事件。
一八七六	九	四二	勧業頭・授産局長兼任。	日朝修好条規。秩禄処分。神風連・秋月・萩の乱。
一八七七	一〇	四三	勧農局長兼任。仏国博覧会副総裁。大蔵卿代理。	地租減額の詔。西南戦争。第十五銀行創立。
一八七八	一一	四四	渡仏。仏大蔵大臣レオン・セイ等の知遇を得、欧州諸国の経済実情を視察。	大久保利通暗殺。
一八七九	一二	四五	帰国。勧農要旨を起草し、勧業政策の転換を策す。	洋銀取引所設立。米国前大統

				領グラント来日。インフレ顕在化。
一八八〇	一三	四六	内務卿就任。八男乙彦誕生。財政管窺概略提出。	横浜正金銀行開業。河野広中等が国会開設願書を提出。
一八八一	一四	四七	参議兼大蔵卿。松方財政の開始。	一四年政変。大隈重信下野。農商務省設置。
一八八二	一五	四八	日本銀行創立に関する建議の提出。	日本銀行設立。朝鮮壬午事件勃発。
一八八四	一七	五〇	伯爵。	兌換銀行券条例制定。自由党解党。朝鮮甲申事変。
一八八五	一八	五一	第一次伊藤博文内閣の大蔵大臣に就任。	天津条約。内閣官制公布。
一八八六	一九	五二	海軍公債条例案、整理公債条例制定の議を提出。	新会計年度（四～翌三月）へ移行。
一八八八	二一	五四	黒田清隆内閣の大蔵大臣。	市町村制公布。鎮台を廃止し、師団司令部条例を公布。
一八八九	二二	五五	山縣有朋内閣の大蔵大臣。	大日本帝国憲法発布。自由党再興。東海道線全通。
一八九一	二四	五七	第一次松方正義内閣。総理大臣兼大蔵大臣。	大津事件。東京青森間鉄道開通。

西暦	年号	年齢	事項	一般事項
一八九二	二五	五八	松方内閣総辞職。	衆議院議員総選挙。第二次伊藤内閣成立。
一八九三	二六	五九	千本松農場経営。	松方伯財政論策集上梓。貨幣制度調査会設置。
一八九四	二七	六〇	天皇の命により、対清会議ならびに朝議に参列。戦時財政に関与。	日清戦争。
一八九五	二八	六一	伊藤博文内閣の大蔵大臣に就任。清国賠償金の授受手続きを定め戦後経営計画の策定。伊藤と対立して辞任。	日清講和条約調印。
一八九六	二九	六二	第二次松方内閣成立。総理大臣兼大蔵大臣。	進歩党結成。
一八九七	三〇	六三	金本位制を公布。	衆議院解散。
一八九八	三一	六四	松方内閣総辞職。第二次山県内閣の大蔵大臣に就任。	憲政党成立。隈板内閣。
一九〇〇	三三	六六	大蔵大臣辞任。	北進事変。立憲政友会創設。
一九〇一	三四	六七	元老として日英同盟推進。	桂内閣成立。
一九〇二	三五	六八	欧米巡遊。	日英同盟成立。
一九〇三	三六	六九	日本赤十字社社長、枢密顧問官。元老として対露方針を議す。	西園寺政友会総裁誕生。
一九〇四	三七	七〇	元老として御前会議で対露国交断絶を決す。戦時財	日露戦争。

			政の要務を担当。	
一九〇五	三八	七一	議定官に補任。御前会議に列し、講和方針を議す。	奉天大会戦、日本海海戦で日本勝利。日露講和条約調印。
一九〇六	三九	七二	大勲位菊花大綬章。	第一次西園寺内閣成立。鉄道国有化。南満州鉄道会社設立。
一九〇七	四〇	七三	侯爵。元老として、外交問題および財政計画を議す。	ハーグ万国平和会議開催。日露協約。帝国国防方針制定。
一九一二	大正 元	七八	日本赤十字社社長退任。	中華民国仮政府成立、袁世凱大総統就任。明治天皇崩御。桂内閣成立。
一九一三	二	七九	財政意見書を山本首相に提出。	山本権兵衛内閣成立。桂太郎死去。立憲同志会結党。
一九一五	四	八一	大隈首相官邸で元老会議に列し、中国問題を議す。	対華二十一カ条要求。第一次世界大戦による好景気を迎える。
一九一六	五	八二	対文政策意見書を寺内首相に提出。	寺内正毅内閣成立。憲政会創立。

一九一七	六	八三	内大臣就任。	ロシア革命 石井―ランシング協定。
一九二〇	九	八六	内大臣の辞表捧呈、留任を命じられる。満佐子夫人逝去。	戦後恐慌。
一九二一	一〇	八七	東宮外遊を奏上し裁可される。	原首相暗殺。ワシントン軍縮会議。
一九二二	一一	八八	内大臣辞任。公爵。 元老として加藤友三郎を内閣総理大臣に指名。	大隈重信、山縣有朋死去。海軍軍縮条約締結。加藤友三郎内閣成立。
一九二三	一二	八九	時弊救済策を山本首相に提出。	関東大震災。山本権兵衛内閣成立。
一九二四	一三	九〇	逝去。従一位。国葬に付される。	加藤高明内閣成立。

薩摩治郎八　小林　茂
シュタイン　瀧井一博
福澤諭吉　平山　洋
福地桜痴　山田俊治
中江兆民　田島正樹
田口卯吉　鈴木栄樹
陸　羯南　松田宏一郎
竹越與三郎　西田　毅
宮武外骨　山口昌男
吉野作造　田澤晴子
野間清治　佐藤卓己
北　一輝　宮本盛太郎
北里柴三郎　福田眞人
田辺朔郎　秋元せき
南方熊楠　飯倉照平
寺田寅彦　金森　修
石原　純　金子　務

J・コンドル　鈴木博之
小川治兵衛　尼崎博正

現代

昭和天皇　御厨　貴
高松宮宣仁親王　後藤致人
吉田　茂　中西　寛
マッカーサー　柴山　太
重光　葵　武田知己
池田勇人　中村隆英
和田博雄　庄司俊作
朴　正熙　木村　幹
竹下　登　真渕　勝

＊松永安左エ門　橘川武郎
鮎川義介　井口治夫
松下幸之助　米倉誠一郎
本田宗一郎　伊丹敬之
井深　大　武田　徹
幸田家の人々　金井景子
＊正宗白鳥　大嶋　仁
＊川端康成　大久保喬樹
松本清張　杉原志啓
安部公房　成田龍一
R・H・ブライス　菅原克也
金　素雲　林　容澤
柳　宗悦　熊倉功夫

バーナード・リーチ　鈴木禎宏
イサム・ノグチ　酒井忠康
川端龍子　岡部昌幸
藤田嗣治　林　洋子
＊井上有一　海上雅臣
手塚治虫　竹内オサム
山田耕筰　後藤暢子
武満　徹　船山　隆
美空ひばり　朝倉喬司
植村直巳　湯川　豊
西田天香　宮田昌明
安倍能成　中根隆行
G・サンソム　牧野陽子
和辻哲郎　小坂国継

青木正児　井波律子
矢代幸雄　稲賀繁美
石田幹之助　岡本さえ
平泉　澄　若井敏明
前嶋信次　杉田英明
竹山道雄　平川祐弘
保田與重郎　谷崎昭男
佐々木惣一　松尾尊兊
＊瀧川幸辰　伊藤孝夫
福本和夫　伊藤　晃
フランク＝ロイド・ライト　大久保美春
大宅壮一　有馬　学
清水幾太郎　竹内　洋

＊は既刊
二〇〇五年六月現在

大久保利通 三谷太一郎
山県有朋 鳥海 靖
木戸孝允 落合弘樹
井上 馨 高橋秀直
＊松方正義 室山義正
北垣国道 小林丈広
大隈重信 五百旗頭薫
伊藤博文 坂本一登
井上 毅 大石 眞
桂 太郎 小林道彦
林 董 君塚直隆
高宗・閔妃 木村 幹
山本権兵衛 室山義正
高橋是清 鈴木俊夫
小村寿太郎 簑原俊洋
犬養 毅 小林惟司
加藤高明 櫻井良樹
田中義一 黒沢文貴
平沼騏一郎 堀田慎一郎
宮崎滔天 榎本泰子

浜口雄幸 川田 稔
幣原喜重郎 西田敏宏
関 一 玉井金五
広田弘毅 井上寿一
安 重根 上垣外憲一
グルー 廣部 泉
東條英機 牛村 圭
蔣 介石 劉 岸偉
木戸幸一 波多野澄雄
乃木希典 佐々木英昭
加藤友三郎・寛治 麻田貞雄
宇垣一成 北岡伸一
石原莞爾 山室信一
五代友厚 田付茉莉子
安田善次郎 由井常彦
渋沢栄一 武田晴人
山辺丈夫 宮本又郎
武藤山治 阿部武司・桑原哲也
小林一三 橋爪紳也
大倉恒吉 石川健次郎

大原孫三郎 猪木武徳
河竹黙阿弥 今尾哲也
イザベラ・バード 加納孝代
林 忠正 木々康子
森 鷗外 小堀桂一郎
二葉亭四迷 ヨコタ村上孝之
巌谷小波 千葉信胤
樋口一葉 佐伯順子
島崎藤村 十川信介
泉 鏡花 東郷克美
有島武郎 亀井俊介
永井荷風 川本三郎
北原白秋 平石典子
菊池 寛 山本芳明
宮澤賢治 千葉一幹
正岡子規 夏石番矢
P・クローデル 内藤 高
高浜虚子 坪内稔典
与謝野晶子 佐伯順子

種田山頭火 村上 護
斎藤茂吉 品田悦一
＊高村光太郎 湯原かの子
萩原朔太郎 エリス俊子
原阿佐緒 秋山佐和子
高橋由一・狩野芳崖 古田 亮
竹内栖鳳 北澤憲昭
黒田清輝 高階秀爾
中村不折 石川九楊
横山大観 高階秀爾
橋本関雪 西原大輔
小出楢重 芳賀 徹
土田麦僊 天野一夫
岸田劉生 北澤憲昭
松旭斎天勝 川添 裕
中山みき 鎌田東二
ニコライ 中村健之介
出口なお・王仁三郎 川村邦光

島地黙雷 阪本是丸
＊新島 襄 太田雄三
澤柳政太郎 新田義之
河口慧海 高山龍三
大谷光瑞 白須淨眞
李 方子 小田部雄次
久米邦武 髙田誠二
フェノロサ 伊藤 豊
内村鑑三 新保祐司
＊岡倉天心 木下長宏
徳富蘇峰 杉原志啓
内藤湖南・桑原隲蔵 礪波 護
岩村 透 今橋映子
西田幾多郎 大橋良介
喜田貞吉 中村生雄
上田 敏 及川 茂
柳田国男 鶴見太郎
厨川白村 張 競
九鬼周造 粕谷一希
辰野 隆 金沢公子
矢内原忠雄 等松春夫

親鸞　末木文美士
恵信尼・覚信尼　西口順子
道元　船岡　誠
叡尊　細川涼一
＊忍性　松尾剛次
＊日蓮　佐藤弘夫
一遍　蒲池勢至
夢窓疎石　田中博美
宗峰妙超　竹貫元勝

南北朝・室町

後醍醐天皇　上横手雅敬
護良親王　新井孝重
北畠親房　岡野友彦
楠正成　兵藤裕己
新田義貞　山本隆志
足利尊氏　市沢　哲
佐々木道誉　下坂　守
円観・文観　田中貴子
足利義満　川嶋将生
足利義教　横井　清
大内義弘　平瀬直樹
日野富子　脇田晴子
世阿弥　西野春雄
雪舟等楊　河合正朝
宗祇　鶴崎裕雄
＊満済　森　茂暁
一休宗純　原田正俊

戦国・織豊

北条早雲　家永遵嗣
毛利元就　岸田裕之
＊今川義元　小和田哲男
武田信玄　笹本正治
三好長慶　仁木　宏
上杉謙信　矢田俊文
吉田兼倶　西山　克
山科言継　松薗　斉
織田信長　三鬼清一郎
豊臣秀吉　藤井讓治
前田利家　東四柳史明
蒲生氏郷　藤田達生
伊達政宗　伊藤喜良
支倉常長　田中英道
北政所おね　田端泰子
淀殿　福田千鶴
ルイス・フロイス　エンゲルベルト・ヨリッセン
＊長谷川等伯　宮島新一
顕如　神田千里

江戸

徳川家康　笠谷和比古
徳川吉宗　横田冬彦
後水尾天皇　久保貴子
光格天皇　藤田　覚
崇伝　杣田善雄
春日局　福田千鶴
池田光政　倉地克直
シャクシャイン　岩崎奈緒子
田沼意次　藤田　覚
林羅山　鈴木健一
中江藤樹　辻本雅史
山崎闇斎　澤井啓一
＊北村季吟　島内景二
ケンペル　ボダルト・ベイリー
雨森芳洲　上田正昭
前野良沢　松田　清
平賀源内　石上　敏
杉田玄白　吉田　忠
上田秋成　佐藤深雪
木村蒹葭堂　有坂道子
大田南畝　沓掛良彦
菅江真澄　赤坂憲雄
鶴屋南北　諏訪春雄
良寛　阿部龍一
滝沢馬琴　高田　衛
山東京伝　佐藤至子
平田篤胤　川喜田八潮
シーボルト　宮坂正英
本阿弥光悦　岡　佳子
小堀遠州　中村利則
尾形光琳・乾山　河野元昭
＊二代目市川團十郎　田口章子
与謝蕪村　佐々木丞平
伊藤若冲　狩野博幸
鈴木春信　小林　忠
円山応挙　佐々木正子
＊佐竹曙山　成瀬不二雄
葛飾北斎　岸　文和
酒井抱一　玉蟲敏子
オールコック　佐野真由子
月性　海原　徹
西郷隆盛　草森紳一
＊吉田松陰　海原　徹
徳川慶喜　大庭邦彦
和宮　辻ミチ子

近代

明治天皇　伊藤之雄
大正天皇　フレッド・ディキンソン

ミネルヴァ日本評伝選

企画推薦
梅原　猛
ドナルド・キーン
佐伯彰一
角田文衞

監修委員
上横手雅敬
芳賀　徹

編集委員
石川九楊
伊藤之雄
猪木武徳
今谷　明
今橋映子
熊倉功夫
佐伯順子
坂本多加雄
武田佐知子
竹西寛子
西口順子
兵藤裕己
御厨　貴

上代

俾弥呼　古田武彦
日本武尊　西宮秀紀
雄略天皇　吉村武彦
蘇我氏四代　遠山美都男
推古天皇　義江明子
聖徳太子　仁藤敦史
斉明天皇　武田佐知子
天武天皇　新川登亀男
持統天皇　丸山裕美子
阿倍比羅夫　熊田亮介
柿本人麻呂　古橋信孝
聖武天皇　本郷真紹
光明皇后　寺崎保広
孝謙天皇　勝浦令子
藤原不比等　荒木敏夫
吉備真備　今津勝紀
道　鏡　吉川真司
大伴家持　和田　萃
行　基　吉田靖雄

平安

桓武天皇　井上満郎
嵯峨天皇　西別府元日
宇多天皇　古藤真平
醍醐天皇　石上英一
村上天皇　京樂真帆子
花山天皇　上島　享
三条天皇　倉本一宏
後白河天皇　美川　圭
小野小町　錦　仁
藤原良房・基経　滝浪貞子
菅原道真　竹居明男
紀貫之　神田龍身
慶滋保胤　平林盛得
*安倍晴明　斎藤英喜
藤原道長　朧谷　寿
清少納言　後藤祥子
紫式部　竹西寛子
和泉式部
ツベタナ・クリステワ
大江匡房　小峯和明
式子内親王　奥野陽子
建礼門院　生形貴重
阿弖流為　樋口知志
坂上田村麻呂
熊谷公男
*源満仲・頼光　元木泰雄
平将門　西山良平
平清盛　田中文英
藤原秀衡　入間田宣夫
空　海　頼富本宏
最　澄　吉田一彦
奝　然　上川通夫
源　信　小原　仁
守覚法親王　阿部泰郎

鎌倉

源頼朝　川合　康
源義経　近藤好和
後鳥羽天皇　五味文彦
九条兼実　村井康彦
北条時政　野口　実
*北条政子　関　幸彦
北条義時　岡田清一
曾我十郎・五郎　杉橋隆夫
北条時宗　近藤成一
安達泰盛　山陰加春夫
平頼綱　細川重男
竹崎季長　堀本一繁
西　行　光田和伸
藤原定家　赤瀬信吾
*京極為兼　今谷　明
*兼　好　島内裕子
重　源　横内裕人
運　慶　根立研介
法　然　今堀太逸
慈　円　大隅和雄
明　恵　西山　厚

刊行のことば

歴史を動かすものは人間であり、興趣に富んだ人間の動きを通じて、世の移り変わりを考えるのは、歴史に接する醍醐味である。

しかし過去の歴史学を顧みるとき、人間不在という批判さえ見られたように、歴史における人間のすがたが、必ずしも十分に描かれてきたとはいえない。二十一世紀を迎えた今、歴史の中の人物像を蘇生させようとの要請はいよいよ強く、またそのための条件もしだいに熟してきている。

この「ミネルヴァ日本評伝選」は、正確な史実に基づいて書かれるのはいうまでもないが、単に経歴の羅列にとどまらず、歴史を動かしてきたすぐれた個性をいきいきとよみがえらせたいと考える。そのためには、対象とした人物とじっくりと対話し、ときにはきびしく対決していくことも必要になるだろう。

今日の歴史学が直面している困難の一つに、研究の過度の細分化、瑣末化が挙げられる。それは緻密さを求めるが故に陥った弊害といえるが、その結果として、歴史の大きな見通しが失われ、歴史学を通しての社会への働きかけの途が閉ざされ、人々の歴史への関心を弱める危険性がある。今こそ歴史が何のためにあるのかという、基本的な課題に応える必要があろう。評伝という興味ある方法を通じて、解決の手がかりを見出せないだろうかというのも、この企画の一つのねらいである。

狭義の歴史学の研究者だけでなく、多くの分野ですぐれた業績をあげている著者たちを迎えて、従来見られなかった規模の大きな人物史の叢書として、「ミネルヴァ日本評伝選」の刊行を開始したい。

平成十五年（二〇〇三）九月

ミネルヴァ書房

《著者紹介》

室山義正（むろやま・よしまさ）

1949年　生まれ。

東京大学大学院経済学研究科修了，経済学博士（東京大学）。

拓殖大学政経学部助教授などを経て，

現　在　九州大学大学院経済学研究院教授。

著　書　『近代日本の軍事と財政』東京大学出版会，1984年。

『日米安保体制』上・下，有斐閣，1992年。

『米国の再生』有斐閣，2002年。

『松方財政研究』ミネルヴァ書房，2004年。

ほか。

ミネルヴァ日本評伝選

松《まつ》方《かた》正《まさ》義《よし》

——我に奇策あるに非ず，唯正直あるのみ——

2005年6月10日　初版第1刷発行　〈検印省略〉

定価はカバーに
表示しています

著　者　室　山　義　正

発行者　杉　田　啓　三

印刷者　江　戸　宏　介

発行所　株式会社　ミネルヴァ書房

607-8494　京都市山科区日ノ岡堤谷町1

電話（075）581-5191（代表）

振替口座　01020-0-8076番

共同印刷工業・新生製本

ISBN4-623-04404-1

Printed in Japan

人名索引

あ 行

か 行

な　行

は　行

ま　行

や　行

ら・わ行

事項索引

あ　行

か　行

さ　行

た　行

な　行

は　行

ま　行

や　行

ら・わ行